解码金融

JIEMA JINRONG

——金融危机及“美国梦”

郭恩才 著

中国金融出版社

责任编辑：张哲强
责任校对：孙　蕊
责任印制：张　莉

图书在版编目（CIP）数据

解码金融（Jiema Jinrong）：金融危机及“美国梦”/郭恩才著.—北京：中国金融出版社，2009.9
ISBN 978-7-5049-5163-2

Ⅰ.解…　Ⅱ.郭…　Ⅲ.金融危机—研究—世界　Ⅳ.F831.59

中国版本图书馆CIP数据核字（2009）第120205号

出版发行　中国金融出版社
社址　北京市丰台区益泽路2号
市场开发部　（010）63272190，66070804（传真）
网上书店　http://www.chinafph.com
（010）63286832，63365686（传真）
读者服务部　（010）66070833，82672183
邮编　100071
经销　新华书店
印刷　利兴印刷有限公司
装订　平阳装订厂
尺寸　169毫米×239毫米
印张　20.25
字数　408千
版次　2009年9月第1版
印次　2009年9月第1次印刷
定价　38.00元
ISBN 978-7-5049-5163-2/F.4723

序言　美国金融危机是一所大学

肇始于2007年的美国金融危机，涉及的范围如此广泛，造成的后果如此严重，揭示的问题如此严峻，引发的思考如此深刻，史所罕见。它不仅是一部反面教材，确切地说，美国金融危机就是一所大学。

——作者题记

2008年8月下旬，笔者给08级研究生讲授国际金融课程，选题是“美国金融危机”。2008年9月，金融危机进入“巅峰”时期，巨型金融机构一个接一个地垮塌，坏消息接踵而至，政府的救援行动一浪高过一浪，上演了国际金融风险教育的系列活剧。在那段时间，大家都非常兴奋——几乎每天都有新闻爆出，极大地激发了研究生们学习和研究的兴趣，而对金融危机成因的激辩和走势的预测，成为了课上课下讨论的中心。

与此同时，美国金融危机也成为了社会各界关注的焦点：媒体聚焦、家庭聚会、朋友聚餐，甚至几个同学相约小酌，金融危机都成了必不可少的“点心”。不管是不是搞经济的，不管是不是学金融的，不管什么职业，也不管什么身份，一起关心起金融危机来了。每当这个时候，笔者都会莫名地激动起来：金融危机是一个普及经济金融知识、对民众进行金融风险教育的绝佳机会。应该有一本书，客观、系统、准确、深入浅出地阐释美国金融危机，“化腐朽为神奇”，把美国金融危机变成一所大学。作为一个金融学者（学习金融的人），笔者自认为责无旁贷。

格林斯潘说，美国的这一场金融危机百年一遇。其意思很明确：本次金融危机是自1929～1933年美国经济大衰退以来历史上最严重、最深刻的一次金融危机。作为金融危机的亲历者，我们是不幸的——目睹了危机对金融业的冲击和对实体经济的影响，感同身受；但同时我们又是幸运的——我们体验了危机，我们见证了历史，我们可以给后人留下我们的感受、判断和思考，留待历史去检验。

同80年前的美国股市大崩盘相比，全球的经济环境发生了两个重大的变化：

其一，金融业空前发达，金融机构已经成长为一个个恐龙般的巨兽，体量之庞大，结构之精密，作风之强悍，行动之敏捷，谋略之老到，能量之巨大，亘古未闻。在本次金融危机中，金融机构之间的利益链盘根错节，扑朔迷离，硬是把数千亿美元的次贷吹成了数十万亿美元的大泡泡，而泡沫破灭后，这些金融机构又像推倒的“多米诺骨牌”——个个遍体鳞伤。

其二，全球经济一体化把世界各国联结在一起，一荣俱荣，一损俱损，美国金融危机变成了三国时代的“火烧连营”。北极附近的4个挪威小镇因购买美国次债共损失6 300万美元，而4个小镇只有居民18 000人，平均每人损失3 500美元。北欧的冰岛，全国人口32万人，3家银行所欠债务共计610亿美元，大致相当于每名冰岛公民身负20万美元债务——可是冰岛还有10万青少年人在学校里读书，美国金融危机导致了冰岛的“国家破产”。① 俄罗斯在经济增长的快速路上紧急刹车，东欧的“火药桶”已冒起浓烟，日本由“失去的10年”昂首挺进“失去的20年”，而英国智库称英国经济正经历着1930年以来最严重衰退②。

与流连于美国金融危机的“风景”相比，思想深刻的读者可能更有兴趣了解金融危机传导的机制。例如，人们可能迫切地想了解次贷危机是如何发生的，次贷危机是如何演变成次债危机的，次债危机是如何恶化成全面金融危机的，金融危机是如何传染给实体经济的，美国的金融危机又是如何传染给全世界从而导致全球性经济衰退的……类似的问题既令人烦恼也令人着迷。尽管此类问题有“象牙塔”之嫌，但总得有人站出来把这件事情说

① 游姗姗：《全球金融投机中的国家危机——谁拯救冰岛》，载《三联生活周刊》，2008(10)。

② 彭丽：《英智库称英国经济正经历1930年以来最严重衰退》，国际在线 http://www.chinanews.com.cn/gj/gjzj/news/2009/05-06/1679773.shtml，2009-05-07。

清楚。

不知道读者是否注意到了这样一个有趣儿的现象：关于本次金融危机成因的观点之多、分歧之大几乎达到了登峰造极的地步。如果你翻一翻有关本次金融危机的文献，有一半的文献都在“公说公有理，婆说婆有理”。这情形有点像英国导演西德尼·卢曼特（Sidney Lumet）1974 年推出的悬疑片《东方快车谋杀案》，几乎人人都有可能是凶手。美国参议院于近日投票批准成立跨党派的独立委员会，负责调查美国金融危机产生的原因。该委员会由 10 名专家组成，参照调查“9·11”事件的模式进行调查。委员会有权传召有关人士，计划用 18 个月时间即 2010 年底提交最终报告[①]。这说明连美国人自己也还没搞明白金融危机暴发的真正原因。

在有关此次金融危机成因的讨论中，有两种做法是片面的。一种做法是“盲人摸象式”：揪住一个角色，不作深入研究，就认定它是“罪魁祸首”。如有的人指责格林斯潘，有的人攻击布什，有的人怪罪金融创新，有的人抱怨监管薄弱，甚至把国际货币基金组织（IMF）也捎上了。另一种做法是“拼盘式”：1. 2. 3. 4. 5. 6. 7. 8……摆出若干种原因，貌似全面，但并未深入分析这些原因之间的逻辑关系，等于什么也没说。

按照辩证唯物主义的观点，事物的发生和发展既有内因也有外因，既有表层原因也有深层原因，既有直接原因也有间接原因，既有主观原因也有客观原因。剖析美国金融危机的成因，我们需要采用逻辑与历史相统一的观点与方法，去粗取精，去伪存真，由表及里，由此及彼。客观分析和梳理各种可能原因之间的联动、制约、决定和递进关系，从而对“金融危机成因”给出客观、科学、有说服力的解答。“金融危机成因”还涉及这场危机能持续多久，会不会进一步恶化，危机过后还会不会卷土重来这样一些既重要、又复杂、更牵动人们敏感神经的问题——毕竟地球居民不欢迎金融危机。

本书作者的观点是：次贷危机是金融危机的导火索，超前消费的“美式文明”加速了危机的进程，不合理的国际金融体系是金融危机的制度基础，全球化条件下的经济失衡不过是矛盾和问题的表象，虚拟经济过度膨胀才是本次金融危机最深刻的根源。结论容易得出，但理论体系的内涵却需要一本书的体量来阐释。

---

① 叶建华：美国人难以找到产生金融危机的真正原因，凤凰网财经 http：//finance. ifeng. com/news/opinion/jjsp/20090502/611381. shtml，2009 -05 -02。

“美国梦”是一个温馨、甜蜜、令人憧憬且容易使人产生无限遐想的字眼。曾经的“美国梦”像一个小姑娘童年的彩色梦，它纯真、朴实、充满着对美好事物的向往；不经意间，“美国梦”坠落了，纯真被邪恶所取代，朴实被贪婪所取代，一些美国人老梦见太平洋、大西洋和印度洋都变成了自己的内湖，全世界人民都在辛勤劳作，美国却可以不劳而获，过着豪华奢侈的生活。但不幸的是21世纪一开局，美国人就猝不及防地挨了“三记闷棍”：先是互联网泡沫破裂，美国新经济紧急刹车；接着是“9·11”恐怖袭击，世贸大楼“双子座”垮塌，美国人颜面扫地；接踵而至的是次贷危机引发的经济衰退，其影响范围之广、危害程度之深史所罕见。人们不禁要问，美国世界霸主的地位风雨飘摇了吗？美国的世界霸权气数已尽了吗？美国梦终结了吗？奥巴马继任美国第44任总统之后，世界的政治、经济格局又有了一些新的变化，但奥巴马能拯救美国吗？

当代美国“明星”外交家、国际问题专家亨利·A. 基辛格（Henry Alfred Kissinger）博士说过，每一个世纪都有一个新的大国崛起。21世纪的大国会是谁呢？

美国的吉姆·罗杰斯（Jim Rogers）是一位著名的金融投资家，2009年67岁，有一个刚刚5岁的可爱的女儿。他最喜欢的事情是周游世界，还买了不少中国上市公司的股票，而且据说要等到他女儿55岁时才出手——以此表达他对中国经济的信心。罗杰斯的嘴很甜，他曾经说过，19世纪是英国人的世纪，20世纪是美国人的世纪，21世纪将会是中国人的世纪。说得中国人内心里美滋滋的。但我们要问：这个预言准确吗？中国在21世纪可以做一场酣畅淋漓的“中国梦”吗？凭什么21世纪是中国人的世纪？这些问题不仅令人振奋，使人遐想，同时也带给我们一些手足无措式的迷茫。

本书的主旨就是：通过对2007年初至2009年4月G20伦敦金融峰会期间全球金融危机的全景扫描，全面揭示本次金融危机的传导机制，系统阐释本次金融危机的成因，剖析中美两国的现实处境，展望21世纪两国经济的发展走势。

本书可以区分为3个部分，第1章至第3章可以算第一单元，主要是对美国金融危机作全景式“扫描”（第1章）、个案分析（第2章）和阐明本次金融危机的传导机制（第3章）；第4章至第9章是第二单元，探索美国金融危机的成因。作者采取循序渐进的写作路线，逐一剖析了10种左右有关金融危机成因的不同观点，进而得出作者自己的结论；第10章和第11章为第三单元，主要内容是对中美两国实力进行比照，探讨21世纪两大国之间的关系，分析两个大国未来的发展趋势，关注和研讨21世纪“大国崛起”的中国策略。

在本书的写作过程中，作者力图突出作品的知识性、客观性和趣味性。

金融危机是一所大学，其所涉及的经济、金融知识浩如烟海，要将其准确、精练地呈现给读者并不容易。好在写作本书所需要的知识结构与作者的知识结构比较“契合”——金融危机问题撞到作者的“枪口”上了。尽管如此，在本书的写作过程中，作者还是深深地感到“书到用时方恨少”，翻过了一座山，前面还有另一座山。作者一边体验着“翻山越岭”的辛苦，另一边享受着在知识的海洋里遨游的畅快。

不知是刻意的安排还是历史的巧合，两个有意义的时点重叠在了一起：2007年4月2日，美国第二大次贷供应商新世纪金融公司（New Century Financial Corporation）因巨额次贷损失宣布破产，美国金融危机正式拉开序幕；2009年4月2日，G20伦敦金融峰会落下帷幕——这个时间段恰好是本书作者所要把握的时间长度。由于时间较短，可供参考的资料极其丰富，所以本书的资料翔实、数据可靠都有点令作者“飘飘然”了，它们为本书的“客观性”奠定了坚实的基础。当然，数据与资料的“客观”不等于推理的“客观”，推理的“客观”建立在作者对国际经济金融形势的准确把握和对经济金融理论深刻理解的基础之上。

作品的趣味性或可读性是作者孜孜以求的境界，好的作品应该让读者“赏心悦目”。也许是物是人非，作者在研究中发现，与1929～1933年那次大危机相比，在本次金融危机中人们成熟了许多，平和了许多，也睿智了许多，还不时用自我调侃的方式打发这些无奈的时光，单单是这一点就挺有趣儿的。

80年前的那次危机中，数以千计的债台高筑、穷困潦倒者跳楼自杀。当时的华尔街流传着一个笑话：五星级豪华酒店——里兹·卡顿酒店对来客的第一句问候语已改为：“请问，您开房间是来住宿还是跳楼？”本次金融危机中，也有人用各种方式结束了自己的性命，但截至目前“自裁者”还停留在个位数。

1929～1933年那次大危机，民众真正体会到了“民不聊生”的滋味儿。美国学者威廉·曼彻斯特（William Manchester）在《光荣与梦想：1932—1972年美国社会实录》一书中写道：在芝加哥的一所学校里，有一位教员劝一个小女孩回家去吃点东西。小女孩回答说："不行啊，我家是轮流吃饭的，今天该我妹妹吃。"又有一个小男孩让人看他心爱的小兔子，他姐姐悄悄地对来客说："弟弟以为我们不会把小兔子吃掉的，可是我们就要这样做啦。""千百万人只因像畜生那样生活，才免予死亡"，威廉·曼彻斯特在书中写道①。而在本次金融危机中，人们在衣食上并无大碍，只是不能像以前那样挥霍无度、大把花钱了，危机教会了人们如何艰苦奋斗。

埃菲社2008年10月19日援引英国《每日快报》称，英国女王伊丽莎白二世投入证券市场的资金，已经因金融危机的影响损失了将近3 700万英镑。2008年4月女王的资产为3.2亿英镑，其中包括投资证券组合的1亿英镑——由于近来伦敦股市大幅度缩水，导致女王的这部分投资损失了37%。伊丽莎白二世决定，当她不在王宫居住时，游客可在专业导游的引领下游览观赏白金汉宫花园，以便从中获得维修基金。中国网民在互联网上展开关于"金融危机下过冬秘籍"的大讨论。一位网名叫殷北风的网友贴出了题为《经济危机时最雷人的十大省钱方法》② 的帖子，向网友推荐倒卖购物优惠券、乘坐超市免费班车、网购、团购、"拼客"打车、买国货、试吃、试穿、试用等省钱小窍门，读来令人忍俊不禁。

2008年10月14日，英国《伦敦报》笑话栏目刊登了一张照片：伦敦金融城的一根灯柱被"好心人"默默捐赠的一束束鲜花缠满，灯柱顶头一个用玫瑰花围成的花环中间写着："以此纪念已逝的繁荣经济和不再分发的大红包"——以此悼念伦敦金融城风光不再。其背景是包括英国在内的西方不少国家有个习俗，就是有人遇难，人们会为死者在遇难地捐赠鲜花，以示纪念。

金融危机在日本使算命先生"日进斗金"，在德国使《资本论》畅销，在中国使格兰仕眉开眼笑——2008年1～11月，出口美国的格兰仕微波炉增长了18%，原因是受金融危机影响美国人开始勒紧腰带自己下厨房了！

想想这些有趣的变化，你的心情可能就不会像过去一样沉重了。

本书以通俗易懂的写作方式、轻松流畅的语言，让人们了解当下国际金

---

① ［美］威廉·曼彻斯特（William Manchester）：《光荣与梦想：1932—1972年美国社会实录》（*The Glory and the Dream*），第1版，海口，海南出版社/三环出版社，2004。

② 雷人就是令人震惊的意思。

融发生的事实，探讨其中的制约、决定和递进的关系，思考这种变化发展的趋势，目的在深入认识世界、探索未来。尽管本书作者是用心来写作的，但缺点和错误可能依然存在，敬请读者谅解、批评和指正。

作者谨识
2009 年 5 月
于大连亿达国际新城

目　　录

全球的金融海啸，并进而将实体经济撕扯得支离破碎，这就是本次金融危机的传导路线图。金融学者的使命之一，就是揭示本次金融危机的传导机制。

——作者题记

费解的金融产品、迟钝的监管者、神经质的投资者，这就是21世纪第一场金融危机所包含的全部内容。

——美国哈佛大学教授、著名经济学家肯尼斯·罗格夫（Kenneth Rogoff）

当思想牛市崩盘时，就会发生这种思想倒戈。当前的金融危机可溯源到里根—撒切尔时代的三种核心思想：提倡拥有住房、放宽金融监管和强烈信奉市场。30年来，这三种思想都发挥了出色的作用，增进了繁荣和自由。但这些思想走过头了，在它们的共同作用下引发了一场灾难。

——吉迪恩·拉赫曼（Gideon Rachman）《金融时报》（英国）

美国的情形不容乐观，因为我们变成了一个不知道储蓄的社会。我们不考虑明天。

——美国著名经济学家保尔·萨缪尔森（Paul A. Samuelson）

解码金融

过去的十年中，在达沃斯举行的这场盛会让众多商业巨头、财团大鳄和政坛领袖汇集一堂，一起促进和颂扬全球经济的一体化。……然而今年（指2009年——作者注），这个论坛不得不面对一种新现象——“去全球化”（Deglobalisation）。

——英国《金融时报》专栏作家吉迪恩·拉赫曼（Gideon Rachman）

美元是我们的，但问题是你们自己的。

——美国财政部前部长约翰·康纳利（John Connally）

要处理好实体经济和虚拟经济的关系，我们需要虚拟经济的健康发展，来促进实体经济的发展。因此，虚拟经济必须与实体经济相协调，绝不能因为虚拟经济出现的问题而影响实体经济的发展。

——中国政府总理温家宝

我们想要的总比我们已经拥有的要多得多，人人都有梦想，但很少能如愿实现，即便你生在超级大国美利坚。

——电影《美国梦》编剧/导演保罗·韦茨（Paul Weitz）

19世纪是英国人的世纪，20世纪是美国人的世纪，21世纪将会是中国人的世纪。

——美国著名投资大师吉姆·罗杰斯（Jim Rogers）

据说，83%的梦是有色彩的。有摄人心魄的玫瑰色，有灿烂夺目的金黄色，有孤芳自赏的炫黑色，还有韶华散尽的铅灰色……遗憾的是，“美国梦”就是按着这个顺序延展的。

次贷危机是金融危机的导火索，超前消费的“美式文明”加速了危机的进程，不合理的国际金融体系是本次金融危机的制度基础，全球化条件下的经济失衡不过是矛盾和问题的表象，虚拟经济过度膨胀才是本次金融危机最深刻的根源。

1 金融危机“三步曲”

“为什么是我，这些个烂摊子。为什么金融危机要发生在我的任期内，这真是太悲哀了，不是吗？我真为自己感到悲哀。我相信奥巴马就不会这么倒霉。”

——美国第 43 任总统乔治·W. 布什（George W. Bush）

美国金融危机暴发的时间已经有两年多了，但在金融危机的“断代”问题上还是存在争议的。以“阴谋论”见长、《货币战争》一书作者宋鸿兵先生将金融海啸发展归结为四个阶段：大地震、金融海啸、火山暴发和冰河期。其中，次贷危机的暴发无异于“大地震”，而这主要是指从 2007 年 2 月到 2008 年 5 月，以“两房”国有化为标志；然后在 2008 年 6 月到 2009 年上半年，进入 62 万亿美元信用掉期市场的“金融海啸”阶段；而“火山暴发”期是指由于信贷全面紧缩而造成的长期贷款利率飙升，进而引发规模将近 600 万亿美元的利率掉期市场出现危机；最后，美元危机彻底暴露，“冰河期”随之出现，全球美元资产将出现信心危机，进而动摇美国霸主地位。

宋先生的概括形象生动，给人留下深刻的印象。但笔者总觉得在逻辑上有点问题，还有点艺术加工的成分。据笔者所掌握的一点少得可怜的关于地震的常识，地震绝大多数属于“构造地震”（占地震总次数的 90% 以上），即由地壳内部岩石板块积压、断裂造成。其次是由火山喷发引起的地震，称为“火山地震”，约占地震总数的 7%。如果是火山地震，火山喷发在先，地震在后，然后有可能引发海啸（火山地处海域或海岸），如果火山距海域或海岸较远，不一定会引发海啸。如此说来，“大地震→金融海啸→火山暴发”的顺序就违背客观规律了，至于“冰河期”更是与地震“风马牛不相及”。

金融危机是客观实际，人们没办法按照自己的意志、理想化地去划分它的阶段。从本次金融危机的发展过程来看，截至目前可以划分为次贷危机、金融危机、经济衰退三个阶段。关于次贷危机阶段，笔者同意宋鸿兵先生从2007年2月到2008年5月的划分，因为在这一阶段尚未出现金融机构大面积倒闭的情况。但从2008年6月美国银行（Bank of America Corp.，BAC）以28亿美元收购美国国家金融服务公司（Countrywide Financial Corp.，CFC）开始，形势开始急剧恶化，金融机构倒闭增多，由此次贷危机演化为金融业的全面危机。经历了2008年9月美国金融机构倒闭潮之后，金融危机并没有结束。截至2009年4月11日，2009年以来美国银行倒闭数增加到23家，从而使美国金融危机以来银行倒闭数接近50家。据美国联邦存款保险公司（FDIC）估计，还有约200家银行可能面临崩溃，两者相加约占全美银行总数（8 000多家）比例约3%①。而据加拿大皇家银行旗下的资本市场公司2009年2月9日的预计，未来3到5年内还将有1 000多家美国银行倒闭，也就是说，未来数年内每8家美国银行中就将有一家倒闭，由此尚无充分的根据断言本次金融危机什么时候结束②。

金融危机尚未结束，经济衰退已经登场。按照GDP连续两个季度下降即为经济衰退的传统定义，德国和日本两国于2008年第三季度末进入经济衰退期，美英两国于2008年底陷入经济衰退。英国2008年第二季度为零增长，第三季度为负增长，如果认为英国于第三季度末进入经济衰退也未尝不可。根据美国非官方的权威机构——国家经济研究局（National Bureau of Economic Research，NBER）的研究结论，第二次世界大战后美国第11次经济衰退始于2008年1月。NBER商业周期测定委员会认为，在一段持续时期内，经济活动显著下滑即可视为衰退。这种下滑可通过国内生产总值、就业人口、工业产值、销售量和收入水平等各项指标体现。NBER说，商业周期测定委员会衡量美国经济本轮衰退起始时间的最重要因素，是因为美国2008年以来有120万人次失去工作，就业人口从2008年1月起出现下降。综合上述考虑，笔者将全球经济衰退的起始时间暂定为2008年10月，尽管与金融危机持续的时间有部分重叠，但却是符合客观实际情况的。

① 甄炳禧：《给美国经济衰退把把脉》，载《世界知识》，2009（3）。

② 报道：未来数年将有1 000多家美国银行倒闭，2009年2月12日10:32东方卫视《看东方》。

1.1 “风起于青萍之末”——房贷市场藏凶（2006年）

许多人都觉得，2007年美国次贷危机事发突然。但事实上，进入21世纪以来，危机已在孕育中。在2006年12月20日美联社评选出的“2006年美国10大经济新闻”中，美国房地产市场急剧降温名列榜首。

在21世纪的前5年，美国房地产市场持续火暴。据美国房地产行业协会统计，2000~2005年，美国住房销售量不断创下新纪录，房价以每年超过10%的速度攀升，一些地区的房价增速甚至达到50%，房地产价格平均上涨了一倍。房地产热也具有传染性，截至2005年底，全球房地产价格净增额高达30万亿美元，其中美国占比超过1/4。房价的持续上扬刺激了投机行为，许多人以投资而非居住的目的进入房市，导致房价偏离收入水平越来越远。2005年，美国住房平均售价是美国居民年平均收入的3.1倍，远远高于1960年以来的平均水平，处于历史最高点[①]。房地产市场的持续“高烧”产生了两种效应：一方面，财富效应增强了人们的消费能力和消费信心，推动了居民住宅投资的增长，成为拉动美国经济增长的重要动力；另一方面，房价的持续走高也强化了房地产市场的泡沫效应，为经济发展埋下了不可确知的隐患。

早在2005年末，美国房地产市场泡沫有可能破裂的悲观情绪就开始在华尔街蔓延。

在创下历史最高纪录后，美国旧房销量于2005年10月出现下降，与此同时，房市的一个重要先行指标——已签约待成交房屋指数却明显下跌。进入2006年之后，房市开始大范围降温，新旧房销售量持续下滑，房价下跌，房屋大量积压。2006年7月，美国房地产开发商信心指数跌到15年来最低点。2006年8月，美国旧房销售中间价比2005年同期下降1.2%，11年来首次出现同比下跌。2006年9月，新房中间价比2005年同期下降9.7%，创下近36年来的最大跌幅。整个2006年第三季度美国旧房销量比2005年同期下降12.7%，为该市场迄今为止最大的降幅，在50个州中有38个州销量下降[②]。美国商务部的报告显示，2006年，美国住房投资不断下降且降幅持续扩大，第

---

① 陈晶：《2006年美国经济三大隐忧》，商务部国际贸易经济合作研究院网站 http://caitec.mofcom.gov.cn/aarticle/a/j/200601/20060101390746.html，2006-01-19。

② 王艳红：《2007年美国房地产市场将继续低迷》，载《中国信息报》网络版 http://www.zgxxb.com.cn/news.asp?id=5840，2007-01-01。

一至第四季度分别下降0.3%、11.1%、18.7%和19.1%。2007年1月，美国新房开工数量与2006年同期相比下跌37.8%，降至1997年以来的最低点①。

关于美国房地产市场的骤然降温，专家们给出了三种解读：

其一，美联储连续加息对房地产市场起到了釜底抽薪的作用。21世纪初，互联网泡沫破灭、“9·11”事件、安然公司和世通公司丑闻等对美国经济造成了严重打击。为了防止美国经济走向衰退，美联储从2001年开始连续13次降息，联邦基金利率由6.5%降到1%，为近半个世纪的最低水平。宽松的信用和过剩的流动性推动房地产等资产价格迅速上涨。2004年，美联储意识到问题的严重性，于2004年6月30日首次将利率提高至1.25%，从此开始了其连续17次升息的历程，到2006年6月30日联邦基金利率已升至5.25%。利率急剧攀升，借款人利息负担明显加重，违约现象遂大量出现（2006年末，次贷违约率在一些州达到13%，个别州则超过20%），新增购房需求不足，房地产价格便驶入了长长的下跌通道。

其二，油价飞涨导致消费者紧缩开支，给房地产市场带来强烈冲击。国际油价持续飙升给美国经济带来压力。2006年上半年，国际油价一直处于上涨周期中，并在夏季出行旺季7月达到78美元/桶的历史高位。众所周知，美国是一个“安在轮子上的国家”，燃油消费占美国普通居民消费的比重较高，油价飞涨必然导致消费者削减其他方面的开支，这间接地给美国房地产市场泼了冷水。

其三，房市价格下降是房地产市场的理性回归。房地产价格畸高，房价与收入水平差距过大，居民真实的收入水平并未达到如此高的程度，因此美国房市的繁荣属于“非理性繁荣”（美国经济学家罗伯特·席勒用语）②，既然是“非理性繁荣”，就必然要向“理性”回归，所以房地产市场降温是一个很自然的过程。同时，房地产市场降温还可以挤压日渐膨胀的房地产市场“泡沫”，打击房地产市场日益猖獗的投机行为。

此外，也有专家指出，房市是一个相当情绪化的市场，人们买涨不买跌的心态也加剧了房地产市场下滑的趋势。

对于2007年美国房地产市场及美国经济的预期，美国形成了“乐观派”和“悲观派”两个阵营。

美国《华尔街日报》2007年1月2日公布的半年经济预测报告称，经济学家普遍对2007年美国经济前景持乐观态度。综合60名受访经济学家的

---

① 佚名：《2006年美国经济形势回顾与展望》，欧罗帕外贸论坛 http://bbs.easybizchina.com/showtopic-6343.aspx，2007-05-17。

② 罗伯特·席勒：《美国楼市存在“非理性繁荣”》，载《经济参考报》，2006-03-28。

预测，2007 年美国经济增长速度将出现反弹，上半年增长率按年率计算将为 2.3%，下半年为 2.8%，虽然低于 2006 年全年的 3.3%，但高于 2006 年第三季度 2% 的增长率。在房地产市场方面，57% 的受访经济学家认为，美国房市已走出最低谷，43% 的经济学家则持相反态度，认为房市仍可能继续降温，其中 29% 的经济学家认为，房市降温是 2007 年美国经济发展的最大威胁（由此可见，真理并不总是掌握在多数人手里）。

一些专家认为，美国房市可能已经触底。美国总统经济顾问委员会主席爱德华·拉齐尔 2006 年 12 月 19 日称，美国住房市场最糟糕的时期可能已经结束，房市正在回到可持续发展的轨道。美国全国住房建筑商协会首席经济学家大卫·塞德斯 2006 年 12 月初说，美国房市正处于低谷，将于 2007 年第一季度回稳，复苏表现为房屋积压减少，但房价还将低迷一段时间。托尔兄弟公司等一些房地产开发商也持有类似看法。

经济合作与发展组织（Organization for Economic Co－operation and Development，OECD）在 2006 年 12 月发表的经济展望报告中说，美国经济将实现软着陆。美联储主席本·伯南克（Ben Bernanke）也发表讲话认为，2007 年美国经济将温和增长。经济研究和预测机构“全球透视”首席经济学家纳里曼·贝拉维许说，住房市场只占美国经济总量的 6%，它能够使经济增速显著减缓，但不足以阻止经济增长。这些乐观的估计都是基于这样一种看法：美国总体经济环境良好，虽然经济发展速度受房市影响而放慢，但并不会因此陷入衰退。

伯南克的讲话发表之后，一些经济学家立即表示反对。他们认为，美国房地产市场衰退的势头正在加大。按照过去发生经济衰退的经验来看，衰退一旦开始，很难按照人们的意愿保持有序、温和的步调，现在作出 2007 年经济增长会加快的判断实在是有些太早。还有一些业内专家认为，2007 年美国住房销量和价格将继续低迷。美国全国房地产经纪人协会说，2006 年全美旧房销售量将为 647 万套，比 2005 年下跌 8.6%，预计 2007 年将再下跌 1%，降到 640 万套；估计 2006 年新房销售量比 2005 年下跌 17.7%，2007 年将再跌 9.4%。该协会认为房市将于 2007 年底反弹，2007 年第四季度旧房销量可能比 2006 年同期增长 4.6%。

从目前笔者收集到的资料来看，还是美国摩根士丹利首席经济学家斯蒂芬·罗奇（Stephen Roach）比较有洞察力，他在 2006 年底曾忧心忡忡地指出：房地产行业紧缩带来的冲击刚刚开始表现出来，而美国经济没有“防火墙”，一个蓬勃发展的行业开始崩溃，其影响终将波及其他行业。随着房地产相关行业的就业机会继续丧失，工资收入将继续受到影响，从而给消费者带来压力。企业将随之变得更加谨慎，并进一步减少资本支出。他警告说，美国经济离衰退已经很近，而美国的增长乏力将给世界带来重大影响①。

人们没有预料到的是，斯蒂芬·罗奇竟一语成谶——罗奇的话音未落，美国的次贷危机已经开始敲门了。

1.2 “黑云压城城欲摧”——次贷危机开镜（2007年2月至2008年5月）

2007年2月，美国抵押房贷市场开始收缩，一些金融机构为次级房贷业务增拨坏账准备金，个别房地产抵押贷款机构发布预亏公告，房贷机构开始预感到前景不妙。

2007年4月2日，美国第二大次级抵押贷款供应商——新世纪金融公司（New Century Financial Corporation，NCFC）面对来自华尔街174亿美元的逼债宣布申请破产保护，标志着美国金融危机正式拉开序幕。

由于当时的问题主要出自少数房地产次级抵押贷款机构，美国主流媒体将危机限定在与次级贷款有关的金融机构，故称为“次贷危机”。当时华尔街尚比较乐观，高盛、摩根士丹利等机构发布报告，称次贷坏账规模不会超过200亿美元。但接下来的情形让华尔街的金主们不由得倒吸一口凉气，大批与次级住房抵押贷款有关的金融机构纷纷破产倒闭，超过20家次贷供应商宣布破产，整个次贷行业面临崩溃。

2007年7月10日，美国著名的资信评级机构标准普尔公司降低了对总价值约52亿美元的399种次级抵押贷款债券的信用评级，受此影响全球各大股市大幅下挫，跌幅普遍超过1%。

2007年8月1日，澳大利亚麦格理银行声明旗下两只高收益基金投资者面临25%的损失；8月2日，德国工业银行估计本行将出现82亿欧元的亏损，原因是银行本身以及旗下一个规模为127亿欧元的“莱茵兰基金”（Rhineland Funding）参与了美国房地产次级抵押贷款市场业务；8月6日，美国第五大投资银行贝尔斯登公司（Bear Stearns Companies Inc.，BSC）宣布受美国次级抵押贷款市场危机的拖累，公司旗下的两只基金倒闭，投资人的损失高达15亿美元。此前一天贝尔斯登总裁沃伦·斯佩克特（Warren Spector）宣布辞职；同一天，总部设在纽约的美国第十大抵押贷款机构——美国住房抵押贷款投资公司（American Home Mortgage Investment Corp.，

① 王艳红：《2007年美国房地产市场将继续低迷》，载《中国信息报》网络版 http://www.zgxxb.com.cn/news.asp?id=5840，2007-01-01。

AHM）正式向法院申请破产保护，成为继新世纪金融公司之后美国又一家申请破产的大型抵押贷款机构；8月9日，法国第一大银行巴黎银行宣布冻结旗下三只基金，同样因为投资了美国次贷债券而蒙受巨大损失。

受次贷危机影响，美国股市暴跌，欧洲三大股市全线下挫，原油期货和现货黄金等价格大幅跳水。2007年8月9日收盘时，纽约股市道琼斯指数比前一个交易日下跌387.18点，收于13 270.68点，跌幅为2.83%，是2007年2月27日以来的第二大跌幅，而标准普尔和纳斯达克指数下跌幅度也都超过2%。欧洲三大股市9日也大幅下挫。伦敦股市《金融时报》100种股票平均价格指数下跌1.92%，法兰克福股市DAX指数和巴黎股市CAC40指数下跌幅度也在2%以上。美欧股市暴跌还波及拉美股市，2007年8月9日巴西圣保罗交易所股票指数比前一个交易日深跌3.28%，墨西哥股市也下跌2.5%。此外，2007年8月10日收盘时，亚洲和澳大利亚等股市也都出现不同程度的下跌，其中，日本股市日经指数下跌406点，下跌幅度为2.37%，韩国股市下跌幅度更是高达4.2%，而澳大利亚股市也下跌了3.7%。

从2007年8月中旬开始，美欧各国政府展开了密集的市场救援行动。

表1-1　次贷危机阶段各国投入（承诺）救市资金汇总表
（2007年8月至2008年5月）

日期	国别/机构	投入金额（亿）		备注
		本币	折美元	
2007年8月9日	欧洲中央银行	948	1 308[①]	向银行提供
2007年8月9日	纽约联邦储备银行	240	240	临时拨备
2007年8月10日	日本中央银行	10 000	83.7[②]	向银行提供
2007年8月10日	澳大利亚储备银行		40	向银行提供
2007年8月11日	各国中央银行		3 262	向银行提供（其中美联储分三次共注资380亿美元）
2007年8月14日	美、欧、日中央银行		720	向银行提供
2007年8月20~21日	日本中央银行	18 000	155[③]	向银行提供
2007年8月21日	澳大利亚储备银行	35.7	30.1[④]	向银行提供
2007年8月22日	美联储	37.5	37.5	向银行提供
2007年8月22日	欧洲中央银行	400	541.4[⑤]	向银行提供
2007年8月23日	英国中央银行	3.14	6.3[⑥]	向银行提供
2007年8月23~30日	美联储	317.5	317.5	向银行提供
2007年10月13日	美国财政部/各大金融机构	1 000	1 000	购买抵押证券的超级基金
2007年10月18日	欧洲中央银行		5 000	向银行提供2周期限贷款
2008年1月24日	纽约保险监管机构	150	150	向债券保险商提供

续表

日期	国别/机构	投入金额（亿）		备注
		本币	折美元	
2008 年 2 月 14 日	美国政府	1 680	1 680	为期两年的刺激经济方案
2008 年 3 月 13 日	美联储	2 000	2 000	以 TAF⑦方式再向金融系统注入资金
2008 年 3 月 13 日	英国中央银行		100	向银行提供 3 个月期限贷款
2008 年 3 月 27 日	美联储	750	750	通过定期证券借贷工具向一级交易商提供美元公债
2008 年 4 月 21 日	英国中央银行	500	997.6	用政府债券调换商业银行持有的抵押资产
2008 年 4 月 22 日	瑞士中央银行		60	向银行提供
2008 年 4 月 22 日	欧洲中央银行		150⑧	向银行提供 28 天的短期借款
2008 年 5 月 1 日	美国众议院	3 000	3 000	批准房屋市场援助计划
2008 年 5 月 4 日	美联储	110	110	通过隔夜回购操作向市场注入临时储备金
2008 年 5 月 6 日	美联储	750	750	以 TAF 方式再向金融系统注入资金
2008 年 5 月 8 日	美国众议院	3 000	3 000	建立抵押贷款保险基金
	小计		25 489.1	

注：

①按纽约汇市 2007 年 8 月 8 日 1 欧元兑 1.3799 美元汇率估算。

②按纽约汇市 2007 年 8 月 8 日 1 美元兑 119.48 日元汇率估算。

③按东京外汇交易市场 2007 年 8 月 16 日收盘价 1 美元兑 116.13 日元估算。

④按纽约汇市 2007 年 8 月 13 日 1 澳大利亚元兑 0.8442 美元估算。

⑤按纽约汇市 2007 年 8 月 15 日 1 欧元兑 1.3536 美元估算。

⑥按纽约汇市 2007 年 8 月 15 日 1 英镑兑 1.9986 美元估算。

⑦TAF 是 Term Auction Facility 的缩写，可译为“短期标售工具”或“定期竞标工具”，是美联储为拯救次贷危机而推出的一项金融创新，参加竞标的金融机构可以用自己持有的资产证券化产品作抵押，以利率为竞标筹码，获取美联储的贷款。TAF 的原则很简单，愿意支付最高利率的机构得到贷款。TAF 有很多好处，既可以提供流动性，又可以控制注入资金的规模、降低资金成本，并且可以让资金到达最需要的机构手中及相对于窗口贴现市场的更多受众。

⑧按纽约汇市 2008 年 4 月 21 日 1 英镑兑 1.9957 美元估算。

资料来源：根据公开资料整理。

细心的读者可以发现，表 1－1 中所列投入资金，除美国政府投入的 1 680亿美元用于未来两年刺激经济之外，2.38 万亿美元的庞大资金均用于向金融体系注入流动性。这是因为，次贷危机暴发以后，金融系统的流动性严重不足，这种状况不仅使金融体系无法向实体经济部门提供资金支持，甚至无法清偿金融机构自身的债务，从而使整个金融体系崩溃，将实体经济拖入泥潭。正因为如此，各国政府不惜一切代价，全力抢救已处于风雨飘摇状态的本国金融系统。

向金融体系注入流动性，是西方国家应对金融危机的传统套路，属于货币政策的范畴。而另一种货币政策手段就是大幅降息。从 2006 年 6 月 29 日到 2007 年 9 月 17 日，美国联邦基金利率一直在 5.25% 的高位上运行。次贷危机暴发后的 9 月 18 日，美联储将联邦基金利率下调 50 个基点至 4.75%。随着危机的日渐恶化，美联储分别于 2007 年 10 月 31 日、12 月 11 日，2008 年 1 月 22 日、1 月 30 日、3 月 18 日、4 月 30 日连续六次下调联邦基金利率，使联邦基金利率水平降至 2.00% 的低位。与 9 月 18 日之前的 5.25% 相比，下调了 325 个基点，下调比率为 61.9%。就在 2007 年 9 月 6 日，欧洲中央银行议息会议还决定欧元区基准利率维持 4% 不变，英国中央银行也宣布维持 5.75% 的基准利率不变，但在 2007 年 12 月 6 日晚，英国中央银行却意外降息 25 个基点至 5.50%。2008 年 1 月 31 日，香港金融管理局也宣布基本利率下调 50 个基点至 4.5%。与此同时，美联储还下调了窗口贴现利率至 3.25%。

中央银行降息的意图十分明显。次贷危机导致金融机构损失惨重，造成严重的流动性不足，银行惜贷已成定局，长此以往会对实体经济造成伤害。大幅度降息可以缓解银行和其他金融机构流动性不足的问题，降低实体经济融资成本，提振股市，刺激经济向好的方向转变。

尽管在 2008 年 3 月中旬发生了摩根大通（J. P. Morgan Chase & Co.，JPM）对美国第五大投资银行——贝尔斯登公司的收购案，但由于美元指数（US Dollar Index，USDX）① 反弹，股市回暖，太阳从云层中透出一缕光芒，华尔街又出现了一片乐观情绪。2008 年 4 月 30 日，美联储宣布降息 25 个基点，并在会后声明中去掉了“经济增长仍然面临风险”的措辞。2008 年 5 月 1 日，英国中央银行在金融稳定报告中指出，次贷亏损可能只有 1 700 亿美元。时任美国财长的亨利·保尔森（Henry Paulson）认为信贷危机已经过半。

但是，也有一些人保持着清醒的头脑。2008 年 4 月 20 日，美林公司

① 美元指数是综合反映美元在国际外汇市场的汇率变动情况的指标，用来衡量美元对一揽子货币的汇率变化程度。它通过计算美元和对选定的一揽子货币的综合变化率，来衡量美元的强弱程度。这些货币分别是欧元、日元、英镑、加拿大元、瑞士法郎和瑞典克朗。

(Merrill Lynch & Co.) 首席执行官约翰·塞恩 (John Thain) 声称不赞成信贷危机最困难时期已经结束的观点。美联储前主席阿兰·格林斯潘 (Alan Greenspan) 指出，现在判定次级抵押贷款市场崩溃引发的信贷危机已经结束，还为时过早。美联储主席伯南克预计美国房市将进一步恶化并危害整体经济。

总的来说，美国政府积极的货币政策措施取得了成效。2008 年第二季度美国的经济增长率不降反升，由第一季度的 0.9% 大幅度提高到 2.8%。根据美国商务部公布的数据，第二季度美国经济增长加速主要得益于出口强劲以及消费支出增加。受美元贬值推动，第二季度美国出口增速为 9.2%，高于第一季度的 5.1%。受布什政府总额达 1 680 亿美元的经济刺激计划的推动，个人消费开支第二季度增长了 1.5%，高于第一季度的 0.9% 的增速。个人消费开支占美国国内生产总值约 2/3，因而对经济总体的影响至关重要。美国第二季度的经济数据大大好于此前的预期，似乎为市场的乐观情绪找到了一些依据。

1.3 "卡特里娜"去又还——金融海啸肆虐（2008 年 6 月 ~）

美国东部时间 2005 年 8 月 28 日上午，美国国家飓风研究中心公告，5 级飓风"卡特里娜"将于次日清晨在路易斯安那州东南沿海登陆。消息发出两小时后，飓风速度增至每小时 282 公里，并向西北方向移动，脆弱的新奥尔良成为飓风矛头所指。

2005 年 8 月 29 日清晨 6 点 10 分飓风袭击了新奥尔良。在 48 小时前，国家飓风中心就已经提前预警，飓风可能摧毁新奥尔良的大堤（新奥尔良的很多地方在海平面以下或是平行于海平面）。5 小时后，联邦紧急救援局局长迈克尔·布朗才要求派遣 1 000 名救援人员在两天内赶赴灾区。然而美国总统布什正在得克萨斯州的农场度假。接到飓风袭击的消息后，他继续度假到星期三，然后中止度假。在从得克萨斯州飞回华盛顿的路上，空军一号在新奥尔良上空盘旋视察了灾区。

白宫的救援指挥部在飓风袭击的 36 小时后成立，并且决定在第二天开展工作。2005 年 8 月 30 日，新奥尔良开始发生大范围的武装抢劫和放火行为。当一名游客向警方求助的时候，得到的答复是"你去死吧！现在都是各顾各的了"。2005 年 8 月 31 日，1 500 名警察接到命令，放弃搜索幸存者，改为执行维护治安的任务，同时宣布宵禁。灾难发生 48 小时后，第一批国民警卫队开进新奥尔良，但他们中的不少人抵达目的地后所做的第一件事居然是找地方睡觉和打牌。

据美国媒体报道，2005 年 9 月 2 日，即飓风袭击新奥尔良的第五天，当布什视察完灾情走出新奥尔良机场，还和身边的人笑谈自己曾经在休斯敦度过的开心岁月；到了 2005 年 9 月 4 日，他的政府班子开始意识到问题的严重性，于是把对抗国内外舆论压力当做一个政府危机来对待。媒体和民众当然不依不饶。《纽约时报》记者莫琳·多德在2005 年9 月3 日的文章中写道："无政府状态、死亡、抢劫、强奸、趁火打劫的歹徒、无辜者遭殃、基础设施遭到破坏、警力不足、军队人数不够、政府的规划毫无章法……寻找'当时谁知道呢'这种借口是站不住脚的。"

"卡特里娜"飓风给 2005 年的美国经济罩上了一层阴影。新奥尔良市区一度有 80% 的面积被洪水淹没，约1 100 人死亡，数十万人被疏散。这场飓风给美国南部沿海地区造成的损失估计高达800 亿美元，成为美国历史上最严重的自然灾难之一。同时，这场灾难也使美国政府的反应迟钝、救援不力广为世界各国诟病，"卡特里娜"简直就是布什政府的一场噩梦。

不幸的是，时隔三年，"卡特里娜"又带着阴险的狞笑杀回来了——金融海啸正式登陆诗情画意般的美利坚合众国。

2008 年 4 ~5 月，华尔街一片祥和氛围——风和日丽、人人的脸上洋溢着笑容。人们都以为风暴过去了，但是人们忘了，两次风暴的间歇期往往是异常宁静，但这宁静有时预示着更大的风暴即将来临。2008 年 6 月下旬，风云突变，华尔街形势急转直下，金融风暴再一次铺天盖地席卷袭来。

2008 年 6 月 25 日，美国最大的次级抵押房贷公司——美国国家金融服务公司（Countrywide Financial Corp.，CFC）以 28 亿美元的代价被美国银行（Bank of America Corp.，BAC）收购。

自 2008 年 6 月底以来，美国另一家位于加州的房贷机构——印地麦克银行（Indy Mac Bank），在短短的 11 天中被储户提走了 13 亿美元现金，由于面临资金枯竭，2008 年 7 月 11 日印地麦克银行宣布倒闭。联邦存款保险公司（Federal Deposit Insurance Corporation，FDIC）提供的数据，印地麦克银行是美国史上第二大倒闭银行，仅次于 1984 年破产的大陆伊利诺伊国民银行，后者资产接近 400 亿美元。2008 年 8 月 26 日，联邦存款保险公司在它的季度报告中说，截至 6 月 30 日，出现在问题银行名单上的银行已经从第一季度的 90 家增加到 117 家，为 2003 年中期以来最高。

2008 年 9 月，堪称 21 世纪华尔街的"滑铁卢"。

2008 年 9 月 7 日，美国政府出资 2 000 亿美元接管了陷入巨额亏损、濒临倒闭的两大住房抵押贷款机构——房利美（Fannie Mae）和房地美（Freddie Mac）。根据接管方案，美国财政部将向房利美和房地美注资，并收购相关优先股；两大机构的首席执行官被限令离职，政府相关监管机构接管两大机构的日常业务，同时任命新领导人。当时的财政部长保尔森表示，房利美和房地美的问题使金融市场面临系统性风险，接管这两大机构是当前保护市场和纳税人的最佳手段。

2008 年 9 月 15 日，美国第四大投资银行雷曼兄弟公司（Lehman Brothers Holdings Inc.，LBH）因陷入严重财务危机宣布申请破产保护。同日，美国第三大投资银行美林公司作价 440 亿美元被美国银行收购。据统计，雷曼兄弟公司的资产规模高达 6 000 亿美元，而美林公司更是达到了 9 000 亿美元。

美国当地时间 9 月 16 日晚，美联储宣布，已授权纽约联邦储备银行（New York Federal Reserve Bank）向濒临破产边缘的全球最大的保险巨头——美国国际集团（American International Group，AIG）（以下简称 AIG）提供 850 亿美元紧急贷款。美联储在当天发表的声明中称，在目前情况下，如果放任 AIG 破产，对已极其脆弱的金融市场来说无异于雪上加霜，并且将极大提高市场的借贷成本，进一步削减美国家庭财富，并将对经济增长产生实质性危害。美联储称，在美国财政部的全力支持下，遵照《联邦储备法》第十三条第三款，授权纽约联邦储备银行向 AIG 发放贷款。贷款窗口的有效期为 24 个月，利率为 3 个月期 LIBOR（伦敦银行间同业拆放利率）再加 850 个基点。为保障纳税人的利益不受损害，贷款将以 AIG 的全部资产为抵押。作为提供贷款的条件，美国政府将持有 AIG79.9% 的股份，并有权否决普通股和优先股股东的派息收益。这也意味着美国政府仿照接管"两房"模式接管了该集团。

2008 年 9 月 21 日，美联储宣布批准美国第一大投资银行高盛（Goldman Sachs Group，GS）和第二大投资银行摩根士丹利（Morgan Stanley）转为银行控股公司。至此，昔日曾叱咤风云、不可一世的华尔街五大投资银行全军覆灭。

2008 年 9 月 25 日，美国监管机构接手美国最大储蓄银行华盛顿互惠银行（Washington Mutual Inc.，WaMu），并将其部分业务出售给摩根大通银行。

2008 年"黑 9 月"，"金融海啸"以排山倒海般的气势袭来，八大巨型金融机构或倒闭或被政府"国有化"或改弦易帜，令全球为之震惊。与此同时，数不清的金融机构濒临破产倒闭的境地，华尔街金融业哀鸿遍地。为"挽狂澜于既倒，扶大厦之将倾"，9 月 20 日，一向提倡"纯粹"自由市场经济、反对政府干预的共和党布什政府终于向国会提交了 7 000 亿美元的金融救助计划。布什政府救助计划的核心内容是财政部将获得授权购买最高达 7 000 亿美元的不良房屋抵押贷款资产。政府希望在两年内解决金融系统存在的所有问题，预防或减轻金融危机对实体经济的影响，避免出现 20 世纪 30 年代那样的经济大萧条。

海啸作为一种自然现象，虽然持续的时间不长，其危害却是灾难性的。海啸过后尸横遍野、满目疮痍，令人唏嘘不已——金融海啸也具备如此的魔力。

其一，各国的金融体系遭到严重破坏，要恢复到危机前的水平至少需要5~10年的时间。

从美国的情况看，五大投资银行或倒闭或被收购或转行为银行控股公司，“两房”和AIG被“国有化”，抵押贷款银行几乎全军覆灭，近50家商业银行宣布破产，美国银行、花旗集团等大型金融机构资产恶化也已经到了濒临破产的边缘，排队等候破产的中小银行数以百计。曾准确预言美国金融危机暴发的纽约大学经济学教授鲁宾尼描述的形势更为严峻，美国金融业遭受的信贷危机损失将达到3.6万亿美元，银行体系实质上已经破产，“我们仍旧处于严峻的银行业和金融市场危机当中，情况有可能进一步恶化”①。

除美国以外，欧洲的银行业也招致重创。在英国第五大抵押贷款机构北石银行（Northern Rock Bank，也译称诺森罗克银行或北岩银行）陷入次贷危机泥潭之后的2007年2月21日，英国议会通过了将其国有化的议案，授权政府将北石银行的所有股份暂时归入其名下，并由独立的审计机构来计算股东的收益。这也成为了20世纪70年代以来英国的首起企业国有化案例。2008年10月13日，英国财政部在其网站上宣布，政府将对本国最大的三家银行——苏格兰皇家银行（Royal Bank of Scotland，RBS）、苏格兰哈利法克斯银行（HBOS）和劳埃德TSB银行（Lloyds TSB，又译莱斯银行），注入总额370亿英镑的资本金。RBS在2008年亏损241亿英镑，英国政府2009年2月26日宣布，打算对该行再注资255亿英镑（365亿美元）。注资后，英国政府成为RBS最大股东，持股比例高达95%。2009年3月7日，英国政府再次出手，接手该国第三大银行——劳埃德TSB银行集团2 600亿英镑的“有毒资产”，作为交换条件，政府对该行持股从现阶段的43.5%上升为65%，甚至高达75%。至此，英国大型银行中尚未国有化的仅余汇丰（HSBC）和巴克莱（Barclays Bank）两家。

北欧只有约30万人口的岛国——冰岛，也成为了金融危机的重灾区。受全球金融危机影响，冰岛三家最大的银行在2008年10月几天的时间内接连倒闭，该国硕果仅存的第四大银行——Straumur - Burdaras投资银行勉强撑到2009年3月上旬。当地时间3月9日，冰岛金融监管局宣布接管Straumur银行。至此，冰岛四大银行均因金融危机冲击被政府接管。

其二，全球股票市场阴跌不止，2008年全球股票市值蒸发30亿美元。

① 皇甫平丽、刘延棠、李洁等：《金融海啸中的大国经济：三类新兴经济体受拖累》，载《瞭望》新闻周刊，2009-02-28。

金融危机严重打击了全球股票市场。2008 年 10 月 6 日，道琼斯综合指数跌破 1 万点大关；周四延续了接连 7 个交易日的颓势，跌 679 点（下挫 7.3%）至 8 579 点，自 2003 年以来首次跌破 9 000 点。在 10 月 12 日之前的一周内，伦敦富时 100 指数与日本日经 225 指数分别累跌 21% 及 24%，摩根士丹利 MSCI 全球指数跌幅达 20%，创下自 1970 年有记录以来最大一周跌幅。10 月 6 日至 10 日一周内欧洲基准股票指数下跌了 22%，这是近 20 年来欧洲股市的周最大跌幅。道琼斯工业平均指数也经历了自 1914 年以来的周最大跌幅。23 个经济发达国家的 MSCI 全球指数也下跌了 20%，这也是其 1970 年有记录以来的最大跌幅。全球市值在短短一星期内蒸发 6 万亿美元。

从 2008 年 9 月 12 日到 10 月 13 日，一个月时间内，道琼斯工业平均指数跌幅 17.81%，纳斯达克指数跌幅 18.44%，标准普尔 500 跌幅 19.84%，日经 225 指数跌幅 32.24%，韩股综合跌幅 12.81%，香港恒生指数跌幅 15.71%，德国 DAX30 指数跌幅 18.8%，伦敦金融指数 100 跌幅 21.41%，法国 CAC40 跌幅 18.49%。

据新华网 2008 年 12 月 26 日报道（标题：2008 年美国股市跌幅巨大最糟糕一年），根据市场数据，相比 2007 年最后一个交易日的收市点位，纽约股市标准普尔 500 指数迄今已经下跌了 40.6%。在历史上此前仅有 1931 年的市场跌幅超过目前水平，达到 47.1%。而根据道琼斯威尔希尔 5000 指数所反映的情况，2008 年以来美国股市市值“蒸发”达创纪录的 7.3 万亿美元之巨。另据专家估计，截至 2008 年 10 月中旬，2008 年全球股市已经损失 25 万亿美元①。而据香港联合早报网转引香港大公网报道，2008 年，全球股市市值蒸发 30.1 万亿美元②。

表 1－2　2008 年全球股市“跳水”排行榜

排名	股市	跌幅（%）
1	冰岛 OMX 15 指数	94.49
2	俄罗斯 RTS 指数	76.00
3	越南股指	74.29
4	中国上证指数	65.39
5	奥地利 TAX 指数	61.21
6	埃及 CMA 指数	55.17

① 综合报道：《全球投入救市金额近 3 万亿美元　各国救市行动一览》，http：//news. xinhuanet. com/fortune/2008－10/15/content_10198107. htm，2008－10－15。

② 李洁仪：《2008 年全球股市蒸发 30 万亿美元》，http：//www. zaobao. com/special/newspapers/2009/01/hongkong090101f. shtml，2009－01－01。

续表

排名	股市	跌幅（%）
7	比利时 BFX 指数	53.79
8	挪威 OSEAX 指数	52.59
9	荷兰 AEX 指数	52.19
10	印度孟买指数	52.11
11	以色列 TA100 指数	51.85
12	印度尼西亚综合指数	50.64
13	阿根廷 MERV 指数	49.82
14	新加坡海峡指数	49.15
15	意大利 MIBTel 指数	48.66
16	中国香港恒生指数	48.27
17	中国台湾加权指数	46.05
18	法国巴黎 CAC40 指数	42.70
19	东京日经 225 指数	42.12
20	瑞典 OMXSPI 指数	41.96
21	纳斯达克综合指数	41.53
22	澳大利亚普通股指数	41.00
23	韩国综合指数	40.73
24	法兰克福 DAX 指数	40.37
25	马来西亚吉隆坡指数	39.84
26	标准普尔 500 指数	39.35
27	瑞士苏黎世指数	34.77
28	道琼斯工业平均指数	34.65
29	新西兰 NZ50 指数	33.57
30	伦敦 FTSE100 指数	31.97

注：表中欧美股指跌幅按 2008 年 12 月 30 日收盘数据计算。

资料来源：忻尚伦：《全球股市排行榜：A 股缩水超 20 万亿　仅 31 只股上涨》，载《东方早报》，2009-01-01。

进入 2009 年，全球股票市场也未见“多云转晴”，股指继续下探，道琼斯 30 种工业指数一度下跌到 2009 年 3 月 2 日的 6 763.29 点，较 2007 年 10 月的最高点 13 930.01 点跌去了 51.45% 或 7 166.72 点，较 2009 年初的 8 776.39点跌去了 22.94% 或 2 013.10 点。截至 2009 年 5 月对 2009 年道琼斯指数最悲观的估计是美国著名投资家吉姆·罗杰斯（Jim Rogers）在 2008 年底《财富》杂志组织的财经名人看市节目中估计，2009 年道琼斯指数有可能跌至4 000点[①]。

表1-3　**2009年美国三大股指变动情况表**
（截至2009年3月）

指数	道琼斯30种工业指数	标准普尔500指数	纳斯达克综合指数
2008年12月31日	8 776.39	903.25	1 577.03
2009年1月30日	8 000.86	825.88	1 476.42
2009年2月17日	7 552.60	789.17	1 470.66
2009年2月19日	7 465.95	778.94	1 442.82
2009年3月2日	6 763.29	700.82	1 322.85
2009年3月19日	7 400.80	784.04	1 483.48
2009年3月24日	7 775.86	822.92	1 555.77
2009年3月31日	7 522.02	787.53	1 501.80

资料来源：根据公开资料整理。

其三，实体经济遭致严重冲击，西方发达国家集体陷入经济衰退。

表1-4　**2008年主要国家GDP的环比增长率**　单位：%

国家	第一季度	第二季度	第三季度	第四季度	2008年全年
美国	0.9	2.8	-0.5	-6.2	1.3
欧元区	0.7	-0.2	-0.2	-1.5	0.1
英国	0.4	0.0	-0.8	-1.5	0.7
日本	0.2	-0.9	-0.6	-3.3	-0.7
德国	1.3	-0.4	-0.5	-2.1	1.3

资料来源：中国人民银行上海总部、国际金融市场分析小组：《2008年国际金融市场报告》（2009年3月）http://shequ2.tool.hexun.com/ExpertFiles/20090316/7089403/97F77DBAB362D51BCAA68CD172FA37DE.pdf。

金融危机有一个逐步深化的过程，金融危机对实体经济的影响有一个逐步暴露的过程，人们对金融危机所造成的危害的认识也有一个逐步明了的过程。回顾一下金融危机暴发以来，世界银行、国际货币基金组织不断修改全球经济增长指标的过程，也是蛮有趣儿的一件事。

2008年6月，世界银行给出了2009年全球经济增长率将为3%的预测结论。2008年9月的金融海啸改变了世界银行的看法。2008年的11月11日，世界银行发布预测称，2009年全球经济增长率将仅停留在1%，主要原

① 凤凰财经：《罗杰斯等8大财经名人预测经济　道指明年或见4 000点》，中国证券网 http://big5.xinhuanet.com/gate/big5/www.cnstock.com/08haiwaigs/2008-12/17/content_3931163.htm，2008-12-17。

因是金融危机暴发导致实体经济加速恶化。世界银行预测包括新兴国家在内的发展中国家增长率为4.5%，而日美欧等“高收入国家”将出现0.1%的负增长，上次的预测分别为增长6.4%和2%。

此前，世界银行曾预测中国2009年的经济增长率为9.2%。2008年11月25日，世界银行在其所发表的季度预测报告中称，考虑到全球危机的影响，把对中国2009年经济增长的预测调低至7.5%。世界银行认为，最近几年在很大程度上受制于宏观调控措施的中国房地产市场目前明显受到影响，鉴于房地产市场的持续低迷，私人投资会降低，并且外部经济环境前景也不利。

2008年第三季度中国经济增长降至9%，为5年来最低的季度增长。自1991年以来，中国经济增长在8%～14%，除了1998～1999年增速在7.6%～7.8%。

2009年3月18日世界银行发布《中国经济季报》，将2009年中国GDP增长预测下调至6.5%，较2008年11月底的预测调低了1%。这份定期对中国经济进行评估的报告指出，中国银行业基本上没有受到国际金融动荡的影响，中国经济仍具有采取强有力刺激措施的大量空间。然而，随着全球危机加剧，中国的出口遭受重创，影响到社会投资和市场情绪，制造业尤其明显。根据这种情况，世界银行把对2009年中国GDP的增长预测下调至6.5%。

尽管如此，中国的经济增速仍有望继续超过大多数国家。从国内看，基于坚实的宏观经济基本面，刺激政策通过为经济活动和市场情绪提供支持，有助于缓解下滑。私人消费到2009年5月为止一直相当富有韧性，应能继续大幅增长，与此同时，政府主导的投资也已在加速落实。世界银行中国局局长杜大伟强调，在全球经济一片灰暗的背景下，中国相对来说是一个亮点。中国产品从出口转向内销，有助于产生立竿见影的刺激效果，同时为未来更具可持续性的增长奠定了基础。

2009年3月31日，世界银行发表报告预测，2009年世界经济将下滑1.7%，这比世界银行2008年11月11日的预测调低了2.7个百分点。世界银行当天公布的《全球经济展望》更新版预测，发达经济体仍是经济重灾区，其经济将整体下滑2.9%，其中美国经济下滑2.4%，欧元区经济下滑2.7%，日本经济下滑5.3%。

受全球金融和经济形势恶化冲击，发展中国家经济不容乐观。这份报告预测，发展中国家经济2009年增幅只有2.1%，大大低于2008年世界银行预测的5.8%的增幅。其中，中国经济增长6.5%，印度增长4.0%，巴西增长0.5%，俄罗斯则负增长4.5%。如果扣除掉中国和印度经济，发展中国家2009年经济将出现零增长。报告指出，预计2010年世界经济可能有微弱复苏，但世界经济前景仍有不确定性。

2008 年 7 月，国际货币基金组织在其所发表的《世界经济展望》(*World Economic Outlook*) 中预测，2009 年的全球经济增长率为 3.9%。鉴于 2008 年 9 月美国的经济金融形势急剧恶化，10 月国际货币基金组织将 2009 年的全球经济增长率下调为 3%。2008 年 11 月 6 日发表的《世界经济展望》，国际货币基金组织再一次下调了 2009 年全球经济增长率预测，并预计发达经济体经济 2009 年将出现第二次世界大战以来的首次收缩。据国际货币基金组织 2008 年 11 月 6 日当天公布的最新预测，2009 年全球经济增长率为 2.2%，比该组织 2008 年 10 月的预测下调 0.8 个百分点，比该组织 2008 年 7 月的预测调低了 1.7 个百分点。

《世界经济展望》预计，2009 年七大工业国无一例外，GDP 都将收缩。其中以英国最为严重，增长率为 -1.3%；美国、欧元区和日本的增长率分别为 -0.7%、-0.5% 和 -0.2%。欧元区的两个主要经济体德国和法国将分别负增长 0.8% 和 0.5%。发达经济体经济 2009 年将下降 0.3%，而一个月前的预测为增长 0.5%，调低了 0.8 个百分点，这是国际货币基金组织自 1944 年成立以来首次预测发达经济体全年 GDP 负增长。新兴市场和发展中国家的增长率也被调低 1% 至 5.1%。

国际货币基金组织一直看好中国经济增长的潜力，在 2008 年 10 月 8 日发表的《世界经济展望》报告中预测，2008～2009 年两年中国经济增长速度将有所放缓，但增幅仍有望分别达到 9.7% 和 9.3%，在主要经济体中首屈一指。报告说，受出口增长放缓等因素影响，中国 2008 年上半年经济增长率将低于 2007 年同期水平，但受投资和消费稳定增长推动，中国经济仍将保持活力。

2009 年 1 月 28 日，国际货币基金组织第三次修改自己的预测结论，预测 2009 年世界经济增长率为 0.5%，较 2008 年 11 月预测的 2.2% 大幅调低 1.7 个百分点，为战后世界经济的最低增长率。同时，该组织预测 2009 年中国经济将增长 6.7%，比 2008 年 10 月的预测调低了 2.6 个百分点，并预计 2010 年增长将恢复至 8.0%。另外，该组织预测发达国家经济增长为 -2.0%，其中美国为 -1.6%，日本为 -2.6%，英国为 -2.8%，分别比 2008 年 11 月的预测调低了 0.9 个、2.4 个、1.5 个百分点。

该组织还预测全球金融机构的损失将达 22 000 亿美元，比 2008 年 10 月的预测提高六成。该组织指出，单向金融机构注资已经不能应对目前的困局，需要尽快从根本上将不良资产彻底剥离。

2009 年 3 月 19 日，国际货币基金组织发表报告说，2009 年世界经济将下降 0.5% 至 1.0%，为 60 年来首次负增长。国际货币基金组织在这份提供给 20 国集团的分析报告中说，尽管许多国家都出台了大规模刺激经济计划，但全球贸易仍在继续萎缩，制造业和就业数据都显示，世界经济在 2009 年第一季度继续收缩，而2008年第四季度世界经济下降了5%。

根据该分析报告，2009年全球经济将下降0.5%至1.0%；其中发达国家经济将遭遇“深度衰退”，2009年将下降3.0%至3.5%。在发达国家中，美国经济2009年将下降2.6%，欧元区下降3.2%，日本则会下降5.8%。

新兴和发展中经济体情况略为好些，其经济2009年仍将增长1.5%至2.5%。不过，由于受出口萎缩冲击，包括中国在内的亚洲经济都将放缓。但报告也指出，中国内需将会受到强有力刺激经济政策的支持。

国际货币基金组织在报告中呼吁20国集团成员制订相当于国内生产总值2%的经济刺激计划，以促进经济复苏；同时各国应采取有效措施，稳定金融市场。报告还警告，如果发达国家金融市场状况继续恶化，其经济衰退将会更加严重。

有关2009年的全球经济增长率，世界银行的三次预测结果分别是3%、1%、-1.7%，国际货币基金组织的五次预测结论分别是3.9%、3%、2.2%、0.5%、-0.5%~-1.0%，是金融危机逐渐深化过程的绝妙写照。世界银行和国际货币基金组织预测的共同点有两个：一是对2009年世界经济形势的看法越来越悲观，二是对主要发达国家经济恶化程度加深形成了共识。

2008年9月的“金融海啸”暴发以后，布什政府目瞪口呆、惊恐万状，仿佛世界末日降临了。不过高官们总算缓过神来了，于2008年9月20日迅速推出了规模为7 000亿美元、旨在提振金融市场流动性的“不良资产救助计划”（Troubled Assets Relief Program，TARP），即金融业救援计划。计划中的7 000亿美元巨资主要用于收购流动性较差的抵押贷款相关资产，拯救已陷入绝境的美国金融业。令布什没有想到的是，7 000亿美元救市方案一出台，就引起了轩然大波。政府与国会、民主党与共和党、学界与政府吵成一团，继而又牵出华尔街金融高管不合理薪酬的问题，这一段插曲也是蛮有意思的。

先是美国120位经济学家联名致信国会，反对施行7 000亿美元的金融救援计划。这封题为“致住宅市场的代表和临时参议院主席”的信中，反对救援计划理由的第一条就是“公平性”：这个计划是用纳税人的钱去补贴给投资者（指华尔街金融机构）。投资者在有风险的情况下去创造盈利，需要能够承受损失。这些经济学家们认为，如果计划开始颁布，它的作用将会影响整整一代人。他们的意思是说，为了在短期内缓解危机而救市，破坏了市场经济的原则，这种做法不仅短视、愚蠢还将贻害无穷。

美国当地媒体2008年9月24日报道称，美国联邦调查局（Federal Bureau of Investigation，FBI）正在调查雷曼兄弟公司、房利美、房地美以及美国国际集团这四家已垮台的金融巨头及其高管是否存在抵押贷款欺诈行为。据透露，调查范围除四巨头外，还将扩及华尔街26家从事抵押贷款、投资与保险业务的大型金融机构。有分析人士认为，如果结果证实了“欺诈”的存在，将使布什政府7 000亿美元的救市计划面临更大压力——无论这个计划是否在未来几天内获得通过。因为已经有越来越多的人认为这个计划是在“为他人埋单”：赚钱的时候只有华尔街的金融大亨们获利，亏损了却要全民埋单，更何况这个亏损中可能存在欺诈。从2007年8月到2008年8月，美国政府投入的救市资金超过1.3万亿美元，如果再加上布什政府提出的7 000亿美元救助资金，政府投入的挽救华尔街金融机构的费用将高达2万亿美元。有人刻薄地声称：“华尔街上那些贪婪的猪不值得勤劳的美国公众伸出援手[①]”。

更大的麻烦在于，美国政府的7 000亿美元救市方案，须经美国参、众两院多数票表决通过。

对于救市方案，布什政府从未担心参议院不能通过，但对众议院能否通过则心存忐忑。

2008年9月25日，民主党、共和党两党议员磋商未取得共识，令美国国内一片哗然。据美国《纽约时报》透露，25日在白宫召开的救市方案相关紧急会议结束后，财长保尔森为缓和气氛，竟然在众议院议长佩洛西面前单膝下跪，请求她所在的民主党不要撤销对救市法案的支持。

2008年9月26日和27日，美国国会民主党、共和党两党议员就政府救市计划通宵达旦磋商，希望赶在29日亚洲股市开盘前达成共识。

2008年9月27日下午3点，由于众议院保守人士在25日对救援计划提出异议，保尔森于是开始与佩洛西进行会谈。当9个小时的会谈结束时，美国财政部10天前提交给国会的3页计划已经扩充至超过100页（最后扩充到400多页）。

2008年9月27日下午3点至5点30分，保尔森在佩洛西的会议室与共和党和民主党的代表展开了一系列磋商。出席会议的包括众议院共和党代表罗伊·布朗特（Roy Blunt）、新罕布什尔州参议员兼预算委员会成员朱迪·格雷（Judd Greg）以及众议院金融服务委员会主席巴尼·弗兰克（Barney Frank）。而参议院财政委员会主席马科斯·巴库斯（Max Baucus）曾一度对限制高管薪酬的问题与保尔森产生争执。

2008年9月29日下午1时30分，众议院议员在经过长达4小时的激辩之后投票。最终，228票反对、205票支持的结果令这项布什政府认为迫在眉睫、必须立刻实施的救市提案夭折。

2008年10月2日，众议院取消休会计划，再次讨论金融救援计划。众议院多数党领袖、民主党人霍耶发誓，众议员休想回家投入寻求连任的竞选，“直至这件事得到解决”（美国当地时间10月1日晚间，议案提交参议

① 杨正莲：《拯救华尔街惊心动魄13天》，载《中国新闻周刊》，2008（37）。

院投票表决，最终以74票赞成、25票反对获得通过）。

2008年10月3日晚间（北京时间10月4日凌晨），美国国会众议院以263票赞成、171票反对的较大优势通过了修改后的金融救援计划。北京时间10月4日凌晨3点，布什总统签署了这份题为《2008年紧急经济稳定法案》的7 000亿美元金融救助计划，从而美国政府有史以来规模最大的经济干预终于敲响了开场的锣鼓。

（有关救市方案在美众议院一波三折获得通过的经历，2008年10月9日的《中国新闻周刊》以《拯救华尔街惊心动魄13天》为题、2008年第41期《新民周刊》以《华盛顿惊魂七日》为题进行了详细报道，两篇文章细腻、传神，有兴趣的读者尽可一睹芳容。）

小贴士：美国的议会制度

“三权分立”是包括美国在内的西方资本主义国家的基本政治制度，其主要内容是：立法权、行政权和司法权相互独立、互相制衡；立法权由国会行使，行政权由总统（政府）行使，司法权由最高法院行使。

美国是一个联邦制国家，联邦和各州根据宪法享有和行使各自的权力。国家的这种制度，决定了美国立法体制的主要内容：国会和州议会分别是行使联邦和州立法权的主体。根据美国联邦宪法第一条，联邦政府的所有立法权力被赋予由两院（众议院和参议院）组成的国会。

两院的议员都由各州选民直接选举产生。参议院由每州出两名参议员组成，共100人（如2008年美国当选总统奥巴马，2005年被选为代表伊利诺伊州的美国国会参议员）。参议员任期6年，每逢双数年便举行选举，改选参议员的1/3。参议院主席由副总统担任，但除了在表决相持不下时，副总统并没有表决权。众议院由各州按人口比例分配名额选出，共435名众议员。众议员任期两年，期满全部改选。众议院选出自己的会议主持者众议院议长［美国现任众议院议长为现年（2008年）68岁的民主党女议员南希·佩洛西（Nancy Pelosi）］。

美国国会根据立法的实际需要，以及不同时期的国会和机构改革法，逐步形成了今天的参议院和众议院委员会制度，这些委员会是国会审议各种立法议案的核心，拥有很大的权力。凡是提交国会的议案，首先要经过委员会的审议或修正，通过后，才能分别提交参议院或众议院全院大会讨论。美国参议院会议厅位于首都华盛顿特区国会山庄的北翼，众议院在同一建筑物的南翼开会。

当参议院或众议院的全院大会对某一议案讨论完毕后，议员们对该议案进行投票。任何一院通过的议案都要提交另一院审议，如果法案被第二院修正，则由两院部分议员组成的协商委员会协商解决。法案一旦在两院通过，须送交总统签署后才能成为法律。如果总统否决，则可在两院2/3多数批准的情况下使法案成为法律。

参议院也称上议院，参议员名额较少且任期较长，允许学院派看法与党派之见，较众议院更易受制于公共舆论，同时也公认较为审慎。美国宪法赋予参议院拥有若干未授予众议院的权力，其中最重要的是：其一，美国总统批准涉外条约或任命重要政府官员（包括内阁阁员、联邦行政部门首长、大使、最高法院大法官与联邦法院首脑等）时，须“采酌参议院之建议并得其认可”（美国宪法第一修正案）；其二，有权在特定条件下复选副总统。

众议院也称下议院，一般被认为较参议院更具党派色彩。宪法制定者中有很多人企图让参议院（一开始是由州议会选举）成为公民直选的众议院的制衡机构。于是“建议与同意”权（如批准条约的权力）授权仅由参议院单独行使。但众议院也有其独有的权力：有权提出财政案和弹劾案（但须经参议院复议），有权在特殊条件下复选总统。然而，所有这些权力都可由参议院反制（Counter－Check）。

两院制的国会是1787年美国制宪会议上所订立的康乃迪克协议（Connecticut Compromise）各方妥协的结果。实践中，参议院拥有的权力较众议院多，参议院所负的责任较众议院重，参议员一般较众议员更具威望，可以代表更多选民的意见。

华尔街是美国经济机体的“血库”，华尔街停止运转了，实体经济就会因缺血而暴毙。因此，救华尔街就是救美国经济，就是救美国，救比不救对美国的伤害更小一些——多数的美国人心知肚明。不过不能太便宜了华尔街的这些贪婪的恶棍们，平日里他们作威作福，巧取豪夺，颐指气使，脑满肠肥，他们在大把大把赚钱的时候考虑到美国普通百姓的利益了吗？现在他们落难了，却要用普通纳税人的钱为他们埋单，世界上有这种“天上掉馅饼”的好事吗？此情此景有点像人们抓住了一个奄奄一息的小偷，恨不得踹上他几脚，临了还得把他送到医院去瞧病。由于无法与华尔街的大亨们直接对话，人们发泄的方式是给政府出点难题，布什、保尔森、伯南克之辈不是着急吗，用中国人的俏皮话说：我急死你！

华尔街的大亨们到底搂了多少钱？据美国最大工会组织劳联—产联披

露，2007年标准普尔500指数公司的首席执行官平均年收入为1 420万美元。其中，金融业高管薪酬尤高，美林公司首席执行官约翰·塞恩获得8 300多万美元，成为全美薪水最高的高管。

2008年10月31日的《华尔街日报》披露了一些信息。2002年以来，高盛集团、摩根士丹利、美林公司、雷曼兄弟公司和贝尔斯登五大投资银行总共已发放了3 120亿美元的薪资和福利。奖金通常占整个金融界总薪酬的60%左右，也就是说上述5家公司发放的奖金估计为1 870亿美元。这些钱差不多就等于全部次贷危机的损失了。

历史上华尔街公司一直将高管薪酬与公司整体盈利能力挂钩。2007年，高盛集团首席执行官劳埃德·克雷格·布兰克芬（Lioyd Greig Blankfein）的年收入为6 900万美元，比2006财政年度增加了26%。许多华尔街高管都希望高盛为下一轮年终奖金的发放定下整体基调。自从美国财政部宣布了向金融机构注资的计划后，这种既定的薪酬模式就饱受诟病。高盛集团、摩根士丹利和美林公司在首批接受政府总计1 250亿美元注资的9家公司之列，引得许多人担心纳税人的钱会被用来发奖金①。

经济学家、部分议员、普通美国百姓对救助资金被华尔街高管中饱私囊的担心绝非捕风捉影、杞人忧天。中央电视台白岩松主持的一档有关金融危机的节目中透露，美国政府花850亿美元去救AIG，救助计划公之于众的一个星期后，发现它的高管去加利福尼亚的海滩豪华度假，花掉了44万美元，结果被议员给曝光出来，在美国引起了很大的反响。

美国《华尔街日报》2008年10月31日公布一项分析报告，截至2007年底，接受美国政府金融救援资金的首批9家银行共欠高级管理人员养老金和延期支付奖金超过400亿美元。这意味着政府旨在缓解银行流动性危机的部分资金可能直接流入高管腰包。

根据《华尔街日报》分析，以高盛集团、摩根大通为例，2家金融机构所欠高管奖金分别为118亿美元和85亿美元。这些奖金主要包括企业先前财政年度未向高管支付的养老金和延期支付奖金。报道说，在推动数千亿美元救市计划过程中，美国政府曾努力确保受援金融企业不再向高管提供天价薪酬。然而，它们却忽视了企业先前年份未向高管支付的酬劳。在部分企业，高管应获酬劳甚至超过整个企业雇员的总奖金额。

据预测，2008年华尔街投资银行高层的年薪将比2007年下降40%。但是，分析家、薪酬咨询顾问和猎头一致认为：如果白宫不出手救助这些金融

---

① Randall Smith，Aaron Lucchetti，Susanne Craig：*Securities Firms Tackle Pay Issue*，New York：The Wall Street Journal，2008.10.31.

机构的话，这一数字原本应该是70%。据一位叫做詹森的首席薪酬咨询顾问预计，2008年一名华尔街投资银行常务董事分到的年薪将为62.5万美元。这一职位大概要求有8年的投资银行从业经历。尽管这一数字比照2007年将近110万美元的收入已经是大幅缩水，但是它仍然是普通美国家庭一年总收入的15倍。高级银行经理2008年也有望拿到100万美元年薪，即使是一名刚从学校毕业的债券经理人在2008年圣诞节也将有17万美元入账①。

华尔街金融高管们的贪婪与龌龊甚至已激起民愤。2008年12月10日《人民日报》一篇题为《离谱的老总年薪》的报道披露了一个细节：美国国会不久前举行听证会，接受质询的是已申请破产的雷曼兄弟公司董事长兼首席执行官理查德·弗尔德（Richard Fuld），他因把公司搞垮曾遭员工痛殴，在国会又被严厉质问。众议员亨利·韦克斯曼拿着他过去8年的个人收入表，厉声责问，“公司已破产，你却拿了4.8亿美元，这公平吗?”另一名共和党议员愤怒地骂他是“恶棍”。

小贴士：华尔街部分高管挥霍“救命钱”

王礼　陈闫亮　2008年12月23日《现代金报》

（新华社供本报特稿）

华尔街高管薪酬共计16亿美元

金融危机下，华尔街多家银行和金融机构濒临破产，依靠政府救助才得以幸存。然而美联社最近调查发现，眼下正在接受政府注资援助的116家美国银行2007年总共为高管支出薪水、奖金和其他奖励等近16亿美元。

那些获得政府救助资金的银行，仍在向高管提供惊人的福利，包括让高管使用公司的私人飞机。

人均年收入260万美元

美联社统计银行在美国证券交易委员会（United States Securities and Exchange Commission，SEC）登记的年度薪酬报告后报道，截至2008年12月23日，共有116家银行接受政府注资总额1 880亿美元。尽管有些银行因经营惨淡已削减高管薪金，但高管的薪酬仍高达几百万美元。

---

① 汤向阳编译：《华尔街高管薪酬依然“诱人”》，载《证券日报》，2008-11-03。

银行高管待遇包括现金奖励、股权持有、免费私人使用公司飞机和公车、家庭保安和乡村俱乐部会员资格等方面。116 家银行的近 600 名高管平均薪水、奖金和其他收益合计 260 万美元，其总额足以超过许多银行获政府注资的数目。

有些高管薪金有 7～8 位数

尽管有些银行采取了减薪措施，但有些高管的薪金仍然有 7～8 位数，令许多人望而兴叹。高盛集团首席执行官劳埃德·布兰克芬 2007 年的薪金数额近 5 400 万美元，而公司 5 位高管薪金总额达到 2.42 亿美元。

第一资本金融公司（Capital One Financial）总裁理查德·费尔班克（Richard Fairbank）因公司经营状况不好奖金减少 100 万美元后，仍然获得价值 1 700 万美元的股权（《福布斯》2005 年美国 500 强企业 CEO 薪水排行榜中，费尔班克曾以 2.4942 亿美元年薪名列榜首——作者注）。证券交易商美林公司总裁约翰·塞恩 2007 年收入达到 8 300 万美元，位居所有银行业老总之首。

公务飞机私用奢侈依旧

美联社 21 日报道，美国 6 家受到政府数十亿美元紧急财政援助的金融公司依然拥有自己的飞机。这些飞机主要用来运送公司高管参加商业活动或用于他们的私人旅游。

对这些高管而言，时间就是金钱，飞机直接充当他们的空中办公室，可以为他们节省时间。但华尔街高管们对于这种出行方式的依赖却逃脱了类似三大汽车巨头受到的谴责。

美国联邦航空局（Federal Aviation Administration，FAA）记录显示，获得政府 1 500 亿美元援助的保险业巨头、美国国际集团（AIG）拥有 7 架飞机，是受援助公司中拥有最大公务机群的企业之一。

数据显示，乘坐中型飞机从东海岸到西海岸旅行一次大约要花掉 2 万美元燃料费，加上飞机维护费、停机费以及机组人员工资等，“养”一架专机的费用不低。

（注：本引文中机构、人名的英文翻译为本书作者所为，文责自负。）

1.4 “环球同此凉热”——经济衰退进行时（2008年10月~）

“金融海啸”退潮之后，各国不约而同地展开大规模的救援行动。其主要措施有如下四个：一是向奄奄一息的金融机构注资“输血”；二是将濒临倒闭、“大到不能倒”的金融机构收归国有；三是大幅度降息（西方主要国家的利率均已降到历史最低水平，如美国0~0.5%，英国0.5%）；四是制订庞大的经济刺激计划。用巴菲特的话说，过去有病吃药是用杯，现在改成桶了。各国政府变成了西班牙作家塞万提斯笔下的堂·吉诃德，袒胸露背、大汗淋漓地挑战想象中的“风车”。

其中，以一揽子经济刺激计划最为抢眼。

2008年2月14日，美国总统布什签署了一项为期两年、总额达1 680亿美元的刺激经济方案。2008年10月4日，布什签署了总额为7 000亿美元的《2008年紧急经济稳定法案》（即TARP）。2009年2月17日，主政不到1个月的美国新总统巴拉克·奥巴马（Barack Obama）在美国西部城市丹佛签署了总额为7 870亿美元题为《2009年美国经济复苏和再投资法案》（*American Recovery and Reinvestment Act*，*ARRA*）的经济刺激计划，至此美国投入金融危机的救援资金已超过2万亿美元。7 870亿美元经济刺激计划是第二次世界大战以来美国政府最庞大的开支计划。该经济刺激计划几乎涵盖美国所有经济领域，资金总额中约35%将用于减税，约65%用于投资。

在签字仪式前的演讲中，奥巴马表示，经济刺激计划将是重振美国经济的一个起点，将“为美国经济实现持久发展和繁荣奠定基础”。但他也警告，美国经济仍面临严峻挑战，该计划并不意味着当前经济问题已得到解决。

截至2009年4月上旬，日本在不到8个月时间内推出了四个经济刺激计划，投入的总金额达到90万亿日元（约合9 000亿美元），超过日本2008年GDP4.844万亿美元的18%。

2009年4月8日欧盟委员会发表的一份特别报告显示，到报告发布为止，拥有27个成员国的欧盟用于应对金融危机的总投入已达到3万亿欧元（约合4万亿美元），约为欧盟各国国内生产总值的25%。报告说，自2008年9月国际金融危机全面暴发以来，欧盟委员会已作出50多项应对金融危机的相关决定，批准10个成员国25项旨在稳定企业和实体经济的救援计划。

在金融危机和经济衰退双重阴影的笼罩下，德国默克尔政府自2008年10月以来相继出台了“一揽子减负计划”、高达5 000亿欧元的金融市场“救市”方案和一项320亿欧元（约合410亿美元）的经济刺激计划，以提振国内经济、保障就业和刺激消费，但被广泛认为力度不够。2009年2月20日，德国联邦参议院又以多数票赞成通过了政府提交的第二个经济刺激计划，该计划也是德国战后出台的规模最大的经济刺激计划。根据该计划，政府将在2009~2010年两年内投入500亿欧元（约合650亿美元）的资金，主要用于公共基础设施建设。该计划还包括降低法定医疗保险费、增加职工培训措施、对汽车制造等工业企业实施特殊的救助办法等。综合来看，在扩大消费方面，默克尔政府利用了财政、税收、信贷等多种手段，主要采取了扩大财政支出加大对公共领域的投入、“打造就业安全网”大力保障就业、减少居民社会保险费支出、减轻居民税负等措施刺激消费。

法国新任经济振兴部长帕特里克·德韦吉安2009年1月6日说，法国经济刺激计划截至2009年1月涉及的资金总额已达4 280亿欧元。据悉，为了救助金融业和实体经济，法国政府推出了多项救市措施和经济刺激计划，其中包括3 600亿欧元救市计划、220亿欧元援助中小企业的计划、新建立的200亿欧元国家“战略投资基金”和2008年12月初推出的260亿欧元经济刺激计划。

在西方大国中，英国宣布的经济刺激资金可能是最少的。2008年11月24日，英国财政大臣达林发布预算报告并公布了一项总额为200亿英镑（约合296亿美元）的经济刺激计划。2009年1月12日，英国首相戈登·布朗（Gordon Brown）宣布推出一项总额5亿英镑（约合7.58亿美元）的就业刺激计划。两项相加不到400亿美元。但有人认为，英国政府不是不撒钱，而是花了不少冤枉钱。其一，布朗替纳税人做主为金融资本家买了不低于5 000亿英镑的账单——大部分救市资金被用于填补濒临破产的几家英国银行——北石银行（Northern Rock Band）、布拉德福—宾利银行（Bradford & Bingley）、苏格兰皇家银行（RBS）、劳埃德TSB银行（Lloyds TSB）和苏格兰哈利法克斯银行（HBOS）等银行的巨额债务黑洞。其二，布朗大把撒钱后的金融监管再度缺失，使“救命钱”招致挥霍。以北石银行为例，在英国政府投入总额超过400亿英镑资金将该银行从破产的边缘拯救之后的数月里，该银行非但没有汲取次贷危机的教训，反而持续发放了将近8亿英镑的次级按揭——其中有大量高达房价125%的贷款。还有北石银行、苏格兰皇家银行（RBS）等被国有或部分国有化的银行竞肆无忌惮地用税款来发放年终花红。“是可忍，孰不可忍。”布朗政府面对着在野党逼迫其为过去10

年来金融监管失误导致危机而道歉的尴尬局面[1]。

本次金融危机虽然在美国引爆，但受伤最重的却不是美国。美国是轻伤，日本是重伤，而英国是内伤。2009 年 4 月 9 日《中国金融报》一篇报道的题目就是："英国经济——一夜回到 30 年前"。经济合作与发展组织（OECD）分析，"英国政府已经几乎没有余地再实施另一项财政刺激方案"，说得通俗一点就是没钱。美国著名投资家乔治·索罗斯（George Soros）估计，英国政府的最后一招可能就剩下向国际货币基金组织借钱了[2]（怪不得 2009 年 G20 伦敦金融峰会英国竭力主张各国向国际货币基金组织注资）。

席卷全球的金融风暴，让"金砖四国"之一的俄罗斯面临严峻挑战。2009 年 3 月 9 日出版的《理财周报》曾用"命悬一线"来形容俄罗斯的经济景况。过去 10 年是俄罗斯经济发展的黄金时代，尽管较 2007 年下降 2.5 个百分点，2008 年俄罗斯的经济增长率仍然达到 5.6% 的高位。但在全球金融危机和国际油价暴跌的双重夹击下，俄罗斯经济却尽显疲态。2008 年 11 月，俄罗斯工业企业生产迅速萎缩，当月国内工业增加值与 10 月相比下降了 10.8%，比 2007 年同期则下降了 8.7%，12 月的工业生产更进一步萎缩。2009 年 1 月俄罗斯工业生产较 2008 年同比减少 16%，创 15 年来最大降幅，1 月的出口总额同比下降 41%，仅为 202 亿美元。莫斯科楼价跌幅更高达 25%。与俄罗斯楼市同为患难兄弟的股市，主要指数累积跌幅已超过七成，居世界各国股市跌幅前列。据俄罗斯官方 2009 年 1 月公布的数据，近几个月以来俄罗斯境内更是有 30 多万人丢掉了工作，总失业人数超过 500 万人。俄罗斯政府预计 2009 年俄罗斯 GDP 将下滑 2.2%，而世界银行 2009 年 3 月 30 日发表的预测报告则显示，2009 年俄罗斯国内生产总值将下滑 4.5%。世界银行报告说，全球需求不景气、日用品价格下跌以及信贷紧缩威胁企业生存等，都成为影响俄罗斯经济发展的重要因素。报告认为，受外部经济环境不景气影响，俄罗斯经济还有进一步恶化的风险。报告预测俄罗斯 2009 年就业形势将继续恶化，预计到 2009 年底失业率将达 12%。由于预期信贷继续紧缩，消费低迷，世界银行预测俄罗斯制造业 2009 年将持续萎缩[3]。

导致俄罗斯经济如此大幅下滑，最直接的因素就是近一年以来国际原油价格大幅下跌。在原料出口型经济结构下，俄罗斯经济长期与国际能源市场

---

① 范慧勇：《英国救市花了多少冤枉钱》，载《21 世纪经济报道》，2009－04－07。

② "金融大鳄"索罗斯：《英国经济或须求助 IMF》，http：//www.chinanews.com.cn/cj/gjcj/news/2009/03－30/1623431.shtml，2009－03－30。

③ 世界银行：《2009 年俄罗斯经济将下滑 4.5%》，http：//news.xinhuanet.com/fortune/2009－03/30/content_11101212.htm，2009－03－30。

密切挂钩。特别是国际原油价格，几乎成为俄罗斯经济的命根。据专家测算，每桶石油价格每下跌1美元，俄罗斯财政收入就缩水20亿美元，而俄罗斯也因为油价大跌产生了严重的财政赤字。俄罗斯政府曾预测国际油价会保持在每桶95美元的水平，而截至2009年3月底，国际油价已不到这一水平的一半。油价大幅下挫使俄罗斯经济受到沉重打击。随着金融危机不断扩散，国际市场石油需求锐减，油价大幅回落，受此影响，俄罗斯经济恐将陷入10年来的首次衰退。

俄罗斯的货币贬值问题同样令俄罗斯政府烦恼。自2008年9月底以来，卢布兑美元一路走软。为了支撑不断贬值的卢布，俄罗斯抛售了大量的美元。据《今日俄罗斯》（*Russia Today*）报道，仅在2009年1月12日至16日一周的时间内，该国中央银行就耗费了303亿美元来防止卢布进一步贬值。1月22日，俄罗斯中央银行设置了1美元兑36卢布的上限，但是，到了2月2日，该汇率已经突破了该上限达到1美元兑36.35卢布。从2008年7月至2009年5月，卢布兑美元已经贬值了35%左右。路透社消息称，俄罗斯在控制卢布贬值方面已经花费了2 000亿美元，相当于其外汇储备的1/3①。

“债务风险”则是俄罗斯迫切需要解决的另一个棘手问题。据俄罗斯中央银行统计，由于俄罗斯银行和企业从海外借贷的增长，2007年俄罗斯外债总额增加了48%，于2008年1月1日达到4 596亿美元。其外债规模相当于GDP的33%，外债问题很可能成为全球金融危机下俄罗斯经济的“软肋”。俄罗斯现在外汇储备有3 880亿美元，2009年有1 171亿美元的公司外部债务到期，其中521亿美元是银行外债。而截至2009年3月初俄罗斯累积债务高达4 670亿美元，其中私营部门债务为4 250亿美元，超过了外汇储备。

为了应对经济危机，2008年底俄罗斯政府曾推出了高达2 000亿美元的经济纾困计划，为国内的一些大银行增加了流动资金，并试图缓解证券市场的下滑势头，但并未阻止经济以惊人的速度恶化。2009年3月19日，俄罗斯总理普京主持召开政府部长会议，研究应对金融危机的7项新举措和修订2009年联邦预算，宣布俄罗斯政府将斥资2万亿卢布（约合588亿美元）落实反危机措施，内容涉及社会保障，保持工业潜能，扩大刺激内需，降低市场准入的行政门槛，关注中小企业生存，支持银行金融市场，抑制通货膨胀等领域。

在世界各大国中，中国是反应最迅速的国家之一。早在2008年11月9

① 尹娜：《油价的暴跌　俄罗斯经济“命悬一线”》，载《燕赵都市报》，2009-03-04。

日，中国政府就出台了总额为4万亿元人民币（约合5 860亿美元）的未来两年经济刺激计划。此后又推出10大产业振兴规划。从2009年第一季度中国经济的运行情况来看，这些措施已取得积极的效果。

根据笔者的统计，从2008年9月7日美国政府接管“两房”到11月9日中国政府公布4万亿元人民币经济刺激计划，世界各国投入或承诺的救援资金超过4万亿美元。而据鹏歌富达国际会计师事务所（Pannell Kerr Forster，PKF International or PKF）的统计，截至2008年11月中旬世界主要国家已经为反危机措施投入（或者计划投入）达到9.2万亿美元[①]。而据中国国际问题研究所世界经济研究员甄炳禧的统计，截至2009年第一季度末，世界各国政府已经承诺向金融和经济体系注入14万亿美元巨资，相当于世界GDP的20%[②]。

世界经济这种糟糕的局面何时会“触底反弹”？到底是“黎明前的黑暗”还是“黄昏后的黑暗”？如果是前者，意味着“柳暗花明”的春天不久就会来临了；如果是后者，人们还需可怜巴巴地挨过漫长的冬天。

2009年4月14日，美国总统奥巴马对上任近3个月以来美国的经济发展进行了中期总结之后，称美国经济已经有了开始好转的初步迹象。但环顾世界，2008年底以来，撞击人们耳膜的大多是坏消息。

有关这场全球经济衰退可能持续的时间，已经成为了最热门的话题。最乐观的判断是2009年春夏之交美国经济即可“多云转晴”，悲观的估计是金融危机可能还要持续5~8年（经济学家谢国忠、银河证券董事总经理滕泰、美国投资大师罗杰斯等），而多数人预计会在2010~2011年结束。

但也有人对上述预测不以为然，相反，认为2008年的金融海啸不过是本次经济灾难的序幕，经济复苏还需要相当长的时间。持此种观点的人士，提出了“金融危机第二波”的概念。

在国内，“金融危机第二波”观点的代表人物是《货币战争》一书作者、环球财经研究院院长宋鸿兵。宋鸿兵曾供职于美国“两房”，主要负责金融衍生产品的风险分析和自动审查系统开发等业务。2007年6月宋鸿兵出版了《货币战争》一书，他在该书中主张，在过去的200年间反复出现的经济危机幕后，有着以犹太裔金融资本家罗斯柴尔德（Rothschild）家族为代表的国际金融资本的背景，从而成为“金融阴谋论”的创始人。宋鸿兵认为本次金融危机也有幕后操纵者，是对冲基金或其他金融大鳄精心策划

① 《世界各国已斥资9.2万亿美元救市》，http：//world.huanqiu.com/roll/2008－11/282230.html，2008－11－14。

② 甄炳禧：《给美国经济衰退把把脉》，载《世界知识》，2009（3）。

的一场阴谋。由于语出惊人，宋鸿兵颇能吸引媒体的注意力和读者的眼球。

从2008年下半年开始，曾提前预测美国次贷危机的宋鸿兵，每次面对媒体都要探讨金融海啸的话题。宋鸿兵认为，美国金融海啸远未结束，而一场新的以62万亿美元企业债违约为代表的新一轮“金融海啸”即将登陆，而且认为新一轮“金融海啸”暴发的时间点最早可能在2009年2月①。

宋鸿兵在2009年2月22日的新闻发布会上提醒说，人们对于下一波金融海啸没有给予足够重视，这场新的危机并不是注入流动性可以扭转的。从现在到2009年第二季度可能会出现短暂的退潮，与2008年上半年次贷的短暂平息相似，但更大的海啸正在积聚力量。宋鸿兵认为，企业债中的垃圾债将是第二波海啸的引爆点。随着美国经济陷入衰退，垃圾债的违约率将大幅飙升，从目前的4.5%升至20%以上。将有上百家对冲基金、保险公司血本无归、最终倒闭，而原本被信用掉期工具保护着的商业银行资产负债表的问题也将暴露无遗。

据宋鸿兵预测，2009年4~9月，金融海啸第二波将在企业债的垃圾债市场集中引爆，损失总规模大约为20万亿美元，将是次贷损失的3倍。他甚至预言，在第二波金融海啸中，一些美国大型商业银行面临崩溃的危险，最终可能被国有化。与第一波中的“两房”被政府接管、雷曼兄弟公司申请破产保护一样，在宋鸿兵看来，花旗银行被国有化或申请破产保护，将是第二波危机中的标杆性事件。他同时认为，如今金融海啸第二波已经拉开帷幕，而危机可能在2009年下半年或2010年上半年提前深化进入下一阶段，令更大规模金融市场如多米诺骨牌一样崩盘。届时全球美元资产将出现信心危机，从而动摇美元世界储备货币的地位②。

对美国金融危机短期内结束持悲观态度的还有中国人民大学金融系主任、金融与证券研究所副所长赵锡军教授。2008年10月21日赵锡军在接受《证券日报》记者采访时指出，目前来看，还没有底部。美国当初发放的次贷是30年的期限，也就是说发放次贷到次贷全部还清是30年。次贷是2003年到2004年发的，截至2008年是第5年，后面还有25年呢，如果这期间，美国政府没有选择适当的措施，并且外部环境仍旧继续恶化的话，我们将无法乐观地估计，也就是说没有底了③。

2008年11月12日，国务院发展研究中心研究室副主任李志能应邀在

① 姜艳艳、宋鸿兵：《新金融海啸下月暴发》，http：//news. hexun. com/2009-02-25/114963413. html，2009-02-25。

② 但有为、宋鸿兵：《金融海啸第二波不久将到来》，载《上海证券报》，2009-02-23。

③ 胡潇滢：《美国金融危机何时见底》，载《证券日报》，2008-10-21。

人民网人民论坛栏目发表短文《可能引爆的雷区还有哪些》。李志能认为，最近美国金融危机披露的一系列事件，如“两房”危机，五大投资银行的或死或伤，AIG 和华盛顿互惠银行等的破产或被接管，不过是美国金融危机的冰山一角。随着市场信心的消失，引发美国高企的资产价格重估，随时可能引爆的雷区还有很多。

李志能指出，第一，“两房”被接管以后，事情远没有结束。它名下还有 5.2 万亿美元的问题款项，即总额 1.7 万亿美元的无担保债务和 3.5 万亿美元的抵押贷款；第二，次贷危机主要把公众的注意力引向了 12 万亿美元左右住房的贷款，实际上私人部门的债务是一个更大规模的问题。这些债务包括汽车贷款、商务借款、学生贷款、信用卡债务等，总额达 20 万亿美元；第三，商业抵押贷款是另一个没有谈及的故事，总额约 2.6 万亿美元；第四，寿险公司、信用联盟、地方政府的财务公司以及投资银行等约 7 万亿美元的债务或者贷款；第五，2008 年以来美国已倒闭了 12 家银行，美国联邦存款保险公司（FDIC）正在严密监控 117 家可能破产的银行。据一家名为 Navellier Research 的机构评估，至少有 500 家银行和 100 家存贷机构（Savings & Loan）目前面临财务危机。这些银行的贷款达 3 万亿美元。而一个可以用来参照的事实是：1987 年美国的金融危机中，先后有 747 家存贷机构倒闭。粗略地汇总一下，上述可能出问题的债务或贷款等金融资产的总额高达 41 万亿美元，加上房贷，约相当于美国当前 GDP 的 4 倍。因此，美国金融危机没有可能在短期内结束[①]。

新浪财经的一条消息似乎可以印证李志能的判断。消息说，2009 年 3 月 20 日，美国亿万富翁、投资家威尔伯·罗斯（Wilbur Ross）在他所参加的保险业会议上预测，在本次金融危机中倒闭的银行总数将达 1 000 家左右，截至 2009 年 5 月已经约有 200 家倒闭，未来几年中则还将有 800 家[②]。

2009 年 1 月 15 日，中国银行副行长朱民在《中国证券报》撰文指出，各国政府的救市政策并没有真正缓解次贷问题引发的本轮全球金融危机。他预计中期内国际金融市场还将持续动荡，由实体经济衰退带来的工业贷款、个人信用贷款违约率上升，可能引发第二波的金融危机。

朱民指出，虽然在过去的 18 个月内，大部分的金融机构都做了大规模的和次债相关的不良资产核销，但金融机构表内、表外的所谓“有毒资

---

① 《人民论坛》：《金融危机悬疑 20 问：美国会衰落吗?》http：//finance. people. com. cn/GB/70392/8325204. html，2008 - 11 - 12。

② 唐风：《美知名投资者罗斯预测还将有 800 家银行倒闭》，http：//finance. sina. com. cn/stock/usstock/economics/20090320/03236001082. shtml，2009 - 03 - 20。

产”，包括次贷、次债及相关衍生产品等引发的损失尚未全部核销，更多的金融机构将面临破产风险。目前经政府救助初步稳定下来的金融机构，包括大型金融机构也可能再次出现危机，并需要政府借助。可以预见，未来一两年内还会有众多中小银行破产、大量的对冲基金关闭、众多保险公司遭受严重损失，市场将继续动荡。

2009 年 1 月 21 日，香港金融管理局总裁任志刚在公布香港外汇业绩时首次以金融市场的“第二波冲击”来形容当前形势，并且警告第二波的传染性和震荡将比第一波更厉害。随后，他在春节后出席立法会会议时再次表示，不能忽略新兴市场受到冲击的风险。因为在金融海啸的影响下，各新兴市场经济下滑严重，抵抗力有可能被削弱，因而受到第二波冲击的传染性更高。2009 年 2 月 5 日，任志刚再度撰文表示：“有些人听了或会感意外，但我只是再提醒大家注意形势不断在变，有可能需要采取相应的防范措施。金融危机仍未结束，大家有必要保持戒备。”他估计，金融危机的下一步演变极有可能是第一波的延伸。目前不少发达国家的金融机构正陆续公布因制造、分销、买卖及持有“有毒”金融资产而直接或间接导致的庞大亏损；而各国政府也在推出史无前例的庞大挽救方案。

在谈到金融海啸第二波的渠道时，任志刚表示将会有三个。第一为首波余波未了，企业 2008 年第四季度业绩可能远差于市场预期；第二为在首波影响下的信贷紧缩及经济下滑情况出现恶性循环，并反弹至金融市场，引致大幅度调整；第三为贸易保护主义扩散至金融领域①。

中国人民银行研究生部部务委员会副主席王自力博士认为，金融海啸第二波可能有 3 个“触发点”：

金融海啸第二波的首要触发点，是“次优”抵押贷款。所谓“次优”抵押贷款，是指商业银行针对信用记录在次级抵押贷款和优质抵押贷款所规定的标准之间的人群所发放的贷款。该贷款设计的初衷是让那些信用记录良好但收入不固定的人士能买得起房，对于贷款人资质的证明文件要求极低，还可以接受还款额度低于累计的利息，因此得以名噪一时。但该贷款的变质速度和评级机构对其反应之强烈，让人瞠目结舌。2008 年 9 月美国金融海啸暴发前，穆迪还曾对“次优”抵押贷款持乐观态度。随着最近几个月的违约案例飙升，现在它预计这些抵押贷款所支持的债券将产生 4 倍于以前的损失。

评级下调的个案如潮水般增加，大量与“次优”抵押相关的资产纷纷

① 蒋家华：《金融海啸第二波侵袭路线图渐显　中国不会伤筋动骨》，载《中国证券报》，2009-02-25。

跳水。穆迪预计2006年至2007年发行的与“次优”抵押关联的证券损失将达到20%，然而其历史平均损失的数值还不到1%。据分析，贷款总额为1.3万亿美元的“次优”债券，损失可能将达到6 000亿美元，几乎与次贷危机的预计损失相同。有的银行将很大部分的“次优”证券以极低的折扣出售给对冲基金和其他资产管理公司。随着“次优”抵押证券的市价下跌，金融机构都将被迫接受“未实现”的损失。

金融海啸第二波的另一个触发点，是公司债、金融债及地方政府债。截至2007年底，仅美国公司债市场的总规模就已超过22万亿美元，而公司债中的垃圾债违约率不断攀升，由2007年8月1.4%的历史低点飙升至超过12%，其总规模已高达1万亿美元。目前，公司债违约问题已蔓延至众多产业，在被债券信用评级等机构点名的产业中，媒体、娱乐业、赌场饭店、汽车制造商及零售商等产业经营最为困难。信用评级机构标准普尔估计，263家接受评级的媒体与娱乐业者，有近九成存在违约风险。因此，美国很可能即将陷入史上最严重的公司债违约风暴。

全球金融体系已因抵押贷款、信用卡债务、学生贷款及其他消费信贷等违约率升高而损失上万亿美元，接踵而至的公司债违约潮将令局势雪上加霜。可以肯定，公司债违约问题势必对金融市场带来又一波冲击。届时，对冲基金和保险公司倒闭潮将涌现，美国商业银行系统会遭受前所未有的重创，多家商业银行巨头也很可能在这一波海啸中倒下。

金融海啸第二波的再一个触发点，可能是美国9 700亿美元的信用卡未偿还贷款。有报道称，过去10年中美国居民负债一直在上升，1999年至2009年，信用卡债务增加75%，而居民实际收入仅增长4%。根据美国劳工部的数据，随着经济衰退，美国1月份失业率为7.6%，是1992年9月以来的最高水平。一些经济学家预计，美国未来几个月失业率可能升至9%。随着失业人群的增加，越来越多的信用卡持有者将无力偿付信用卡债务。2009年，信用卡违约造成的坏账率有可能猛增到前所未有的10%，比过去10年5%的平均水平翻1倍；第一季度的坏账额将达到186亿美元，第四季度将进一步增至970亿美元。

更严重的是，过去4年，在美国最大的信用卡发行机构中，有7家曾将信用卡债务打包成为证券，出售给投资者。2009年以来，随着信用卡违约事件的不断上升，这很可能诱发多米诺骨牌效应。有业内人士表示，金融危机的第一波是“次贷”，目前正在经受的“卡债”打击，也许会横扫整个消费贷款市场。

王自力博士指出，金融危机第一波倒下的主要是投资银行，美国五大投资银行关张的关张、改行的改行。这一波倒下的可能是大的商业银行，这种级别的银行出问题，其影响是可想而知的。危机已经从金融市场蔓延到实体经济，信贷如果继续萎缩，不要说中小企业，像一些大型企业瞬间倒塌也不是什么稀奇的事。次贷危机已经让人头疼不已，但是更坏的情况也许还在后面。危机发展到这一步，究其原因是实体经济的衰退反作用于金融业①。

同样持悲观态度的还有瑞士信贷董事总经理兼亚洲区首席经济师陶冬。

“会不会有下一轮金融海啸?”这是2009年2月28日参加中证期货在深圳举办的2009年期货投资策略年会的投资者最为关心的话题。对此，陶冬的回答是：“有没有海啸我不知道，但是我可以告诉你，目前的地平线上至少有五个风暴正在形成。”

陶冬所说的“五个风暴”分别是指信用违约掉期（CDS）市场、新兴市场、欧洲银行、欧元和美国国债。“这五个在我看来是2009年金融市场可能面对的变化。2009年一定是大起大落的一年。这里面的风暴我不敢担保哪个‘爆’出来，哪个不‘爆’出来。”

陶冬特别提到信用违约掉期市场。他指出，因为虽然银行同业拆借利率被中央银行的“零利率”政策打压下去了，但公司债市场利率仍然高企，银行惜贷情况依然严重，而这将使一批企业倒闭，大量公司债无法偿还。进而牵连为它们担保的保险公司和投资银行，甚至可能重演雷曼兄弟公司倒闭的一幕。“信用违约掉期市场共有62万亿美元的合约，是目前金额最大的信贷类衍生工具市场，其‘爆炸’能量可想而知。”

对于中国经济，陶冬认为最坏的情况在2008年第四季度已经出现了，但并不意味着最好的时间很快就会到来。陶冬说：“过去拉动中国经济的是四驾马车：消费、投资、出口、房地产。今天一夜之间四匹马没有了，换成了一匹叫‘财政’的马，这匹马再肥再壮也很难像四匹马一样拉动经济往前跑，这就是今天中国经济所面临的问题。②”

陶冬所说的新兴市场，主要指东欧国家。美国金融危机暴发前，东欧一直是国际资本的“宠儿”，2007年，全球投资于新兴市场的资金总共为7 800亿美元，其中就有3 650亿美元流向了东欧，东欧第一次超过东亚，成为吸收外国直接投资最多的新兴市场。2009年2月17日，国际评级机构穆迪的一份报告向东欧扣动了扳机。该报告称，东欧形势不断恶化引发了该地区市场的动荡，并将波及西欧乃至纽约。2月25日晚，穆迪及另一家评级机构标准普尔又分别调低了乌克兰的评级，一时间，经济寒流大范围袭击了乍暖还寒的东欧。

① 王自力：《全球金融海啸第二波逼近》，载《第一财经日报》，2009-02-17。
② 黄婷、陶冬：《五大风暴威胁全球》，载《第一财经日报》，2009-03-02。

20 世纪 90 年代以来，东欧国家纷纷从转轨的阵痛中恢复，在此期间美国和西欧在对东欧的扶持力度上非常大。但天底下没有免费的午餐，美国和西欧对东欧大力扶持的背后，是东欧经济转轨后美国和西欧对东欧金融业和核心制造业的资本控制。据中国社科院东欧研究室主任孔田平介绍，斯洛伐克银行资产的 97.4%、捷克的 96.2%、克罗地亚的 90.4%、保加利亚的 80%、波兰的 79.6%、罗马尼亚的 70%、塞尔维亚的 60%、匈牙利的 58.9% 都为外国资本控制。

东欧作为一个经济体，目前遭受着四重挤压：

第一，外债高企。据估计，2008 年所有东欧国家的外债占国内生产总值的比率都超出 50%，远高于其他新兴市场国家。截至 2009 年 2 月底，东欧国家总债务为 1.7 万亿美元，其中 2009 年到期需要再融资的债务约 4 000 亿美元。这其中还不包括俄罗斯 2009 年到期的 1 000 亿美元债务。

第二，贸易逆差规模庞大。据统计，东欧国家贸易逆差占国内生产总值的平均比重从 2000 年的 2% 升至 2007 年的 9%，一些波罗的海国家更是高达 18.5%。

第三，本币贬值。由于外资抽逃和经济前景堪忧，东欧国家主要货币纷纷大幅贬值。自 2008 年夏天以来，波兰兹罗提对欧元汇率下跌 1/3，匈牙利福林对欧元汇率下跌 23%，捷克克朗对欧元汇率下跌约 17%。这让东欧国家陷入了更加尴尬的境地。一方面，为了避免外资出逃，缓解贬值压力，政府需要抬高本币利率；另一方面，要考虑通过降息来刺激本国经济，所以处于两难的境地。

第四，外资流入减少。有关数据显示，西方银行 2007 年对新兴市场资金净流入规模为 4 100 亿美元，2008 年下降为 1 670 亿美元。根据国际金融协会（Institute of International Finance）统计，2009 年流入欧洲新兴国家的投资资金，将从 2008 年的 2 540 亿美元骤减到 300 亿美元。不仅如此，2009 年西方银行从新兴市场撤出的资金预计将达到 610 亿美元，其中东欧新兴国家撤出资金 270 亿美元。由于东欧属于“输血型”经济，外资的大量撤离，必然导致东欧国家暴发系统性的金融危机①。

全球著名信用评级机构穆迪投资服务公司警告说，由于经济持续下行，加上宏观经济方面存在脆弱性，目前东欧银行体系面临的运营环境日益严峻，风险正在加剧。一些分析人士因而担心，东欧可能会成为金融危机第二

① 陈晓晨：《东欧金融危机新风暴眼是如何形成的》，载《第一财经日报》，2009－02－27。张翃：《东欧经济岌岌可危》，http：//www.caijing.com.cn/2009－02－27/110075077.html，2009－02－27。

波的“风暴眼”。

由于西欧银行当年在东欧投下重金，拥有巨额债权，因此东欧金融体系一旦陷入危机，势必会波及西欧，欧洲金融业将会为此付出惨重代价。据估算，西欧银行4.9万亿美元未偿贷款中，有将近75%都是贷给已陷入严重衰退的国家。未来不良贷款率上升几乎已经是板上钉钉，这些西欧银行将要在资产减记中艰难度日。

国家信息中心经济预测部发展战略处处长高辉清提醒说，作为最重要的西欧国家，德国和英国可能成为西欧最先倒下的国家。其中，德国拥有2009年到期的金融债券占西欧总额的八成五。而英国的情况看起来似乎尤为严重，具体表现在以下三个方面：一是英镑相对美元急剧贬值，其幅度明显大于欧元；二是一些老牌银行包括北石银行和苏格兰皇家银行等在内，部分投资性业务都转为国有化，降低了竞争力，导致股价大跌；三是金融机构实力减弱。若以资产负债表计算的话，英国银行资产约值4万亿英镑，仅仅相当于该国2007年GDP的2.38倍。鉴于这种情况，根据欧洲中央银行的预测，2009年欧元区GDP增长率将为-1%，即GDP出现负增长；而经合组织的预测则更为悲观，包括欧元区在内的大欧洲，实际GDP增长率可能为-2%至-3%①。

2009年2月3日，经济学家、北京邦和财富研究所所长韩志国教授在《光明日报》发表题为《全球金融危机的演化进程及其发展趋势》的文章，2月20日韩志国教授在《羊城晚报》“谈全球金融危机十大发展趋势”，3月3日又在个人博客上发表题为《全球金融危机第二波的五个新特点》的文章，俨然将“金融危机第二波”的问题系统化、范式化了。

韩志国教授对全球金融危机的发展趋势作出了可能是截至2009年5月国内经济学界最悲观的估计，认为这是一场人类历史上的最大经济灾难，这场危机的最坏时刻还远没有到来。

韩志国先生指出了金融危机的10个发展趋势：（1）全球金融危机的演进已经到了向实体经济全面扩散阶段，全球经济衰退与萧条的时代正在来临。（2）这次全球金融危机是有史以来规模最大、破坏最甚、危害最久的深刻危机，其对世界经济的长期负面影响会超过历史上任何一次。（3）由于发达国家金融体系中存在1∶30的信用杠杆率，因此这次金融危机的“去杠杆化”过程将会相当漫长、相当复杂也相当痛苦。（4）美国政府的救市政策正发生方向性调整，不再购买银行的不良资产而去救助实体经济将对正陷入困境的银行与金融机构造成重大冲击，会有更多的银行出现破产或倒

① 高辉清：《金融海啸第二波已如箭在弦》，载《上海商报》，2009-03-17。

闭。虽然各国政府动用巨额资金救市，但对于深陷危机的世界经济来说仍然是杯水车薪，到头来很可能还得由市场来自行化解危机，因此在现阶段，解决危机的前景仍然极其渺茫。（5）从金融危机向经济危机的转化是一个全面性与世界性的过程，第一阶段是过度消费型的国家发生经济危机，第二阶段是过度生产型的国家发生经济危机，第三阶段是过度资源供应型的国家发生经济危机，消费—生产—资源供应的因果链条将发生全面断裂。10 年来的经济全球化过程已经把整个世界经济联结成一个命运共同体，很难有哪个国家能在这场全球性的经济危机中独善其身。（6）虚拟经济与实体经济的负面影响会交互作用，美国股市很可能会跌到 5 000 点左右，全球主要股市至少还有 30% 以上的下跌空间。（7）全球主要商品市场的大熊市将持续 3 年以上时间，商品市场已经发生根本性的牛熊转折。对于世界经济来说，未来 3 年内所面临的将不是通货膨胀威胁而是通货紧缩危险。（8）黄金市场的“黄金时代”已经结束，黄金的保值功能将随着经济危机的深化而逐步丧失。（9）美元坚挺是一个暂时现象，虽然现阶段全球资本回流美国增大了对美元的需求，但美元泛滥对其在世界金融体系中的地位将产生长期负面影响。就危机的演进过程来看，美元的走势会呈现短期跌不深、中期涨不高、长期不看好的基本态势。（10）处于全球金融危机与经济危机之中的中国经济正处于下降通道，政府救市可以阻延下降过程，但不能改变下滑趋势。中国股市的牛市不是渐行渐近而是渐行渐远，只要在“大小非”问题上不能找到突破性与突围性的思路，中国股市就很难走出熊市而出现反转。2009 ~ 2010 年，中国经济与中国股市都将更为困难。

但也有的经济学家对“金融危机第二波”的提法不以为然。如独立经济学家谢国忠就认为，自 2008 年美国金融危机暴发算起，金融危机一直处于深化过程中。既然“第一波”没有结束，就谈不上什么“第二波”。

无论是在中国还是在美国，都有一些人对金融危机在近 1 ~ 2 年内结束抱乐观态度。但笔者同意韩志国教授的判断。在本次金融危机中，各国政府反应迅速，不惜大把花钱、不惜一切代价企图挽经济大厦之将倾，在笔者看来，这恰恰为经济危机的深化埋下祸根。

截至 2009 年 3 月中旬，各国政府支付与承诺的救援资金高达 14 万亿美元，占 2007 年世界 GDP 总量 54.31 万亿美元的 1/4。其中美国政府承诺的救市资金总额已达 9.9 万亿美元，占 2007 年美国 GDP13.22 万亿美元的 3/4 和美国 2008 年 GDP 总值 14.33 万亿美元近 70%①。有专家指出，与之形成

① 《美国政府承诺的救市资金已达 9.9 万亿美元》，http：//www.chinanews.com.cn/cj/gjcj/news/2009/03-20/1610060.shtml，2009-03-20。

对比的是，美国从立国到现在发生过 15 次大规模的支出，包括“一战”、“二战”等，总共的花费才 8.1 万亿美元。为应付本次金融危机，以美国政府为首的各国政府无异在进行一场旷世豪赌，不计“主义”、不计指责、不计后果，就像巴菲特老先生形容的：过去喝药用杯，现在喝药用桶——颇有点拼死抵抗“世界末日”的悲壮气势。

笔者认为，金融危机深不可测并进而转化成席卷全球的经济危机最本质的诱因是美国政府这种半疯狂状态的救援政策。2009 年 3 月 18 日，美联储公开市场委员会在本年度第二次例会后发布的声明中宣布，为改善私人借贷市场的条件，美联储将向市场注资 1.15 万亿美元，希望压低按揭和其他消费者贷款息率，并刺激消费，以重振美国经济。美联储在会后声明中称，将再购买 7 500 亿美元由房利美和房地美担保的抵押贷款支持证券和 1 000 亿美元的其他联邦机构债券，并且将在未来 6 个月内再购买 3 000 亿美元的长期政府债券。

有关专家指出，美联储此举客观上可以保证美国政府经济刺激方案的有效推进，避免了财政部大规模发行国债而市场无人问津的尴尬局面。同时，这也避免了财政部发债成本过高等问题。然而，从理论上讲，一国中央银行是不可以直接购买本国政府发行的国债和其他政府债券的。因为一旦开了这条口子就意味着一国的财政赤字被直接货币化了，这无疑等效于发行基础货币。而中央银行直接购买国债意味着国债收益率的市场化定价机制将被彻底打破，收益率更多地取决于美联储而非市场；由于国债收益率曲线是整个金融市场的定价基础，收益率曲线的扭曲也意味着整个金融市场的定价基础被扭曲，导致金融市场风险资产无法有效定价，市场机制无法发挥作用，并加剧市场的信贷紧缩和债务紧缩压力。在美联储宣布向市场注资 1.15 万亿美元后，开动印钞机的主要中央银行已经达 4 家（美联储、英格兰中央银行、日本中央银行、瑞士中央银行），美联储成为了“坏”典型①。

经济学家表示，在宣布收购国债之后，美联储已正式将政策重心转入“量化宽松”，尽管当局并未明确提出这一说法。所谓“量化宽松”，是指中央银行刻意通过各种途径为经济体系创造新的流动性，以鼓励开支和借贷。一般来说，只有在利率等常规工具不再有效的情况下，货币当局才会采取这种极端的做法。瑞士信贷经济学家陶冬认为，美联储出此“下策”，也是不得已而为之。美国基准利率已降至零区间，在利率政策已弹尽粮绝的背景下，美联储不得不诉诸其他武器，继续维持促进经济扩张的努力。“在利率

① 刘晓忠：《美联储购国债加大中国外储风险》，载《新京报》，2009－03－20。

政策已经到头的情况下，数量扩张开始成为主打。[①]”

美国政府采取所谓“量化宽松”金融政策，虽然在短期内可以起到提振股市、缓解流动性不足压力、抢救濒临绝境的金融机构的作用，但从长期来看，却是一个既损人又不利己的“败招”。

美联储如果从财政部直接购买国债，意味着可能要有数万亿美元的基础货币投放，这将是非常惊人的、史无前例的巨大的基础货币增发的行为。这会使整个市场对通货膨胀预期会发生大规模的逆转，那就会使更多人减持美国国债，美联储的压力更大，就要购买更大规模的国债才能消化，这是个恶性循环。那么在此情况下，整个全球金融市场会孕育一场非常严重、恶性的通货膨胀，并最终威胁或削弱美元的国际储备货币的地位。强势美元是美国国际霸权的基础，美元的衰落则标志着美国霸权走向没落。分析人士表示，收购长期本国国债的决定，将可能引发美元贬值和通货膨胀率攀升等短期和长期负效应，并因此延长危机的周期，此举也在客观上将美国放入了经济前景最差国家的行列。

美联储这一举动无疑对包括中国在内的美国国债投资者带来明显的影响。美联储直接从财政部购买国债，将使中国的外汇储备投资处于两难之中。一方面，若为了规避美联储这一举动对市场的不利影响而减持美国国债或其他美元资产，减持带来的美元贬值连锁反应将增加中国外汇储备的损失；但如果继续持有美国国债，则意味着必须承受未来美元资产价值的不确定性所带来的巨大风险，因为美元的前景充满着不确定性。

同时，美元的贬值也将在客观上恶化中国的贸易条件，反映在国际大宗商品市场上，以美元计价的能源等大宗商品价格又将上涨；在外需持续萎缩和中国出口产品议价能力有限的情况下，美元的贬值将抬高中国的进口成本和变相压低出口价格，从而加剧中国外需市场紧缩的风险，降低中国的国民产出和经济增长速度。

2009 年第二季度伊始，无论是中国还是美国，都仿佛在厚厚的云层中透出一缕光芒。但乌云太密、太厚了，光芒也可能被乌云瞬间吞没。这不禁使关心人类前途、命运的人们忧心忡忡。

① 朱周良：《时隔 40 年再买国债　美联储重拳震动全球市场》，载《上海证券报》，2009－03－20。

2 华尔街“栽了一个大跟头”

“当潮水退去的时候，你就会发现是谁在裸泳，而现在，华尔街简直就是裸泳者海滩。”

——美国著名投资家、
“股神”沃伦·巴菲特
(Warren Baffett)

1929 年美国股市“大崩盘”造成 10 000 多家银行倒闭，而肇始于 2007 年的这次金融危机，截至 2009 年 3 月底，倒闭的银行也仅在 50 家左右。但如果你据此以为此次金融危机造成的危害大大小于 78 年前的那次股灾，你就彻底错了。本次金融危机的最大特色之一就在于：各类金融机构几乎无一幸免，而重伤和倒下的还往往是貌似“大到不能倒”的巨型金融机构。

2.1 “两房”——抵押贷款“双子座”坍塌

2001 年 9 月 11 日，恐怖分子劫持的飞机撞击美国纽约世贸中心大楼，两座高达 110 层的南北塔楼在发生大火后轰然倒塌，附近的几座楼也相继土崩瓦解，成为轰动世界的重大事件。无独有偶，在这次美国金融危机中，由于受到金融危机的沉重打击，美国的“两房”同时被政府接管，上演了抵押贷款“双子座”坍塌的惊人一幕。

“两房”是指在此次金融危机中招致重创的美国两家住房抵押贷款机

构，即“房利美”和“房地美”。

房利美（Fannie Mae）的全称是政府国民按揭贷款协会（Government National Mortgage Association），成立于1938年，是富兰克林·罗斯福（Franklin D. Roosevelt）政府当年实施的“新政”中的一个举措。在经历过极为困难的大衰退时期以后，罗斯福政府希望通过为住房按揭市场注入流动性，使美国民众购房更容易，因此设立了房利美，专门从事住房抵押贷款服务。1944年，房利美的权限扩大到贷款担保，公司主要由退伍军人负责管理。1954年，房利美发展成为股份制公司。由于是政府的“亲儿子”，房利美一直享有实质上的垄断地位。1968年，佩曼德·莱普因（Raymond H. Lapin）成为房利美的总裁。在美国政府的推动下，莱普因修改了公司的制度，使之成为一个私有的股份制公司。1970年，房利美股票在纽约股票交易所上市。1984年，房利美首次在海外发放公司债券，从此公司的业务进入国外金融市场。儿子虽然分家另过了，但同父亲的血缘关系依然存在。

房地美（Freddie Mac）的全称是联邦住房抵押贷款公司，成立于1970年，由美国国会创意组建，是房地产抵押贷款行业中美国政府赞助企业（Government Sponsored Enterprise，GSE）中第二大的一家，商业规模仅次于房利美。房地美的业务类型与房利美相似，但规模较后者小。美国政府组建房地美的意图是创造抵押贷款市场的竞争环境。

在中国和许多其他国家，向购房者发放住房抵押贷款是商业银行的专利。但在美国，除商业银行之外，还有一类专门从事向购房者发放住房抵押贷款业务的金融机构——通常称为抵押贷款机构。2007年4月2日倒闭的美国新世纪金融公司（NCFC）、2007年8月6日倒闭的美国住房抵押贷款投资公司（AHM）和2008年6月25日被美国银行（Bank of America Corp.，BAC）收购的美国国家金融服务公司（CFC）均属专业抵押贷款机构。《中国企业家》杂志2008年第7期刊登了李云林所著的《美国次贷“7兄弟”沉浮录》一文，作者通过对注册于美国加利福尼亚州的7家抵押贷款机构沉浮命运的描述，向读者展示了美国次贷行业在次贷危机中衰败的历程。“7兄弟”中，1个破产，3个被收购，其余3个也朝不保夕，濒临绝境。住房抵押贷款违约率大幅度攀升，是造成抵押贷款行业全线崩溃的直接原因。

“两房”虽然也属于抵押贷款机构，但它们与一般的抵押贷款机构有所不同。它们处于美国房地产金融生态链的高端，较普通抵押贷款机构更有优势。这种不同主要体现为交易的机制不同。

一般的抵押贷款机构向普通购房者发放房贷，但由于每家房贷机构的资金有限，房地产抵押贷款通常为长期贷款（通常为5年以上，长达30～50

年），资金放贷告罄后，贷款机构就无钱可贷了，因此这种贷款机制是不可持续的。为了解决房贷机构的流动性问题，美国的抵押贷款生态链条中增加了“两房”这一特殊的环节。

“两房”不直接向购房者放贷，而是收购抵押贷款机构所发放的房贷。这意味着抵押贷款机构向“两房”出售贷款，同时向“两房”转让贷款利息。比如，放贷机构向购房者收取8%的利率，将贷款转让给“两房”时，“两房”仅向房贷机构支付2%的利率，“两房”持有抵押贷款的利率空间为6%。普通抵押贷款机构获得了2%的利差收益，虽然不高，但是是当期现金收入，不仅收益稳定，且几乎没有任何风险。更重要的是“两房”给普通抵押贷款机构提供了流动性，使其可以获得源源不断的资金流，抵押放贷业务可以一直持续下去。

抵押贷款机构将抵押贷款卖给了“两房”，“两房”也会有资金枯竭的时候。可见，“两房”也需要解决自身的流动性问题。“两房”解决问题的办法是，将抵押贷款组成一个资产池，对各种期限、各种利率水平、各种还款方式的住房抵押贷款分拆、组合、打包，做成所谓抵押贷款支持证券（Mortgage-backed Securities，MBS），然后在公开市场向投资者发行该种证券。由于有资产（住房）作抵押，又有证券评级机构的好评，人们普遍认为MBS风险低，收益水平也较高（如2%～3%的收益率，高于1%的储蓄存款利率），因而受到投资者的普遍青睐。同时，“两房”还推出了面向抵押贷款机构的抵押贷款担保业务，这是因为一些抵押贷款机构愿意持有自己认为优质的抵押贷款以取得较高的回报。

“两房”仰仗其政府赞助企业（GSE）的特殊地位，在二级市场上收购按揭贷款，成为了美国住房抵押贷款的主要资金来源，它们所持有或担保的住房抵押贷款总额约为5.3万亿美元，几乎占据了美国住房抵押贷款总额的半壁江山。在二级市场收购抵押贷款，给“两房”带来丰厚的利润。如前所述，以购房者支付8%的利率为例，“两房”向普通抵押贷款商支付2%的利率，向证券投资者支付2%～3%的利率，不计交易费用“两房”可以独得3%～4%的利息，获取的主要是垄断利润。

“两房”的设计主要是为房地产金融提供流动性。它就像一个“变电站”，将上万伏高压的电流转换成360伏、120伏的涓涓细流，流向可以接受它的一切地方。这样，可以让投资银行、商业银行、对冲基金、养老基金、保险基金、其他机构投资者、个人投资者——包括挪威小镇上的渔民——共同为美国购房者埋单。这种设计是一个伟大的创举，如果可以用一个词来形容，那就是“精妙绝伦”。

为支持这两大住房金融企业，政府提供了多种特殊优惠政策。具体包括：公司发行的证券可免去证券交易委员会（Securities and Exchange Commission，SEC）的审批，是各金融机构可以无限持有的资产，并可作为联邦储备银行贴现贷款和信用贷款的合格担保品；公司在必要时可获得财政部最高22.5亿美元的资金支持；公司经营范围不受州界和地域的限制，不需地方监督部门的认可和批准；公司在依法留足资本金后，经营收入归股东所有等。这些以法律形式明确规定的优惠政策使两大公司拥有了"准"政府机构的特殊法人地位，尽管两大公司发行的债券均为无政府担保的债券，但多被评为3A级，被投资者视为与政府国债类似的无风险债券，且融资成本大大低于私营机构。

在政府优惠政策激励和股东们的利益驱动双重作用下，两大公司的业务和资产规模在快速扩张，而过去20年，美国经济稳步增长（除1991年负增长外）、住宅市场繁荣，则为两大公司拓展证券业务提供了难得的机遇。

在美国房地产金融的生态链条上，表面上的"金主"只有一个——普通购房者（这一点我们在后面的章节中要详细分析）；在这个链条中，普通抵押贷款商、"两房"、MBS投资者、其他投资者大家都赚钱的前提只有一个——普通购房者及时还贷，不违约；普通购房者不违约的充分必要条件有两个：一是流动性充足且利率水平较低，二是房地产价格持续上升。但现实与愿望的差距始终是存在的，当利率水平上升与房地产价格下降同时发生时，普通购房者的违约现象便出现了。

从2001年到2005年，美国房地产市场在长达5年的时间里保持繁荣，这也刺激了抵押贷款机构超常规发展的欲望。受利益的驱动，一些银行等放贷机构纷纷降低贷款标准，使得大量收入较低、信用记录较差的人加入了贷款购房者的大军，成为所谓"次贷购房者"。2005年8月，美国房价达到历史最高点，此后美国不少地区房价开始回落。2006年11月下旬，美国全国房地产经纪商协会称，2006年夏天美国现房销售在38个州出现急剧下跌，其中9月更是创下了36年以来的最大跌幅。调查显示，美国许多大都市已遭受房市下跌的打击，底特律是遭受打击最严重的城市，在2006年7月1日至9月30日，其房价下跌了近11%。从美国房地产市场来看，正在经历房价下跌的城市，已从2006年4月至6月的26个城市，增加到2006年11月下旬的45个城市。房价上涨势头停滞，房地产市场开始大幅降温。房价下跌使购房者也难以将房屋出售或通过抵押获得融资。与此同时，美联储为抑制通货膨胀持续加息，加重了购房者的还贷负担。在截至2006年6月的两年时间里，美联储连续17次提息，利率从1%提高到5.25%[①]。在这样的背景下，出现了大批无力按期偿还贷款的“次贷购房者”，次贷危机开始显现并呈愈演愈烈之势。2007年春天，美国次贷行业崩溃，超过20家次贷供应商宣布破产、遭受巨额损失或寻求被收购，美国的房地产金融生态链开始断裂。

如果“两房”将所有购入的抵押贷款已经做成MBS证券出售完毕，如果“两房”压根儿就未涉及抵押贷款担保业务，“两房”就可能躲过这一劫。但遗憾的是，从获取更多收益的角度考虑，“两房”不仅持有未经“证券化”的住房抵押贷款，不仅从事抵押贷款担保业务，还持有大量其他金融机构发行的抵押贷款证券。1990年美国住房抵押贷款余额2.9万亿美元（占GDP的50%），两大公司持有的抵押贷款和抵押贷款证券7 400亿美元，仅占市场份额的25%。到2008年第一季度，美国的住房抵押贷款余额为12.08万亿美元（占GDP的80%左右），“两房”持有的住房抵押贷款余额1.45万亿美元，持有的住房抵押贷款证券3.65万亿美元，两项合计5.1万亿美元，占住房抵押贷款市场份额的42%[②]。两大公司已成为美国住宅抵押市场的主导者和美国债券市场上仅次于财政部的最大债券发行商之一。所以，当次贷危机降临时“两房”首当其冲。

从“两房”的资产质量来看，在2001年后，美国经济向好和住宅市场繁荣，非常规抵押贷款快速增长，两大公司在此期间也购买一部分信用史料不全（Alt-loan）、有信用瑕疵独户住房贷款（Alt-loan）和只支付利息贷款（Interest-only），这些贷款都有房产价值比高、借款人信用等级差的特点。

此外，过去几年，私营机构发行MBS的市场份额快速增长，两大公司还购买持有私营机构以次级贷款组合为基础发行的3A级抵押贷款证券。2007年中期两大公司持有2 570亿美元私营机构发行的次级抵押贷款证券，2008年第一季度已降至2 060亿美元，占其持有证券余额的6%。公司资产结构、质量的变化，显然为其后的财务状况恶化埋下了隐患。各类贷款的违约率开始上升，公司持有的私营机构以次贷发行的MBS信用等级下降、收益率下降，导致两大公司自2007年第三季度起亏损上升，房利美和房地美报告累计亏损额分别为71亿美元和38亿美元。在被美国政府接管之前的一年时间里，“两房”的损失高达140亿美元，股票市值缩水90%。到2008年8月21日，房利美股价收在了4.40美元，而房地美只有3.30美元了，

① 本报驻外记者联合报道：《美国欧洲房价下跌　泡沫破裂或引发全球经济衰退》，载《环球时报》，2006－11－27。

② 汪利娜：《房地美、房利美财务“黑洞”成因》，载《经济观察报》，2008－08－21。

都创下历史新低。为了避免2008年9月8日（星期一）股市出现恐慌性大跌，美国政府在2008年9月7日果断作出了接管“两房”的决定。根据接管方案，美国财政部将通过购买优先股向房利美和房地美各注入1 000亿美元资金，房利美和房地美首席执行官被限令离职，经国会批准于2008年7月成立的、专门负责监管“两房”的联邦住房金融署接管了两公司日常业务，并任命了两家公司新高管。

在宣布接管时，财长保尔森强调，考虑到房利美和房地美的庞大规模和对金融体系的重要性，两家公司中任何一家倒闭，“都可能在美国乃至全球金融市场引发巨大震荡”，因此，接管两家公司是当前保护市场和纳税人的“最佳手段”。但业内人士普遍认为，是“两房”“绑架”了美国政府。因为这两家公司一旦破产，可能会对美国金融市场和整体经济造成严重冲击。对于外界的批评，保尔森辩解说，与政府拿巨资接管房利美和房地美相比，放任两公司倒闭会导致更严重的损害①。

美国财政部于2008年9月7日（周日）宣布对“两房”进行接管，对全球资本市场无疑是个利好消息，全球绝大部分股市在周一上演了“逆境大反弹”的景象。而就在大部分投资人为此兴奋之际，“两房”的普通股股东却不得不忍痛贱卖几乎要被摘牌的“两房”股票。截至2008年9月8日收盘，房利美及房地美普通股股价分别下挫89%和82%，分别报0.73美元/股和0.88美元/股。由于两家公司的普通股股价双双跌破关键的1美元关口，这意味着“两房”普通股进入了纽约证券交易所监管部门的重点关注名单（根据纽约证券交易所的规定，在纽约证券交易所挂牌上市的公司，如果股价在30天中的平均价格不到1美元，将收到纽约证券交易所监管部给予其6个月的时间将股价重回1美元以上的警告，如若限期内无法达到该要求，就会被纽约证券交易所摘牌）②。

据美国Palo Alto咨询公司主席保尔·麦恩泰（Paul McEntire）透露，2008年的抵押贷款危机，并不是“两房”第一次“犯事”。从2004年开始，这两家公司就被指责操纵和有意夸大盈利。2006年12月，房利美宣布将削减63亿美元的利润，以纠正过去数年间的财会问题。同时，它也向政府交付了4亿美元的罚款。房地美的问题大同小异。它交了1.25亿美元的民事罚款，并且承认自2003年以来夸大收益大约50亿美元。2005年，房地美

---

① 刘洪：《美国政府为何接管房利美和房地美》，http：//news.xinhuanet.com/world/2008－09/08/content_9851026.htm，2008－09－08。

② 赵刚：《“两房”普通股股价跌破1美元　摘牌命运恐难逃》，载《第一财经日报》，2008－09－10。

还说，由于一个软件的错误，导致另外2.2亿美元的财政年报调整。麦恩泰认为，“两房”的上述记录并不光彩——管理层通过盈利造假来提升公司的财政年报表现，并且，可能并非巧合，也提升了他们自己的报酬，这两家公司的CEO因此被免职。现在，政府仍在对管理层的行为进行调查，以确定他们在财务丑闻中的角色，这很可能导致刑事和民事诉讼的后果①。

2.2 雷曼——华尔街“斗牛犬”暴毙

美国当地时间2008年9月15日凌晨，一则消息随着电波瞬间传遍全世界，令全球金融界为之震惊：美国第四大独立投资银行——雷曼兄弟公司刚刚发表声明说，公司将于当日上午向纽约南区的美国联邦破产法庭递交破产保护申请。尽管人们对雷曼兄弟公司的倒闭早有心理准备，但一旦噩耗传来，还是有不少人顿感五雷轰顶，继而竟无语唏嘘。

美国的五大独立投资银行——高盛集团、摩根士丹利、美林公司、雷曼兄弟公司和贝尔斯登公司是华尔街的象征，在国际金融市场叱咤风云且当之无愧的主角。熟悉华尔街的人，对五大投资银行应该是再熟悉不过了。它们个性鲜明，老谋深算，凶猛剽悍，所向披靡，有的人不幸败在它们手里，却偏偏还以此为荣。半个多世纪以来，五大投资银行留给了人们太多的记忆——就像金庸笔下一个个鲜活且身怀绝技的武林高手，当你掩卷与之告别之际，总会有些许遗憾。

2008年是五大投资银行宿命中的那道“坎”，在不到一年的时间里，五大投资银行相继沦陷。首先遭遇不测的是华尔街第五大投资银行、号称有5 000亿美元资产的贝尔斯登公司。2008年3月16日，美国银行业巨头摩根大通（J. P. Morgan Chase & Co.，JPM）以2.4亿美元的低价将贝尔斯登公司收入囊中。9月15日，雷曼兄弟公司因陷入严重财务危机宣布申请破产保护。同日，美国第三大投资银行——美林公司将自己作价440亿美元卖给了华尔街另一金融巨擘——美国银行（Bank of America Corp.，BAC）。9月21日，美联储宣布批准美国第一大投行高盛和第二大投资银行摩根士丹利转为银行控股公司。至此，华尔街引以为荣的五大独立投资银行全军覆灭。不知怎的，笔者写到这，突然想起《红楼梦》中不挨不靠的两句词儿：一句是“忽喇喇似大厦倾”，还有一句是“落得一片白茫茫大地真干净”。

① 保尔·麦恩泰（Paul McEntire）：《房利美和房地美的不幸》，载《财经》总第35期，http：//magazine. caijing. com. cn/20080901/77557. shtml。

在五大投资银行中"命运最不济"的要数雷曼兄弟公司。

说起雷曼兄弟公司的历史，需要把镜头拉回到一个半世纪以前。1844年，23岁的亨利·雷曼（Henry Lehman），一个有着犹太血统的牛贩子的儿子，从德国巴伐利亚州移民到美国，定居在亚拉巴马州的蒙哥马利，在那里开了雷曼家族第一家美国产业——名为 H. Lehman 的干货商店。几年后，亨利的生意渐上正轨，他把两个弟弟艾曼纽尔·雷曼（Emanuel Lehman）和梅耶·雷曼（Mayer Lehman）也从德国召到美国，共同经营这家"鸡毛"小店，这可能就是雷曼兄弟公司（Lehman Brothers）这个商号的最初来源。

从1844年到1858年，雷曼兄弟公司不过是一家棉花等农产品贩运商，在经营上乏善可陈。1858年，棉花贸易中心从美国南方转移到了纽约，雷曼兄弟顺应潮流，把他们的第一家分店开在了纽约的 Liberty Street 119号。雷曼家的商号早在1850年就正式改为"雷曼兄弟公司"，这一年，被公认为雷曼兄弟公司正式诞生的年份，然而，此时雷曼兄弟公司的生意还与金融投资不沾边。19世纪末20世纪初，雷曼兄弟公司开始涉足金融投资业务。1887年，雷曼兄弟公司加入了纽约证券交易所，同时，他们开启了欧洲和日本的投资银行业务。1889年，首次作为承销商发行了国际蒸汽公司（Steam Pump Company）的股票，在资本市场上初试牛刀。但直到1906年艾曼纽尔去世，雷曼兄弟公司才从一个贸易商真正转变成为一家证券发行公司。

20世纪初至60年代末，是雷曼兄弟公司由"虫"到"龙"的巨变阶段。1929年美国股灾之前的20多年，美国经济蒸蒸日上，大量的公司上市融资。在此期间，雷曼兄弟公司同高盛集团，成为近百家企业 IPO 的发行商，此时的雷曼兄弟公司已经蜕变成一家彻头彻尾的投资银行。30年代的美国大萧条开始后，雷曼兄弟公司也遭到重创。幸运的是，由于侧重风险管理，雷曼兄弟公司终于挺过了大萧条时期的资本危机，并成为金融融资创新技术的先驱之一。第二次世界大战结束后，雷曼兄弟公司已成为华尔街举足轻重的投资银行之一，并开始成为全球布局的跨国企业。

20世纪70年代初到90年代初，雷曼兄弟公司历尽磨难，公司业务全面陷入低谷。掌门人仙逝后群龙无首，内部权力之争愈演愈烈，投资失败内忧外困，使雷曼兄弟公司的能量消失殆尽。1984年，美国运通公司（American Express）曾以区区3.6亿美元的代价就将雷曼兄弟公司吞并。好在1993年美国运通上任了一位新 CEO，他的策略是剥离公司的非核心业务——银行及经纪业务。雷曼兄弟公司业绩一直不佳，成了让运通食之无味、弃之可惜的鸡肋，于是，运通又将雷曼兄弟公司当做"包袱"给甩了出去。因祸得福，"雷曼兄弟公司"这块百年招牌终于保住了。

在这场生死大劫难中，“挽狂澜于即倒，扶大厦之将倾”的是一位华尔街的传奇人物——从1994年即开始任雷曼兄弟公司首席执行官的理查德·弗尔德［Richard S. Fuld，又称迪克·弗尔德（Dick Fuld，Richard），后者是理查德的昵称］。弗尔德1969年加盟雷曼兄弟公司后，就再没离开过它。60岁的弗尔德曾是名饱经风霜的交易员，1993年，正是弗尔德临危受命，将雷曼兄弟公司从“水深火热”中拯救了出来。1994年，在他的推动下，雷曼兄弟公司通过首次公开发行股票在纽约证券交易所挂牌，正式成为一家公众公司。但是，危机仍然不断，由于大量亏损，公司又陷入了资金严重短缺的危机，致使公司股东资产大幅缩水，只剩下不到2%。据说，弗尔德曾经面对这个烂摊子突然因恐慌症发作而窒息45秒钟。然而，他还是夜以继日、呕心沥血地勤奋努力，终于把雷曼兄弟公司从生死线上抢救了回来，他自己也成为了公司上下仰慕的超级偶像。随后14年里，在弗尔德的铁腕统治下，雷曼兄弟公司重新回到了华尔街的顶级投资银行行列。在这期间，安度俄罗斯倒债风暴、长期资本管理公司（Long Term Capital Management，LTCM）倒闭与“9·11”事件，到了2007年，雷曼兄弟公司已经和高盛集团、摩根士丹利平起平坐，成为第四大国际投资银行巨头，全年收入为193亿美元。而14年前，弗尔德接手时这个数字仅仅为30亿美元。

交易员的天性，使得弗尔德喜好冒险。从性格来看，集自信、高傲、凶狠、果断于一身，做任何投资项目，他都会追求投资速度与准确性，美国《商业周刊》曾经称他为“华尔街最凶狠的斗牛犬”。2001年“9·11”恐怖袭击中，雷曼兄弟公司设在世贸中心三楼的金融交易中心毁于一旦，但弗尔德仅用了48小时就使雷曼兄弟公司这架庞大的机器恢复了运转，此后更进入一个快速发展的时期。2007年，雷曼兄弟公司还被《财富》杂志评为年度“最受尊重的证券公司”。

恰恰是这样一家饱经风霜、历尽坎坷、功勋卓著、蜚声海内外的投资银行巨擘，在此次金融危机的打击下“香消玉殒”，158年的风流故事随风飘散，怎能不令人扼腕叹息！

说句公道话，对雷曼兄弟公司的“暴毙”，美国政府有不可推卸的责任。据报道，在雷曼兄弟公司倒闭之后，弗尔德曾在公司健身房遭遇雇员群殴，他的家庭照片也被张贴到互联网上供公众泄愤。国会听证更像一场私刑，他试图解释曾发生的事实，但一再被别人打断。在国会作证期间，我们的迪克委屈得像一个孩子，他表示，就算把我埋进坟墓，我也要问：为什么AIG可以得救，而雷曼兄弟公司不能？

是啊，“两房”得救了，AIG也得救了，贝尔斯登公司和美林公司虽然被收购，但毕竟留一副“全尸”——这意味着还有借尸还魂、东山再起的机会，而雷曼兄弟公司什么都没有了。这公平吗？

但业内人士的分析也很客观。弗尔德个性张扬，心狠手辣，刚愎自用，走路从来都是看着天的，在华尔街树敌无数，以致后来雷曼兄弟公司出事后，华尔街各大公司都作壁上观。据说，华尔街曾经组织过有财政部长亨利·保尔森（Henry Paulson）、纽约联邦储蓄银行总裁蒂莫西·盖特纳（Timothy Geithner，美国现任财政部长）、证券交易委员会主席克里斯托弗·考克斯（Christopher Cox），高盛集团（Goldman Sachs Group Inc.）、摩根大通银行（J. P. Morgan Chase & Co.）、摩根士丹利（Morgan Stanley）、花旗集团（Citigroup Inc.）和美林公司（Merrill Lynch & Co., Inc.）的首席执行官们参加的金融高官、高管会议，专题讨论设法挽救雷曼兄弟公司的问题，但与会者没人愿意伸出援助的小手，从而使挽救雷曼兄弟公司的动议“胎死腹中”。

2.3 AIG——保险“航母”触礁

在本轮金融危机中“遇险”的巨型金融机构里，AIG与中国有一段特殊的渊源。90年前的1919年，一个年仅27岁、名叫斯塔尔（Cornelius Vander Starr）的美国小伙子远涉重洋来到中国，在上海创办了一家小型保险代理公司——美亚保险公司，提供火险及水险服务。不久，他又看准了另一个发展机会，开办起友邦人寿保险公司，成为第一家向当地中国人推销人寿保险的外资公司。1926年，他在纽约开设第一家分公司。由于当时中国及东亚地区的时局不稳，1939年，公司总部从上海迁往纽约。AIG在上海的业务一直经营到1950年，余下的公司则在1949年迁往香港。这就是AIG早期的创业史。

不过真正将AIG带向业界巅峰的应该是第二任CEO——被业界喻为“保险业教父”的汉克·格林伯格（Hank Greenberg）。格林伯格生于纽约市，但在开出租车的父亲遇车祸身亡后迁居到纽约州北部。

格林伯格于1960年加入斯塔尔的公司。当时斯塔尔的公司在亚洲和欧洲都非常成功，不过在美国却遭遇到了极大的困难，即便经历了多项收购，业务仍不见起色。格林伯格的到来改变了一切，这个“沉闷”保险行业的叛逆者，选择了类似经纪公司布网那样的销售模式并取得了成功。格林伯格的成绩让斯塔尔对他信任有加。1968年，斯塔尔去世，格林伯格被任命为总裁。从此，格林伯格掌舵AIG长达38年之久。

独揽大权后的格林伯格充分展示了自己的魅力、才华和铁腕。在公司内部，人们把 AIG 解释成"一切都是格林伯格"（All Is Greenberg）的首字母缩写，离开格林伯格，AIG 就玩不转。

格林伯格的创造力让 AIG 成为涉足保险、退休金管理服务以及金融服务的美国最大的工商保险机构。AIG 旗下的 AIG American General 是美国最顶尖的人寿保险机构；AIG 旗下的 American General Finance 是世界知名的全球消费者信贷业务服务机构；AIG 旗下的 AIG Sun America 及 AIG VALIC 是美国首屈一指的退休金管理服务机构之一。同时，AIG 也是个人和大型企业投资管理市场中的翘楚，为客户提供专业的股票、定息证券、地产及其他投资管理服务。AIG 的股票在纽约、伦敦、巴黎、瑞士及东京的股票市场同时上市交易。

从保险业务的角度来看，AIG 的实力无与伦比。20 世纪 60 年代，AIG 开始以为非传统风险提供有条件保障、注重免赔额等手段吸引了市场的注意。之后，AIG 的新险种业务不断得到挖掘——从针对人寿、退休到地震与洪水，乃至为石油钻塔和卫星承保，其中颇具新意的就有网络身份被窃险、劫机险、海上油田保险，还领先同行于 2003 年推出黑客保险业务。

在次贷危机暴发之前的不到 40 年的时间，AIG 的市值从 3 亿美元飙升至最高 1 730 亿美元，股票回报率上升 190 倍，资产逾万亿美元，10.6 万名员工，业务遍及 135 个国家。2004～2006 年 3 年间，AIG 的净利润分别达到 98 亿美元、104 亿美元和 140 亿美元，这让它长期居于美国利润最丰厚的 10 家公司之列。2007 年，AIG 排名《福布斯》全球企业 2 000 强第 6 位、《财富》美国企业 500 强第 10 位。

AIG 从事的是保险行业，但这艘保险"航母"缘何会在这次金融风暴中"触礁"呢？

在保险业，有一种被称为"独立性论"的保险理论。这种观点认为，保险业所面对的风险是非系统性风险（又称个别风险或特殊风险），从而独立于系统性风险（又称市场风险，特点是对整个行业产生影响）。保险行业更多地受自身特有风险危害，如承保风险、准备金风险等，即保险业具有一定的独立性或者说非关联性，这是保险受投资者青睐的一个原因。直接的解释就是，保险行业具有反周期性，不大受宏观大环境的制约。但此次金融危机所表现出来的特点是，保险行业与其他金融机构"一荣俱荣，一损俱损"，表现出高度的关联性。这意味着，不是"独立性论"保险理论有问题，就是现实世界出了什么毛病。

被喻为"保险业教父"的格林伯格不是吃干饭的。AIG 保险产品的设计理念意在应对几乎所有的危机与动荡。据称，格林伯格的副手甚至拟定了 AIG 在美国发生革命或核灾难时的应对计划。但没人知道，危险早已经存在于公司旗下的金融产品部门——AIGFP（AIG Financial Products）。

提起金融衍生产品，在这次华尔街金融风暴中广受贬损，几乎成了过街老鼠——人人喊打。尽管金融衍生产品比较复杂，因为它涉及 AIG“触礁”的原因，笔者还不得不介绍一下。

在这次金融危机中涉及的金融衍生产品主要有如下几个：

（1）抵押信贷担保证券（Mortgage - Backed Securities，MBS）（以下简称 MBS）。MBS 是将抵押贷款商所发放的抵押贷款分拆、重组打包成抵押债券，然后向投资者出售。这种债券是“资产证券化”的一种实现形式，将流动性比较差的长期贷款变成了流动性比较强的债券，转移了抵押贷款商的资金风险，投资者分享抵押贷款商的利润。

（2）资产担保证券（Asset - Backed Securities，ABS）（以下简称 ABS）。MBS 是房地产抵押债券，有人按照这个道理，将房地产信贷和汽车信贷等各种债务进行打包，就形成了所谓资产担保证券。

（3）债务抵押证券（Collateralized Debt Obligation，CDO）（以下简称 CDO）。将不同种类的 ABS 进行二次打包，就形成所谓的债务抵押证券。

（4）结构性投资载体（Structured Investment Vehicles，SIV，又译为结构性投资工具）（以下简称 SIV）。SIV 是银行等大型机构逃避金融监管的一种策略，也是一种账外投融资工具，因为其可以不纳入银行的资产负债表。银行先是发行短期票据和中期债券，所得收益用于投资高收益率资产，比如抵押贷款证券。所发行证券与结构性证券之间的差额就是银行可以得到的利润。SIV 扩大了银行的资本来源。

（5）信用违约互换（Credit Default Swaps，CDS，又译为信用违约掉期或信贷违约掉期）（以下简称 CDS）。CDS 是 1995 年由摩根大通首创的一种金融衍生产品，它可以被看做是一种金融资产的违约保险，它的发明还曾被称为是“金融衍生产品的里程碑”。

CDS 是信贷衍生工具之一，合约由两个法人交易，一个称为 CDS 买方（信贷违约发生时受保护的一方），另一个称为 CDS 卖方（保证对买方于信贷违约发生时的损失进行补偿）。买卖双方均为金融机构，通常，抵押贷款商、证券经纪商为 CDS 的买方，而保险公司为 CDS 的卖方。当买方在有抵押下借款予第三者（债务人），而又担心债务人违约不还款时，就可以向信用违约互换合约的提供者买进一份 CDS 合约。

在 CDS 合约履行期间，买方需要向卖方定时供款（类似保险费），直至欠债人还款完成为止，否则合约失效。倘若欠债人违约不还款（或其他合约指定情况，令人相信欠债人无力或无打算按时还款），买方可以拿抵押物向卖方索偿，换取应得欠款。卖方所赚取的是买方所支付的合约金或保险费，卖方的风险是：一旦债务人违约停止向合同买方还款，卖方即变身为还款责任人。

随着金融衍生产品花样翻新，近年也出现了 CDS 的变种。有些 CDS 合约不需要以抵押物为合约基础，只要欠债人破产（或其他合约指定情况）发生，买方即可向卖方索偿（理赔金额与保险费成正比）。这些合约的功能不局限于风险转移（对冲），而是具有投机性质，例如买方可以以合约赌博某家公司很快会破产一样，而它从未对该公司放债。

从美国房地产金融的生态链条角度看，CDS 是十分重要的一环。长久以来，持有金融债权的机构始终面临一种潜在的危险，这就是债务方可能出于种种原因不能按期支付债务的利息和本金，这促使金融机构减少放贷，从而降低了资本市场的效率。CDS 的出现，拓展了持有金融资产机构的放贷功能，使风险能够在金融机构之间、投资者之间实现转移，从而完善了资本市场资金转移的机制。也许正是在这个意义上，美联储前主席格林斯潘才会对类似 CDS 的金融衍生工具赞不绝口。

闲言少叙，书归正传。我们回到 AIG“触礁”这个问题上来。

其实，CDS 承保的范围十分宽泛，既可以对发放抵押贷款直接承保，也可以对发行 MBS、ABS、CDO 的金融机构进行承保，甚至还可以对 SIV 进行承保。AIG 旗下的 AIGFP 正是 CDS 市场的主力玩家。

这些 CDS 交易对 AIGFP 部门来讲盈利颇丰。自 1998 年开始，华尔街主要按揭债券承销商——美林公司、瑞银集团（UBS）、花旗集团（Citigroup）等纷纷找上门来，为一种当时还很奇怪、名为债务抵押债券（CDO）的证券投保。AIG 不必拥有这种非流动性的票据，令公司高管喜欢有加。如果 CDO 的信用评级恶化，持有者可以让 AIG 支付他们的 CDO 的面值，而不管它们在市场上的价值是多少。对 AIG 而言，这里面当然有风险，但在当时看来，风险似乎遥不可及。

在格林伯格的监管下，AIG 为大约 200 项 CDO 协议开出了信贷违约掉期（CDS），平均每份协议收取 75 万美元费用。格林伯格离开公司后，其继任者马丁·沙利文（Martin Sullivan）加快了利用这些衍生产品的步伐。从 2005 年格林伯格离职到 2005 年底，AIG 又承保了 200 份左右的 CDO 交易，大多数是次级债。据 AIG 高管和华尔街经纪行透露，总共承保了大约 420 份协议，所得在 3.15 亿美元到 4 亿美元之间。到 2005 年，AIGFP 账上的 CDS 交易面额达到 5 000 亿美元，成为 AIGFP 的主要业务。

美国次贷危机暴发以后，房地产金融生态链的基础出了问题——购房者不能按期还贷，各类抵押债券价格纷纷跳水，债券评级机构大幅降低各类抵押债券的评级使此类债券市场雪上加霜，CDS 的买主们纷纷找上门来，AIG

的麻烦就来了。

2007年第三季度，AIGFP开始对账上资产进行减记。到2008年第二季度末，AIG资产减记达250亿美元。2008年11月10日，AIG公布第三季度净亏损达到244.7亿美元，折合每股亏损9.05美元，而2007年同期公司曾实现净利润30.9亿美元。

由于大量从事按揭贷款、按揭保险、投资按揭相关证券，AIG深陷次级债危机损失惨重，2008年前三个季度共损失185亿美元。

起初，AIG认为自己在CDS上只亏损了180亿美元左右，但在2008年9月14日早晨发现，它的证券借款业务也需要200亿美元资金。到2008年9月14日晚，随着亚洲股市开盘，它所估计需要的资金就已经达到了600亿美元。

2008年9月15日星期一，AIG股票暴跌61%，收盘于4.38美元，下跌了7.38美元，公司股市市值缩水逾180亿美元。自2008年以来，该股跌幅已达92%。当晚，美国三大信用评级机构一致下调了AIG的债务信用级别，使得该公司的财务状况进一步恶化。据行业人士测算，评级下调意味着AIG需要追加超过130亿美元的债务担保金，这使得该集团财务状况短期内出现急速恶化。

2008年9月16日，伴随信用降级消息，AIG股价继续暴跌，收于3美元。无独有偶，雷曼兄弟公司申请破产保护的最后时刻，评级的下调也成为压死骆驼的最后一根稻草。

2008年9月16日晚，美联储宣布，已授权纽约联邦储备银行向陷入破产边缘的AIG提供850亿美元紧急贷款，届时，美国政府将持有该集团近80%的股份，正式接管这家全球最大的保险公司。2008年11月10日，美国政府与AIG达成了新的重组协议，据此协议救援金额将上升到1 500亿美元。

有人说，雷曼兄弟公司是“有19条命的猫”，依笔者看，这句话可能用在AIG身上更合适，雷曼兄弟公司垮了，而AIG跌跌撞撞地却活下来了。但在格林伯格看来，这不是一个好消息。他沮丧地说，不得不承认AIG很快就不存在了。850亿美元这一巨额资金无法通过私人筹集，AIG如果不接受这笔贷款就意味公司将被拆分给全球买家。

但美国政府拯救AIG的条件十分苛刻：

——美联储在9月16日当晚发表的声明中说，提供的贷款将为公司“有条不紊”出售旗下资产赢得时间，贷款期限为2年。AIG获得的美联储贷款利率为3个月期伦敦银行间同业拆放利率（LIBOR）[①] 基础上再加8.5%，这使得贷款实际利率达11.4%。

——AIG高级管理层将换血，将遭清洗的包括任职仅3个月的首席执行官罗伯特·维尔伦斯坦德（Robert Willumstad），这位金融界大佬曾是花旗银行的总裁兼首席运营官。他的接任者将是美国奥尔斯泰特保险公司前首席执行官爱德华·利迪（Edward Liddy）。

——作为提供贷款的条件，美国政府将持有AIG79.9%的股份，并有权否决普通股和优先股股东的派息收益。

——为保障纳税人的利益不受损害，贷款将以AIG的全部资产为抵押。

换言之，美国政府是仿照接管“两房”的模式，“国有化”了AIG。

AIG逃过了生死劫，从这一点上看，比雷曼兄弟公司命运好了一点。大家纷纷猜测，时隔仅一天，美国政府为什么救AIG而不救雷曼兄弟公司呢？笔者总结了如下的5点原因：

其一，美国政府之所以放任雷曼兄弟公司倒闭，却对AIG施以援手，主要是因为后者在全球金融体系中具有更加重要的地位。彭博社援引一位参加谈判的官员的话称，美联储之所以同意对AIG提供资金，主要是因为该集团一旦倒闭将会危及全球金融市场的稳定。而且由于该公司规模过于庞大，也不能指望由私人部门出面救援。

通过本节前面的分析我们可以看到，AIG处于美国房地产金融生态链条的末端，CDS有最宽的覆盖面，相对于雷曼兄弟公司而言，如果AIG不幸倒下会引发不可估量的连锁反应，甚至危及美国整个金融体系。AIG是许多金融机构的潜在债务人，一旦AIG倒闭，这些金融机构也必将招致重创。《华尔街日报》在2008年9月10日的报道中披露了AIG的主要债主名单：法国兴业银行48亿美元；高盛集团29亿美元；德意志银行29亿美元；东方汇理银行（Calyon）18亿美元以及美林公司的13亿美元。正因为如此，美国银行总裁肯尼斯·刘易斯（Kenneth Lewis）也认为：所有大型银行都与AIG有重大交易，AIG一旦倒闭，问题会较我们现时遇到的都要大。据加拿大皇家银行资本市场部（RBC Capital Markets）预测，AIG垮掉，将会给金融业带来1 800亿美元的损失。

美联储在2008年9月16日发表的声明中也强调指出，在目前情况下，

① LIBOR（London Interbank Offered Rate），即伦敦银行间同业拆放利率，是指伦敦的第一流银行之间短期资金借贷的利率，是国际金融市场中大多数浮动利率的基础利率。作为银行从市场上筹集资金进行转贷的融资成本，贷款协议中议定的LIBOR通常是由几家指定的参考银行，在规定的时间（一般是伦敦时间11：00）报价的平均利率。最经常使用的是3个月和6个月的LIBOR。

如果放任 AIG 破产，对业已极其脆弱的金融市场来说无异于雪上加霜，并且将极大地提高市场的借贷成本，进一步削减美国家庭财富，并将对经济增长产生实质性危害。

其二，与雷曼兄弟公司相比，AIG 可能还属于“可以教育好的子女”。AIG 还没有彻底“烂透”，它的危机仅局限于金融产品部门，其子公司在保险业务方面还是十分出色的。退一步讲，即使没有政府的救助，AIG 真的走上了破产之路，其子公司还能独立运行。在这种背景下，美国政府自然也愿意“成人之美”。

其三，AIG 的“外部性”（指风险或损失可能扩散的深度和广度）远远高于雷曼兄弟公司。纽约一家对冲基金的衍生品交易主管 Chang Jinpeng 2008 年 9 月 15 日在接受记者采访时就表示，雷曼兄弟公司的客户都是机构投资者，而 AIG 除了与大量金融机构交易外，与普通老百姓的生活关系也非常密切，美联储会让雷曼兄弟公司倒，而不会允许 AIG 倒。

其四，还有一点不可以忽视，那就是受雷曼兄弟公司破产影响损失较多的其实主要是境外投资者（例如据上海证券报披露，截至 2008 年 9 月 17 日，中国仅工商银行、中国银行、兴业银行、招商银行四家银行统计，共持有雷曼兄弟公司债券及与雷曼兄弟公司信用相挂钩债券余额约 3.31 亿美元），而非美国本土机构；但 AIG 则不同，它的财险、寿险等业务关系到美国各个商业领域，几乎相当于美国政府在国内保险领域的“一只手”。本着“别人的孩子掉井里与我无关”的原则，如果让美国政府 2 选 1 的话，它必然舍雷曼兄弟公司、保 AIG。

其五，2008 年 9 月 15 日，受雷曼兄弟公司宣布破产、美林公司被收购以及美国国际集团评级调降等负面消息影响，华尔街金融版图巨变引发地震，纽约股市遭遇恐慌性抛售。道琼斯指数重挫逾 500 点，标准普尔下跌近 5%，创“9·11”恐怖袭击以来的最大单日跌幅。美联储本想舍雷曼兄弟公司“杀一儆百”，给自己树立点威严，没想到股市反应如此强烈，当天 AIG 股票暴跌 61%，收盘于 4.38 美元，下跌了 7.38 美元，公司股市市值缩水逾 180 亿美元，如再不施以援手，AIG 步雷曼兄弟公司后尘已成定局。在迷惘、彷徨、自责、恐惧的复杂心理作用下，美国政府终于向落水的 AIG 伸出了“橄榄枝”，暂时避免了这艘超级航母的沉没。

行文至此，笔者突然意识到自己是不是有“暗恋” AIG 情结。也难怪：早在 1975 年，我国“文革”尚未结束之时，AIG 就捷足先登，走在几乎所有西方企业家前头，访问了中国人民保险公司；1980 年，AIG 在北京设立了代表处，这是外资金融机构在华开设的首家代表处；1992 年，AIG 全资附属公司友邦保险成为中国首家获得保险营业证书的外资企业。消息传到美国，AIG 兴奋地在美国报纸上，打出了由三个汉字组成的大幅广告——“回老家”。

看到这三个字，不少中国人会动情的。

2.4 凯雷资本——“厨房里掉了一个鸡蛋”

在此次金融危机中招致重创的，除了抵押贷款机构、投资银行、商业银行、保险公司外，还有一个重要的角色，那就是对冲基金。

对冲基金（Hedge Fund）是私募基金的一种。从投资对象的角度来看，对冲基金是一种衍生工具基金，也就是说，对冲基金运用多种投资策略组合，投资于各种衍生金融工具，如指数期货、股票期权、远期外汇合约，乃至其他具有财务杠杆效应的金融工具，同时也可在全球各地的股市、债市、汇市、商品市场进行组合投资。与特定市场范围或工具范围的商品期货基金、证券基金相比，对冲基金的操作范围更广泛，手法更老辣，作风更强悍，负面作用也更加明显。20 世纪 90 年代，以索罗斯的“量子基金”、罗伯特的“老虎基金”和长期资本管理公司（Long Term Capital Management，LTCM）为代表的欧美对冲基金，先后袭击了英国的英镑（1992 年）、墨西哥比索（1994 年）、东南亚各国货币（1997 年）、俄罗斯卢布和港元（1998 年），成为声名远播又臭名昭著且令各国政府既恨又怕的“金融大鳄”。在此次美国金融危机的闹剧中，不可能没有对冲基金的魅影。它们不仅是次贷的主力投资阵容之一，有时还扮演着次债创造者的角色。

提起对冲基金，还有一个有趣的插曲值得一提。2008 年中国金融出版社出版了笔者的一本新书——《解密私募股权基金》①。该书的出版正赶上美国金融危机“如火如荼”的岁月。一位朋友一脸坏笑地看着笔者说：你这本书恰逢其时啊！他的言外之意是：你刚来“兜售”私募基金，私募基金就遭灾了。虽然不能说灾难是你造成的，但你这本书出版得真不是时候。

其实，这位朋友误解了。虽然对冲基金和私募股权基金（Private Equity Fund，PE）都是私募基金，但两者却有许多方面的重大差别。前者的投资对象是金融产品或金融工具，后者的投资对象是实体产业；前者持有投资标的物的时间很短，以炒作为主，后者持有投资标的物的时间较长（一般为 3~7 年），以培育投资对象为主（有人将其比喻为养猪）；前者是不折不扣的投机，后者是具有投机性质的投资；金融产品的价格波动幅度过大，所以

① 郭恩才：《解密私募股权基金》，第 1 版，北京，中国金融出版社，2008。

在金融危机中许多对冲基金的财富“蒸发”了，从而陷入破产或濒临破产的境地，而企业资产的价格波动幅度较小，私募股权基金（PE）的资产“减值”有限，因此尽管受到一定的影响，但此种负面影响绝不是致命的——到2009年5月为止，尚无一家PE倒闭的消息。相反，在AIG生死存亡之际，PE“四大天王”（——笔者用语，见《解密私募股权基金》第二章“PE——华尔街新王”）中的KKR（Kohlberg Kravis Roberts & Co.，KKR）以及TPG（Texas Pacific Group，TPG得克萨斯太平洋集团）分别表示，如果美联储同意为AIG提供过渡贷款（Bridge Loan，即融资和重组之前采用的短期贷款），他们将愿意向AIG注入资金。此外，还有一家私募股权公司J. C. Flowers愿意向AIG提供80亿美元的短期现金注入。这说明，在这场金融危机中唯一没有“伤筋动骨”的恐怕只有私募股权基金了。

可能有读者认为，笔者有袒护PE之嫌。事实不是这样，对冲基金与PE的利弊（相比较而言）自有公论。2009年4月2日的G20伦敦金融峰会发布了一份名为《加强金融系统》（*Strengthening the Financial System*）的宣言，宣言中提出“扩大监管措施的适用范围，将所有对整个金融系统来说都十分重要的金融机构、金融工具和金融市场涵盖在内，首次覆盖对整个金融系统来说都十分重要的对冲基金”。这说明，对冲基金的危害或副作用已引起国际社会的高度关注。2009年3月23日，美国财政部出台了清理金融机构有毒资产的具体措施。美国财政部在当天发表的一份声明中宣布设立一个“公共—私人投资项目”，以处理金融机构的“有毒资产”问题。政府将为该项目出资750亿美元至1 000亿美元，这些资金将与私人投资一起用于购买5 000亿美元的“有毒资产”，今后“有毒资产”购买额可能进一步扩大到1万亿美元。财政部还说，范围广泛的投资者可望参与这个项目，其中包括个人、养老金计划、保险公司和其他长期投资者。根据这份声明，这个项目分成两个部分，分别清理“有毒贷款”和“有毒证券”。财政部和私人资本将提供资产融资，联邦储蓄保险公司将为用于购买抵押贷款和抵押贷款支持证券的债务融资提供担保。但是，财政部不会参与资产管理，资产管理将受到联邦储蓄保险公司的严格监督。

仔细玩味美国财政部的方案，你应该敏锐地意识到PE的机会来了。个人投资、养老金计划、保险公司在一般情况下都是扮演出资人的角色，关键词是“其他长期投资者”。这个“其他投资者”主要是指PE。一是PE具有庞大的资金实力和强大的融资能力，这一点几乎没有个人投资者可以与之匹敌；二是PE具有丰富的投资管理经验，PE中有一类是专门对付“烂账”的，就投资管理经验而言养老基金、保险公司不能与其同日而语；三是PE最善于发现危机中的机遇，善于发现“垃圾中的精品”，善于“化腐朽为神奇”，它们早就盯上“有毒资产”这块肥肉了，早就跃跃欲试要大显身手了，财政部的方案是“天赐良机”，岂有轻易放过之理？由此，笔者认定PE是帮助美国政府解救受困金融机构的“金融特种部队”。

笔者猜，读过《解密私募股权基金》的读者该让笔者“打住”了：你所谓的“四大天王”中不是包括凯雷集团（Carlyle Group）吗？凯雷资本倒闭你又作何解释呢？

PE“四大天王”［指KKR、黑石集团（Blackstone Group）、凯雷集团和TPG］是华尔街4大私募基金，人们之所以将其归为PE，是因为这4家投资机构以PE投资为主，但不限于PE投资。除PE投资外，它们的业务还覆盖资产管理、对冲基金、房地产基金等投资领域，凯雷资本（Carlyle Capital Corporation，CCC）是凯雷集团旗下的对冲基金部门。凯雷资本倒闭，不意味着凯雷集团倒闭，这就是笔者判断“到2009年5月为止尚无一家PE倒闭”的根据。在欧美，其实大型金融机构交叉经营的现象很普遍。无论是商业银行还是投资银行，下设PE机构或对冲基金属家常便饭。

对冲基金之所以“遭灾”，与它们的贪婪本性不无干系。既然次债“安全性高”、流动性好、盈利能力强，对冲基金焉有不介入之理？许多对冲基金持有大量次级债，一旦次级债价格“坐滑梯”，对冲基金倒霉的日子就开始了。2007年8月1日，美国次贷危机开始产生连锁反应，澳大利亚麦格理银行声明旗下两只高收益基金投资者面临25%的损失。8月2日，德国工业银行发表声明，预计本行将亏损82亿欧元，原因是银行及旗下一个规模为127亿欧元的“莱茵兰基金”（Rhineland Funding）参与了美国房地产次级抵押贷款市场业务。8月6日，贝尔斯登公司宣布，受美国次级抵押贷款市场危机的拖累，公司旗下的两只基金倒闭，投资人的损失高达15亿美元。8月9日，法国第一大银行巴黎银行宣布冻结旗下三只基金，同样是因为投资了美国次贷债券而蒙受巨大损失，此举导致欧洲股市重挫。德国多家基金公司也在陆续宣布暂停赎回业务，以避免投资者的“过度赎回”对基金投资产生不良影响。

凯雷集团和凯雷资本分别是两家独立的法人和经营实体。凯雷公告称，凯雷资本大部分具有投票权的董事都独立于凯雷集团之外。尽管凯雷集团内部的一些“个人”总共持有凯雷资本约15%的股权，但凯雷集团并未购买任何凯雷资本的证券。

凯雷资本于2006年8月在英属海峡群岛（Channel Islands）注册成立，2007年7月开始在荷兰阿姆斯特丹泛欧交易所（Euronext，交易所代码CCC）上市交易。根据凯雷集团的声明，其在2006年成立CCC，旨在开拓股权投资之外的其他盈利渠道，当时的选择是投资包括美国政府机构AAA

级房贷抵押证券及杠杆融资资产。

凯雷资本的投资对象主要为房利美和房地美担保的AAA级抵押贷款证券。为确保投资获得较高收益，CCC实施了高倍数杠杆融资的策略，该公司自身管理的客户资产仅为6.70亿美元，但通过杠杆融资，其资产总规模达到了217亿美元，杠杆比率高达32倍。据凯雷资本2007年年报披露，CCC从欧美几家大银行取得了巨额贷款，其中最大的3家债权人为花旗集团、美国银行（BAC）和瑞银集团（UBS），分别为该公司贷款47亿美元、21亿美元和18亿美元。2007年8月，凯雷资本因次贷危机陷入困境，凯雷集团向凯雷资本提供了1.5亿美元的信用贷款，以便帮助后者渡过难关。

由于次贷危机逐渐深化，致使抵押贷款形成的资产证券化产品价格不断缩水，CCC不断受到贷款银行追加抵押品的要求。截至2008年3月初，CCC现金流已告枯竭。从3月5日起，凯雷资本陆续收到债权银行追加保证金的要求，总额超过4亿美元。在凯雷资本未补足保证金的情况下，受次贷影响的部分银行开始出售凯雷资本作为抵押品的证券，股市受到了巨大的惊吓。3月6日，凯雷资本的股价暴跌近60%；3月7日，CCC被暂令停牌。

美国东部时间2008年3月12日，凯雷资本公布了令其所有投资者“痛不欲生”的一则声明：总而言之，情形越来越显而易见了，债权人愿意为本公司债务提供融资的基本立场已经完全改变，要成功得到再融资已经是毫无可能……我们预计，公司的债权人将会迅速地接管公司旗下的所有剩余资产。据悉，到美国东部时间3月12日为止，凯雷资本违约的债务总额已经高达166亿美元，而预计剩余的债务也将快速走向违约的境地，这意味着凯雷资本所剩时日已经不多了。

2008年3月13日，凯雷资本单日面临的保证金追加要求高达9 750万美元。凯雷资本宣布，其与债权人的协商已经破裂，后者将很快清算凯雷资本所有余下资产，此举意味着凯雷资本行将寿终正寝。当日，凯雷资本股价一度跌至80美分附近，暴跌逾70%。

凯雷资本倒下，对次贷危机发源地美国金融市场也带来剧烈动荡。3月14日，道琼斯工业指数下跌194.65点报收于11 951.09点。我国香港股市也受到波及，恒生指数次日跌幅达到5.18%，报收于21 084.61点。内地A股次日也是下跌，其中上证指数下跌3.60%，报收于3 820.05点。至4月16日，凯雷资本的收盘价仅为44美分，而上市首日，它的股价为19美元。

凯雷资本的倒闭不可能不对凯雷集团产生负面影响。但凯雷掌门人大卫·鲁宾斯坦（David Rubenstein）认为，任何外界所想象的凯雷资本对凯雷集团声誉的负面影响都只会是短暂的。鲁宾斯坦并不认为“60只基金中的一只被清盘”会对集团造成多么大的冲击。纽约大学商学院的教授罗伊·史密斯对他进行了声援："就好像你在厨房里掉了一个鸡蛋"，他说，"你只是把它清扫干净并扔进垃圾桶。如果你是那个鸡蛋，这是个坏消息，但你的厨房不会受到什么影响。"

凯雷资本不过是此次金融危机中招致惨败的一个标本，类似的案例还有许多。

据彭博社2008年11月中旬报道，亚洲最大的对冲基金管理公司日本Sparx Group Co. 在2008年蒙受了巨额亏损。截至2008年9月底，Sparx管理的资产已由2006年8月的高峰2万亿日元腰斩近一半至1.06万亿日元，到10月底，资产规模又进一步萎缩至8 391亿日元（约合88亿美元）。

除Sparx外，全球最大上市对冲基金管理公司Man Group Plc也表示，该公司资产在2008年9月30日账面上还有703亿美元，但是到了11月初，资产已经缩水至610亿美元，也就是说自2008年9月以来，该公司管理资产已缩水近13%，萎缩至2007年3月以来最低水准。

新加坡Tantallon Capital基金公司的旗舰产品Tantallon基金在10月底已经缩水至2.84亿美元，而该基金资产在2008年初鼎盛时期曾经一度高达15亿美元。

对冲基金研究机构Eurekahedge Pte公布的预测数据显示，全球对冲基金在2008年10月损失了约1 000亿美元，投资者的大举赎回已经严重伤害了高达1.7万亿美元的对冲基金行业，创下了自30年代经济大萧条以来的最严重亏损。

2.5 花旗集团——下一个"泰坦尼克"

"花旗银行是美国的老牌银行，美国的精神象征之一"，"地球人"都知道。

总部坐落于美国纽约派克大道399号的花旗集团（Citigroup Inc.），是华盛顿街最古老的商业银行之一。1812年7月16日，华盛顿政府的第一位财政总监塞缪尔·奥斯古德上校与纽约的一些商人合伙创办了纽约城市银行，也就是今天的花旗集团的前身。1865年，纽约城市银行更名为纽约国民城市银行，迅速发展成为美国最大的银行之一。20世纪初，纽约国民银行开始积极发展海外业务，1927年以后，纽约国民城市银行的中文行名改为花旗银行（Citibank），到1939年，花旗银行在海外的分支机构已经达到100家。

为了规避《1933年美国银行法》（《格拉斯—斯蒂格尔法案》）的限制，

1968 年花旗银行走出了具有战略意义的重要一步——成立银行控股公司（Citicorp. 简称花旗公司），以其作为花旗银行的母公司。花旗银行把自己的股票换成其控股公司即花旗公司的股票，而花旗公司资产的 99% 是花旗银行的资产。数十年来，花旗银行一直是花旗公司的“旗舰银行”，20 世纪 70 年代花旗银行的资产一直占花旗公司资产的 95% 以上，20 世纪 80 年代以后有所下降，但也在 85% 左右。花旗公司共辖 13 个子公司，提供银行、证券、投资信托、保险、融资租赁等多种金融服务（按照当时法律要求，非银行金融业务所占比例很小）。通过这一发展战略，花旗公司走上了多元化金融服务的道路，并在 1984 年成为美国最大的单一银行控股公司。

1998 年 4 月 6 日，花旗公司与旅行者集团宣布合并，组成的新公司称为“花旗集团”，其商标为旅行者集团的红雨伞和花旗集团的蓝色字标。花旗公司与旅行者集团合并组成的花旗集团，成为美国第一家集商业银行、投资银行、保险、共同基金、证券交易等诸多金融服务业务于一身的金融集团。合并后的花旗集团总资产达 7 000 亿美元，净收入为 500 亿美元，在 100 个国家有 1 亿客户，拥有 6 000 万张信用卡的消费客户，从而成为世界上规模最大的全能金融集团之一。

金融危机爆发前，花旗集团有四个主要部门：消费者银行、全球卡类、机构客户集团（ICG）和全球财富管理（GWM），每位客户到任何一个花旗集团的营业点都可得到储蓄、信贷、证券、保险、信托、基金、财务咨询、资产管理等全能式的金融服务，平均每位客户的产品数在全球同行企业中排名第一，因此常被戏称为“金融百货公司”。

2006 年底，花旗市值约为 2 740 亿美元，全球雇用人数约为 37. 5 万人，管理资产超过 2 万亿美元。2005 年之前的 10 年里，花旗集团的股票价格、盈利能力和收入复合年增长均达到两位数字，而且盈利增长高于收入增长。尤其令同行所叹服的，在 1998 年亚洲金融危机、2001 年阿根廷金融危机和反恐战争等一系列重大事件冲击，全球 1 000 家大银行总体盈利水平分别下挫 14. 9% 和 29. 7% 的情况下，花旗集团仍达到 3% 和 4. 5% 的增长，显示了花旗金融体系非凡的抗风险能力。

花旗集团之所以被公认为是最成功的金融服务集团之一，不仅是因其在全球金融服务业盈利与成长速度持续占据领先地位，更由于它是世界上全球化程度最高的金融服务连锁公司。被业界成为“金融奇才”的花旗集团前任董事长桑迪·维尔（Sanford Weill）就曾骄傲地说过：“这个网络是我们唯一拥有的真正有竞争力的优势，不管你到世界任何一个地方，你都可能找到一家花旗银行的机构可以为你服务。”金融危机爆发前，花旗集团为 100 多个国家 2 亿多位顾客服务，花旗集团服务的国际市场占世界人口的 90%

以上，约占世界国内生产总值（GDP）的70%。

但“天有不测风云”，花旗集团的噩梦从2007年下半年开始了。

受次贷危机影响，花旗集团2007年第四季度净亏损达到98.3亿美元，2007年一年内市值缩水了47%。2008年，花旗集团连续4个季度亏损，全年净亏损187.2亿美元。

进入2008年以来，花旗银行的股价屡屡表演“高台跳水”。2007年初，花旗集团股价在55美元以上，2008年初下跌为30美元左右。2009年3月5日，花旗集团股价自1986年上市以来首次跌破每股1美元，最低至97美分，沦为了“仙股”，股票市值仅为62亿美元。截至2009年3月20日，花旗集团股价是3.08美元，其总股本54.8亿股，市值为168.70亿美元，股价较2007年初跌去了95%，较2008年初又跌去了近90%，股票市值较2007年初跌去了95%。在交易所里，一些交易员开起了玩笑，把花旗集团比做“泰坦尼克”。据彭博社2009年3月上旬的统计，花旗集团在全球银行业的市值排名已落至第184名。另据中国新闻网2009年4月2日报道，4月1日，负责编撰道琼斯指数、传媒大亨默多克麾下的美国新闻集团正式将花旗集团和通用这两只股票从道琼斯全球指数中剔除。人们开玩笑地说，花旗集团股价下跌比好莱坞大片还惊险刺激。

花旗集团为什么跌得这么惨？都是金融危机惹的祸。

据媒体报道，截至2008年11月初，花旗集团的一次抵押贷款和二次抵押贷款的信贷规模一共2 144亿美元。在国内消费信贷方面，花旗集团产生了41亿美元的损失，主要包括6.9亿美元的高等级信贷净损失和33.1亿美元的净贷款损失准备。信贷损失的增加主要包括一次住房按揭和二次住房按揭的违约率增长，以及未保护的个人贷款、信用卡和汽车贷款等方面。花旗集团业绩报告上的LTV指标（Loan to Value Ratio，指抵押贷款对抵押房产价值的比率）显示花旗集团按揭有很大的比例已经暴露于风险之中，楼价下跌将对银行产生很大影响，一次、二次抵押贷款可能变为负资产按揭的规模高达754亿美元。

在花旗集团2008年第四季度82.9亿美元的损失中，不仅包括抵押贷款证券（MBS）和担保债务债券（CDO）的资产减记45.8亿美元，还包括了9.91亿美元的商业地产贷款投资损失和5.94亿美元的低评级公司贷款损失。此外，损失中还包括了10.6亿美元的结构性投资工具（SIV）的资产减记损失、3.07亿美元回购拍卖利率证券的损失。花旗集团还在季报中表示，2008年第四季度对贷款损失的坏账准备总计为122亿美元，相比2007年的73亿美元几乎翻倍。

按照美国的会计制度要求，风险暴露资产需要按现时市场价值重新估价

（即按“公允价值原则”重新评估其价值），重新估值结果如果低于原有价值，就必须减记资产，提取风险准备金。而风险准备金的提取，往往造成银行巨额亏损的假象，从而引发该金融机构股票的抛售潮。正因为如此，《纽约时报》分析说，市场恐慌主要来自未知因素。当住房抵押贷款、信用卡贷款以及商业贷款状况均可能恶化的情况下，银行业可能继续巨亏。

此外还有一个因素，可能对花旗集团的股价飞泻起到了推波助澜的作用。Monkey Business Blog（一个华尔街的分析师和交易员每日浏览的网站）的资深编辑埃里克·萨尔兹曼（Eric Salzman）分析说，这一次不是有人在做空花旗集团股票，而是机构投资者在大量甩卖，因为很多基金不愿意持有10美元以下的股票。机构投资者做空花旗集团，花旗集团的“钱包”便在劫难逃了。

尽管有100个不情愿，对于花旗集团的“自由落体运动”美国政府还是不能坐视不救。2008年11月23日晚，美国政府与花旗集团达成协议，决定向后者提供一揽子救助方案，其中包括为花旗集团的3 060亿美元债务提供无追索权的贷款担保，并注资200亿美元。

根据计划，政府对花旗集团的200亿美元注资附加很多条件，包括最初几年向财政部支付每年8%的利息，高于10月财政部向其提供的250亿美元贷款利率（5%）；限制高管薪酬；花旗集团须参加联邦储蓄管理机构负责的救助房主、避免止赎的计划等。除注资之外，政府对花旗集团3 060亿美元问题资产的担保安排极不寻常：花旗集团自己消化这些资产造成的最初290亿美元的损失；如果损失超出这个水平，将由财政部消化接下来的50亿美元；接着联邦存款保险机构再消化100亿美元；再超出这个水平的损失将由美联储负担。作为回报，政府将获得花旗集团70亿美元的优先股。美国政府此举无疑是为花旗集团编织了一张巨型安全防护网。

鉴于2008年第四季度以来花旗集团形势持续恶化，美国政府于2009年2月底再次出手。2月27日花旗集团发表声明，称已与政府就股权转换事宜达成协议，美国政府将其持有的部分优先股转换为普通股。美国政府也于当天发表声明说，根据政府新设立的资本购买计划，政府将把最多250亿美元的优先股转换为普通股（美国政府此前共持有花旗集团450亿美元优先股）。此外，美国政府还将其持有的剩余优先股转换为年收益率为8%的股权。如果美国政府将250亿美元优先股全部转换为优先股，它持有花旗集团普通股的数量将达到76.92亿股，占花旗集团全部普通股的36%，事实上成为花旗集团的第一大股东（此前，花旗集团最大的普通股第一大股东为美国道富银行，持有4.5%的花旗集团普通股）。根据协议，花旗集团除保留现任首席执行官维克拉姆·潘迪特（Vikram Pandit）的职务外，将对其管理层进行改组。花旗集团将暂停向优先股以及普通股股东派发分红。纽约一家日资银行金融分析师丹尼斯在接受新华社记者采访时指出，美国政府把其持有的优先股转换为普通股，有助于改善花旗集团的资产状况。股权转换完成之后，美国政府成为花旗集团最重要的股东并控制管理层，这实际上等于是对花旗集团实施了国有化。

在美国政府展开救援的同时，花旗集团也在积极寻求自救。美国当地时间2009年1月13日，花旗集团宣布将同摩根士丹利（Morgan Stanley）共同经营旗下的零售经纪商机构美邦（Smith Barney），后者将变为一个合资企业，花旗集团持股49%并获得摩根士丹利27亿美元的现金补偿。下一步，花旗集团可能进一步砍去信用卡、资产管理等部门，并出售包括日本花旗在内的各地子公司，据估计此次出售将涉及花旗集团现有资产的1/3。

北京时间2009年1月16日晚，花旗集团在发布第四季度财务报表的同时宣布了重大重组计划。花旗集团表示，将把公司分拆为两个部分，其一是花旗公司（Citicorp），将专注于传统银行业务，其二是花旗控股（Citi Holdings），将持有该公司风险较高的资产。

花旗银行将保留集团在100多个国家的传统银行业务；花旗控股则将纳入一些“非核心”的资产管理、消费金融业务和经纪业务等，主要包括CitiFinancial、Primerica金融公司以及花旗集团在日本的子公司——日兴资产管理公司。潘迪特表示，按照他的计划，最终集团会把这两项业务完全剥离出去。花旗控股还包括一个“特别资产池”，其中主要是一些2008年11月获得联邦政府担保的非优质资产。

分析人士认为，花旗集团的解体甚至还可能分拆其核心的消费者金融部分。如果这样的话，则标志着当年花旗集团前董事长桑迪·维尔一手打造的“金融超市”模式将走向解体，金融机构则由“混业经营”模式向“分业经营”模式回归。回想11年前的1998年4月6日，当时的花旗公司董事长约翰·S. 里德（John Sheperd Reed）和当时的旅行者公司董事长桑迪·维尔在纽约最著名的华尔道夫饭店向全世界宣布：两家组成花旗集团。宣布完合并消息后，两位首席执行官环顾四周，踌躇满志，笑逐颜开。他们挑战了禁锢美国商业银行业长达65年之久的《格拉斯—斯蒂格尔法案》（《1933年美国银行法》），并且挑战成功，他们的心中充满了自豪感，国际银行业从此走上了“混业经营”花旗时代。然而，历史也真捉弄人，11年之后，花旗集团又迈上了“术业有专攻”的新的起点。

花旗集团只不过是受金融危机冲击的金融机构的一个缩影。花旗集团盛极而衰，巨型金融机构在全球金融危机面前的不堪一击，无疑为金融机构的风险管理提出了新的课题。

从《巴塞尔新资本协议》规定的核心资本充足率上看，多数巨型银行都非常健康，花旗银行此前的核心资本充足率高达11.8%，远远超出协议规定的健康标准。然而，花旗银行和其他巨型银行接连寻求资本援助的事实却显示出，这一指标并不适合衡量银行的真正健康程度。人们可能需要重新思考金融机构“健康”的标准，继续花大气力完善金融机构的风险管理体系。

3　金融危机的传导机制

从不起眼儿的次贷危机开始，历经次债危机、全面信用危机，酿成席卷全球的金融海啸，并进而将实体经济撕扯得支离破碎，这就是本次金融危机的传导路线图。金融学者的使命之一，就是揭示本次金融危机的传导机制。

——作者题记

次贷危机是本次美国金融危机的“导火索”，但次级抵押贷款本身的规模并不大。根据美国花旗银行的统计，次级抵押贷款的总量在1万亿美元左右，占美国按揭贷款总规模的1/3左右，也就是3 000多亿美元，何况，次级贷款并不等于贷款损失。而根据美联储主席伯南克的估计，由次级抵押信贷而引起的直接损失，最多在1 000亿美元左右，仅占全球国民生产总值的不到0.2%①。另据国际货币基金组织（IMF）统计：美国次贷占美国整个房地产贷款的14.1%，大约在1.1万亿美元到1.2万亿美元，而其中的坏账，据高盛集团的测算是4 000亿美元。无论如何，2006年美国的GDP为15万亿美元，一个可以确知的危险并没有那么可怕②。但截至2009年4月上旬，世界各国投入和承诺投入的救助基金已突破16万亿美元。这一数额不仅超过了美国的年度GDP，且为次贷损失（按最高估计值4 000亿美元计算）的40倍。

---

① 周默鸣：《次级抵押信贷危机：谁是罪魁?》，载《财经》，2007-08-22。
② 陈昕晔：《美国次贷危机传导路线图》，载《环球》，2008（7）。

中国有一句富有哲理的老话：千里之堤，溃于蚁穴。然而，我们也许迫切地想知道：小小的“蚁穴”如何能导致“千里之堤”崩溃呢？原理是什么，崩溃的过程是怎样的，这就是金融危机传导机制的问题。

3.1 次贷危机及其传导机制

如果你没有足够的现金，还想拥有一套属于自己的房子，怎么办？在未来收入比较稳定的情况下，你可以向银行申请住房抵押贷款。银行接到你的贷款申请后，首先要了解你的收入水平、收入的稳定性以及未来支付贷款本息的能力，此外还有你个人的信用记录。如果你有从银行借钱不还或拖欠的“前科”，银行很可能会拒绝你的请求。

通过了银行的收入水平、还款能力、信用状况审查后，银行还要实地勘察你购买的住房，对你将要购买的住房进行估值。银行的估值与你购买住房实际支付的价格无关，银行是按“公允”市场价格计量的，即综合考虑住房所处的地段、环境、房型、面积、朝向、同类住房市场价格等多种因素，确定你所购买住房的价值。

接下来的一个环节是借贷双方签订贷款协议。一般来说，银行提供的房贷只及你所购买住房评估价值的 70% ~80%，也就是说你本人要支付 20% ~30% 的“首付款”。银行之所以这样要求，是为了保障所发放贷款的安全性。如果是全额放贷，银行面对的风险太高；而 20% ~30% 的首付比例，是考虑到了住房价格可能下跌的幅度而确定的。另一个条件是借款人必须把所购房产抵押给银行，也就是说在未还清银行贷款之前，借款人没有处置和转让房产的权利。贷款条件还包括所适用的贷款利率水平及调整方式、贷款期限、还款方式等。如果在贷款期间按月（季、年）等额还本付息，就称为住房抵押“按揭”贷款。为保证金融机构的安全，金融监管部门常常制订有住房抵押贷款办法，各贷款机构也都制定有本机构的住房抵押贷款条例。如果严格按照上述规程操作，抵押贷款机构的风险并不大。

美国的抵押贷款市场可以分为三个层次：优质贷款市场（Prime Market）、Alt-A（Alternative A）贷款市场和次级贷款市场（Sub-Prime Market）。这是以借款人的信用条件作为划分依据的。所谓优质贷款是指对符合银行贷款条件的人发放的贷款。Alt－A 贷款泛指对那些信用记录不错或很好的人，但却缺少或完全没有固定收入、存款、资产等合法证明文件的人发放的贷款。这类贷款可以被定义为“次优贷款”，其贷款利息率普遍比优质贷款产品高 1% ~2%。而所谓次级贷款，就是指对比 Alt－A 借款人信用条件更差的借款人所提供的贷款，贷款利息大概比优质贷款高 3 ~5 个百分点。严格来讲，后两个层次的贷款都是次级贷款（借款人有瑕疵）。

借款人与银行签订贷款协议之前，银行还要求借款人给自己的借款投保。对于优质贷款，美国联邦保险机构都愿意给上保险。其中有两个机构，一个叫做联邦住房管理局（FHA），一个叫做退伍军人管理局，它们不是做赔本买卖的事业单位，它们在承保前要审查借款人的还款能力。衡量还款能力有一个重要的指标叫做 PTI（Payment-To-Income，按揭支付/收入比），美国保险机构规定借款人 PTI 不得超过 28%，就是你交给银行的“月供”不超过你每月收入的 28%，如果超过意味着你还款能力不足，保险公司可能拒绝为你担保。贷款数额占房屋价值的比率即 LTV（Loan-To-Value），相当于我们所说的“按揭贷款比率”，在美国可以达到 85%，也就是说，按揭贷款后 100 万元的房子你先交 15 万元就能搬进去住，这就是“美国老太太”年轻时就住上了自己的房子的奥秘。

信用水平较低的人申请不到利率优惠的优质贷款，只能在次级市场寻求贷款。那么，既然借款人“不符合”或“不完全符合”贷款条件，抵押贷款机构为什么还要向他们发放贷款呢？据笔者分析，原因主要有如下三个：

其一，抵押贷款机构之间的激烈竞争使然。合格借款人毕竟人数有限，在行业竞争日趋激烈的情况下，为了生存就必须降低服务的门槛，这就像某种商品供过于求就一定会降价一样，市场竞争的铁律促使抵押贷款机构不得不降低提供贷款的条件。

其二，宽松的外部市场经济环境使然。2000 年下半年美国互联网泡沫破裂之后，为抵御经济衰退，美国踏上了漫漫降息之路。从 2000 年 5 月 16 日到 2003 年 6 月 25 日，经过 13 次降息，美联储把联邦基金利率由 6. 5% 降低到 1% 的水平，而且持续了 1 年的时间。长期的低利率降低了购房者的资金成本，使“次贷”具备了“繁衍生息”的土壤。从 2001 年到 2005 年，美国房地产市场保持了长达 5 年之久的“大牛市”，住房价格节节攀升，购房自住者房产价值增加，倒房者赚得盆满钵满，房地产市场一片欣欣向荣的景象。美国的信用体系建设在世界各国中首屈一指，美国人有很强的信用意识，说到按揭贷款人违约，人们感觉是在讨论对远古恐龙的恐惧。这几种因素的综合作用，使次贷机构仿佛打了兴奋剂，次贷市场的风险早已被抛诸脑后。

其三，华尔街的贪婪本性使然。中国有一个成语叫“利令智昏”，意思是说，当预期的回报达到超常的水平以后，人的智商就“归零”了。2008 年 12 月 11 日清晨，美国华尔街传奇人物、纳斯达克股票市场公司前董事会主席伯纳德·麦道夫（Bernard Madoff）因涉嫌证券欺诈遭警方逮捕，麦道夫版“庞氏骗局”[1] 再一次震惊了全世界。

麦道夫投资证券公司成立于1960年，是美国股票市场的做市商，交易的股票包括标准普尔500和超过350只纳斯达克股票。这个公司为那些希望买卖大量股票的大型投资机构提供交易服务。麦道夫的客户包括成百上千的银行、其他券商或者金融机构。它还直接或间接通过对冲基金或综合基金（Fund of Fund，FOF）为许多富人理财，正是这后一块业务被证明是一场骗局。麦道夫以高资金回报率为许诺，骗取投资者投资，用后来投资者的投资偿付前期投资者的“盈利”。美国监察部门的控诉书显示，至少从2005年开始，麦道夫已经开始“庞氏骗局”操作，使投资者损失大约至少500亿美元[2]。其实，麦道夫的骗术谈不上“高超”。早在20世纪90年代，具有多年投资交易经验的高级投资专家哈里·马科普洛斯（Harry Markopolos）就曾经对麦道夫的“投资”行为提出过质疑。2005年11月7日，他提交给美国证券交易委员会一封17页的信件。他的信件包括了对麦道夫声称的交易类型细致的分析。这些分析表明，要获得麦道夫所声称的回报率毫无可能。对其难以置信的投资表现，马科普洛斯提出了两种解释：同时拥有经纪业务和投资业务的麦道夫，要么利用他的客户建立“老鼠仓”，涉嫌非法交易；要么就是设下全世界最大的一个“庞氏骗局”，而后者属于极其可能的解释。但这封信的结局是“泥牛入海无消息”，这似乎可以成为美国金融监管不力的一个佐证。令人不可思议的是，投资麦道夫公司的金主们几乎都是赫赫有名的金融大亨。据美国Palo Alto咨询公司主席保尔·麦恩泰（Paul McEntire）披露，“麦道夫案”中已知风险敞口最大的前20位投资中，几乎是清一色的著名金融机构，瑞士银行、英国银行、苏格兰银行、法国银行、法国投资银行、西班牙银行、荷兰银行、澳大利亚银行、瑞士私人银行、日本借贷银行、日本证券公司名列其中。由此可见，贪婪属性人人平等。

美国的老百姓和中国的老百姓在这一点上是共同的：都认为住房是最真实的财富存在形式，几乎每个人都梦想着拥有自己的住房。次贷的需求者都是普通百姓，他们是一个非常庞大的社会群体，他们住房需求的潜力深不可

---

① “庞氏骗局”是一种最古老和最常见的投资诈骗方式，很多非法的传销组织就是用这一方式聚敛钱财的，这种骗术因由一个名叫查尔斯·庞兹的投机商人“发明”而得名。查尔斯·庞兹（Charles Ponzi）是一位生活在19、20世纪的意大利裔投机商，1903年移民到美国，1919年他开始策划一个阴谋，骗人向一个事实上子虚乌有的企业投资，许诺投资者将在3个月内得到40%的利润回报，然后，狡猾的庞兹把新投资者的钱作为快速盈利付给最初投资的人，以诱使更多的人上当。由于前期投资的人回报丰厚，庞兹成功地在7个月内吸引了3万名投资者，被骗金额达1 500万美元，这场阴谋持续了1年之久，才让那些利令智昏的人们清醒过来，揭穿了庞兹的骗局。

② 保尔·麦恩泰（Paul McEntire）：《500亿美元“庞氏骗局”》，载《金融实务》，2009（2）。

测，如果能开发出这个群体的购买力，加上次贷的收益率远远高于标准贷款的收益率，这对唯利是图的抵押贷款机构而言具有极大的诱惑力。鉴于当时的市场氛围，如果有机构不作次贷业务，大家一定认为该机构的 CEO 不是脑瘫患者，就是脑袋让驴给踢了。

鉴于上述原因，美国次贷市场的“如火如荼”就顺理成章了。

美国房屋抵押贷款中的“零首付”、“零文件”广受诟病。殊不知在英国，次级房贷的提供商往往比美国同行更加激进。100% 房贷在英国非常平常，125% 的房贷也经常出现。那意味着你想要买一套 100 万英镑的房子，最多可以贷到 125 万英镑。你可以拿额外的 25 万英镑做你想做的任何事情：装修、豪华跑车或者是期待已久的梦幻旅行。

此外，在美国还有一种基于住房的贷款，称为房产净值贷款（Home Equity Loan，HEL，又译住房权益贷款），也可以作为购房者的一个贷款渠道。所谓房产净值贷款，就是借款人以所拥有住房的净值（房产估值减房贷债务余额）作为抵押或担保获得的贷款。在房地产价格不断上扬的情况下，“房产净值”也不断飙升，通过抵押贷款所购买的住房成了借款人的“提款机”。通常情况下，工薪阶层在按揭买房以后如果遇到房屋改造、子女上学等问题的时候就会考虑以这种方式来贷款解决资金问题。特别是在房价飞涨的年代，假如你以 50 万美元购买的一套房子两年后涨价到了 80 万美元，你贷款还剩 38 万美元，那么你现在可以追加贷款的金额就是 42 万美元，几乎等于你这套房子的买入价了。HEL 与次贷不可能不存在关联，因此，HEL 也无形中增大了银行的信贷风险。

2005 年 8 月，美国房价达到历史最高点，此后美国不少地区房价开始回落。到 2006 年，房价上涨势头停滞，房市开始大幅降温。美国全国房地产经纪商协会 2006 年 11 月下旬发表的研究报告显示，2006 年夏天美国现房销售在 38 个州出现急剧下跌，其中 9 月份更是创下了 36 年以来的最大跌幅。调查显示，美国许多大都市已遭受房市下跌的打击，底特律是遭受打击最严重的城市，在 7 月 1 日至 9 月 30 日，其房价下跌了近 11%。从美国房地产市场来看，正在经历房价下跌的城市，已从 4 月至 6 月的 26 个城市，增加到目前的 45 个城市。据英国《经济学家》杂志分析，2001 ~ 2006 年，发达国家楼市总值由 30 万亿美元升至超过 70 万亿美元，全球房价一路飙升，正形成历史上最大的房地产泡沫。不仅涉及发达国家，也覆盖很多发展中国家。根据对全球 20 国的调查，1997 ~ 2005 年位列全球房价涨幅最大的是南非，达 244%；第二位是爱尔兰，达 192%；第三位是英国，涨幅达 154%；第四位是西班牙，涨幅 145%。有关专家指出，全球房价之所以出现“由热转冷的拐点”，实际上是一种“理性的回归”①。

1971～2006年，美国房价平均上涨124%。低利率和宽松的信贷刺激居民踊跃购房，住房抵押贷款数量大增，投机性购房比例大增，房价泡沫严重。2004年，美国居民住房拥有率达69.2%，比1994年上升5%。2005～2006年，约40%的居民购房不是用于自住而是用于出租或空置。次级住房抵押贷款占总住房抵押贷款比率从1994年的5%（350亿美元）上升至2006年的20%（6 000亿美元），到2007年3月，次级贷款总额高达1.3万亿美元。美国各大金融机构推出“次级住房抵押贷款”等金融创新业务，使不具备正常信贷资格的居民也可以大量贷款购买住房。部分金融机构对客户的收入资料缺乏认真审核，造成抵押贷款诈骗从1997年到2005年上升了14倍②。

与此同时，美联储为抑制通货膨胀持续加息，加重了购房者的还贷负担。在截至2006年6月的两年时间里，美联储连续17次提息，利率先后提升了4.25个百分点。由此，出现了大批无力按期偿还贷款的“次贷购房者”，次贷危机开始显现并呈愈演愈烈之势。

2007年春天，美国次贷行业开始崩溃，有30多家公司停业，超过20家次贷供应商宣布破产、遭受巨额损失或寻求被收购。美国第一不动产经纪公司经济学家克里斯托弗·卡根进行的一项研究显示，到2006年12月底，美国购房者中只有7%以下的人是负资产，但是到了2007年第一季度末这一比例就增加到了18%。美国抵押贷款银行联合会的一份报告指出，2006年第四季度，抵押贷款利率达到了4年来最高水平，美国的次级贷款者开始无力偿还贷款，当季度被银行没收抵债房屋的比例增长了0.54%，这一增长创下了纪录。在线房地产数据提供商RealtyTrac公司认为，2007年，没收抵债房屋可能会比2006年增加33%。随着次级抵押贷款体系的进一步崩溃，预计美国2007年将有120万购房者失去他们的住房。而据美联储预测，如果这种不景气持续下去，还可能导致100家次级抵押贷款公司关闭③。

在中国，假如出现了个别购房者“断供”（拒绝偿还银行放贷本金和利息）这种情况，受损失的是发放房贷的个别商业银行。但是在美国，会有两类金融机构遭殃。因为在美国除了商业银行可以发放住房抵押贷款外，还有一类专门负责房地产抵押贷款业务的金融机构，在这次次贷危机中倒闭的

---

① 佚名：《美国欧洲房价下跌　泡沫破裂或引发全球经济衰退》，载《环球时报》，2006－11－27。

② 马兹晖、刘金贺、李牧群：《金融危机中国冲击波》，载《中国经济时报》，2008－12－26。

③ 马晶：《房贷与楼市命运悲惨　看美国“房奴”的生活》，载《新京报》，2007－04－01。

新世纪金融公司（NCFC）、美国住房抵押贷款投资公司（AHM）、美国国家金融服务公司（CFC）均属于专门的住房抵押贷款机构。例如，美国发放抵押贷款量最大的10家公司中，有6家是商业银行或有商业银行业务的综合性金融机构，其中包括花旗集团、富国银行、美国银行、华盛顿互惠银行、摩根大通银行等美国最大的银行，另外4家是没有任何银行背景的按揭商。由于参与面宽，加之“断供”具有普遍性，就形成了对整个行业的冲击。

据有关专家分析，美国的次贷危机还有可能发生“癌细胞转移”，即优质贷款危机、汽车贷款危机和信用卡贷款危机。这是因为，住房贷款“断供”对于绝大多数借款人而言不是“蓄意”行为，而是丧失了还款能力。相同的道理，一旦丧失了还款能力，不仅房贷还不上了，汽车贷款、信用卡贷款也同样还不上。正因为如此，贷款机构真正的麻烦恐怕还在后面。

《世界新闻报》驻美国特约记者刘文越曾经讲过一个故事①：在美国的亚利桑那州，从业15年的房地产经纪人内尔·布鲁克斯，碰到一位情绪严重失控的女客户。“她把手机从左手到右手不停地掂量，好像在玩一把刀子，然后就突然向我砸过来，我一闪身，身后的墙上就留下了一个坑。”布鲁克斯说。究竟为什么？原来，布鲁克斯告诉这名女客户，她的房子价值又缩水了6万美元。6万美元！对美国人来说也是一笔不小的数字，关系到生存的本钱。

想想这些普通美国人，也够可怜的。

3.2 次债危机及其传导机制

有些人老搞不懂，怎么一会说次贷危机，一会又说次债危机，这两个词是不是一回事？说是一回事也行，因为次债危机是由次贷危机引起的；说不是一回事也不错，因为次贷危机和次债危机是金融危机的两种不同表现形式，次债危机是次贷危机的延伸或延续。

上一节中我们谈到，在次贷危机阶段遇险的、遭难的主要是从事抵押贷款业务的商业银行和专业的抵押贷款机构。它们之所以招致损失甚至丧命，是因为它们持有次级抵押贷款和其他不良贷款；它们之所以没有死干净，是因为许多抵押贷款机构（包括商业银行，下同）把部分抵押贷款卖掉了，卖掉抵押贷款的同时风险也随之转移了；它们之所以有的伤亡惨重，有的受了点轻伤，有的安然无恙，是由于出售或转让抵押贷款的比重不同；之所以

① 刘文越：《房价下跌，美国人心惊》，载《世界新闻报》，2007-03-23。

一部分抵押贷款机构还持有部分或大部分抵押贷款，是因为在借款人不违约的情况下，持有抵押贷款的收益水平将远远高于转让抵押贷款的收益水平。说穿了，还是“贪婪”惹的祸。

1980年以前，美国居民住房抵押贷款的绝大部分由储贷机构发放，这些机构发放、回收并在它们的投资组合中持有这些贷款。1970年，房利美首创了世界第一个按揭抵押债券（MBS）。他们将条件非常接近的若干个按揭债务集合在一起打包，制成标准的凭证，再将这些按揭债务作为抵押的凭证卖给投资人，债务利息收入与债务风险也同时“传递”给投资人。

抵押贷款机构通常会把部分或大部抵押贷款出售给“两房”，“两房”将其中的部分或大部贷款做成抵押信贷担保证券（MBS），向其他金融机构和投资者出售，抵押贷款利息收入的大头被“两房”收入囊中。其他金融机构不甘心好处被“两房”独吞，于是，华尔街金融大鳄的另一种群——投资银行粉墨登场了，它们要从“两房”的金碗里分得一杯羹。截至2008年第一季度，“两房”占美国抵押贷款市场的份额为42%，而其余的58%则主要由大大小小的投资银行、商业银行分享。

投资银行大概是华尔街故事中最精彩的部分，也是本次金融危机的主角之一。投资银行是什么？有人说它们是资本经营的专家，有人说它们是金融工程师，有人说它们是企业的“财富管家”。更有人做过一个比喻，说如果把证券业比做金融业的皇冠的话，投资银行则是皇冠上那颗璀璨夺目的明珠。

投资银行业务主要包括：证券发行、证券承销、证券经纪、兼并重组、公司理财、资产管理、私募股权投资（PE）、对冲基金（Hedge Funds）投资等。半个多世纪以来，各国资本市场的迅速崛起，给投资银行提供了前所未有的发展机遇。《1933年美国银行法》对商业银行的发展有诸多限制，《巴塞尔协议》对国际商业银行的无序扩张有抑制作用，20世纪80年代初发展中国家的债务危机又沉重地打击了欧美商业银行的信贷业务，商业银行业可谓命运多舛。与此相反，投资银行游离于美国金融监管体系之外，顺风顺水，春风得意，靠垄断资本市场业务财富滚滚而来，企业规模得以迅速扩张。这个行业盈利能力强，薪酬水平高，人人向往进入这个行业，曾经被称为20世纪“最激情”的行业。以至于当高盛集团前首席执行官保尔森当了美国财政部长之后，有人说，美国现在归高盛集团领导了。

投资银行业是金融领域高手云集的所在。像MBS这类“技术活”，投资银行最得心应手了，连“两房”这样的金融巨擘也不得不求助于投资银行的专家们为它们收购的抵押贷款“打包”（此类工作的正式称谓是“金融工程”）。根据汤姆逊金融数据公司的统计，仅2006年各投资银行和资产管理公司通过给证券打包，就赚了23 亿美元。

但投资银行绝不甘心只做给别人“打包”这类“粗活”，投资银行的核心竞争力是金融创新——“永不停息”地开发新的金融产品或金融工具。它们施展浑身解数，开发出各种各样、令人眼花缭乱的衍生金融工具（Derivatives），如 ABS（资产担保证券）、CDO（债务抵押证券）、CLO（Collateralized Loan Obligation，担保贷款凭证）、ABCP（Asset - Backed Commercial - Papers，资产支持商业票据）、SIV（结构性投资载体）等。

金融工具创新的过程，在丰富金融市场交易对象的同时，也使产品间的关系空前复杂化。从理论上说，同一种金融产品可以重复组合，已组合的金融产品可以再组合，而且这个序列可以无限延长。比如，一组 MBS 可以组合成 N 组 ABS，一组 ABS 又可以组合成 N 组 CDO，CDO 又可以组合成其他的什么什么证券，这样，金融市场的证券价值就会在原有基础资产价值的基础上扩大若干倍，以至于投资该种证券的人也搞不清楚该种证券的原始资产构成是什么了。香港金融管理局总裁任志刚形象地称为“字母汤”，正是这些连投资者本身都搞不清楚的“字母汤”，滋润了脑满肠肥的华尔街金融大亨们。

此类工作在金融学中有一个响亮的名字，叫做“资产证券化”（Asset Securitization）。

资产证券化是指将流动性较低的资产，转换为流动性较高的、可以在金融市场上自由买卖的证券的行为。具体包括：（1）实体资产证券化，即实体资产向证券资产的转换，是以实物资产和无形资产为基础发行证券并上市交易的过程；（2）信贷资产证券化，指把欠流动性但有未来现金流的信贷资产（如银行的贷款、企业的应收账款等，最典型的就是 MBS）经过重组形成资产池，并以此为基础发行证券；（3）证券资产证券化，即证券资产的再证券化过程，就是将证券或证券组合作为基础资产，再以其产生的现金流或与现金流相关的变量为基础发行证券（ABS 和 CDO 均属此种类型）；（4）现金资产证券化，是指现金的持有者通过投资将现金转化成证券的过程。

现代金融体系的三大支柱就是：流动性、信用和信心。资产证券化提高了金融资产和实体资产的流动性，丰富了金融市场交易的内容，完善了金融市场体系，强化了金融市场主体间的联系，也提升了金融市场的效率。但其负面作用同样明显，那就是促使金融市场过度膨胀，滋生金融泡沫，而泡沫积累到一定的程度就必然破裂。

根据证券行业和金融市场协会与汤姆逊金融服务公司的联合统计，2004年，CDO 的发放量是1 574 亿美元，2005 年便扩大到2 718 亿美元，2006 年更是膨胀到5 493 亿美元。在2007 年前两个季度，CDO 的发放量已达到3 136亿美元。从2004 年到2007 年8 月，CDO 的发放总数已经接近1.3 万亿美元。而根据一家名叫 Asset - Backed Alert 的研究公司的数据，每年 ABS 在全球的发放量，也接近8 000 亿美元。把历年的 ABS 和 CDO 的数字加起来，无疑将数以十万亿计。作为参照，2006 年，全球国民生产总值是43 万亿美元。而2009 年2 月底的全球股市总市值也不过是28 万亿美元左右。

客观地讲，这些所谓的“固定收益债券”收益水平并不高，利润率大体维持在2% ~3% 的水平上，但由于高于联邦基金利率，被投资者视为“稳定而高回报的产品”，于是，商业银行、资产管理公司、对冲基金、保险公司、养老基金、教育基金等“稳健型机构投资者”眼睛发亮、趋之若鹜，纷纷慷慨解囊，抵押贷款机构于是有了新的源源不断的借贷资本，制造出快速增长的新的次贷。市场需求旺盛，次债发行机构自然也乐不可支，利润也源源不断地流进腰包。据有关统计，美国这些次级债券主要分散在五类金融机构手中，包括商业银行（31%）、资产管理公司（22%）、对冲基金（10%）、保险公司（19%）和养老基金（18%）①。

次债发行机构利用其强大的销售网络系统，把次级债卖到了全球几乎每一个角落。据估计，“两房”持有或担保的住房抵押贷款债券总额高达近5 万亿美元，其中超过3 万亿美元为美国金融机构拥有，约1.5 万亿美元为外国投资人拥有。雷曼兄弟公司在住房抵押贷款证券化业务上独占鳌头。香港那名自杀未遂女性，自杀的原因恰恰是投资雷曼兄弟公司债券出现巨亏。据《上海证券报》2008 年9 月17 日和18 日披露，中国工商银行（包括境外机构）持有美国雷曼兄弟公司债券及与雷曼信用相挂钩债券余额共1.518 亿美元；中国银行集团共持有雷曼兄弟控股公司及子公司发行的债券7 562 万美元；兴业银行与美国雷曼兄弟公司相关的投资与交易产生的风险敞口总计折合约3 360 万美元；招商银行持有美国雷曼兄弟公司发行的债券敞口共计7 000万美元，仅这四家中资银行就持有雷曼债券和雷曼相关债券3.31 亿美元。

既然玩次级债收益水平并不高，投资银行、商业银行、资产管理公司、对冲基金等玩家为什么还乐此不疲，还可以赚大钱呢？这里面还有一个“制度性”的猫腻叫“高杠杆率”。在此次金融危机中，高杠杆率饱受诟病。

所谓高杠杆率，是指金融机构在经营中过度负债，投资者以100 万美元作抵押，可以从银行借贷1 000 万美元进行投资，就是10 倍的杠杆率；如果可以借贷3 000 万美元作投资，就是30 倍的杠杆率。投资银行从诞生之

① 周默鸣：《次级抵押信贷危机：谁是罪魁?》，载《财经》，2007 - 08 - 22。

日起，就表现出独立于实体经济的特征。它可以用极低的资产充足率，通过杠杆效应撬动更大体量的资本。华尔街的平均“杠杆”比例是14.5倍，但华尔街五大投资银行的杠杆率大体都保持在30倍左右。在金融市场回报率普遍下降的背景下，金融机构要保持比较高的盈利水平，就只能提高财务杠杆比率。

许多抵押贷款机构为了赚取暴利，采用20~30倍杠杆操作。假设一个银行A自身资产为30亿元，30倍杠杆就是900亿元。也就是说，这个银行A以30亿元资产为抵押去借900亿元的资金用于投资，假如投资盈利5%，如果不计贷款利息的话，那么A就获得45亿元的盈利，相对于A自身资产而言，这是150%的暴利。反过来，假如投资亏损5%，那么银行A赔光了自己的全部资产还欠15亿元，利息也是一个巨大的黑洞。以“两房”为例，美联储连续升息17次后，“两房”仍然大笔吃进住房按揭贷款；到2007年底，“两房”核心资本合计为832亿美元，这点资本金竟然支持着5.2万亿美元的债务与担保，杠杆比率高达62.5倍。可见，高杠杆率是一柄“双刃剑”，盈利时你固然很滋润，但亏损时你可能血本无归甚至搭上老命。众多投资银行、商业银行、对冲基金在本次金融危机中“香消玉殒”，就是因为走上了“高杠杆率”这条不归路。

瑞士信贷结构性金融产品交易部主任Jay Guo在接受《广州日报》记者采访时评论说：“美林公司及雷曼兄弟公司等大型投资银行之所以纷纷在瞬间倒下，本质上是因为他们投资了大量的与次级债有关的证券产品，而且这些产品的投资原则一般都有大比例的投资杠杆，即这些产品的投资收益与亏损都是被大比例放大的——赚就会赚得更大，亏也会亏得更多。这个时候已没有什么大银行与小银行的实力区别。现在哪家银行能在这场金融危机中生存下来，取决于他们与次级债有关的金融产品的距离。①”

次级债进入债券交易市场后，一度表现不俗，使投资者淡忘了它的风险。但是，当房地产泡沫破裂、次贷贷款人还不起贷款时，房地产金融生态链开始断裂，次级贷与次级债的“双子座”宏伟大厦开始坍塌。不仅抵押贷款机构陷入亏损困境，那些买了次贷衍生产品的投资者，也因债券市场价格下跌，失去了高额回报，同样掉进了流动性短缺和亏损的困境。自2007年第三季度开始，金融机构开始报告大额损失，反映了抵押贷款和其他资产的价值大幅下跌。截至2008年1月底，花旗集团、汇丰控股、瑞银集团、美林公司、摩根士丹利等大型银行和证券公司，已对900亿美元以上次贷相关资产损失进行了撇账处理。这个名单里还有法国的兴业银行、巴黎银行，

① 陈海玲：《美国金融业近几年内都会差得可怕》，载《广州日报》，2008-09-16。

英国的北石银行，其后还有德国的州立银行。到了9月份，金融海啸终于集中暴发，这才有了巨型金融机构纷纷落马，华尔街哀鸿遍野、一片狼藉那令人揪心也令人难忘的一幕。

次债危机中金融机构的损失可以初步判定为“罪有应得”，最可怜的是那些懵懵懂懂就杀入市场的普通投资者，次债链条重重叠叠，盘根错节，他们甚至连到底是谁欠了自己的钱也搞不清楚。相反，购房者也搞不清楚自己到底从谁的手中借到了钱。于是在美国闹出了笑话：有一个买房的人还不起贷款了，银行要收回他的房子，这个买房者就雇了很好的律师去打官司，说银行没权利收回他的房子，银行只是做了一个服务者，把他的贷款卖给了投资者，只有最终拥有他房产的投资者才能起诉他。法官找了半天也没有找到能起诉买房者的人，最后不了了之。

3.3 全面信用危机及其传导机制

在美国房地产金融生态链条中，还有一个最重要的环节：那就是金融体系的保险机制。抵押贷款机构把钱贷给购房者，贷款合同不一定就能卖出去；债券“打包”机构把抵押贷款做成了MBS，MBS不一定就能卖出去；美林公司、雷曼兄弟公司把MBS又做成了CDO，CDO也不一定就能被投资者所接受……所以这套体系还需要一个“收官”的保证环节。恰恰在这个时刻，CDS（信用违约互换）就应运而生了。

CDS被译为信用违约互换、信用违约掉期或信贷违约掉期，是1995年由摩根大通首创的一种金融衍生产品，它的发明被称为是“金融衍生产品的里程碑”，可见业界对CDS评价颇高。

CDS的作用确实是相当的重要。它的本质是一种金融资产交易的违约保险机制。类似于我们日常生活中的家庭财产保险或企业财产保险，你只要向保险公司交纳一定数额的保险费，一旦合同约定的灾难发生，保险公司就要向你支付合同约定数额的赔偿金，而保险费只是赔偿金的一个零头。如果有了这种保险机制，抵押贷款机构就可以放心地发放贷款了，哪怕是向有“瑕疵”借款人发放贷款；商业银行、投资银行可以放心的“资产证券化”了，也不管原始资产的质量如何；整个房地产金融生态链条可以流畅地运转了，更不用管链条中有无薄弱环节。可见，CDS对美国房地产金融的发展与繁荣功不可没。

那么，难道AIG等CDS的销售商就真的是美国金融界的“活雷锋”吗？它们真的是像范仲淹所说的“先天下之忧而忧，后天下之乐而乐”吗？如果有这种事情，那肯定是见鬼了。

有关CDS是如何运作的，CDS销售商是如何获利的，62万亿元市值的CDS泡沫是如何破灭的，互联网上有一篇广为流传的、题目是《10分钟让你全面了解当前世界金融危机》的短文（笔者未找到其最初的来源），对CDS进行了风趣而又幽默的解读。尽管该文的解释不完全准确甚至有错误，但基本上将CDS的流程解释清楚了，现摘录如下（小标题为本书作者所加，文字在表述上有改动，并更正了原文不准确的描述）：

（1）CDS合同。由于高杠杆率融资具有高风险，监管部门对商业银行的监管较严格，所以商业银行的杠杆率较低，但投资银行、对冲基金等金融机构不受美联储管辖，投资杠杆率往往较高。贷款是商业银行发放的，如何防范投资银行、对冲基金们的高杠杆率贷款风险呢？摩根大通想出一个办法，让投资银行、对冲基金们把高杠杆率贷款拿去做“保险”，这种保险就叫CDS。比如，投资银行A为了拿到商业银行的贷款找到了保险公司B，A对B说，你帮我的贷款做违约担保怎么样，我每年付你保险费5 000万元，连续10年，总共5亿元。咱哥俩合作这么多年了，你看我什么时候违约过？这不过是个手续。A心里盘算着：这笔生意我可以赚45亿元，拿出5亿元用来做保险，我还能净赚40亿元。B是一个精明的人，没有立即答应A的邀请，而是回去做了一个统计分析，发现A是个老实巴交的生意人，确实没发现他有违约记录。但是且慢，尽管A不会违约，但是A所经销的MBS的最终供款人——抵押住房的借款人会不会违约呢？B从大型电脑数据库中调出历年资料，发现住房抵押贷款的违约率不到1%，风险足够低的，B有点动心了。B又展开了想象的翅膀：CDS这玩意儿不错呀！做一家我可以赚5亿元，如果做100家呢，就可以拿到500亿元的保险金，如果其中一家违约，赔偿额最多不过50亿元，即使两家违约，还能赚400亿元。凌晨3点58分，B操起电话接通A：哥们，成交！

（2）CDS市场。B做了这笔保险生意之后，C在旁边眼红了。C就跑到B那边说，你把这100个CDS卖给我怎么样，每个合同给你2亿元，总共200亿元。B想，我的400亿元要10年才能拿到，现在一转手就有200亿元，而且没有风险，何乐而不为，因此B和C马上就成交了。这样一来，CDS就像股票一样流到了金融市场之上，可以交易和买卖。实际上C拿到这批CDS之后，并不想等上10年再收取200亿元，而是把它挂牌出售，标价220亿元；D看到这个产品，算了一下，400亿元减去220亿元，还有180亿元可赚，这是“原始股”，不算贵，立即买了下来。一转手，C赚了20亿元。从此以后，这些CDS就在市场上反复地炒，现在CDS的市场总值已经炒到了62万亿元。

你知道华尔街只有这四家金融机构吗？非也。还有 A_1、B_1、C_1、D_1，A_2、B_2、C_2、D_2，A_3、B_3、C_3、D_3，…，n 个生意序列，这就是美国红红火火的 CDS 市场。

(3) CDS 泡沫破灭。次贷危机暴发了，资信评级机构首先降低了对 MBS 的资信评级，主要由 MBS 组合而成的 CDO 紧接着也降级了，MBS、CDO 发行商惊恐万状，因为他们手中还有大量未销售出去的证券，这些证券已经大幅度贬值了；G 刚从 F 手里花了 300 亿元买下了 100 个 CDS，还没来得及转手，突然接到通知，这批 CDS 被降级，其中有 20 个违约，大大超出原先估计的 1% 到 2% 的违约率。每个违约要支付 50 亿元的保险金，总共支出达 1 000 亿元。加上 300 亿元 CDS 收购费，G 的亏损总计达 1 300 亿元。虽然 G 是美国排行前 10 名的大机构，也经不起如此巨大的亏损，因此 G 濒临倒闭。在 G 的后面还跟着 G_1、G_2、G_3、…。

G 要倒闭的消息震动了所有的"字母"，因为它们都是 G 承保的对象，G 如果倒闭了，它们就会一个接着一个的倒闭。他们一起来到美国财政部长保尔森面前，一把鼻涕一把眼泪地游说，G 万万不能倒闭，它一倒闭大家都完了。保尔森心一软，就把 G 给国有化了，此后"字母"们的保险金总计 1 000亿美元全部由美国纳税人支付。

在这则小故事中，还有几个不甚清晰的地方需要向读者说明：

第一，CDS 市场不局限于为抵押贷款相关证券提供担保，也可以为其他债务提供担保。例如，抵押贷款商也可以与保险公司签订合同，为自己所发放的住房抵押贷款投保。

第二，做 CDS 生意的不局限于保险公司。尽管 AIG 的克星是 CDS，但喋血 CDS 的不仅是 AIG，还包括许多明星级金融机构，如"两房"、美林公司、雷曼兄弟公司和一些著名的大银行机构。因为美国是"混业经营"的金融管理体系，赚钱的业务大家会抢着去做。

2008 年 9 月，雷曼兄弟公司出其不意地宣布破产让很多人纳闷不已：究竟是什么力量瞬间拖垮了这个华尔街金融大鳄？尽管有人认为，雷曼兄弟公司破产的直接原因是次贷危机导致其所持有的金融产品成为坏账，但也有业内人士直截了当地指出，导致雷曼兄弟公司溃败的背后原因之一就是 CDS。根据 2007 年惠誉国际的报告，雷曼兄弟公司是市场上 10 家最大的 CDS 对家之一，雷曼兄弟公司在 CDS 上涉及的金额高达 8 000 亿美元。就在雷曼兄弟公司宣布破产之时，华尔街债券大王比尔 · 格罗斯 (Bill Gross) 在接受媒体采访时就说，"最直接的问题就是衍生违约掉期市场，这里面有大量的机构账户和交易商账户都存在风险"，"其中蕴藏着巨大的动荡和不确定性”[1]。还有美林公司，眼看这个由 CDS 建构出来的虚拟大厦即将倾倒时断然出手，360 亿美元的债券只卖了 6 亿美元。但即使这样也不能避免美林公司最后的破产倒闭，因为杠杆率太高了，美林公司没有足够的资产来填补损失。

第三，CDS 远比财产保险更复杂。CDS 相当于债券持有人为所持债券购买的违约保险，卖出 CDS 的一方在收了保费之后就要承担相应的违约赔偿义务。但 CDS 远比财产保险更复杂。由于市场不规范，也没有统一的交易所交易，因此 CDS 的价格非常不透明，也正因为如此，CDS 成了增长最快的 OTC（Over The Counter，柜台交易）衍生产品。CDS 类似于金融期货交易，合同的买卖双方都要在第三方负责结算的机构存入一笔保证金，清算机构会每天按 Mark-To-Market[2] 计算 CDS 的价值，每天都要交割，在市场剧烈动荡的情况下，保证金就变成一个很大的负担。如果没有保险标的的违约发生，清算机构将约定的保险费由 CDS 买方账户拨至卖方账户；相反，如果有违约发生，则将卖方账户的保证金拨至买方账户。次贷危机发生以后，CDS 的卖方需要不断地向买方赔付，需要不断地追加保证金，使许多金融机构面临巨大的压力，以至于成为“压垮骆驼的最后一根稻草”。

本次金融危机中，还有一类机构也扮演了极不光彩的角色，对美国信用体系的崩溃负有不可推卸的责任，那就是美国的三大资信评级机构——穆迪投资者服务公司（Moody's Investors Service Inc.），麦格劳—希尔公司（McGraw - Hill Cos.）旗下的标准普尔（Standard & Poor）以及 Fimalac SA 旗下惠誉国际评级（Fitch Ratings）。

维持金融体系运转的三大支柱分别是：流动性、信用和信心，其中信用是保障环节。因为在金融市场中，存在着广泛的信息不对称现象。比如，你在中国投资一家美国公司发行的股票，你可能对这家美国公司的经营和财务状况知之甚少。相同的道理，挪威靠近北极的小镇居民购买雷曼兄弟公司的债券，他们可能对债券的资产抵押状况、抵押资产的质量，以及债券发行人雷曼兄弟公司不甚了了。在这种情况下，就需要有一个权威的行业或机构，向投资者说明筹资人的真实状况，这个工作就是由资信评级机构来做的。所以，评级机构必须客观、公平、公正，真实地反映资产和筹资者的真实状况，从而取得所谓“公信力”。可见，评级机构是信用经济社会必不可少的

---

① 于晓娜：《雷曼死亡诱因：CDS 保证金》，载《21 世纪经济报道》，2008 - 09 - 18。

② Mark-To-Market 的意思是调整至市价。即金融市场的参与者为评估其投资标的物的损益情况，以市价评估其未轧平部位的投资标的物的损益。以调整至市场价的方式不但可以评估损益，也可以评估其投资风险。

支柱之一。

在美国，信用评级已经有100年历史了。

1909年，约翰·穆迪创办了对铁路债券进行信用评级的机构。1913年，穆迪开始对公用事业和工业债券进行信用评级。后来，穆迪在纽约证券交易所上市。穆迪已对100多个国家的政府和企业的十几万种证券进行过信用评级。据说，阅读和使用穆迪所发布的各类信息的客户中，有3 000多家机构投资者，他们管理着全球80%的资本。

1867年，普尔父子创立了普尔铁路手册公司。1906年，美国标准统计局成立，提供美国公司的财务信息。1916年，标准统计局开始为公司债券给予债务评级，接着开始提供主权债务评级和市政债券评级。到1941年，普尔和标准统计局合并成立标准普尔公司。1966年，麦格劳—希尔公司收购标准普尔。早在1975年，标准普尔开始对首只抵押贷款支持证券进行评级。

惠誉在三大信用评级机构有些特殊，它是唯一的欧资国际评级机构，总部分别设在纽约和伦敦。相对于穆迪和标准普尔，惠誉专注于个人信用领域。

1975年，SEC（United States Securities and Exchange Commission，美国证券交易委员会）批准穆迪、标准普尔与惠誉3家公司为“全国认定的评级组织”（NRSRO），并规定外国筹资者在美国金融市场融资时必须接受NRSRO评级公司的评估，这实际上相当于为三大评级公司颁发了特许证。在全球信用评级市场，穆迪、标准普尔和惠誉3家公司占有的份额超过90%[①]。穆迪发布的评级报告主要涉及国家主权评级、美国公共金融信用评级、银行业信用评级、公司金融信用评级、保险业信用评级、管理基金以及结构金融信用评级等几大方面。

把抵押信贷打包成证券并能够销售出去，不仅需要有专门的投资银行来操刀，需要专门的经销商来分销，另外还需要如穆迪这样的评级公司来评判证券信用的级别。信贷提供商明白，如果自己的证券拿不到一个好的评级，卖出去肯定要付很高的利息，这是吃利差的信贷提供商所不愿意见到的，所以，一种证券的产生，往往需要经过几次“重组”和反复“包装”，以求拿到最好的评级。

中国现代国际关系研究院世界经济研究中心主任陈凤英在接受《环球》杂志记者采访时说，“在‘打包’时，次级贷款的债券被分为三档：优先产品、中间产品和股权产品。优先档是其中质量比较好的，利率低。股权档的

---

① 勇超等：《华尔街醉了》，载《中国经营报》，2008－09－27。

利率最高，高到50%～100%甚至可以到两倍的回报率”。正是如此之高的回报，吸引了投资者，比如对冲基金。投资银行贝尔斯登公司就买了这些次级债的股权产品①。

由于次级抵押贷款市场发展仅10余年，且此前该市场运作状况良好，因而此前次贷违约率并不高。依赖所谓的历史违约率数据，并参与这些衍生产品的设计，评级机构给予了次贷相关衍生证券较高的评级，并使得次贷产品评级结果明显高于传统的金融工具评级。据统计，大约75%的次贷证券获得了AAA评级，由此包括保险公司、养老基金、教育基金等在内的稳健型机构投资者也参与了该类产品的投资。这些债券本来是从一些低质资产发展而来，“金融创新”则使这些低质资产通过获得信用评级公司的评级获得了AAA的高等级标号，以光鲜靓丽的外表出现在债券市场上，所以对投资者而言诱惑力十足。从这个意义上说，三大评级机构对美国的房地产泡沫和金融泡沫都起到了煽风点火、推波助澜的作用。但信用评级又是一柄“双刃剑”，在泡沫破灭的过程中，评级机构又屡次三番地降低对相关债券、相关机构的资信评级，使这些机构雪上加霜。我们在前面介绍的案例中，巨型金融机构的垮台，往往都经历了以下三步：资信评级机构调降级别（股票、债券或机构）——机构股价暴跌（资不抵债或濒临破产）——机构倒闭或被收购，可见，在金融危机中，资信评级机构又起到了破产或倒闭加速器或催化剂的作用。

人们对资信评级制度的作用基本上还持肯定态度。但是对资信评级内在机制与监管却颇有微词。

其一，在三大信用评级机构对债券进行评级的过程中存在着一个致命缺点：信用评级公司向被评级公司收取费用，在利益纠葛和体制的束缚下，信用评级机构成了特殊利益集团的代言人。据统计，穆迪公司通过给打包后的证券评级，从2002年到2006年，总计有30亿美元入账。“吃人家的嘴短，拿人家的手软”，信用评级体制自身存在着内在的矛盾。客观、公正，有一说一，客户就都被你赶到竞争对手那里去了，有悖企业利润最大化原则；昧着良心，把黑的说成白的，欺骗投资者，利润可能有了，但有违职业道德，久而久之本身会失去信用。在我国，个别上市公司、券商、会计师事务所、律师事务所沆瀣一气，做假账，欺上瞒下，损害投资者利益，本质上也存在着类似机制上的矛盾。由此看来，裁判员的角色由利益相关者担任是有问题的。

其二，资信评级行业几乎没有什么竞争，三大评级公司平时几乎不受任

① 陈昕晔：《美国次贷危机传导路线图》，载《环球》，2008（7）。

何监督，导致该行业产生诸多弊端。法国《世界报》就曾撰文批评评级公司缺乏信息发布工作的规则，发布信息的无规律性使人们对其预测能力产生怀疑。最为业内人士诟病的是，三大评级公司收集和发布信息的流程并非透明，信息的可靠性存在问题。英国《金融时报》对此发表过评论：按照大多数标准衡量，信用评级行业本身是全世界最缺乏竞争性和透明度的市场。此外，三大评级公司进行评级时，所依据的是被评估企业公布的信息资料或者自己掌握的信息。但不可避免的是，这两种信息的可靠性都有局限性，等等。看来，包括中国在内的各国信用体系建设所面临的一个亟待解决的问题，就是对信用评估机构监管的问题。

3.4 金融危机对实体经济的传导机制

金融经济是为实体经济服务的。从金融元素诞生的那一天开始，就围绕着实体经济活动而运行。市场经济本质上是商品经济、货币经济，离开了金融体系的支撑，金融体系出了问题，实体经济就会发生阻滞，或者干脆玩不转了。对于金融危机对实体经济的影响，联合国全球经济监测部主任洪平凡打了一个比方：国民经济就像一个人的身体，金融业是心脏，资金是血液，实体经济是身体其他器官。金融业遭到重创如同一个人得了心脏病，心脏供血不足，其他器官就会疼痛或者萎缩。此次美国金融危机严重打击了全球的实体经济，最终将导致全球性的经济衰退。英国、日本、德国从 2008 年第二季度开始进入经济衰退周期，美国从 2008 年第三季度开始陷入经济衰退深渊，中国 2007 年的经济增长率最终核实为 13%，2008 年 GDP（国内生产总值）增幅为 9.3%，较 2007 年下降 3.7 个百分点，而 2009 年“保 8”成为中国政府努力达成的目标。

国际劳工组织（ILO）指出，金融危机将导致机构重组和裁员，也会给实体经济带来冲击，影响的将是普通的劳工，受危机影响最严重的是建筑业、汽车制造业、旅游业、金融业、服务业和房地产等行业。在中国，受金融危机冲击严重的有轻工、纺织、钢铁、有色金属、汽车、石化、船舶、电子、通信 9 个行业。ILO 总干事胡安·索马维亚曾作出如下警告：到 2009 年底，全球金融危机有可能使世界失业人口猛增 2 000 万人，总失业人口将从 2007 年的 1.9 亿人增加到 2.1 亿人。这是全球失业人口历史上第一次突破 2.1 亿关口，也是 10 年来全球失业人数首次突破 2 亿人。索马维亚还指出，如果目前世界各国推出的救市措施不能迅速奏效的话，失业人口数量还可能会进一步上升①。

金融危机是一种"病毒",不可避免地要侵蚀到实体经济本来就不很健康的肌体。那么,金融危机都是通过哪些途径、以什么方式对实体经济造成负面影响的呢?下面我们就着重讨论这个问题②。

第一,企业无法获取正常经营所需资金。金融危机对信用体系造成极大破坏,金融机构出于对未来前景不确定的担心,促使其不愿意放贷,从而使各国都出现了流动性紧缩的尴尬局面。资金是经济肌体的血液,一般而言,企业运营资金的50%~80%都来自金融市场,金融机构如果对企业关闭资金闸门,企业就会因"缺血"和"失血"而陷入瘫痪状态。

由于信用紧缩,银行间拆借利率达到历史最高水平,银行正在减少杠杆操作,收紧放开的信贷额度,并寻求与借款企业重新协商贷款条款。2008年10月仅仅三周的时间,平时具有足够流动性的美国商业票据市场已经萎缩了2 000亿美元(11%)。而各种资产类型的证券化几乎已经不可能开展,这意味着资本市场基本上已经向多数借款人关闭了大门。

金融危机肆虐,股票市场也无法独善其身,而首次公开发行股票和再融资是企业资金来源的另一个渠道。据《钱江晚报》2008年12月23日报道,安永会计师事务所的最新数据显示,2008年前11个月全球股市融资总额与2007年同期相比锐减过半。法国《回声报》援引安永的数据报道说,2003年以来全球企业的股市融资额一直在高速增长,2007年全球股市融资额相当于2003年的近6倍。但金融危机使这一趋势戛然而止,2008年前11个月全球股市融资总额仅为953亿美元,比2007年同期大幅下降了63%,2008年全年的融资额预计还不如2004年。一直带动全球股市融资额快速增长的新兴经济体,其股市融资出现了大幅缩水。"金砖四国"——巴西、俄罗斯、印度、中国2008年前11个月的股市融资总额仅为280亿美元,还不到2007年全球股市融资额的1/4。甚至一些蓝筹股的公用事业企业现在也无法在市场发行新的债券。

流动性紧缩已成为造成实体经济"集体昏厥"的重磅炸弹。鉴于此,各国政府纷纷出巨资为金融机构补充流动性,或为金融机构不良债权提供担保,或将提振股市作为头等要务。中国国务院总理温家宝在多个场合都提到"信心比货币、黄金还要贵重"。但麻烦的是,此次金融危机的浑水到底有多深,谁的心里都没底。在这种情况下,市场信心的恢复还需假以时日。

第二,企业资本成本显著增加。银行"惜贷",证券市场融资受阻,投

① 国际劳工组织:《明年底全球失业人口将首次超2亿》,载《广州日报》,2008-10-22。
② 邓俊豪:《金融危机暴发 华尔街错在误判》,载《环球企业家》,2008-11-06。

资者对所有资产类别都要求很高的风险溢价，从而使企业资本成本显著增加。

从2008年第四季度的情况看，信贷息差明显放大，如投资级别借款人的贴现率（60天期限）上升为6%的水平，投资级别公司贷款的收益息差扩大到487个基点的历史新高。拥有BBB评级的公司支付的年利率为8%（2006年为4%~5%），而一些高收益贷款的息差在1 200个基点，是过去十几年来最高水平。在任何场景中，我们都不可能回到危机前盛行的过于便宜的债务定价，那时信贷息差已经几乎跌到历史最低，如垃圾债券的息差甚至只有250个基点，而现在美国国债息差则高于600个基点。

2008年6月中旬，中央电视台曾经对我国温州、台州地区的民间借贷做过一个调查，最高年利息率达到了120%。以拆借1 000万元为例，一年后除了得偿还本金1 000万元外，还需要支付1 200万元的利息。许多企业明知道借这种高利贷是“饮鸩止渴”，但为了企业能生存下去不得不出此下策。

第三，销售额下降，现金流收缩，现金回报大幅度降低。所有行业和公司都受到全球经济衰退的影响。由于流动性紧缩，消费者持币待购，或大幅度减少消费支出，企业产品的产量和价格面临大幅下降的压力，增长减缓或出现负增长。销售额下降导致企业利润大幅度减少，上下游企业的资金困境导致应收账款增加，引起企业现金流的进一步收缩。

2008年1~10月，美国本土的三大汽车集团依然呈现了颓势，福特、克莱斯勒、通用汽车销量分别下滑了34%、34%和16%。美国已有667家汽车代理商倒闭。汽车代理商协会的经济学家泰勒说，预计全年倒闭数字将达到900家，2009年情况会更糟。而从2005年以来，汽车代理商的新车销售就没挣过钱，全靠提供服务和零配件赢得利润①。三大汽车巨头陷入灭顶之灾，不得不裁员、促销、关闭工厂，力图渡过难关。

根据我国海关统计，2008年，我国外贸总额达25 616.3亿美元，比2007年增长17.8%。其中出口14 285.5亿美元，增长17.2%；进口11 330.8亿美元，增长18.5%。贸易顺差2 954.7亿美元，比2007年增长12.5%，净增加328.3亿美元。但由于金融危机对我国的出口影响逐月增加，从11月开始首次出现了负增长，11月当月我国进出口1 149.9亿美元，下降2.2%，中国外贸单月进出口首次出现负增长。12月当月我国进出口总值1 833.3亿美元，下降11.1%；其中出口1 111.6亿美元，下降2.8%；进口721.8亿美元，下降21.3%。从出口统计数据来看，劳动密集型产品

① 佚名：《美国汽车城正在消亡底特律人口仅剩全盛时1/3》，http：//www.backchina.com/news/2008/11/20/19085.html，2008-11-20。

与“两高一资”产品出口增长速度低于机电产品和高新技术产品。中国纺织、房地产、玩具、钢铁行业以及家具、卫浴、五金、电子等产品的出口企业受到严重影响[1]。

第四，金融危机导致实体经济的投资需求下降。从银行贷款难或者贷款利率高，人们就不会愿意投资，新企业不会开工，也不会有新的工作岗位，现有企业不会扩大生产规模。或许可以这么理解：投资下降就意味着企业的“造血功能”出现了问题。

第五，原材料价值的异常波动使企业陷入财务困境。原材料价格上升，工资成本上升，在销售价格不变的情况下，导致企业利润减少，经营条件恶化。在本次金融危机中却呈现出另外一番景象：受金融危机影响，原材料价格大幅度下降，同样使许多企业陷入困境。其原因是：为保证正常的生产与经营需要，在原材料价格不断攀升的时节企业购入大量备用原材料，受金融危机影响，从2008年下半年开始大宗商品原材料价格急转而下，原材料价格下降导致产成品价格随之下降，企业受原材料价格昂贵和产成品价格低廉的双重挤压，产品滞销，库存明显增多，生产越多亏损越多，从而使许多企业陷入财务困境。

第六，资产负债表风险使企业破产风险增加。股市暴跌使许多企业的市场价值大幅度缩水，信用紧缩也带来企业资产价格的大幅度缩水，而资产价格的缩水导致负债比例上升，许多企业的财务状况恶化，甚至濒临破产边缘。财务状况的恶化使公司股价进一步下跌，从而陷入“跌跌不休”的恶性循环，直至将企业拖垮。例如，收购的商誉等无形资产可能遭到贬值。基于目前的国际财务报告准则，企业需要每年进行损失测试。由于现金流减少和资本成本增加，该测试将导致价值降低。由于无形资产的受损直接减少账面股本，甚至几家蓝筹股公司如果需要冲销无形资产的话，他们将面临全部权益被侵蚀的风险。此外，企业资产价格和企业价值的持续下降，也使企业被重组、兼并、收购的风险加大。

第七，上下游企业、相关行业的危机传递效应。在金融危机中受到冲击的行业已经显而易见，但是将会有更多的行业受到影响。银行、保险和房地产公司受影响情况一目了然，而消费者还将节约开支来应对负面消息，因此零售商也将辛苦度日，剧院、酒吧和餐厅的需求也在下滑。生产耐用消费品的公司将受到严重冲击（如汽车行业的表现），其次是生产机械和设备的公司。例如，据报道整个德国行业的新订单量出现大幅下跌，而打印设备制造

① 武长海：《金融危机对我国出口企业的影响及其对策》，http://news.xinhuanet.com/theory/2009-01-20。

商（一个传统的早期指标）已面临重大压力。另外，“安全”行业将紧随其后。法国2008年酸乳酪的销量已经下降，一部分原因在于消费者转向价格更为便宜的自主品牌，另一部分原因是需求减弱。诸如医疗和公用事业的行业将受到政府更多监管和成本节约措施的影响。

第八，汇率波动给企业造成交易或汇兑损失。在金融危机持续肆虐的过程中，也伴随着货币汇率的频繁波动，对外依存度较高的国家的企业也因此而蒙受损失。以中国出口企业为例，美元大幅度贬值、人民币持续升值降低了出口竞争力，使企业出口减少，利润下降；相反，人民币对美元贬值，又使进口原材料价格上升，在国际市场价格水平不变或持续下降的情况下，也使企业利润率下降，甚至陷入财务困境。

3.5 金融危机从美国向世界的传导机制

覆巢之下，没有完卵。在全球经济一体化逐步深化的今天，几乎没有哪一个国家可以躲过金融危机这场浩劫。所不同的是，危机对各国传播的途径、影响的方式、危害的程度大不相同。有的国家在技术意义上已经“破产”了，人们正在忙着收拾残局；有的国家已经奄奄一息，正在重症监护室中观察；有的国家受了重伤，医生正在组织抢救，但估计不会有生命危险；也有的国家只受了点轻伤，正思谋着诸如如何同女朋友约会的那档子事。

（1）与美国经济“互补”的国家伤筋动骨

所谓与美国经济“互补”的国家，主要是指严重依赖对美国出口的国家。因为美国是世界消费产品进口大户，所以这类国家数量众多，许多国家的经济困境均源于美国进口锐减。其中，受冲击较大的是德国、日本、中国等国家和地区。

为应付庞大的国外需求，这些国家都具有完备的生产体系和庞大的生产规模。一旦国际市场需求锐减，这些国家内部无法消化这些生产能力，就会造成生产下降、企业倒闭、失业率上升的局面。这些国家的GDP构成中“净出口”这匹“马”往往过于肥硕，出口受阻，GDP增长率就会直线下跌。2008年的日本陷入经济衰退、中国经济增长率大幅度下滑都是这个原因造成的。

德国经济上次衰退是在1996年，在时隔12年之后，德国经济又见衰退，且GDP下滑幅度超出了此前大多数经济学家的预料。是什么导致了衰退呢？统计表明，对外出口的大幅下滑，是德国这个“出口冠军”发生经济衰退的主要原因。

作为德国主要出口目的地的美国和欧盟各国受冲击最为严重，这直接导致德国的汽车、机械、化工等主要出口行业海外销售大幅下滑，使出口对德国经济的拉动力消失殆尽。中国贸易救济信息网 2009 年 4 月 14 日转引德国《明镜》周刊报道称，国际货币基金组织将在 4 月底公布最新的 2009 年全球经济增长预测结果。2009 年 1 月，国际货币基金组织曾将德国 2009 年的经济增长率由 2008 年 11 月所预测的 -0.8% 修正为 -2.5%，新的预测结论是 2009 年德国的 GDP 增长率为 -5%，与此同时，国际货币基金组织还可能将上调德国的失业率以及政府的财政预算赤字。德国财政部长 3 月份曾表示，此前，政府所预测的 2009 年 -2.25% 的经济增长率，目前看来恐怕难以实现，德国政府也将在 4 月 29 日宣布最新的预测值。无论如何，德国经济陷入战后最严重的衰退已成定局。甚至有人将德国和英国列入“可能最先倒下国家”的黑名单。

日本经济正经受着第二次世界大战以来最严重的一次经济衰退。日本内阁府公布的数据显示，2008 年第四季度 GDP 扣除物价变动因素以后的实际增长率为 -3.3%，折算成年率为 -12.7%，创下 1974 年第一季度（-13.1%）以来的最大降幅。这样，日本经济已经连续 3 个季度呈现负增长。分析师预测，日本经济 2009 年上半年仍将持续出现负增长，这也意味着该国经济将连续 5 个季度萎缩。在全球需求下滑与国内消费疲弱的双重打击之下，日本的出口导向型经济在去年第四季度萎缩 3.2%，为 1974 年石油危机以来最大降幅，同时也是美国与欧元区经济萎缩幅度的两倍。20 世纪 90 年代，被称为日本“失去的 10 年”，2005 年日本经济刚见起色，又遭遇了美国金融危机，所以有人戏称可以将“失去的 10 年”改为“失去的 20 年”。

2009 年 4 月 16 日，中国国家统计局发布了第一季度经济数据。在全球金融危机的大背景下，这份成绩单还算得上“漂亮”。GDP 环比增长 6.1%，社会消费品零售额增长 15%，全社会固定资产投资增长 28.8%，CPI（居民消费价格指数）和 PPI（工业品出厂价格指数）双双下行。但有两个指标“很不理想”：进出口总值下降 24.9%（1/4 的降幅）和规模以上工业利润下降 37.3%，反映了金融危机的负面影响尚未得到释放。

（2）与美国经济“同构”的国家病入膏肓

所谓与美国“同构”是指与美国经济结构相同或相似。既然是“同构”，经济金融危机暴发的原理也差不多。

与美国经济结构类似的国家首推英国。在本次金融危机中，英国经济受冲击的程度与美国“不相伯仲”。最新数据显示，经济危机已经将英国在世界经济排行榜的名次挤出前 5 名。

“大本钟、泰晤士河、莎士比亚、丘吉尔、花园洋房、日不落帝国、从黑色出租车里钻出来的戴礼帽的绅士、列车上安静的读书客、放纵的酒徒、电影《百万英镑》中人头攒动的伦敦证券交易所……英国给人的印象似乎是金钱和绅士的国度。但翻开当今的报刊杂志，打开电视机，有关英国的是完全相反的镜头：企业变卖、失业增加、银行被收归国有、百年老店关张、英镑贬值。”《现代快报》特约记者马建国从伦敦发回的报道中如此形容。

2008 年 12 月英国的消费价格指数（CPI）下降到了 3.1%，支付压力正在消失。英国国家统计局最近公布的数据：2008 年第四季度英国 GDP 增速为负 1.5%，这是自 1980 年以来，英国经济遭受的最大季度跌幅。该季度，英国失业总人数上升至 192 万人，是 1997 年以来的最高值。伦敦金融城有 100 万就业岗位。有业内人士分析，已经受到金融风暴影响的这个国际金融中心在未来 3 个月内还将有 1.5 万人失业。

2009 年 1 月 19 日，英国政府公布了自 2008 年 10 月以来的第二轮拯救银行体系措施。这些措施包括政府向银行提供保险，担保引暴信贷危机的银行“有毒借贷资产”。就在英国政府出台投资 3 000 亿英镑的第二轮银行救助计划的第二天，《金融时报》公布的英国主要银行的一组数字让人惊讶：

市值上，从 2008 年 10 月 13 日到 2009 年 1 月 19 日：巴克莱银行从 174 亿英镑跌到 74 亿英镑；汇丰银行从 956 亿英镑下跌到 608 亿英镑；劳埃德 TSB 银行从 180 亿英镑下跌到 106 亿英镑；苏格兰皇家银行从 119 亿英镑下降到 46 亿英镑。

银行现有风险资产：巴克莱银行 3 572 亿英镑；汇丰银行 1.2315 万亿英镑；劳埃德 TSB 银行 4 854 亿英镑；苏格兰皇家银行 4 917 亿英镑。

商业按揭支持证券的风险敞口：巴克莱银行 110 亿英镑；汇丰银行 137 亿英镑；劳埃德 TSB 银行 53 亿英镑；苏格兰皇家银行 66 亿英镑。

英国银行资产负债表上拥有总计 4 万亿英镑的资产，这个数字大约相当于英国国内生产总值的 2.5 倍。业内人士分析，如果银行的资产缩水加剧，英国政府继续对银行施救，英国就有国家危机之虞。假设英国银行资产缩水 15%，就等于英国 6 000 亿英镑被化为乌有，相当于英国国内生产总值的 1/3面临燕发危险。一旦这种情况出现，投资者可能推高借贷成本，并在危机一旦出现时，拒绝购买政府债券，从而可能引发英镑危机。现在英国的国债与 GDP 比例为 54%，如果银行继续缩水，政府继续救援银行，国债与 GDP 比例就很可能翻番①。

---

① 马建国：《英国经济被指发达国家中最糟　银行危机重挫英镑》，载《现代快报》，2009-02-08。

2009年1月29日，素有“乌鸦嘴”称号、曾于2006年成功预测到本次金融危机的美国纽约大学经济学教授诺里尔·鲁比尼（Nouriel Roubini）在《福布斯》上撰文指出，如果英国不能正确应对庞大的对外负债和外汇流动性危机，该国很可能步冰岛后尘，陷入国家破产的境地。鲁比尼提供的数据显示，英国目前的外汇储备额在610亿美元以下，即使加上同美联储签署的货币互换协议额度400亿美元，也仅为1 000亿美元；与此同时，英国国内商业银行的外债总额却高达4.4万亿美元，约为该国GDP的两倍①。

在技术上率先“破产”的是北欧的冰岛。中央财经大学经济学院刘文革教授告诉《北京科技报》：“冰岛在全球经济景气周期中，为追求经济超常发展，将全国的大部分财富资本都投入到了金融衍生产品之中，包括期货交易、外汇交易、股票指数交易、次级债等。在全球经济景气的时候，没有实体经济支撑的冰岛可以靠金融衍生产品带来高额回报，风光一时，但当美国暴发了金融危机，蔓延到全球后，冰岛超额的回报就一下变成了超额的亏损。”20世纪90年代末期，冰岛确立了“快速发展金融业”方针，近几年，金融产业在国民经济中的比重居于首位，包括冰岛股市的主力也是银行系统，冰岛银行的投资遍布全世界。如今，冰岛的金融业几乎全军覆灭了。

与美国经济结构类似的，还有我们的邻居韩国。韩国的危机也与美国非常类似，都属于国家与个人的负债太高。尤其是韩国的过度消费，韩国人非常热衷于信用卡消费。根据数据显示，韩国银行业2008年底的贷存比接近140%。即韩国银行业每吸纳100元钱存款，就会贷出接近140元。而1997年金融危机暴发时，亚洲银行的贷存比一般在100%左右。韩国银行业过去几年来积累的大规模短期外债规模已经接近1 800亿美元②。

（3）“资源出口依赖型”国家备受煎熬

一些国家的地下或地表埋藏着丰富的自然资源，这些国家可以仅靠出口资源维持生计，笔者将其称为“资源出口依赖型”国家。这类国家包括澳大利亚、巴西、中东产油国、俄罗斯、委内瑞拉等一些国家。在本次金融危机中，这类国家由于矿产资源、石油、天然气的价格狂跌，遭受了有史以来最沉重的打击。

其中，俄罗斯是一个最典型的例子。

自1991年苏联解体以来，俄罗斯遭遇到前所未有的改革阵痛。在普京政府的领导下，俄罗斯人们励精图治，迎来了长达10年的经济高速增长期。但2007年暴发的美国金融危机，再一次将俄罗斯卷入衰退的深渊。

---

① 高健：《经济学家警告英国可能面临破产风险》，载《中国证券报》，2009-02-03。

② 王夕、马佳：《国家破产：下一个会是谁》，载《北京科技报》，2008-10-20。

俄罗斯是一个高度依赖能源收益来支持和推动经济发展的国家。在原料出口型经济结构下，俄罗斯经济长期与国际能源市场密切挂钩。特别是国际原油价格，几乎成为俄罗斯经济的“命根子”。10年来，国际油价高歌猛进，俄罗斯也赚得盆满钵满，外汇储备一度增加至6 000亿美元，仅次于中国、日本居世界第三位。俄罗斯政府一再强调自己是金融危机中的“避风港”、“安全岛”。但随着金融危机不断扩散，国际市场石油需求锐减，油价大幅回落，俄罗斯经济恐将陷入10年来的首次衰退。

受金融危机的影响，2008年国际原油价格迅速从7月中旬的每桶147美元的历史高位急剧跌至12月初的每桶大约40美元，依靠“石油美元”拉动的俄罗斯“经济列车”，显示出前行乏力的疲态。俄罗斯财政预算是按照石油价格为基础制订的。油价每跌1美元，俄罗斯国库就会少收20亿美元。跌至低谷的油价很可能引起财政赤字，这对经济无疑是沉重的打击。当初支撑俄罗斯经济在全球经济衰退中巍然屹立的石油，而今却成为推倒俄罗斯经济的多米诺骨牌。“油价的暴跌将使得我们的出口收入从4 690亿美元下降到2 690亿美元。进口将减少500亿美元，资本外逃达到1 110亿美元，通货膨胀在13%以上。”2009年2月，俄罗斯财政部长库德林（Alexei Kudrin）在国家杜马发言时说。从摩根士丹利全球指数之俄罗斯指数也能看出，10年来该指数一直呈现高涨的态势，而从近1年开始，该指数猛然反转下跌，一年跌幅深达76.51%①。

2009年3月30日世界银行发表报告说，受全球金融形势恶化和石油价格持续走低影响，2009年俄罗斯国内生产总值（GDP）将下滑4.5%。世界银行的预测比俄罗斯政府的预测更为悲观，后者预计俄罗斯2009年GDP将下滑2.2%。

世界银行报告说，全球需求不景气、日用品价格下跌以及信贷紧缩威胁企业生存等，都成为影响俄罗斯经济发展的重要因素。报告认为，受外部经济环境不景气影响，俄罗斯经济还有进一步恶化的风险。报告预测俄罗斯2009年就业形势将继续恶化，预计到2009年底失业率将达12%。由于预期信贷继续紧缩，消费低迷，世界银行预测俄罗斯制造业2009年将持续萎缩。

世界银行预测，2009年俄罗斯政府财政赤字占其GDP的比例将达到7.4%。而2008年俄罗斯政府还报财政盈余。世界银行还对俄罗斯的银行体系感到担忧，报告预计，到2009年底，俄罗斯银行业的不良贷款将占到全部贷款的10%。

报告认为，由于金融危机的影响不断向实体经济扩散，俄罗斯及其他国

① 尹娜：《油价的暴跌　俄罗斯经济“命悬一线”》，载《燕赵都市报》，2009-03-04。

家经济快速复苏可能已无指望。报告呼吁俄罗斯政府尽快改善经济结构和投资环境，提高行业竞争力，以应对危机。报告还提议俄罗斯政府着手解决基础行业发展瓶颈问题，同时加强公共事业管理以及防范腐败①。

清华大学国情研究中心学者管清友指出，近20多年来，由于市场结构和定价机制的变化，石油贸易定价权逐渐转移到期货市场。石油因此成为金融资产，油价波动已彻底成为一种金融现象和货币现象。许多大的国际投资银行自石油期货市场形成以来就深度介入，有些投资银行同时还是美国某些地区的现货批发商的最大供应商，他们不但进行期货交易，同时也进行现货交易；他们不但储备原油，而且拥有巨大的油品生产能力。因此这些投资银行必定会利用信息优势和影响力发布有利于自身投资和经营方式的言论，他们操纵着世界原油市场的价格，从期货和现货两头赚钱，使中国、日本、印度等石油进口大国苦不堪言②。

截至2008年底，中国原油进口依存度已高达55%。2008年中国原油进口量较2007年增长9.6%，至1.789亿吨，约合每日进口358万桶，全年进口约为130 670万桶。以每桶价格上涨50美元计，中国就将多支出653.35亿美元去购买石油，合每个中国人都拿出50美元或340元人民币为石油涨价埋单。可见，石油价格居高不下或剧烈波动已成中国经济的心腹大患。

那么，2008年的石油价格为什么会波动如此之大呢？从2008年7月中旬的147美元/桶下跌到2009年1月中旬的33.5美元/桶，每桶价格下降113.5美元，下跌77.21%呢？奥妙就在于，金融危机暴发之后，这些操纵石油价格的投资银行面临流动性短缺，他们只能尽快让自己控制的资产变现来弥补次贷以及其他损失，拿原油期货、现货换钱，从而使石油价格在短期内暴跌，其惨烈程度令很多业内人士大跌眼镜。油价暴跌不仅沉重打击了俄罗斯、中东、北美、非洲产油国，也使金融危机雪上加霜。但对中国而言，却是调整能源政策、扩大能源储备、外储保值千载难逢的机遇。

（4）遭遇“次生灾害”的国家前景堪忧

许多自然灾害，特别是等级高、强度大的自然灾害发生以后，常常诱发出一连串的其他灾害接连发生，这种现象叫灾害链。灾害链中最早发生作用的灾害称为原生灾害；而由原生灾害所诱导出来的灾害则称为次生灾害。次生灾害造成的损失又比原生灾害大。在本次金融危机中，有一些国家的经济金融危机——如东欧国家，不是由美国金融危机直接引发的，而是“次生

---

① 世界银行：《2009年俄罗斯经济将下滑4.5%》，http：//news. xinhuanet. com/fortune/2009 -03/30/content _ 11101212. htm，2009 -03 -30。

② 管清友：《石油危机正是金融危机的组成部分》，载《上海证券报》，2008 -12 -08。

灾害”——由受金融危机严重影响的国家影响而暴发的危机。

当年东欧10国加入欧盟时，欧盟上下欢欣鼓舞，举“盟”同庆。由于在地租、人力资源、税收政策以及地缘等方面具有天然优势，东欧成为西欧银行及投资机构最为热衷的投资目的地。2007年东欧地区甚至取代亚洲成为吸引外资最多的新兴市场。当年，全球投资于新兴市场的资金总共为7 800亿美元，其中就有3 650亿美元流向了东欧。东欧新兴国家凭借西欧的投资，获得了经济腾飞的必然资本，而西欧投资者也在这些新兴经济体获利颇丰。

虽然东欧地区的大多数金融机构并未受到美国信贷市场的直接影响，但是金融海啸引发的“去杠杆化”运动，导致西欧金融机构投向东欧的资金纷纷外逃。有关数据显示，西方银行2007年对新兴市场资金净流入规模为4 100亿美元，2008年为1 670亿美元。但是，2009年形势将发生逆转，西方银行从新兴市场撤出的资金预计将达到610亿美元，其中东欧新兴国家撤出资金270亿美元。由于东欧国家银行业被西欧国家高度控制，尤其是意大利、奥地利、瑞典和比利时的银行对中东欧影响力最大，拥有这些国家银行份额的80%，斯洛文尼亚、爱沙尼亚的银行系统几乎100%由外国银行控制。外资的大量撤离，必然在东欧国家导致系统性的金融危机。

东欧经济高速发展是建立在西欧大量资金流入和本地区负债快速增长的基础之上。由于资金外逃，导致经济衰退和货币贬值，东欧各国还债能力在急剧下降，而债务数额却快速上升。东欧至2009年5月的外债总计约1.7万亿美元，超过了该地区2008年的GDP。2009年东欧银行面临4 000亿美元还款或再融资压力，相当于该地区GDP的1/3。从外债与GDP的比率来看，东欧国家都拥有较高的外债与GDP比率，远高于其他的新兴市场国家。2009年3月国际评级机构穆迪发布的报告指出，2008年每个东欧国家的外债与GDP比率都高于50%。其中，拉脱维亚为135%，居9国之首，保加利亚、匈牙利、爱沙尼亚等国也高于100%。这些数据表明，东欧的负债状况甚至比前几次暴发金融危机的国家还要糟糕。所以有的专家指出，东欧地区有可能成为引发第二波金融危机的一个火药桶[①]。

① 高辉清：《金融海啸第二波已如箭在弦》，载《上海商报》，2009-03-17。

4　并非为山姆大叔评功摆好

——金融危机成因考（一）

费解的金融产品、迟钝的监管者、神经质的投资者，这就是21世纪第一场金融危机所包含的全部内容。

——美国哈佛大学教授、著名经济学家肯尼斯·罗格夫(Kenneth Rogoff)

老太太吃柿子——专挑软的捏。本章先清扫外围，澄清有关金融危机成因讨论中几个“轻量级”似是而非的问题。这些问题与各界对美国政府政策、美国金融制度、美国金融监管、华尔街金融机构等的指责有关，为避嫌起见，取名为“并非为山姆大叔评功摆好”。

4.1　格林斯潘的货币政策出了毛病

在有关本次金融危机根源的讨论中，许多人把矛头指向了美国政府或美联储，美国的货币政策成为了众矢之的。那么，在本次金融危机暴发之前，美国到底执行了一种什么样的货币政策？这种货币政策为何广受诟病呢？

一般而言，一国的宏观经济管理主要有两个手段：一个是财政政策，一个是货币政策。还有其他许多名目繁多的政策或手段，比如产业政策、汇率政策等，其实都需要通过财政政策或货币政策去实现，或者干脆就可以归结为财政政策或货币政策的范畴。财政政策和货币政策都有“松”（如降低税率、减免税收、降低利率和法定存款准备金率)、"紧"(如提高税率、增加税收、提高利率和法定存款准备金率)之分，这样财政政策和货币政策的配合就有4种基本的组合方式：财政和货币"双松"；"松"财政/"紧"货币；"紧"财政/"松"货币；财政和货币"双紧"。

根据宏观经济管理理论的解释，财政和货币政策"双紧"的搭配方式一般适用于需求膨胀、经济过热、物价形势急剧恶化时的经济调节。此种搭配方式的积极效应是可以强烈地抑制总需求，控制通货膨胀；其消极效应是容易造成经济萎缩，因此，必须谨慎地加以利用。财政和货币政策"双松"的搭配方式一般适用于有效需求严重不足的萧条时期及生产资源有较大富裕的经济条件，其积极效应是可以强烈地刺激投资，促进经济增长；消极效应是往往产生财政赤字、信用膨胀并诱发通货膨胀，因此，"双松"政策在搭配运用时一般不能持续时间太长，因为很容易导致经济过热。"松"、"紧"搭配的财政和货币政策是在宏观经济调控中最常使用的调节方式。货币政策与财政政策搭配的"松"、"紧"度，取决于政策所面临的客观经济状况、经济失衡的累积特点及两项政策对经济趋于均衡的调节能力。当货币发行过多但还未演变为通货膨胀时，为了经济的稳定发展，不应急于收紧银根，回笼货币，而应采取增加财政收入、紧缩财政支出的对策，即选择"松"货币/"紧"财政的搭配；而当通货膨胀成为经济发展中的主要矛盾时，就应采取紧缩银根、回笼货币的"紧"货币政策与扩大支出、减少收入的"松"财政政策，以压缩需求，增加供给，使经济增长能保持一定的稳定性。又如，当经济发展中出现财政赤字但经济增长速度尚可观时，不应急于紧缩财政，而应减少货币供应、控制贷款，选择"松"财政/"紧"货币的搭配；而当经济发展中主要矛盾为财政赤字并伴随经济增长停滞时，财政应努力增加收入压缩支出，而银行则应放松银根、发行货币，即选择"紧"财政/"松"货币的搭配，借以启动经济、促进经济增长，同时防止通货膨胀的出现。

在本次金融危机中，如果要评选"最大倒霉蛋"，美联储前主席格林斯潘当之无愧。

2008年10月1日《新京报》在一篇题为《格林斯潘：最伟大中央银行行长成次贷危机祸首?》的评论中说：或许很少有人能够清楚记得美国20年来的历任总统，但艾伦·格林斯潘却在人们的心中担当了多年的"偶像"。美国的一家媒体在1996年总统大选时甚至说道："谁当总统都无所谓，只要让艾伦当美联储主席就行。"

格林斯潘曾被誉为20世纪"最伟大的中央银行家"。从1987年到2006年初，戴着黑框眼镜、少言寡语的格林斯潘执政美联储超过了18年，经历了4任总统，为美联储历史上第二长任期的主席。在他的履历表里，最显赫的功绩在于美国经济出现了创纪录的长达10年的持续增长。在面对纽约股灾、亚洲金融危机、科技股泡沫破灭以及“9·11”恐怖袭击事件等一系列重大危机时，格林斯潘正是运用宽松货币政策使美国股市出现了前所未有的大牛市。这段时期，失业率低至5.5%，通货膨胀率在3%以下，传统经济学认为难以两全的低失业率和低通货膨胀率竟然同时出现，美国出现了所谓的“零通货膨胀型经济”。但2007年的次贷危机最终把格林斯潘拉下了“神坛”。金融界反思此次华尔街金融风暴时，格林斯潘被列入了次贷危机“罪魁祸首”。

21世纪初，互联网泡沫破灭、“9·11”事件、安然公司和世通公司丑闻等对美国经济造成了严重打击。为了防止美国经济走向衰退，美联储从2001年开始连续13次降息，联邦基金利率由6.5%降到1%，为近半个世纪的最低水平。宽松的信用和过剩的流动性推动房地产等资产价格迅速上涨。2004年，美联储意识到问题的严重性后，于当年6月30日首次将利率提高至1.25%，从此开始了其连续17次升息的历程，到2006年6月30日联邦基金利率已升至5.25%。此时，房地产价格已经下跌，但借款人利息负担明显加重，违约现象大量出现。2006年底，次贷违约率在一些州达到13%，个别州则超过20%。这预示着危机的出现只是个时间问题。正因为如此，有人认为，正是当年颇有成效的宽松货币政策可能导致了房地产泡沫以及次贷危机的暴发。

但笔者认为，铺天盖地的对格林斯潘的指责有失公允。宏观经济管理中存在着错综复杂的矛盾现象，就像许多药物都有副作用，一种政策的实施针对的是经济领域中的某一类问题，这一类问题解决了，可能会激化另一类矛盾。例如，提高利率有利于紧缩银根，防止经济过热，但同时会起到打压股市的副作用。再如，本币升值有利于减少贸易顺差，缓解流动性过剩的矛盾，但对本国的出口行业可能形成致命的打击。宏观经济管理者决策时只能遵循“满意”标准而非“最优”标准，即“两利相权取其重，两害相权取其轻”，因此政策的副作用不可避免。

对格林斯潘的责难，也有人为其打抱不平。美国耶鲁大学陈志武教授在接受《新民周刊》采访时就表示：指责格林斯潘，我觉得不太到要点。美联储管的是货币政策，只要通货膨胀维持在1%～2%，就说明美联储尽到了它的责任。而这正是格林斯潘时期的景况①。格林斯潘也为自己辩解说，综观当时的情况，美联储作出的哪一次加息减息不是必要的呢？况且，从本

① 刘文越等：《看懂华尔街》，载《新民周刊》，2008（41）。

次金融危机中各国政府的应对策略来看，也不过是注资、降息、再注资、再降息，谁也没能出什么新花样。如果说有区别，只能说是格林斯潘的继任者们比格林斯潘走得更远。

4.2 金融创新和监管缺失惹的祸

美国是世界各国中金融创新最活跃、金融产品最丰富、金融体系最完整、金融监管最严格的国家。然而，最具有讽刺意味的是，本次金融危机恰恰发生在美国。于是，美国的金融创新和金融监管也成为了金融危机的罪魁祸首之一。

其实，从历史的角度看，金融业的发展就是一部金融创新的历史。金融技术和市场的创新、金融体系和制度的创新以及金融服务和产品的创新，为政府、企业、投资者和消费者创造了更多的便利和机会，推动了金融行业的成长与进步，同时也推动了实体经济的发展。人类社会的发展、世界经济的进步、全球居民福祉的增加，金融创新功不可没。

金融创新源于两种动力：同业竞争和本国政府的金融抑制。

同业竞争促进金融创新比较容易理解，就像实体经济部门一样，企业要想得到消费者的青睐，就必须不断地推出物美价廉、花样翻新、适合各层次消费者需求的新产品或新的服务手段。

所谓“金融抑制”主要发生在美国。1929 年美国股市大崩盘之后，主流舆论的导向是：金融业的混业经营是股灾的罪魁祸首。危机之前，美国的金融机构之间区分并不严格，也就是说商业银行业务、投资银行业务、资产管理业务和保险业务等混杂在一起。在股指高企、股价亢奋、股市欣欣向荣的年代，金融机构不仅用自己的钱从事股票交易和借贷，还把储户的存款、代管资金、保费收入等一股脑儿投向股票市场或发放高利贷，全然把风险防范抛在脑后。当股市风暴降临时，股票市值一夜间蒸发殆尽，从银行借钱的人血本无归，从而导致美国近 9 000 家银行倒闭，占美国银行总数的 49%，酿成了亘古未闻的股市大劫难。

股灾发生以后，美国国会和政府痛定思痛，决心要加强金融业的监管，以免历史重演。1933 年，参议员格拉斯和众议员斯蒂格尔（民主党议员）推动了这项历史性的《格拉斯—斯蒂格尔法案》（*Glass - steagall Banking Act*，又称《1933 年美国银行法》），制定出很多行政上的条条框框，限制银行的所作所为。例如，为了限制银行间恶性竞争，支票账户不能支付利息、储蓄账户有利息上限；银行设立分行有严格限制；不能将存款投资于股票市场，以免风险过高；设立联邦存款保险公司（Federal Deposit Insurance Corporation，FDIC），为老百姓的存款作担保。还有重要的一条是将商业银行和投资银行业务分开，让银行作出选择，两者取一。为此，显赫一时的摩根财团被迫一分为二，分成从事商业银行业务的摩根银行和从事投资银行业务的摩根士丹利。

美国的一系列金融立法，严重限制了商业银行业的发展，相反，却为投资银行业的大发展提供了难得的机遇。以花旗集团为代表的商业银行，千方百计地企图摆脱法律的严格限制，于是“打擦边球”的各种金融创新就应运而生了。比如，《1933 年美国银行法》的“Q 条例”禁止美联储成员银行向储户支付活期存款利息，限定定期存款利息上限，由于定期存款缺乏流动性，从而削弱了银行存款的吸引力。针对这种情况，20 世纪 60 年代初，花旗集团总裁瑞斯顿就设计了一种名为“大额可转让定期存单”（Negotiable Certificate of Deposit，CD or Large - denomination Negotiable Certificates of Time Deposit，CDs）的金融工具，规避相关法律的约束。

CDs 也称大额可转让存款凭证，是银行印发的一种定期存款凭证，凭证上印有一定的票面金额、存入和到期日以及利率，到期后可按票面金额和规定利率提取全部本利，逾期存款不计息，但大额可转让定期存单可流通转让，自由买卖。由于 CDs 可使因各种原因需作短期投资的人获得利息收入，增加了定期存款的流动性，所以，一经推出便风靡全球。有人统计，自 20 世纪 60 年代以来问世的金融新品就有约 200 多个大类，其亚类则难以胜数。例如，目前在国际金融市场上交易的主要品种，从欧洲美元、欧洲债券、国际股票，到货币衍生产品、利率衍生产品和股票指数衍生产品，无一不是金融创新的产物。这些金融工具绝大多数都是金融机构抵抗“金融抑制”的产物。

从本次金融危机来看，所涉及的金融创新品种也不计其数。例如，抵押贷款市场、抵押贷款的证券化、MBS（抵押信贷担保证券）、ABS（资产担保证券）、CDO（债务抵押证券）、CLO（担保贷款凭证）、ABCP（资产支持商业票据）、SIV（结构性投资载体）、CDS（信用违约互换）等等，均为金融创新的产物。正是这些新产品、新技术、新市场、新规则丰富了抵押贷款市场的内涵，支撑着美国房地产市场的持续繁荣。

但是，美国的金融创新——尤其是金融衍生产品市场确实存在着过度、过乱的问题。美国的金融衍生产品发展得“多姿多彩”，其复杂程度甚至连“投资大师”巴菲特也弄不明白。在巴菲特看来，衍生工具是金融界大规模毁灭性武器。提及次贷相关产品，前美林公司首席执行官塞恩以及纽约证交所首席执行官尼德奥尔在接受记者采访时曾这样分析说，这些被包装的产品缺乏足够的透明度，一些产品连自己的设计者都搞不清楚其风险在哪里，这是失败的创新[1]。美国前总统小布什抱怨说，华尔街喝醉了，搞出了那么多莫名其妙的金融衍生产品。

但是有一点，“金融创新过度、过乱”与“金融创新是美国金融危机罪魁祸首”是两个完全不同的概念。美国沃顿商学院金融学教授杰里米·西格尔（Jeremy Siegel）在接受沃顿知识在线记者采访时指出：我们不要忘了，抵押贷款证券已经运作了25年，而且基本上没出过任何问题。我的意思是说，这是一个非常出色的金融工具，工具本身并没有什么问题。这些证券是由最优秀的人来管理的，回报虽然只比国库券高一点儿，不过，对人们来说，这个回报水平已经足够了，此外，这个工具还促进了整个房地产行业的发展。西格尔进一步指出，即使在此次应对金融危机的举措中，金融创新也发挥了建设性的作用。西格尔举例说，美联储的举措是非常出色的，推出了短期标售工具（Term Auction Facility，TAF）[2] 等创新工具，降低了贴现率，对投资银行延长了贴现期。这种措施引入了金融机构积极自救的竞争机制，可以避免一些金融机构企图单纯依赖政府救助渡过难关。

金融创新过度和金融监管薄弱两个问题是连在一起的，因为指责金融监管薄弱的人主要是指责美联储对金融机构的金融创新监管薄弱。

美国金融市场的运作和监管机制一直被视为全球的典范，但永远不能说金融监管会完美无缺。回顾美国20世纪的金融监管演变历史可见，伴随着经济的起伏波动，先后经历了自由放任—加强管制—金融创新—加强监管—放松监管等多次反复。在此次金融危机中，美国金融监管的弱化、存在盲区和“不作为”的问题广受诟病。

概括地讲，美国金融监管主要存在以下三个问题：

首先，存在监管权限重叠、“九龙治水”的现象。此次金融危机暴发前，美国采取的是“双重、多头”金融监管体制。双重是指联邦和各州均有金融监管的机构和权限；多头是指多个部门负有监管职责，如美联储（Federal Reserve System，Fed）、财政部货币监理署（the Office of the Comptroller of the Currency，OCC）、储蓄管理局（Office of Thrift Supervision，OTS）、联邦存款保险公司（Federal Deposit Insurance Corporation，FDIC）、

---

① 陈刚：《从华尔街危机看金融创新》，http：//big5. xinhuanet. com/gate/big5/news. xinhuanet. com/world/2008 – 12/23/content _ 10548751. htm，2008 – 12 – 23。

② 短期标售工具（Term Auction Facility，TAF）为美联储（Fed）针对次贷风暴新创的贷款机制，在贴现窗口下向合于资格的金融机构提供抵押贷款，利率则由竞标过程决定。主要有以下特点：其一，抵押品范围扩大，让银行能够将最近大幅贬值，卖不出去担保债权凭证（CDO）拿来贴现窗口换钱；其二，利率由拍卖决定，Fed 每次提供定额资金（首次为200亿美元），使得利率更接近金融市场的预期和需要；其三，提供资金都是短期，偿还期限为28~35天。

证券交易委员会（Securities and Exchange Commission，SEC）等近10个机构。这样的格局无疑符合美国一直倡导的分权和制衡的精神，正如格林斯潘在《动荡年代》一书中写到的，“几个监管者比一个好”。然而，随着金融全球化发展和金融机构综合化经营的不断推进，“双重、多头”的监管体制的弊端也越来越明显，出现了越来越多的监管“真空”，并使一些风险极高的金融衍生产品成为“漏网之鱼”。近年来一直有华尔街人士抱怨，美国监管体系机构太多，权限互有重叠；各部门、各产品的监管标准不统一；各种监管规则制定得越来越细，在确保监管准确性的同时牺牲了监管的效率；对市场变化的反应速度越来越慢，等等。由于多头监管的存在，使得没有任何一个机构能够得到足够的法律授权来负责整个金融市场和金融体系的风险，最佳的监管时机往往因为会议和等待批准而稍纵即逝。另外，监管盲点也不鲜见，例如，像债务担保证券（CDO）、信用违约掉期（CDS）这样的金融衍生产品，到底该由美联储、储蓄管理局，还是证券交易委员会来管没有明确，以至于出现“谁都管，谁都不管”的局面。

其次，金融监管的框架严重落后于时代对监管的需求。2008年3月31日，美国财政部公布了20世纪30年代大萧条以来规模最大的一次金融监管改革计划——《现代化金融监管架构蓝图》（*Blueprint for a Modernized Financial Regulatory Structure*）。为了说明改革的必要性，该文件深刻地剖析了美国金融监管框架的弊端。美国监管架构中的监管制度大部分是在70年前制定的，该制度正在努力地跟上市场的发展进程，有时在防止和预期金融危机等方面面临着日益增多的问题。与这些市场发展状况不相容的主要是当前以业务功能划分的监管制度（System of Functional Regulation），该制度主张对具有不同业务功能的金融服务业设立单独的监管机构，如银行业、保险业、证券业和期货业。功能性监管方法显示出若干不足之处，最明显的即是如下事实：其一，没有一个单独的监管部门拥有监督系统性风险所需的全部信息和权利；或者存在这样的可能性：与金融机构有关的事件可能触发更大范围的混乱或一系列的违约，这会严重影响金融体系，以至于实体经济也会受到负面影响。此外，任何一个监管部门都无法在整个金融体系中采取协调行动，这使得解决与金融市场稳定性有关的问题变得更加困难。其二，面对金融服务提供商及其产品融合程度不断增加的状况，按功能进行监管的监管部门之间和内部出现的管辖权争端往往会妨碍新产品的引入、使创新放缓，并迫使金融服务和产品向更加适宜的外国市场进行转移。近期机构内部争端的例证包括：围绕《美国巴塞尔第二资本协议》进展过程的拖延，一种金融产品被归为证券合同还是期货合同，以及银行保险的销售范围，等等。其三，按功能监管的制度也导致了在不同监管部门之间某些公共活动的重复。

尽管某种程度的专业化可能对金融机构的监管是重要的，但金融监管和消费者保护监管在许多方面具有共同的主旨。例如，在银行业和保险业中，衡量金融健康状况的关键指标有不同的术语——分别是资本和盈余，它们都服务于保证金融实力和金融机构具有履行其义务的能力这样一个相似的功能。同样，在不同机构中存在着特定的差异，绝大多数消费者保护条例的目标是保障消费者获得有关金融交易和行业遵守适当的销售行为方面的充分的信息①。美国的金融监管架构基本上是1929～1933年大萧条时代搭建的，其基本特征就是“按功能监管”，其后，这一套监管模式成为各国金融监管框架的共同蓝本，这是全球各国基于机构分类的分业监管体系的“先天性缺陷”。在此后半个多世纪中，美国监管架构的诸多变革多是“打补丁”或“外挂”式的，诸如《金融服务现代化法》一方面开启了金融机构综合经营的大门，另一方面却并未改变分业监管的架构，只是授权美联储作为金融控股公司的“牵头监管者”（Umbrella Supervisor）。关于这一点，2008年7月《当代金融家》杂志刊载的一篇题为《迟来的变革——评美国财政部〈现代化金融监管架构蓝图〉》（作者：商博）文章中的比喻非常形象：“回顾大萧条至今美国监管架构的演进，我们会感觉像在观察北京老城区的四合院或是上海原法租界的老洋房：最初作为独户住宅设计并实施出来，但后来演变为多户家庭共享，各户根据自己随时变化着的需要不断添加或变更原先的设计，缺乏全局规划与协调，久而久之，美轮美奂的四合院或花园洋房就变成了今天拥挤、凌乱的大杂院，而整个建筑的架构也因此显得风雨飘摇，最直观的解决方案也许只能是在外墙上用白漆写一个肃杀的‘拆’字。”怎么“拆”，然后是怎么“建”？美国前财政部长保尔森在《现代化金融监管架构蓝图》中提出了改革的三大重点：一是扩大美联储的权力。美联储被赋予监管整个金融系统的权力，并在必要时采取相关行动，以确保整体金融市场的稳定，这将是联邦政府的监管部门首次对非银行金融机构实行监管。二是对一些监管机构的整合。如将美国证券交易委员会（SEC）和商品期货交易委员会（Commodity Future Trading Commission，CFTC）合并为一个机构，美国储蓄管理局（OTS）并入美国财政部货币监理署（OCC）。三是建立新的联邦监管机构。在财政部成立一个全国性保险业监管办公室，改变目前保险业由各州自行监管的局面。这些均与弥补上述监管“缝隙”相吻合。

再次，在理念上存在有意放松金融监管的倾向。美联储长期信奉“最

① 美国政府财政部：《美国财政部关于现代化的金融监管架构的蓝图（国研网摘译）》，http：//www.sss.net.cn/ReadNews.asp？NewsID = 18755&BigClassID = 13&SmallClassID = 48&SpecialID = 0&belong = sc.，2008 - 03 - 31。

少的监管就是最好的监管”这一信条，过分强调和依赖金融机构的内部控制和市场纪律，过分注重和培植本国金融机构及市场的竞争力和创新力。从20世纪30年代到70年代，美国严格的金融监管成为世界各国的楷模。20世纪80年代，撒切尔夫人和里根政府开始全面采用新自由主义的政策，新自由主义开始登上“庙堂”，在美国一直被布什、克林顿、小布什政府采用。新自由主义金融政策的要点就是推行金融私有化、金融自由化和金融全球化，鼓励所谓的“金融创新”，减少或者放弃金融监管。在新自由主义金融政策主基调的主导下，1999年美国总统金融工作小组（PWG）提出了一份题为《场外金融衍生产品与商品交易法》（以下简称《商品交易法》）的法案报告。报告认为《商品交易法》的主要目的是防止市场操纵和保护投资者，而参与场外衍生产品交易的大多是金融机构，这些机构都有足够的能力保护自身的利益和控制对手方的违约风险，因此不必进行监管。放松监管还可以促进金融创新，确保美国在该领域的竞争优势。美国国会采纳了报告的意见，在2000年颁布的《商品期货现代化法案》（*Commodity Futures Modernization Act of* 2000，CFMA）（以下简称CFMA）中将多项场外衍生产品交易排除在CFTC的监管范围之外。CFMA所做的具体规定包括：所有合格的参与者在场外进行的衍生产品交易都可以免受CFTC的监管。该法案奠定了此后美国场外金融衍生产品市场的监管架构。在反思金融危机时，人们将场外衍生产品市场监管法规和监管主体缺失的状态归结于2000年CFMA的实施，将大量场外衍生产品交易排除在法律的监管范围之外。场外金融衍生产品交易占据主导地位，但缺乏透明度，市场产品结构复杂、流动性不足、缺乏逐日盯市结算与中央担保方的机制，对手方风险最终引发了场外市场的混乱。在这次危机中出现大量违约风险事件的交易主体正是CFMA中定义的可以豁免场外交易监管的“合格的合约参与者”，而出现问题的交易客体正是CFMA中豁免的场外衍生产品。放松金融监管也是格林斯潘一直信奉的圭臬。2003年格林斯潘写道，衍生产品分散了风险，因此缓和了网络泡沫破灭后2001年的经济衰退。“规管（指规章制度与管理措施——作者注）难免会约束市场，自由的市场最清楚该怎么做。”正是由于格林斯潘放松金融监管，才使美国名目繁多的金融创新一路绿灯，最终酿成了次贷危机的惨剧。也正是在这个意义上，人们才把格林斯潘从神龛上扯下来，并随时准备把他押上历史的审判台。美联储成众矢之的，证券交易委员会（SEC）的日子也不好过。SEC主席克里斯托弗·考克斯（Christopher Cox）及其领导下的美国证交会无法摆脱美国各界的指责，而美国共和党总统候选人麦凯恩要求罢免考克斯的呼声更把SEC推到监管失职的风口浪尖上。有人给SEC列举了以下五大罪状：一是没有履行强制性披露的法律法规，华尔街高管向股东撒谎没有受到惩罚，没有对房地美、房利美、AIG、雷曼兄弟公司或贝尔斯登公司等进行依法合规监管；二是会计准则没有得到强制执行，财务信息披露不完整，在AIG宣布不需要计提按揭和有价证券投资损失准备金之际及房地美、房利美通过改变会计准则将有问题的按揭变成优良资产之时，SEC没有站出来说“不”；三是没有对评级机构实施有效监管；四是SEC未能通过有效调查防止卖空之类的市场操纵行为；五是没能保护弱势投资者，SEC未能对经纪商从事欺诈性销售行为进行有效监管，如标售利率债券（Auction Rate Securities），房地美、房利美向弱势投资者兜售普通股及优先股等。

但是，正如许多专家所指出的：“创新”与“监管”永远是一对矛盾，创新在一定程度上就是为了绕过监管。从逻辑顺序上来看，总是创新在先，监管措施在后，两者之间总会存在“时差”。没出来的东西你就没法去监管，所以监管永远落后于创新。没有创新，事物就不会有发展；没有监管，创新就有可能“跑偏”，所以关键要把握创新与监管之间的平衡度。

尽管美国的金融监管存在这样或那样的问题，尽管监管缺失是造成美国金融危机恶化的原因之一，但如果说“金融监管薄弱是美国金融危机的根源”，在逻辑上还是站不住脚的。金融监管确实是金融危机暴发的外因而不是内因，就好比地震了，死了好多人，造成了巨大的损失，我们去指责“救援不力造成死人”一样不合逻辑。

4.3 华尔街不应该“贪婪”

1987年，美国著名影星——迈克尔·道格拉斯（Michael Douglas）因在影片《华尔街》中扮演戈登·盖柯（Gordon Gekko）一角深入人心而赢得了奥斯卡最佳男主角奖，影片中的台词“贪婪是美德”（Greed is good）则一夜间成为经典。

《华尔街》是一部商战大片，也是一部探索人类本性、为人类的贪欲辩护、引发人们深入思考的经典力作。本片以华尔街为背景，描写了翻云覆雨的股市大亨戈登·盖柯贪婪成性，不择手段在幕后操纵股票行情，结果却败在一位仍然具有良知的年轻操盘手手上的故事。片中道格拉斯饰演的银行家宣称：“贪婪是美德。贪婪是真理。贪婪无所不能，贪婪无所不明，能穿透并能捕捉进化论精神的本质。”《华尔街》之所以在美国引起共鸣，是因为它淋漓尽致地宣泄了“赚钱越多越受尊敬”、“贪婪能促进经济发展和社会进步”的华尔街文化。

此次美国金融危机暴发之后，很多人将危机暴发的原因归结为华尔街太贪婪，扩张太凶猛。有观点把矛头直指金融机构的高杠杆率，也有观点将之归咎于资信评级机构“为虎作伥”，还有观点认为对冲基金之流的投机资本是此次金融危机的“始作俑者”。这些分析都有一定的道理，但并没有抓住问题的实质。

其实，贪婪是人类的本性。人性的贪婪不是现在才有，也不是近几年才有，而是人类几千年演化的必然结果，全部经济学的本质不过是在阐述推动社会发展和人类进步的“利益机制”。19 世纪英国评论家邓宁格有一句名言：资本害怕没有利润或利润太少，就像自然界害怕真空一样。一旦有适当的利润，资本就胆大起来。如果有 10% 的利润，它就保证到处被使用；有 20% 的利润，它就活跃起来；有 50% 的利润，它就铤而走险；为了 100% 的利润，它就敢践踏一切人间法律；有 300% 的利润，它就敢犯任何罪行，甚至冒绞首的危险①。政府的规章制度、法律的强制、道德的限制不过是不让贪婪成为一泻千里、啸聚山林的“洪水猛兽”，而是讲求法律边界和道德约束，使贪婪为人类社会的进步造福。

企业是人类创造社会财富的基本组织方式，而企业的本性就是要创造利润。没有哪个企业拒绝利润，没有哪个投资者不希望盈利，贪婪不过是“利润多多益善”的代名词。美国著名投资大师巴菲特的名言就是：在别人贪婪时恐惧，在别人恐惧时贪婪。——没有人指责巴菲特的“贪婪”，有的只是对巴菲特“贪婪”技巧的倾慕。指责华尔街贪婪，指责投资者贪婪，就好比把狮子、老虎、美洲豹、鳄鱼等食肉动物集合在一起，然后怒斥它们以其他动物为食“不道德”一样滑稽可笑。

高杠杆率具有乘数效应：顺境中资本持有者可以数倍扩大自己的资本收益，逆境中则成倍放大你的资产损失。在本次金融危机中，正是高杠杆率加速了那些巨型金融机构的土崩瓦解。是华尔街的“精英”们不懂得这个简单的道理？非也。本质上依然是华尔街的贪婪本性使然。

金融经济的发展使金融行业成为美国最赚钱的行业②。“看不见的手”指挥着千军万马杀入这个狭长地带，金融产业呈现出“爆炸式”增长的态势。无论什么产业，都必须与经济机体对该产业的需求相适应，金融业的畸形膨胀，导致该产业的过度竞争。金融机构同样面临着平均利润率下降的尴

---

① 托·约·邓宁格：《工联与罢工》，引自马克思《资本论》，第一卷，第 839 页，北京，人民出版社，1958。

② 2006 年，高盛公司的平均奖金是 66 万美元，美林公司的平均奖金是 55 万美元，雷曼兄弟公司是 52 万美元。华尔街从业人员约为 35 万人，平均每人 30 万美元，是美国人平均工资的 7 倍。据红周刊特约作者纽文新（美）：贪婪让华尔街遭受重创 http：//biz. cn. yahoo. com/08 - 09 - /16/rz7l. html，2008 - 09 - 28。

尬局面。为了在利润率普遍下降的不利局面下保持盈利水平，唯一的手段就是提高杆杠率，风险也自然蕴涵其中了。

2007 年中，美林公司的杠杆率是 27.8 倍，雷曼兄弟公司是 30.3 倍；2008 年初，雷曼兄弟公司是 31.7 倍，连一向稳健的高盛集团也达到 26.2 倍①。另据有关资料披露，两家美国最大的房屋贷款机构房利美和房地美使用杠杆的比率竟是 33 倍，这还未计算规模庞大的表外资产。巴菲特很早就指出，“金融杠杆很容易让小错误变成大灾难，因为使用的是借来的资金而非自己的钱，金融业者犯下的错误几乎是必然”。有过国际投资银行经历的中国经济学家谢国忠评价说，这类投资银行过去都是靠不断提高杠杆比例操纵资本。在他们的杠杆操作里，已经超过了 30 倍的幅度，过度使用杠杆，很容易引起资产的膨胀，造成资不抵债。以 30 倍杠杆为例：在资产价格上涨的情况下，只要赚 1% 就相当于赚到股本金的 30% 的收益，而一旦价格下跌导致亏损 3.3%，即意味着破产。

但有专家指出，高杠杆化催化、放大了美国的次贷危机，这一点毋庸置疑。但毕竟这只是技术层面的原因，不是这次美国金融危机现象背后的真正原因。2008 年 11 月 2 日，发表在和讯网《证券市场周刊》一篇题为《金融海啸探源：雷曼、AIG 为何垮掉》的文章写道：事实是，贪婪是华尔街的本性，在过去的一百多年里，投资银行家靠着贪婪和狡黠度过了两次世界大战和多次经济危机，但却在这次危机中被集体击溃。只是由于高杠杆吗？……从资产负债表和利润表上看，雷曼兄弟公司、美林公司等证券公司的杠杆率并没有发生本质的变化——今天 30 倍的杠杆率在 20 世纪 90 年代也曾出现过。显然，危机不能简单归咎于高杠杆……金融危机暴发以来，许多国家的政府都在忙着“去杠杆化”，这对防范和降低金融风险无疑是有益的，但这与将金融危机归罪于高杠杆化具有本质的不同。

在美国规模庞大的信用经济建设中，三大信用评级机构——穆迪投资者服务公司（Moody's Investors Service Inc.）、标准普尔（Standard & Poor）以及惠誉国际（Fitch Ratings）功不可没。但在此次金融风暴中，三大信用评级机构却成了众矢之的，处境尴尬。

在美国房地产抵押贷款市场“激情燃烧”的岁月里，评级机构围绕着各大金融机构鞍前马后，辛劳运作，充当次级债“吹鼓手”的角色，使次级债市场成了一场群魔乱舞的豪华盛宴，评级机构也赚得盆满钵满。次贷危机暴发后，评级机构又纷纷下调次级债评级，落井下石，记记闷棍砸向各金融巨头的“后脑”，加速了各大金融巨擘覆灭的进程。人们对评级机构朝三

① 王志刚：《次贷危机的特征成因与启示》，载《中国金融》，2008（24）。

暮四、始乱终弃的丑恶嘴脸颇有微词。

但平心而论，评级机构也有难言之隐。

其一，“吃人家的嘴短，拿人家的手软”，信用评级制度存在“先天性缺陷”。由合伙制企业改为首次公开上市发行公司后，评级公司的逐利动机普遍得到强化，由被评级公司付费的收费制度使评级的独立性和公正性失去保证。在三大信用评级机构对债券进行评级的过程中存在着一个致命的缺点：信用评级公司向被评级公司收取费用。根据美国证券交易委员会（SEC）的调查，三大信用评级机构中，一些对高风险次级债金融产品进行信用评级的工作人员，直接参与了评级费用的商谈。而评级费用是由债券承销商支付，很显然，评级越高越利于债券销售，债券承销商的工作也就更加漂亮，自然向评级公司支付的评级费用也就越高。因此，信用评级机构很难保证评级的中立性。

在北京大学经济学院教授、中国信用研究中心常务副主任章政看来，次级债危机形成的路径很清晰：银行等贷款机构为了追求更高的利润，放宽贷款标准，结果是大量低信用等级的借款人获得了贷款。紧接着，贷款机构将这样的贷款（次级贷款）交给推销高手——投资银行，投资银行将其进行分解和打包，变成债券再次出售给机构和个人，从中赚取手续费。但是最大的问题是，经过层层包装以后的债券相当复杂，投资者不可能有足够的资料和知识来评估这些债券的价值和风险，因此，信用评级机构的评级就扮演了重要的角色。

三大信用评级机构在进行信用评级时，通常与债券承销商共同设计债券，对债券的分层结构、信用增级等提供建议，从而收取相关费用。在次级抵押债券的评级中正是如此，这就不可避免会影响信用评级机构的评级立场，低估次级债产品的风险而给出过高的信用级别，市场对次级债券的风险缺乏警惕性，大规模投资埋下风险隐患。

当风险显现时，三大信用评级机构又是市场波动的助推器。例如，2008年上半年贝尔斯登公司出现流动性问题的传闻得到证实后，三大信用评级机构突然采取降级行动，令投资者大为恐慌。在次级债危机中，三大评级机构在短时间内对大量的次级债产品降低信用级别，使投资者预期恶化，促成了市场的恶性循环。

信用评级的目的，本来是揭示受评对象的特定违约风险和严重程度，为投资者提供客观公正的信息。但是，在利益纠葛和体制的束缚下，信用评级机构成了特殊利益集团的代言人。1997 年亚洲金融危机时，三大信用评级公司的表演令人难忘。在 1996 年，日本山一证券股票的价格还在 600 日元左右的时候，穆迪投资者服务公司 1997 年 6 月调低山一的评级后，其股价到 8 月滑落至200日元。11月，山一股票跌到1日元，最后不得不宣布破产而被美林公司接管。而在2001年12月2日，安然公司因财务丑闻破产，但就在4天前，三大信用评级机构还把安然公司的信用等级保留在投资级之上。

这个制度性的问题不仅存在于美国，其他各国在信用体系建设时也必须引以为戒。

其二，外部评级机构职业操守的泯灭使次级债悲剧得以延续。运用历史数据进行评级的做法，则被人喻为“以南极的气象资料预测夏威夷的天气”，评级的科学性广遭质疑；次贷危机已经发生，评级机构却迟迟未能调整相关证券评级，评级的敏感性也饱受批评。

据了解，三大评级公司使用模型进行分析所使用的数据，对于美国公司来说三个月才更新一次，对于发展中国家的公司有时会超过一年，这并不能适应快速发展的金融市场。三大评级公司进行评级时，所依据的是被评估企业公布的信息资料或者自己掌握的信息。但不可避免的是这两种信息的可靠性都有局限性。SEC的调查发现，信用评级公司并没有相应的会议备忘录或会议纪要，并且在报告中省略了相关信息。2001年安然公司倒闭后进行的庭审上，当年为安然公司进行评级的评级师承认，他没有认真读过安然公司的财务报告，当然也就无法真正了解安然公司的财务结构。此外，三大评级公司在向客户主动提供信用评级时，往往变相要求购买其他服务。1996年，穆迪投资者服务公司曾受到过美国司法部的反垄断调查，原因就是被怀疑对客户变相进行了捆绑销售，迫使客户购买其全套服务。

最为业内人士诟病的是，三大评级公司收集和发布信息的流程并非透明，信息的可靠性存在问题。英国《金融时报》对此发表过评论：按照大多数标准衡量，信用评级行业本身是全世界最缺乏竞争性和透明度的市场。

一位金融研究人士认为，由于SEC限制其他公司进入资本评级市场，除了三大评级公司，这个行业几乎没有什么竞争，因此，AAA评级有被出售的可能。事实上，三大评级公司平时几乎不受任何监督，SEC的例行检查平均每五年一次。可见，对评级机构监管的缺失，客观上起到了鼓励评级机构胡作非为的作用①。

其三，次级债危机暴发后评级机构的反戈一击，并非评级机构“翻然醒悟”，而是要保住自己的生存空间。

评级机构在次贷危机中扮演了不光彩的角色，但不能由此推断说评级机构是次贷危机的元凶。假如说金融机构和评级公司是“狼狈为奸”的共同犯罪，那么主犯是“狼”呢，还是“狈”呢？答案不言自明。

① 勇超等：《华尔街醉了》，载《中国经营报》，2008-09-27。

2008年是对冲基金最为悲惨的一年，全球2/3的对冲基金都在赔钱，总亏损额达3 500亿美元①。就在对冲基金暗自伤神懊恼之际，却有人将引发金融危机的责任推给了对冲基金。

对冲基金起源于美国，其原意是指广泛利用金融衍生产品进行投资保值的一类基金，但其后来的发展大大超出了原本的含义。如今人们普遍认为，对冲基金是利用各种金融衍生产品的杠杆效应，承担高风险、追求高收益的一种投资方式。据估计，全球活跃着近万只对冲基金，资金规模达到约2万亿美元。对冲基金素有金融“坏孩子”之称。1992年袭击英镑，1997年扰乱东南亚金融市场，1998年对香港金融市场展开“立体交叉进攻”，使对冲基金臭名昭著，马来西亚前总理马哈蒂尔曾指斥对冲基金是制造东南亚金融风暴的罪魁祸首。

小贴士：对冲基金如何兴风作浪

对冲基金是一种投资工具，交易的品种遍及所有市场种类，包括外汇、股票、债券、商品以及各种衍生产品等。与共同基金“买入并持有”的策略不同，对冲基金采取“卖空”、“杠杆”、“套利”等手段，试图在任何市场环境下都取得绝对回报。对冲一词原本指的是一种风险管理方式，而对冲基金的对冲则是表示这些基金通过卖空来对冲市场下跌风险，更广义的则是指这些基金在不同市场或不同证券之间的高卖低买的套利行为，而并不是说所有的对冲基金的风险都被“对冲”掉了。

大约有50%以上的对冲基金是一些离岸公司，通常注册在开曼群岛、英属处女群岛和百慕大群岛等离岸司法辖区内，这些辖区允许它们在操作上有更大的自由度，这些基金管理的资产差不多是整个对冲基金的2/3。除此之外，最热门的陆上注册地是美国，其次是欧洲。在美国，对冲基金比较集中的城市有纽约以及康涅狄格州的格林威治，欧洲则主要集中在英国伦敦。

许多美国的对冲基金公司大部分是有限合伙制架构，基金经理作为对合伙债务承担无限连带责任的一般合伙人，投资者则是对合伙债务通常仅承担有限责任的有限合伙人。另外一种架构是有限责任公司，基金经理是

① 麦麦：《美刊盘点金融风暴五大赢家：危机中赚得盆满钵满》，载《中国青年报》，2009-02-08。

有限责任公司的管理者，投资者则是公司的股东。由于美国证交会对于公开发行的投资基金的卖空行为和杠杆的使用都有严格限制，因此对冲基金都采取非注册的私募方式发行，直接投资者必须是“高质量的投资者”或“合格购买人”，而一个对冲基金的合伙人不能超过500人，其他不合格的投资者只能通过基金购买对冲基金。由于是不公开的私募，因此这些基金销售行为也都是比较隐秘的，存在着一批活跃在投资者和对冲基金经理之间的经纪人，他们经常会出现在某些慈善晚会上，向那些富有的人推销基金。对冲基金从不对外披露他们的情况，但对冲基金的投资者则可以享受到比共同基金投资者还要贴身的信息查询服务，比如对冲基金的仓位、持有的投资品种、重大风险的讨论，他们还可以直接同基金经理见面了解他们的策略。

持有同一投资策略的对冲基金经常会一起狙击点什么或者制造点麻烦，这也许是臭味儿相投的共谋行动，也可能是英雄所见略同的不谋而合。虽然对冲基金经理承诺将投资者的资金按照招募说明书中的策略进行投资，但实际上，对冲基金的基金经理使用的技巧十分复杂多变，而且由于杠杆和卖空的存在，人们很难判断其是否持续坚持某一个策略。

与共同基金不同，对冲基金的收费除了管理费之外，还有一笔业绩提成。管理费通常每年按对冲基金管理资产的1%～2%收取，而业绩提成则按照基金资产年度利润的20%提取。数据显示，2005年对冲基金公司收取的管理费平均为1.44%。大牌的对冲基金经理的收费也较高，譬如，Steven Cohen的SAC Capital Partners的业绩提成高达50%（他不收管理费），Jim Simons的Renaissance Technologies Corp. 不仅管理费高达5%，而且还要收取44%的业绩提成。

不过，对冲基金契约对业绩提成的约定中还会设置一个回报门槛或者高水位来对投资者提供保护。回报门槛为投资者提供的是一个最低回报保证，低于这一回报率，对冲基金经理就不能够提取业绩提成奖励。所谓高水位是指只有基金业绩超过了基金历史最好水平，基金经理才能提取业绩报酬。譬如，某对冲基金历史最好成绩是净值达到1.3元/份，而第二年净值回落到1.2元/份，那么虽然这一年基金仍然较发行价1元盈利20%，但该基金经理却得不到业绩提成。如果第二年该基金净值达到1.4元/份，则基金经理可以得到业绩提成，但高水位也就提高到了1.4元/份。

对冲基金虽然被媒体描述得比较神秘，但其实不少大型对冲基金组织是十分严密的，为了取得客户的信任，他们纷纷通过 ISO 9001 质量管理认证。在人员构成上，这些大型对冲基金公司不仅仅有名牌基金经理，也有很多经验丰富的程序员和优秀的数学家，一些交易能源期货的对冲基金甚至还专门聘请了气象学家。

对冲基金的表现并不稳定，只有少数基金能够取得长期的高回报，2004 年、2005 年对冲基金的平均回报率连续两年低于 10%，远低于 20 世纪 90 年代 16% 的年平均回报率，一些研究人士认为对冲基金正变得越来越像一个高收费的共同基金[①]。

从操作手法来看，对冲基金为追求高回报而大量运用杠杆工具，使用不多的本金撬动几倍甚至几十倍的资产。一向追求“高风险、高回报”的对冲基金当然不会放过在次贷衍生产品市场中的淘金机会。对冲基金大量购买次级房贷支持的 MBS 及其衍生产品，并在评级机构的“配合”下，成功地说服银行接受这些证券作为抵押品来融资，以扩大杠杆。对冲基金往往可以灵活地采取买入和卖空的投资策略，以杠杆比例来调整头寸大小，相对于传统投资管理和共同基金只能有限卖空，其投资策略运用的灵活性较大。在市场繁荣期，对冲基金通过这种策略获得了骄人的高额回报。以贝尔斯登公司旗下破产的两只对冲基金为例，贝尔斯登公司在这两只基金上的投资不过 4 000万美元，但基金从客户筹集的资金则超过了 5 亿美元。利用财务杠杆，两只基金举债 90 亿美元，并控制了超过 200 亿美元的投资，且大多为次级房贷支持的高风险 CDO。

对冲基金在投资组合和战略上的趋同，将导致“羊群效应”，可以引发股市和其他市场的巨大波动。一般来说，对冲基金都严格按照既定战略和程序操作，利用统计模型找出合适的标的资产进行投资，因此，许多对冲基金具有相近似的证券组合和交易条件，这些机构投资者实质上在相互交易。一家大基金退出，就会牵一发而动全身。例如，评级公司下调次贷衍生产品评级后，部分持有大量次贷衍生产品的对冲基金为弥补次贷衍生产品的亏空，开始抛售持有的股票，就会造成股票市场的大幅波动。

法国总统萨科齐认为，这场金融风暴根源在于“对冲基金”之类以套利为主要目的的资本的出现，这类基金的操控者将资本主义股票市场导入纯粹的投机歧途而无法自拔。萨科齐说：“有人说，我们不知道谁应为此负

① 刘湘宁：《对冲基金如何兴风作浪》，载《中国证券报》，2006－06－29。

责，是吗？怎么在盈利的时候，他们就一个个都出来拿红包了？”他强调必须对金融危机的责任者“进行检查和惩罚”①。但这种指责显得理由并不充分。其实，你只要简单地查阅一下金融危机中“殉职”的金融机构目录，你就会发现对冲基金也是本次金融危机的“重灾区”——况且，次贷的发生与对冲基金几乎没有任何关系。对冲基金是本次金融危机的“重伤员”。用明宪②的话说就是：“大型对冲基金亏损，小型对冲基金被血洗。金融危机中，平日的‘杀手’已风光不再，对冲基金的‘黄金时代’似乎已经结束。”

大地震中有幸存者，金融风暴中也有赢家。2009 年 2 月上旬，美国《外交政策》杂志发表文章，盘点金融危机中的赢家，其中身为对冲基金经理的约翰·保尔森（John Paulson）颇为惹眼。2007 年，保尔森通过做空次级债券大赚了 37 亿美元（收入中的多数源于做空衡量次按市场趋势的 ABX 指数），一举超越投资大师、量子基金创始人乔治·索罗斯（George Soros），成为全球收入最高的对冲基金经理第一人。2008 年，当次贷危机全面升级，众多公司遭受重创的时候，保尔森管理 70 亿美元的对冲基金 Paulson Advantage Plus 的投资回报率高达令人难以置信的 37. 6%，而他管理的另一只规模较小的基金 2007 年的回报率更是接近 590%，被认为是史上年回报率最高的对冲基金。

保尔森是如何在“血流成河”中创造奇迹的呢？答案是“不走寻常路”，凭借敏锐的嗅觉和坚强的意志逆市而上，笑傲江湖。早在 2005 年，当乐观的房贷专家们唠叨着房价在总体上不会跌落、联邦基金利息不会提高的陈词滥调的时候，保尔森就敏锐地发现房地产业存在泡沫，并感觉到经济将会滑落。保尔森费尽口舌地说服投资者——美国的房地产市场正面临极大的危机，而要在这场危机中保护自己的资产，进而在危机中获利，做空次级债则是一本万利的最好选择。许多投资者都疑虑重重，但是其中还是有一些认同他的人最终决定投资这只基金。最终，保尔森赌赢了。

截至 2008 年 10 月中旬，美国证券交易委员会传唤了 20 余家对冲基金，对交易员是否散布谣言操纵股价展开调查。调查要求对冲基金提供在股票、衍生工具、掉期及其他金融工具上的头寸详情，以及交易发起日期和结算日期，还有所涉及的人员。另据美国国会官方网站 2008 年 11 月 13 日报道，为弄清金融危机的发生原因，寻找“对症下药”的政策措施，美国国会将

① 尚未迟等：《英美学者抛奇谈怪论　妄称中国是危机根源》，载《环球时报》，2008 - 10 - 16。

② 明宪：《对冲基金危局》，载《中国经营报》，2008 - 11 - 03。

“聆讯”5名久负盛名的对冲基金经理人（这5名经理人2007年收入均超过了10亿美元），调查这5名经理人在金融危机中所起的作用。听证会被美国国会监管和政府改革委员会命名为“对冲基金与金融市场”，听证会将突出三个主题：（1）对冲基金在金融危机中的角色；（2）对冲基金的交易是否对市场造成了系统性风险；（3）监管方应对对冲基金施加何种监管措施。但谁都知道，这是SEC和美国国会在“做秀”。危机来了，作为监管者、决策者，你总得做点什么吧？传唤“嫌疑人”吧？于是，华尔街的金融大亨们鱼贯被“聆讯”。“聆讯”一圈儿，一无所获，不了了之，但表示大家都在忙。

4.4 “公允价值准则”有什么不妥吗

“公允价值准则”是一个会计专业术语，如果不是金融危机，它不可能被拉出来示众的。但金融危机来了，就不好说了。

所谓公允价值，是指在交易中买卖双方或相关各方都认可的交易标的的价值。“公允价值计量”是一种计量的原则，它对应的是“历史成本计量”原则。在编制企业资产负债表时，无论是资产或是负债，都涉及一个计量价格的问题。如果采取的是购进或建造或业务发生时的价格计量，就称为“历史成本法”。随着时间的推移，无论是资产还是负债，价格都有可能发生变化，所以历史成本法无法准确反映资产或负债的真实价值，而采用公允价值计量准则，则能够真实反映企业资产与负债的状况。例如，某企业在5年前以100万元的价格买了一块地，现在可以卖到1 000万元。企业如果采用历史成本计量的话，那么这块地的账面价值只有100万元，企业的资产就被低估了900万元，这明显不利于投资者评价该企业的价值；而采用公允价值计量土地价值为1 000万元，比较真实地反映了企业资产的价值。

公允价值会计准则在美国金融界的应用，除了具有提高财务信息相关性和有用性的一般目标外，还有着特殊的背景。20世纪80年代美国曾发生严重的储蓄和贷款危机，一些储蓄及住房贷款机构利用会计手段掩盖问题贷款，最终导致400多家金融机构破产，在联邦存款保险公司无力赔偿的情况下，联邦政府动用1 000多亿美元联邦储备基金予以补救。从那以后，美国金融界就倾向于以公允价值计量金融产品。从某种意义上说，“公允价值”概念正是由于20世纪80年代美国储蓄和房屋贷款危机而引入的，这一原则被2006年美国财务会计准则委员会发布的SFAS157号会计准则——《公允价值计量》推向了高潮。

美国 157 号会计准则《公允价值计量》，认定了公允价值计量的三个层次。第一个层次是交易价格（Mark to Market），即相同资产如果有公开市场的自愿报价，期末公司应首先选择公开市场报价作为金融工具计价的标准；第二个层次是类似资产报价（Mark to Matrix），即如果本类资产没有公开市场报价，即应采用类似资产的公开市场报价作为金融工具计价的标准；第三个层次是估值技术（Mark to Model），即在缺失公开市场报价的前提下，可以采用估值技术。上述三个层次是依次选用的，即第一个层次的计价条件不具备，才可转用第二个层次的计价方式，如仍不具备，则可选用第三个层次的计价方式。

此前作为预防金融风险利器的《公允价值会计准则》在此轮金融危机中却被指责为“雪上加霜”甚至“落井下石”的“帮凶”。如果说在上一轮储蓄和贷款危机中，会计处理被指责为没能真实和迅速地反映金融机构财务状况，那么在这一轮次贷危机中，会计处理却被指责为过于真实和迅速地反映金融机构财务状况。

为什么人们会得出这种截然相反的结论呢？问题恐怕主要出在“估值技术”上。面对飞流直下的股价，银行需要将市场价格迅速下降的资产价格反映在财务报表中，导致与抵押有关的证券资产巨额减记，在某种程度上加剧或放大了金融危机；受打压的价格反映不了这些资产的长期价值或真实价值；“估值技术”又加大了金融机构估值的主观随意性，致使银行信用消失殆尽，引起金融市场的极度混乱。

在美国愈演愈烈的金融危机中，一些银行家、金融业人士和国会议员将矛头指向美国会计准则，认为第 157 号美国会计准则要求金融产品按照“公允价值”计量的规定，在市场大跌和市场定价功能缺失的情况下，导致金融机构过分对资产按市价减记，造成亏损和资本充足率下降，进而促使金融机构加大资产抛售力度，从而使市场陷入交易价格下跌—资产减记—核减资本金—恐慌性抛售—价格进一步下跌的恶性循环之中，对加重金融危机起到推波助澜的作用。美国联邦存款保险公司前主席威廉·伊萨克公开宣称，正是由于《公允价值会计准则》导致众多银行不得不过多地和不合理地减记资产，从而压缩了银行的放贷，进一步使经济震动。代表金融机构利益的美国银行家协会在争论中扮演了主要角色，2008 年 9 月中旬前先后致信相关管理层要求修改《公允价值会计准则》。此外，还有 60 名国会议员联名写信给美国证券交易委员会，要求暂停使用公允价值计量。他们认为，失灵的市场常常意味着没有什么价格可以让银行作为基准来“盯住”，如果银行不必按市值给其资产定价的话，金融危机就会消退。

面对越来越大的对公允价值质疑的声音，在参众两院刚刚表决通过的救援法案中，赋予了SEC暂停使用公允价值计量的权利，并要求SEC在未来90天内就公允价值对金融业的影响进行一个全面的研究。

在巨大的政治和企业压力下，SEC在2008年9月30日针对非活跃与非理性市场情况下采用公允价值的会计处理方式发布了指导意见。该指导意见仍然坚持第157号准则的原则，并未暂停公允价值的使用，只是要求企业在为资产确定其公允价值时，如果该类资产缺乏活跃的公开市场交易，则可以通过内部定价，包括合理的主观判断来确定其公允价值。具体来说，指导意见有三层含义：一是允许企业在没有市场数据作参考的情况下，可运用内部模型或假定条件来估算公允价值；二是要求企业在确定金融资产是否出现非暂时性减值时，需要运用合理的判断；三是指出在市场不活跃或交易没有秩序时，经纪商的报价及定价服务不能反映市场交易价格，因此交易价格在衡量金融资产公允价值时可以作为一种考虑因素，但可能并不具有决定性，应降低对其依赖程度。

然而，会计界和一些经济界人士对修改和诋毁《公允价值会计准则》一直持抵制的态度，认为第157号准则本身没有问题，有问题的是金融机构对该准则双向和功利的态度：在金融产品价值持续上升时，金融机构乐于看到按公允价值计量而带来的益处；在金融产品价值下跌时，就转而抱怨和指责公允价值计量原则。美国财政部、联邦储备委员会和一些经济界人士指出，资产价值背离它们的真实市场价格将导致公司财务状况“健康”的人为假象，最终会导致储蓄和贷款市场的崩溃，并将像日本20世纪90年代一样出现长达十多年的经济衰退。

许多业内人士撰文指出，抵押资产估值方面的问题不是导致信心危机的原因，通过放松会计计量的规则而“创造”的利益是一种幻觉，只能延迟问题的解决；改变《公允价值会计准则》，将会剥夺投资者在最需要关键财务信息的时候获取这些信息的权利。

德勤亚太区金融服务领导人菲利普·哥特（Philip Goeth）对《21世纪经济报道》记者表示：“现在的金融危机原则上是一个经济问题，而不是会计问题，我们不希望看到公允价值的废除。”菲利普认为，公允价值只是把真实情况表现出来，市场波动的影响被《公允价值会计准则》所捕获，但次贷危机并不是由它而引起的。而改变会计准则，比如停止使用公允价值，正如起火后，关掉火警报警器，火不会自己灭掉一样[①]。

此外，也有业界人士担心，SEC允许公司管理层在判定市场价格时有更

---

① 蒋云翔：《美金融危机下公允价值饱受质疑　专家称是执行缺陷》，载《21世纪经济报道》，2008－10－15。

多灵活空间，可能出现人为提高资产价格的情况，导致会计信息的可靠性和透明度降低，令投资者无法判断企业资产质量的真实状况，从而进一步削弱投资者信心，由此引发的抛售行为可能使金融危机进一步加剧。

美国金融海啸刚刚暴发后的2008年10月，美国哈佛大学经济学教授、国际货币基金组织（IMF）前首席经济学家肯尼斯·罗格夫（Kenneth Rogoff）先声夺人，提出他对金融危机成因的看法："费解的金融产品、迟钝的监管者、神经质的投资者，这就是21世纪第一场金融危机所包含的全部内容。"由于罗格夫显赫的地位和声誉，罗格夫的声音不胫而走，几乎成为金融危机成因"盖棺论定"的结论。但笔者认为，罗格夫的结论过于轻率和肤浅，本章中笔者几乎全盘否定了罗格夫的观点。

如果有什么对不住的地方，我只能说一句：I'm Sorry！

5 “政府先生”与“市场先生”的巅峰对决

——金融危机成因考（二）

当思想牛市崩盘时，就会发生这种思想倒戈。当前的金融危机可溯源到里根—撒切尔时代的三种核心思想：提倡拥有住房、放宽金融监管和强烈信奉市场。30年来，这三种思想都发挥了出色的作用，增进了繁荣和自由。但这些思想走过头了，在它们的共同作用下引发了一场灾难。

——吉迪恩·拉赫曼(Gideon Rachman)
《金融时报》(英国)

英国学者吉迪恩·拉赫曼（Gideon Rachman）在《保守主义兴衰》一文中曾旗帜鲜明地指出①：当前的金融危机可溯源到里根—撒切尔时代的三种核心思想：提倡拥有住房、放宽金融监管和强烈信奉市场。30年来，这三种思想都发挥了出色的作用，增进了繁荣和自由。但这些思想走过头了，在它们的共同作用下引发了一场灾难。换言之，拉赫曼认为新保守主义是此次金融危机的罪魁祸首。

2008年11月，机械工业出版社翻译出版了78岁高龄的美国著名金融投资家乔治·索罗斯的新书——《索罗斯带你走出金融危机》（英文书名是“The New Paradigm for Financial Markets：The Credit Crash of 2008 and What It Means”，汉语的意思是“金融市场的新范式——2008年信贷危机及其影响”）。

① ［英］吉迪恩·拉赫曼：《保守主义兴衰》，载《金融时报》，2008-10-08。

在索罗斯的眼里，当前的金融危机是“错误的观念流行”导致的结果。这个错误的观念就是自由放任主义（索罗斯给了它一个特定的称呼叫“市场原教旨主义”）。这种错误的观念不仅令我们无法识别我们现有知识中的错误，反而怂恿我们利用错误的知识去操控世界，使得世界进入错误认知所主导的循环之中，直到错误所扭曲的世界进入荒谬的地步而无法持续，最终发生崩溃。

2008年11月5日，人民网《人民论坛》专栏发表了中共中央编译局中国现实问题研究中心严海波副研究员的一篇文章，标题是《都是新自由主义惹的祸》。文章说：金融监管制度的缺失以及那些贪婪无度、钻制度空子的华尔街肥猫们也只有在一定的土壤上才能够生存，这种土壤就是新自由主义所建立起来的一整套现行经济运行制度。本质上说，资本主义及其新自由主义经济金融理论是当前美国金融危机的制度基础和混乱之源。

2008年12月1日，中国人民大学张宇、赵峰两位教授在《中国青年报》发表题为《新自由主义政策：金融危机最深刻的根源——当前全球金融危机对我国的启示》的署名文章，结论是：新自由主义政策推动的资本主义经济基本矛盾的激化是导致这场金融危机最深刻的根源。

在上述的4篇文献中，作者将小布什政府所奉行的经济理论分别表述为保守主义、市场原教旨主义和新自由主义，但实质上他们所指的是同一种理论体系，比较科学一点的称谓是“新保守主义”。

与此相关或有联系的概念还包括自由主义、古典自由主义、现代自由主义、盎格鲁—萨克逊范式、新凯恩斯主义、国家资本主义、市场均衡理论、市场失效理论、华盛顿共识等，不一而足。每一个概念都是特定时代的产物，是特定理论体系的单元或节点，具有鲜活的阶段性特征。如果不是身处那个特定的阶段，就不容易完整地把握概念的内涵。这些概念本身就晦涩难懂，再加上一些作者望文生义、张冠李戴地“演绎”，足以使读者产生“雾里看花”的幻觉。

在本书中，作者将现代宏观经济管理的理论体系归结为新保守主义和新自由主义两大流派。其中的新保守主义，是指以弗里德里希·A. 哈耶克（Friedrich August von Hayek，1899 ~ 1992）、米尔顿·弗里德曼（Milton Friedman，1912 ~ 2006）、罗伯特·诺齐克（Robert Nozick，1938 ~ 2002）及詹姆斯·布坎南（James M. Buchananlg，1919 ~ ）为主要代表人物的宏观经济学派。

新保守主义最为鲜明的特征是信奉经济自由主义（私有财产权和自由企业制度）、个人主义、反对国家干预社会经济生活。新保守主义强调个人的自由和首创性，认为经济自由是最重要的自由，财产权是最重要的权利。没有经济自由，其他自由可能随时会被剥夺；没有财产权，其他权利都是空话。新保守主义主张缩小政府、削减税收和福利、尽可能取缔对经济活动的种种管制。实际上，新保守主义“保守”的对象是古典自由主义的一些原则。里根—撒切尔主义是新保守主义的典型代表。

本书所定义的新自由主义，大体上等同于凯恩斯主义或国家资本主义。新自由主义是对古典自由主义的自由放任立场的纠正，强调国家对市场的调节，主张扩大政府的权力，实行社会福利政策。其代表人物包括约翰·梅纳德·凯恩斯（John Maynard Keynes，1883～1946）、保尔·萨缪尔森（Paul A. Samuelson）、约瑟夫·E. 斯蒂格利茨（Joseph E. Stiglitz）及2008年诺贝尔经济学奖获得者保尔·克鲁格曼（Paul R. Krugman）等。

此种定义及分类方法未必能得到学术界和读者的广泛认同，但笔者想做一种尝试。等我们将这些枯燥的概念梳理一遍，条分缕析地剖析概念的来龙去脉、相互关系及其微妙的变换关系之后，请你再认定结论。

5.1 两个英国人跨世纪的对话

谈到保守主义和自由主义，就不能不谈到两个已故的英国人：亚当·斯密和凯恩斯。这两个人活跃的年代相差160年，让凯恩斯PK亚当·斯密，颇有点“关公战秦琼”的味道。但的的确确，截至2009年有关美国金融危机根源的争论与这两个人有千丝万缕的联系。

亚当·斯密（Adam Smith），经济学说史上赫赫有名的人物。1723年6月5日生于苏格兰伐夫郡（County Fife）柯科迪（Kirkcaldy），1790年7月17日在苏格兰爱丁堡（Edinburgh）逝世，终身未娶。

1776年，亚当·斯密历时6年写作、3年修改的经济学巨著《国民财富的性质和原因的研究》（*An Inquiry into the Nature and Causes of the Wealth of Nations*，以下简称《国富论》（*The Wealth of Nations*））出版，标志着古典自由主义经济学的正式诞生，使经济学第一次有了比较完整、科学的体系，经济学从此被公认为一门独立的学科。

亚当·斯密以前的学者多研究经济现象，所称经济学不过是特定时代、特定范围的经济政策，亚当·斯密以“人性”为出发点，把普遍性带入了经济学领域，使之成为一门社会科学。

“经济人”假设在经济学中具有学科原点式的地位。在《国富论》中，亚当·斯密虽然没有明确提出“经济人”的概念，但学界公认《国富论》包含着“经济人”假设的思想。他在《国富论》中有这样一段被广为征引的名言：“我们每天所需要的食物和饮料，不是出自屠户、酿酒家和面包师的恩惠，而是出于他们自利的打算。我们不说唤起他们利他心的话，而说唤起他们利己心的话。我们不说自己需要，而说对他们有利①。”在亚当·斯密看来，生产者为人们提供各种各样的商品，不是出于对他人的同情和恩惠，而是出于生产者“自利的打算”。人具有追求自身利益的普遍性，每个人行为的出发点都是为了“利己”。亚当·斯密在论述市场秩序形成的原理时，特别强调追求私利的意义。这种自利动机和行为，被后人概括为“经济人”。

但是，按自利原则行事，并不能保证人们不悖于常理，神经失常或某些疯狂行为，也可能合乎自利动机。经济学毕竟不是精神病理学，所以，还必须同时假定“经济人”的自利是符合理性的。也就是说，人们的自利行为，不是出于任意的想象或盲目的冲动，而是以可以理解的方式即比较利害得失的方式进行的。英国著名古典经济学家纳索·威廉·西尼尔（Nassau William Senior，1790～1864）沿着亚当·斯密的思路，确立了个人经济利益最大化公理，并由此推论出边际效益递减学说。到了1836年，英国心理学家、哲学家和经济学家约翰·穆勒（John Stuart Mill，1806～1873）在《政治经济学定义及研究这门学问的哲学方法》中，给出了“经济人”假设的标准定义，即“把人看做必然是在现有知识水平上以最少劳动和最小生理节制获取最多必需品、享受和奢侈品”。至此，“经济人”假设基本定型。

在亚当·斯密看来，似乎杂乱无章的自由市场实际上存在着自行调整机制，自动倾向于生产社会最迫切需要的产品种类和数量。如果某种需要的产品供应短缺，其价格自然上升，价格上升会使生产商获得较高的利润，由于利润高，其他生产商也想要生产这种产品。生产增加的结果会缓和原来的供应短缺，而且随着各个生产商之间的竞争，供应增长会使商品的价格降到“自然价格”即其生产成本。谁都不是有目的地通过消除短缺来帮助社会，但是问题却解决了。用亚当·斯密的话来说，每个人“只想得到自己的利益”，但是又好像“被一只无形的手牵着去实现一种他根本无意要实现的目的……他们促进社会的利益，其效果往往比他们真正想要实现的还要好②”。这就是人们后来总结的平均利润率规律。

亚当·斯密是第一位充分了解并深刻论述市场运行机制作用的经济学家。主张完全自由地从事经济活动，自由地经营工商业，自由竞争，自由地发展国内和国际贸易，扫除经济上的一切障碍，实行自由放任的经济制度。亚当·斯密积极倡导“自由放任”和排除政府干预经济事务，促进了当时英国自由贸易政策的实现，1846年、1860年，“谷物条例”（对进口谷物征

① 王亚南、郭大力译：《国富论》，北京，商务印书馆，1972。
② 亚当·斯密：《国民财富的性质和原因的研究》。

重税的法律）与“保护关税”相继被废除。

亚当·斯密的这种自由经济理论不仅为其追随者所推崇，而且很快被社会所普遍接受，自由竞争市场经济的概念日渐深入人心，自由竞争的市场经济体制无论从理论上还是在实践中，都取得了长足的发展。到18世纪的后25年，自由竞争的各种制度日臻完善，迎来了自由竞争的黄金时代。亚当·斯密的旗帜就是市场经济的象征，它开辟了资本主义世界经济自由主义的新时代。据说，亚当·斯密有一次去参加一个政治家的聚会，一进门大家都起立欢迎，站着不动，亚当·斯密请他们坐下，当时的英国首相威廉·皮特（William Pitt，1759～1806）说：“不，您先坐下来，我们再坐，我们都是您的学生。”230多年过去了，亚当·斯密的理论至今仍被西方经济学奉为经典。为纪念这位伟大的经济学家，在亚当·斯密逝世217年后的2007年，亚当·斯密的头像还出现在了英国20镑面值的新版钞票上。

亚当·斯密于1790年逝世，约翰·梅纳德·凯恩斯（John Maynard Keynes，1883～1946）1883年6月5日生于英格兰的剑桥（Cambridge），两个人的尾首相差了93年。凯恩斯既是个学者，又是个官僚。第一次世界大战爆发不久，即应征入英国财政部，主管外汇管制、美国贷款等对外财务工作。1919年初作为英国财政部首席代表出席巴黎和会。1940年出任财政部顾问，参与战时各项财政金融问题的决策，并在他倡仪下，英国政府开始编制国民收入统计，使国家经济政策拟定有了必要的工具。1944年7月率英国政府代表团出席布雷顿森林会议，并成为国际货币基金组织和国际复兴开发银行（世界银行）的英国理事，在1946年3月召开的这两个组织的第一次会议上，当选为世界银行第一任总裁。返回英国不久，因心脏病突发于1946年4月21日在英格兰的索塞克斯（Sussex）家中逝世。

凯恩斯原是一个自由贸易论者，直至20世纪20年代末仍信奉传统的自由贸易理论，认为保护主义对于国内的经济繁荣与就业增长一无可取。甚至1929年同瑞典经济学家俄林就德国赔款问题论战时，还坚持国际收支差额会通过国内外物价水平的变动，自动恢复平衡。

1936年，凯恩斯出版了其具有划时代意义的代表作——《就业、利息和货币通论》（*The General Theory of Employment, Interest and Money*，以下简称《通论》）。在《通论》中，凯恩斯一反过去的立场，转而强调贸易差额对国民收入的影响，相信保护政策如能带来贸易顺差，必将有利于提高投资水平和扩大就业，最终导致经济繁荣。

凯恩斯对宏观经济学的贡献主要有以下六个方面。

第一，突破了传统的就业均衡理论，建立了一种以存在失业为前提的经济均衡理论。传统的新古典经济学以萨伊法则[①]为核心提出了充分就业的假设。认为可以通过价格调节实现资源的充分利用，从而把研究资源利用的宏观经济问题排除在经济学研究的范围之外。《通论》批判了萨伊法则，承认资本主义社会中非自愿失业的存在，正式把资源利用的宏观经济问题提到日程上来。

第二，把国民收入作为宏观经济学研究的中心问题。凯恩斯《通论》的中心是研究总就业量的决定，进而研究失业存在的原因。认为总就业量和总产量关系密切，而这些正是现代宏观经济学的特点。

第三，用总供给与总需求的均衡来分析国民收入的决定。凯恩斯的《通论》中认为有效需求决定总产量和总就业量，又用总供给与总需求函数来说明有效需求的决定。在此基础上，他说明了如何将整个经济的均衡用一组方程式表达出来，如何能通过检验方程组参数的变动对解方程组的影响来说明比较静态的结果。即他总是利用总需求和总供给的均衡关系来说明国民收入的决定和其他宏观经济问题。

第四，建立了以总需求为核心的宏观经济学体系。凯恩斯采用了短期分析，即假定生产设备、资金、技术等是不变的，从而总供给是不变的。在此基础上来分析总需求如何决定国民收入，并把存在失业的原因归结为总需求的不足。

第五，建立了对实物经济和货币进行分析的货币理论。传统的经济学家把经济分为实物经济和货币经济两部分，其中，经济理论分析实际变量的决定，而货币理论分析价格的决定，两者之间并没有多大的关系，这就是所谓的二分法。凯恩斯通过总量分析的方法把经济理论和货币理论结合起来，建立了一套生产货币理论。用这种方法分析了货币、利率的关系及其对整个宏观经济的影响，从而把两个理论结合在一起，形成了一套完整的经济理论。

第六，反对放任自流的经济政策，明确提出国家直接干预经济的主张。古典经济学家和新古典经济学家都赞同放任自流的经济政策，而凯恩斯却反对这些观点，提倡国家直接干预经济。他论证了国家直接干预经济的必要性，提出了比较具体的目标。他的这种以财政政策和货币政策为核心的思想后来成为整个宏观经济学的核心，甚至可以说后来的宏观经济学都是建立在凯恩斯的《通论》的基础上的。

凯恩斯无疑是一个伟大的经济学家，他敢于打破旧的思想的束缚，承认有非自愿失业的存在，首次提出国家干预经济的主张，对整个宏观经济学的贡献是巨大的。凯恩斯本人也把自己的《通论》看成是具有开创性的理论

① 18世纪末19世纪初，法国经济学家萨伊（Jean Baptiste Say）否定生产过剩的存在，提出了著名的“供给能够创造其本身的需求”（Supply Creates its Own Demand）的观点，即所谓的“萨伊定律”（Say's Law）或“萨伊法则”（Say's Rule）。

体系。在《通论》即将完稿的1935年1月，凯恩斯在给他的文艺界朋友、英国著名戏剧作家肖伯纳（George Bernard Shaw）的信中写道："我相信我正在写一本经济理论方面的书，这本书将使人们思考经济问题的方式产生大规模的革命——但是这个革命不是马上发生，而是在今后几十年内。[①]"凯恩斯在《通论》中把他的理论称做新思想，把他曾经信奉的古典经济学称做旧思想或"传统经济学"（Orthodox Economics），他在《通论》中以古典经济学的一系列假设和理论作为批判的靶子，以昭示他的理论的创新性和革命性。由于凯恩斯的一系列杰出贡献，后人称为"凯恩斯革命"，而1936年凯恩斯《通论》一书的出版则是"凯恩斯革命"起始的标志。

但"凯恩斯革命"这个提法在凯恩斯生前并未流行。1950年，美国著名经济学家劳伦斯·R. 克莱因（Lawrence Robert Klein）出版了《凯恩斯革命》（*The Keynesian Revolution*）一书，使"凯恩斯革命"这一提法逐渐流行起来。《凯恩斯革命》是克莱因的成名之作，在这本书中，他第一次完整地把凯恩斯的经济理论表述为数学形式。克莱因的学术成就，概括地说，就是将计量经济学方法和凯恩斯主义宏观经济学分析结合起来，创立了宏观经济计量学，因此于1980年获得了诺贝尔经济学奖。

其实，所谓的"凯恩斯革命"是有其深刻背景的。

凯恩斯之前的西方经济学家继承了亚当·斯密的观点，发展了经济学的微观方面。他们始终认为宏观经济决不会发生严重的问题，此论点以法国经济学家萨伊提出的供应自身创造需求最为著名，他们几乎都信奉"萨伊法则"。在他们看来，竞争的资本主义是最能有益于社会的。但是，理论是要接受实践检验的。"看不见的手"和"萨伊法则"并没有给资本主义社会的繁荣提供任何保证，事实狠狠地教训了这些死抱着旧教条的人。在20世纪20年代末和30年代初，资本主义世界发生了空前的经济危机，西方国家一片混乱，工厂倒闭，人心恐慌，物价狂跌，百业萧条，局势动荡。至今，西方人谈论起那次危机还心有余悸。危机动摇了信念，人们对资本主义制度普遍产生了怀疑。在这种关乎存亡的危急时刻，西方经济学家被迫对现有的经济理论进行反省和批判，并企图用新的理论来解释严峻的危机现实，以得出挽救资本主义的可行办法。于是，时势造英雄，凯恩斯没有错过机会，他的理论伴随的宏观经济学说就应运而生了。

但是，自凯恩斯主义诞生以来，凯恩斯的理论就不缺乏挑战者。

在"凯恩斯革命"的提法流行了近半个多世纪的1999年，加拿大西安大略大学荣退教授大卫·莱德勒（David Laidler）出版了《捏造的凯恩斯革

① 方福前：《围绕"凯恩斯革命"的最新争论》，载《教学与研究》，2006（12）。

命：对两次世界大战期间货币、经济周期和失业的文献研究》一书，该书的核心观点是："凯恩斯革命"是"捏造"（Fabricating）的，是一种"虚构的故事"（Myth），实际上并不存在所谓的"凯恩斯革命"。

大卫·莱德勒认为："凯恩斯尝试的1936年的知识革命是把他自己的思想作为那时尚不存在的新正统的基础的一种努力，而不是试图推翻业已存在的（经济学）秩序，而且……他绝不是唯一的致力于这项研究计划的人。"大卫·莱德勒在系统地考察了第一次世界大战前夕到IS—LM模型[①]形成并流行期间的各个经济思想流派关于宏观经济不稳定的研究成果后认为，宏观经济不稳定（波动）问题不是只有凯恩斯一个人在研究，当时许多经济学家都在研究这个问题，并提出了不少有价值的思想。凯恩斯《通论》中的思想体系只不过是当时已有的经济学成果自然演化的结果，凯恩斯经济学的创立如同他之前的古典经济学的创立一样，只不过是对现存的知识体系中内在的不足和矛盾的一种反映，《通论》出版以后经济学也没有丢弃古典经济学传统。

《捏造的凯恩斯革命：对两次世界大战期间货币、经济周期和失业的文献研究》一书的第二个主要结论是：在当时经济学领域出现的突破是和IS—LM模型的普遍接受联系在一起的，而不是和《通论》的出版联系在一起的。也就是说，如果认为那个时代的经济学发生了"革命"的话，那也是由于形成了IS—LM模型，而不是由于《通论》的出版。这是因为IS—LM模型为组织和比较各种经济学思想提供了一种方便、易学和丰富的传播工具。《通论》只不过是IS—LM模型发展中、现代宏观经济学诞生过程中的一小步。

2006年，大卫·莱德勒在《凯恩斯与现代宏观经济学的诞生》一文中进一步提出，经济学家们不但制造了凯恩斯在创建现代宏观经济学中的作用的神话，而且制造了一个"古典经济学"的神话。他认为："凯恩斯对古典经济学的描述只是一种幽默的说法，但是凯恩斯经济学的阐释者大多接受了这种说法，并运用歪曲的手法来补充这种说法，以至于制造出关于宏观经济学发展的神话，这种神话今天仍然支配着许多经济学家的思想。[②]"

---

① IS—LM模型是1937年由英国现代著名的经济学家约翰·希克斯（John Richard Hicks）和美国凯恩斯学派的创始人阿尔文·汉森（Alvin Hansen）在凯恩斯宏观经济理论基础上概括出的一个经济分析模式，其中的IS曲线指的是I—S，即投资—储蓄（Investment-Saving），LM曲线指的是流动性偏好—货币供给（Liquidity Preference-Money Supply）。汉森、希克斯这两位经济学家用IS—LM模型把这四个变量放在一起，构成一个产品市场和货币市场之间相互作用如何共同决定国民收入与利率的理论框架，从而使凯恩斯的有效需求理论得到了较为完善的表述。不仅如此，凯恩斯主义的经济政策即财政政策和货币政策的分析，也是围绕IS—LM模型而展开的，因此可以说，IS—LM模型是凯恩斯主义宏观经济学的核心。

② 方福前：《围绕"凯恩斯革命"的最新争论》，载《教学与研究》，2006（12）。

此外，有人对国际经济学界众口一词，认为亚当·斯密是彻底的自由市场经济论者也持有不同的见解。他们争辩说，亚当·斯密在主张自由市场经济的同时，并未否定政策的作用。在《国富论》中，亚当·斯密提出了政府作用的三大领域：一是巩固国防，以防止外力的侵犯；二是建立司法组织，以维持社会治安与公道；三是创设公共工程制度，以补救私人企业之不足。他还赞成政府管理邮政、合法限制利率、国民义务教育及一切自由业或信用业的执照考试等。他也同意用公共规章以保障国民的有形安全，像是采取卫生措施以预防传染病的蔓延。亚当·斯密心目中的政府，不是无为的。他心目中的自由，不是无条件的。他曾明白表示："若一小部分人侵犯天赋的自由权……足以使社会全体有蒙受危险之虞，则可以并且应用政府法律来加以抑制。这与政府之为自由政府或专制政府无关。①"

迄今为止，亚当·斯密的《国富论》问世已有233年，凯恩斯的《通论》也已经出版73个年头了。但各国的宏观经济政策，历来是在"政府干预"和"自由放任"之间摇摆，宏观经济理论的论战如火如荼，从未逃出过亚当·斯密古典自由主义和凯恩斯主义的藩篱。

这两位大学者的跨世纪对话，不知影响了几代人，更不知还将影响几代人。

5.2 罗斯福开创"政府干预"新纪元

美国金融危机暴发以来，"危机书"销量飙升，马克思的《资本论》重新得到人们的青睐，网络上"罗斯福新政"的点击率也扶摇直上，这说明人们在关注着金融危机的过去、现在和未来，这是一个好现象，金融危机促进人们往自己的头脑中装点东西。

显然，政治家和普通百姓关注"罗斯福新政"的出发点是不同的。"外行看热闹，内行看门道"。政治家们研究"罗斯福新政"的目的，是希望能从罗斯福的对策中学到点什么，毕竟，"罗斯福新政"是20世纪政府应对金融危机最成功的案例。

1929~1933年经济"大崩溃"之前，美国政府深得亚当·斯密"自由市场经济"的真传，推行的是一种"小政府大社会"的古典自由主义经济模式，主张政府不干预经济活动，充当经济组织相互间竞争的"调停人"角色。被认为最具美国精神的代表人物之一的亨利·梭罗（Henry David Thoreau,

---

① MBA智库百科：亚当·斯密，http://wiki.mbalib.com/wiki/%E4%BA%9A%E5%BD%93%C2%B7%E6%96%AF%E5%AF%86。

1817～1862，19世纪美国最具世界影响力的作家）曾极端地表述：“人们都说‘最好的政府是管事最少的政府’，但其实还应当更彻底一点地说：最好的政府是根本不管事的政府！”在美国历届总统中，明确宣布将这句话作为执政理念且有据可查的，最早的是第23届总统共和党人本杰明·哈里森（Benjemin Harrison）。这种经济上“无为而治”的执政理念和政治上不作为的方式一直延续至美国第31届总统赫伯特·C. 胡佛（Herbert Clark Hoover）时期。那时，资本主义宏观经济学还没有形成，制定政策方面缺乏理论支持。

当时胡佛政府的财政部长是个典型的“破产主义者”。他认为不管是个人还是企业，一旦财务出现问题，就应令其破产，这样才能净化市场体系，人们才会更加努力工作。但胡佛则认为，政府应该为失业者和农民提供一些支持，尤其要防范银行挤兑。他甚至把大企业家邀到白宫要求他们不减工资，他请求第一轮经济冲击应该反映在利润上而不是在工资上。同时，胡佛还要求铁路和公共设施部门的高管增加扩张与维修支出以创造就业机会。事实上，当时联邦政府没有财政能力大兴土木，1929年联邦政府财政总开支仅仅占到国民生产总值的3%。

1930年中的时候，胡佛以为经济衰退即将结束，但大萧条才刚刚拉开序幕。到1930年底，银行挤兑开始加剧，经济衰退也进一步加速，经济形势一直到1933年才开始探底。

1933年3月4日，富兰克林·D. 罗斯福（Franklin D. Roosevelt）就任美国第32届总统。面对遍地狼藉、百废待兴的国家，临危受命的罗斯福总统陷入了沉思。他说：“如果我失败了，我就是美国的末代总统了。”尽管在今天看来，政府干预经济活动是很平常的宏观经济调控行为，而在当时的美国却无异于“冒天下之大不韪”。但罗斯福已经没有退路了。他在就职典礼的演说中承诺：根据宪法赋予我的职责，我将对灾难深重的国家采取必要的拯救措施。……这些措施如果得不到国会的批准，我将要求国会准许我使用唯一剩下的手段来应付危机——向非常情况开战的广泛行政权，就像我们真的遭到外敌入侵时授予我那样的广泛权力。在随后的4年里，罗斯福以“反潮流”的大无畏精神，采取了一系列的措施，对美国经济肌体实施了一场“伤筋动骨”的大手术。罗斯福所采取的改革金融、复兴工业和救济贫民三大重要措施，史称“罗斯福新政”。

所谓的“罗斯福新政”（New Deal），其核心是三个R：改革（Reform）、复兴（Recovery）和救济（Relief）。“罗斯福新政”分两个阶段实施：1933年执行的第一轮新政，主要是实现短期经济复苏措施，包括银行改革法令、紧急救助办法、农业项目、工业改革和终止金本位体系；1935～1936年执行的第二轮新政，则包括工会支持、社会保障法令，以及帮助农民的项目。

"罗斯福新政"的第一个阶段，政府整顿金融体系，充分恢复货币调节经济的润滑作用；同时帮助就业，增加消费，刺激生产，实现均衡发展。

罗斯福总统认为，整个商业生产链几乎完全依赖股市来维系正常的运转，趋利投机的共性使得人们热衷于炒股，在监管者缺乏有效管制和反应迟缓的情况下，自由市场机制无法自动均衡股市的供求关系，才出现投机者、券商和融资者相互勾结控制股价，造成股价虚高的假象。既然大萧条是由疯狂的股市崩盘引起的金融危机而触发，新政就必须先从整顿金融体系入手，尽快恢复国民的信心。"非常时期当立非常之法。"他最初的措施是尽快让行动迅速的联邦政府取代美联储，担负起金融监管职能，激活现金流，"让钱转起来"。接下来，从1933年3月9日至6月16日，罗斯福政府先后说服国会通过了70多项新政法案，其中制定的15项重要法律中，有关金融的立法占1/3。通过实施一系列旨在克服危机的经济金融措施，维持银行信用、实现美元贬值、维持农产品价格并规定协议价格以减少企业间的竞争等，致力于经济复兴，史称"百日新政"。

一方面，通过重建与改造金融体系保障国民经济的全面复兴。

1933年3月4日罗斯福宣誓就职时，全国几乎没有一家银行还在营业，支票在华盛顿已无法兑现。他立即下令全国银行歇业三天，这相当于"中止支付"，使国内银行系统免于坍塌，公众舆论评价这个行动犹如"黑沉沉的天空出现的一道闪电"。3月9日通过《银行紧急救助法令》，采用个别审查颁发许可证制度，对有偿付能力的银行允许尽快复业。从3月13日至15日，领到执照重新开业的银行有14 771家。

同时期，罗斯福政府采取一个接一个的重大措施加强黄金储备。3月10日，宣布停止黄金出口；4月5日，禁止私人储存黄金与黄金证券，美钞停止兑换黄金；4月19日，宣布放弃金本位制；6月5日，公私债务废除以黄金偿付等。

接着又通过《联邦证券法》成立证券交易委员会（SEC），集准立法权、执法权和准司法权于一身，对全国的证券发行、证券交易所、证券商、投资公司等实施全面监督。其权威性在于该机构独立于一般立法、司法、行政部门之外，总统一般也不能干预其行使职权。

成立联邦存款保险公司，对5万美元以下的银行存款提供担保，以避免公众挤提的事件再次发生。

通过《格拉斯—斯蒂格尔法案》（又称《1933年美国银行法》），严格限制金融机构经营范围，不得同时从事商业银行和投资银行业务。摩根银行正是因这个法案不得不一拆为二。这一分业格局直到六十多年后的1999年美国国会通过《金融服务现代化法》才寿终正寝。

1934年1月10日，宣布发行以国家有价证券为担保的30亿美元纸币，促使美元贬值40.94%。通过美元贬值，强化了美国商品的对外竞争力。

以上措施，对于稳定局势，疏导国民经济运行的血液循环系统——金融体系，起到了重要作用。

罗斯福政府还竭力促使国会先后通过了《农业调整法》和《全国工业复兴法》，尽快恢复国内生产。这两部法律制定出商业主体遵守的“公平竞争”规则，定出各企业生产的规模、价格、销售范围，从而限制了垄断；给工人们定出最低工资和最高工时的规定，减少和缓和了紧张的劳资矛盾等。在取得大企业的勉强支持后，罗斯福随之又尽力争取中小企业主的支持，他认为大企业接受工业复兴法固然重要，“而产生丰硕成果的领域还在于小雇主们，他们的贡献表现为，每个小企业都将为1~10人提供新的就业机会。这些小雇主实际上是国家骨干中极其重要的组成部分，而新政计划的成败在很大程度上取决于他们”。同时，罗斯福政府加强了对外政治经济活动，改变美国过去在国际上“孤立的”自由主义国家形象。

另一方面，通过政府的救济工作和提供就业机会来增加国民收入，刺激消费与生产的均衡；在凝聚与稳定人心的同时，也加强了国内基础建设。

罗斯福执政初期，全国1 700多万名庞大的失业大军全靠州政府、市政府及私人慈善事业的帮助和施舍维持生计，生活物资高度紧缺，财产与暴力犯罪加剧。他认为，只有联邦政府才能解决这一复杂高危的社会问题。

1933年5月，罗斯福政府通过《联邦紧急救济法》，成立联邦紧急救济署，专门规划、筹集、经营与管理救济物资，合理划分联邦政府和各州之间的使用比例，将各种救济款物迅速拨往各州，制定优惠政策鼓励地方政府用来直接赈济贫民和失业者。

为了给失业者自力更生的机会和自尊心，第二年又将单纯赈济改为“以工代赈”，全国设有名目繁多的工赈机关，综合起来大致分为两大系统：公共工程署（政府先后拨款40多亿美元，以建设长期工程为主）和民用工程署（投资近10亿美元，以民用工程为主），给失业者提供从事社会工作的机会。到第二次世界大战前夕，总计雇用人数达2 300万人，占全国劳动力人口总数的1/2以上。此举不仅为技师、非熟练工人和建筑工人创造了就业机会，还为成千上万名失业的工艺艺术家提供了形形色色的工作。联邦政府支出的种种工程费用及数目较小的直接救济费用达180亿美元，也借此修筑了近1 000座飞机场、12 000多个运动场、800多座校舍与医院。

在“罗斯福新政”的第二个阶段，罗斯福政府在经济全面复兴的基础上进行了一系列涉及各个层面的改革，为建立福利社会和民主政体打下坚实的基础。

1935年伊始，罗斯福政府在新政第一阶段的基础上，通过了《社会保险法案》、《全国劳工关系法案》与《公用事业法案》等专门法律；1938年6月14日又通过《公平劳动标准法》（又称《工资工时法》），保护工人的权益。

为了解决社会保险制度的联邦经费来源问题，罗斯福政府破天荒地实行了一种按收入和资产的多少来计征的累进税率：对自然人5万美元以上的纯收入和4万美元以上遗产计征比例为31%，500万美元以上的遗产可计征比例为75%；过去公司税一律是按13.75%计征，而按1935年税法，公司收入在5万美元以下的税率降为12.5%，5万美元以上的增至15%。

前述这些法律反映了广大民众的强烈愿望，受到国内绝大多数人的欢迎和赞许，也赋予了工会和企业主讨价还价的权力。

“罗斯福新政”的实施取得了巨大成功。从1935年开始，美国几乎所有的经济指标都稳步回升；1936年底，美国工业总产量超过危机前的年平均数，农业生产也有较大恢复。到1939年，GNP增至2 049亿美元，失业人口减至800万人，恢复了国民对资本主义国家制度的信心。

罗斯福基本上认同民主党财政平衡的理念，但为了应对经济衰退，他提出将财政分解为常规和紧急财政两个部分，常规财政依然应该保持平衡，而紧急财政则应该允许出现临时性的赤字。他还将政府公务员工资和退伍军人养老金削减40%，来实现常规财政的平衡①。

有专家指出，“罗斯福新政”的最大贡献，不是帮助美国经济复苏，而是帮助美国民众增强了度过危机的信心。如通过设立联邦存款保险公司，为存款者提供保障；通过建立住房拥有者贷款公司，给住房所有者提供保障；通过建立新的劳工关系法，给劳工权益提供保障；通过农业调整法案为农民收入提供保障；通过建立社会保障法案，为长者和失业人士提供保障。这些措施是与罗斯福的施政理念一脉相承的。他认为对老百姓来说，“最大的恐惧就是恐惧本身”。如果老百姓的经济安全感增强了，他们就有能力应对各种各样的经济冲击②。

后人对“罗斯福新政”有截然不同的两种评价。

一种是赞赏。绝大多数人认为，“罗斯福新政”是一场资本主义的体制改良运动。罗斯福在整治危机的过程中，摒弃了古典自由主义的传统原则，在宏观层面上运用国家政权干预经济，促使在微观层面上较大地调整产权关系、生产方式和生产管理体制。罗斯福破天荒地开创了“政府干预经济”的新纪元。

“罗斯福新政”的内容促进了凯恩斯主义的成熟，新政实践推动了凯恩斯关于政府干预经济思想的理论化和系统化。可以说，“罗斯福新政”实际

① 陈达夫、白月：《反危机：回溯罗斯福新政》，载《当代金融家》，2006（1）。
② 蔡跃蕾、张伟：《史海回眸：罗斯福“新政”复兴美国》，载《环球时报》，2002-03-18。

上是凯恩斯收入与就业理论在世界史上一次大规模的创造性的成功预演。

“罗斯福新政”帮助美国度过了1929~1933年的一场空前大灾难，是20世纪资本主义发展历程中的一个重大事件。美国的资本主义制度“得救了”，世界资本主义体系也缓过气来了，罗斯福是美国经济的“救星”。并且认为，“罗斯福新政”的成功实施，不仅使美国经济成功地走出危机，而且“荫及后人”，美国今天成为全球总体经济实力和高科技实力最强的国家，与“罗斯福新政”有一脉相承的关系。

罗斯福本人也因其实施的新政深受美国人民的爱戴，一生中连续4次参加总统竞选、在任12年总统，在美国无人能及，最后因脑溢血突发死在第4任期内，可谓“鞠躬尽瘁，死而后已”。

另一种是诋毁。美国经济学家中的两派对“罗斯福新政”都有意见，保守派认为“罗斯福新政”在鼓舞私人企业的信心方面没有成功，资本主义秩序成功的基本条件是鼓舞企业家的创业精神，而诱发这种精神就需要刺激和补偿，“罗斯福新政”的一些措施是抑制这种精神的。另一派是凯恩斯及其追随者或半追随者，他们认为，只有真正执行大胆的增大开支的赤字政策，才能使国民经济走上复兴的轨道，而罗斯福在这一点上做得还不够。

此外，学者们对“罗斯福新政”究竟是加快还是拖延了大萧条以后的经济复苏，也存在很大争议。活跃的网络写手刘瑜在一篇题为《罗斯福新政的另一面》的文章中写道[①]：在罗斯福新政问题上，不乏“修正主义者”。比如一个叫Jim Powell的人，写了一本《罗斯福的过失：罗斯福和他的新政如何延长了大萧条》，从书名就可以看出其内容的“反动”，诺贝尔经济学奖获得者弗里德曼和布坎南都曾盛赞该书。又比如罗斯福时代的经济专栏作家Henry Hazlitt一生坚持批评“罗斯福新政”，其要旨被总结在《经济学一课》一书中，该书从20世纪50年代畅销至今。历史学家John Flynn的《罗斯福迷思》则描述了罗斯福本人限制自由、破坏宪政的一面，旨在“把罗斯福还原成一个正常人”。另一个历史学家Robert Higgs在《危机和利维坦》一书中，同样表达了对罗斯福政府大肆扩张、限制经济自由的不满。

“罗斯福新政”是人类在20世纪第一个，也是最大的一个反危机案例，而且也应该说它是成功的。我们承认“罗斯福新政”缓和了“大萧条”对美国经济的严重破坏，促进了社会生产力的恢复；在维护资产阶级利益的同时，也注意改善中下层民众的经济和社会地位；还打击了美国的极端主义组织，稳定了资本主义民主政体，使危机中的美国避免出现激烈的社会动荡。其开创的“福利国家”至今仍不失为垄断资本调节劳资矛盾、巩固资本统治的重要手段。

---

① 南方网 http：//www. chinaelections. com/newsinfo. asp？newsid = 137874，2008 - 11 - 14。

"罗斯福新政"的很多政策与法律也为构筑现代美国政治经济体系夯实了坚实的制度框架基础。"罗斯福新政"为美国投入第二次世界大战及战后资本主义国家的经济腾飞奠定了物质基础，为资本主义生产力的发展创造了更大的空间。第二次世界大战后，美国先后暴发了8次以上的经济危机，尽管从规模与破坏性上看都没有达到当年"大萧条"的程度，但历届美国政府运用凯恩斯主义经济理论，效仿"罗斯福新政"，采取了不同重点和形式的国家干预经济的政策；其他西方资本主义国家，也纷纷采取类似"罗斯福新政"的措施，来避免或度过经济危机并发展经济。

针对本次金融危机的救助而言，各国政府解救金融危机的办法，在形式上还无法摆脱当年的"罗斯福新政"的影子，加大国家信用为银行担保、加大财政投入，发行国债，提振消费者信心等。但需要提醒各国政要的是："罗斯福新政"的成功，除去救助措施和手段之外，还应该重点关注他的改革理念。后人将他的新政归纳为"改革、复兴、救济"（3R），而恰恰是改革了不合理的经济结构，对于普通民众的权益实施了更多的保护措施，新政才真正得到了美国社会的认可，最终提振了经济，恢复了信心。这一点应该是"罗斯福新政"的"真传"。

5.3 "新保守"和"新自由"的"恩怨情仇"

保守主义、自由主义是一对含义相当广泛的社会范畴，涉及政治、经济、军事、文化等领域，相关的文献浩如烟海，如果你不小心坠入其中，十有八九无法自拔。

如果把我们视野聚焦在经济领域，类似的困惑依然存在。

在经济理论界，亚当·斯密被公认为是自由主义的鼻祖，他的理论被定义为古典自由主义。在此后长期的历史进程中，一些亚当·斯密的信徒鉴于自由市场失灵的现实，主张扩大政府的权力，增加政府主动干预经济活动的力度，以便实现自由市场经济所要达到的理想境地，其中最著名的就是20世纪30年代出现的凯恩斯学派。但另一些亚当·斯密的信徒却极力反对这样做，他们极力推崇"经济人"观念，主张完全的市场调节，反对任何形式的国家干预。后者就相应地被称为保守主义。

有关这一问题，笔者认为，刘军宁博士的论述比较深入。他在《保守主义与自由主义之间——从哈耶克到中国》一文中指出，保守主义千万不能与中国语境下的"保守派"混为一谈，保守主义的关键不在于保守与否，而在于保守什么。保守主义只保守自由的传统、保守充分尊重个人自由的新制度，强调能够增进自由的权威和有限的政府。保守主义在相当大的程度上是传统主义加上古典的自由主义。保守主义的实质是自由主义，是自由主义与传统主义的结合①。

被称为保守主义的这一学派，内心里并不喜欢"保守"这一称谓，因为"保守"常常同"守旧"联系在一起。这种冲突与矛盾在哈耶克本人身上也有充分的体现。哈耶克自认为是自由主义者，一个老派的辉格党人，公开否认自己是保守主义者，而新老保守主义阵营却把哈耶克奉为保守主义在当代的主要代表人物。其原因就在于如果用另外的词儿来形容他又可能产生歧义。在美国被称为"新保守主义"的学派内部，常把自己的学派称为"新自由主义"学派，但外界依然故我地称其为"新保守主义"。这是为什么呢？因为"新自由主义"这顶精美绝伦、人人艳羡的帽子已经被别人先"注册"了。

"新自由主义"，甚至"自由主义"这样的"帽子"在美国成了紧俏的"抢手货"。罗斯福及其前任胡佛都声称自己是自由派，但罗斯福的新政崇尚的是国家干预、福利国家和大政府，迥异于古典自由主义的基本主张。"罗斯福新政"在崇尚自由市场经济的美国是"破天荒"的历史大事件，故罗斯福的这种自由主义就被顺水推舟、理所当然地称做"新自由主义"了。相应地，不承认这种"新自由主义"，继续坚持古典自由主义的人就只能被称做新保守主义者了。哈耶克愤愤不平地说：在美国，自由主义者这个概念已经被激进派人士和社会主义者（实际上指的是凯恩斯学派——作者注）"偷去了"。美国著名经济学家约瑟夫·熊彼特（Joseph Alois Schumpeter，1883～1950）在世时曾对此作过恰当的阐述："一个或许不是有意为之的最高赞扬是，私人企业制度的敌人也认为盗用自由主义标签是明智的。"正因为"主义"不同，哈耶克也很不情愿不加限定地把自己称做一个自由主义者，用他自己的话说，他对"把自己的立场称做自由主义的立场也忧心忡忡"。

刘军宁博士指出：保守主义与自由主义表面上的摩擦往往掩盖了它们之间内部的密切联系。事实上，当今世界上几乎所有的意识形态都与自由主义有着密切的关系，要么是自由主义的变种，要么是自由主义的对立面。保守主义与自由主义之间所呈现的紧张，原因有三：一是只有这两者是意识形态市场上最强有力的竞争者，所以有时难免成为冤家，这就像同一思想和意识形态内部的不同流派之间也常常相互猛烈抨击指责一样；二是保守主义与自由主义自身的蜕变，比如保守主义常常被指责蜕变为守旧主义，自由主义常常被指责蜕变为社会主义，而且不同的人对保守主义与自由主义又有不同的理解；三是国内政治和政策上的考虑。

① 刘军宁：《自由主义和保守主义两种意识形态的异同》，http://www.blogms.com/StBlogPageMain/Efp_BlogLogSee.aspx?cBlogLog=1001133141，2003-01-01。

保守主义与自由主义同祖同宗，在坚持资本主义市场经济体制这一点上并无不同，区别仅在于动用政府力量干预经济活动的幅度和力度。而在否定计划经济这一极端集权的体制模式这一点上两者是共同的。

保守主义的矛头针对的是激进主义，并不是自由主义。因为这种社会是最自由的社会，自由是一切价值中最重要的价值，自由市场是进步与文明的引擎。自由是绝对的价值，市场中的自由（经济自由）是一切其他自由的保障，并为其他自由的扩展提供了最有效、最可靠的途径。

保守主义者并不信仰市场万能，不迷信市场，并不认为一切都可以拿到市场上去交易，或相信市场可以解决一切问题。它强调不仅需要政府，而且需要小而强的政府。它还强调传统、社群、家庭、宗教的价值和意义。市场本身会造成许多问题，如生产过度、失业、资金短缺、破产，但市场极具自我修复能力。政府的作用是帮助市场去克服其缺陷，而不是取代市场去制造更大的缺陷。过度的干预只能耽误市场的自我修复。1929 年的世界性经济大萧条证明，市场要政府来帮助、维护，而不是证明政府可以取代市场。在本次金融危机肆虐的 2007～2008 年，布什和奥巴马政府又是大把撒钱，又是频频推出经济刺激方案，比“罗斯福新政”有过之而无不及，而新保守主义者则偃旗息鼓集体“失语”了，为什么？因为他们也知道：面对一个失血过多、奄奄一息的病人，如果不马上输血抢救，而让患者“自然恢复”，不是医生“脑袋进水了”，就是医生“脑袋让驴给踢了”。

新保守主义在理论上研究了一些重要问题：如机会平等和结果平等、自由与平等、效率与公平的关系问题。他们认为，新自由主义的国家干预政策，力图调节人们收入的差距，得到结果平等，这反过来必然危及机会平等和人们自由竞争的权利，影响生产效率的提高，并且会削弱那些机会好的人的状况，使那些辛苦劳作的人去养活那些靠社会福利而生活的人，这也是极不公道的。他们甚至认为，这样也会导致政治上的专制。因为要维护这种不公正的状况，只有靠专制才能做到。所以，国家不要干预社会经济生活，从而保证个人在市场中自由竞争和发展。

但新自由主义经济学派对新保守主义学派的观点不以为然。例如，克鲁格曼则更多地强调公平，并认为欧洲可以作为美国效仿的榜样，他甚至对欧洲福利国家普遍的经济低效问题轻描淡写地一笔带过。克鲁格曼所强调的是，社会财富的增长不能只被少数富人占有，政府不能坐视中产阶级和下层公众经济地位的下降，从而导致贫富差距扩大，使得民主政治生态遭受破坏。这种过于侧重效率的发展方式，是不能长期持续的。所以，克鲁格曼给出的治愈美国病的药方主要是对富人征税和建立覆盖全社会的医疗保障制度。

新保守主义和新自由主义在长达几十年的争论中，主要涉及资本主义经济和社会政策问题，如如何看待自由市场的竞争和发展？政府要不要干预，如何干预？要不要实行社会福利政策？尽管它们的观点不同，但本质上又是一致的，都要维护资本主义私有制，即使新自由主义主张的国有化，实际上是私有制的一种变化而已；无论新自由主义主张国家干预，还是新保守主义主张自由竞争，最终都是为了维护个人自由，它们都不可能，也不会完全否认或者抛弃个人自由。这些使它们都可能成为资产阶级政治思想的主流。

因此，刘军宁博士得出结论说：事实上，旧保守主义也罢，新保守主义也罢，基本上是出自自由主义阵营内部针对激进主义和专制主义所作的特殊反应。200多年前，辉格派的柏克所代表的传统保守主义是如此；哈耶克、弗里德曼所代表的新保守主义也是如此。所以，从更广的意义上看，保守主义在根本上是人类自由主义大传统的一部分。在西方如此，在东方也是如此；在过去和现在如此，在将来也将如此[①]。

从20世纪30～70年代中期，裹挟着“罗斯福新政”和“凯恩斯革命”的余威，新自由主义在西方政坛和学术界占据了绝对的统治地位。但即使是在这一“历史上最黑暗的时期”，保守主义也并未停止抗争。1996年第1期《美国研究》杂志发表了钟文范一篇题为《战后初期美国的保守主义思想运动》的论文，全文洋洋洒洒近20 000字，对20世纪四五十年代美国保守主义的兴起与发展作了比较详尽的回顾。作者在该书“导言”中指出：第二次世界大战刚结束，“保守主义”在美国并不是一个流行的词语，其发言人也没有多大的影响。可是，约略一代人之后，保守主义已形成为一个有重大影响的思想和政治运动，而且在20世纪70年代初，保守派已在全美范围内获得支持，并赢得机会实现其在全国的领导。这一转变应看为长期历史发展的产物，是美国保守派在思想上多年准备的结果，而不仅仅是20世纪70年代以来形势的变化所使然。

20世纪60年代末至70年代初，凯恩斯学派导演的西方“福利国家”政策陷入困境，经济出现滞胀，暴发严重的经济萧条，同时，政府机构膨胀，这引发了大量社会问题。这表明资本主义基本矛盾的表现方式发生了新变化。与此同时，新自由主义在与新保守主义的较量中也渐处下风。

从20世纪70年代后期开始，保守派开始接连赢得选举，而新保守主义思潮也迅速蔓延，成为20世纪80年代西方占主导地位的意识形态。新保守主义对英国、美国等主要资本主义国家的政策也发生了重大影响，这些国家纷纷大力推行以私有化、改革社会福利政策为主的一系列政策。但此时的保守主义，已不是传统或古典意义上的保守主义，而是吸收了部分新自由主义成分

① 刘军宁：《自由主义和保守主义两种意识形态的异同》，http：//www. blogms. com/StBlog-PageMain/Efp _ BlogLogSee. aspx？ cBlogLog = 1001133141，2003 - 01 - 01。

的保守主义，即把古典自由主义同保守主义结合在一起，反对新自由主义的基本理论和政策。因此，研究西方政治思潮的人们，通常把他们称为自由保守主义或新保守主义。在西方经济学界，人们也把20世纪80年代由里根和撒切尔夫人发动新保守主义革命后发展起来的经济模式称为盎格鲁—萨克逊模式①，或者“新美国模式”。客观地说，新保守主义对当代资本主义的发展确实产生了重要的影响，带来了英美等主要发达国家20世纪80~90年代经济发展的“黄金时代”，撒切尔夫人、里根、科尔、小布什等都因此而获连任。

小贴士：华盛顿共识

提要：在本次金融危机暴发原因的讨论中，不时有文献提到“华盛顿共识”这一概念。例如，陶冬在《新财富》2008年第11期上发表文章的题目是《国家资本主义取代华盛顿共识》；余永定在《环球视野》2009年第1期上发表文章的题目是《次贷危机：华盛顿共识的危机》，等等。“华盛顿共识”从某种意义上来讲是新保守主义政策主张的“集大成者”，非常有典型意义，下面概要介绍，以飨读者。

从1982年到1989年，拉丁美洲各国陷于连续7年的严重债务和经济危机，各国急需进行国内经济改革。1990年，美国国际经济研究所邀请国际货币基金组织、世界银行、美洲开发银行和美国财政部的研究人员以及拉美国家代表在华盛顿召开了一个研讨会，旨在为拉美国家经济改革提供方案和对策。美国国际经济研究所的约翰·威廉姆森（John Williamson）对拉美国家的国内经济改革提出了已与上述各机构达成共识的10条政策措施，称做华盛顿共识（Washington Consensus）。

华盛顿共识所列出的政策主张有10个方面：

第一，严肃财政纪律，即避免超高预算。威廉姆森建议，拉丁美洲政府应该考虑降低成本，例如降低财政支出，征收通货膨胀税等来降低通货膨胀率。

第二，公共支出优先性的转变。威廉姆森建议，支出应该从那些政治敏感领域撤出，重新配置到那些经济收益较高且潜在地有助于改善收入分配的领域。政府应该减少那些不必要的支出，增加其他方面的支出，如关于基础项目建设、基本的公共卫生条件改善和基础教育条件的改善等。

第三，实施税制改革。威廉姆森建议，拉美各国政府应从整体上调降国民税负，具体包括扩大税基和降低边际税率，其目的是增强激励，在不降低可实现的经济繁荣程度的前提下提高收入水平的平等性。

① 盎格鲁—萨克逊（Anglo-Saxon）的本意就是盎格鲁（Angles）和萨克逊（Saxons）两个民族结合的民族，是一个集合用语，通常用来形容5世纪初到1066年，生活于大不列颠东部和南部地区，在语言、种族上相近的民族。此处指英联邦国家和美国。

第四，金融自由化。拉美各国应进行金融自由化改革，金融自由化的最终目标是利率由市场来决定。

第五，采取竞争性汇率政策。威廉姆森认为，拉丁美洲许多国家的汇率高估，从而无法产生国际贸易正常进行所必需的效果，阻碍了经济和金融的发展。所以，各国需要统一的（至少是以贸易交易为目的）汇率体系，汇率应该维持在有足够竞争力的水平之上，以此刺激非传统部门的迅速增长，并保证这些出口部门在将来维持竞争能力。

第六，贸易自由化。拉美许多国家的国内工业、建筑业等都实施了进口替代战略，有的国家对汽车生产线征收200种不同的关税，这对于经济发展毫无意义。所以应该实行开放的政策，放开进口，同时它们也可以从出口中获益。所以说，进口或者是贸易自由化是非常重要的。数量性贸易限制应该被迅速取消，而代之以关税，同时关税应该逐渐降低，直到统一的低关税水平10%（至多达到20%）。

第七，外国直接投资输入的自由化。威廉姆森认为，拉美许多国家对外国投资输入有很严格的管制，这阻碍了资本的流入，因此在这些国家外国投资对经济的贡献并不多，从而需要外国投资输入自由化。这并不是说所有的对于资本流动的管制都应该取消。阻碍外国公司进入本国市场的各种壁垒应该取消，应该允许外国公司和本国公司在同等条件下进行竞争。

第八，私有化。这是一个著名的关于公共管理的政策，在20世纪末被提出。当时这被认为是一个巨大的创新。但是，后来，在许多国家被证明是行之有效的。

第九，放松管制。威廉姆森认为，拉美国家政府需要放松的并非是那些有利于保护环境、保护客户、保护健康的管制条例，而是那些妨碍竞争的管制，如政府对航空业、陆上运输业的管制和收费应正确制定，以促进这些行业的竞争。

第十，准确界定政府的公共权利——包括非正规部门。政府部门应该在制定经济规则上发挥作用，如法律、房地产等，因为这些是私人部门没有能力做，或者做的成本太高。我们平常所说的最好的政府和最坏的政府，评价的一个重要标准就是它们在经济中扮演的角色。

“华盛顿共识”的内容主要涉及三个重要的方面：稳定宏观经济、扩大开放程度和深化市场经济改革。主要强调财政纪律和公共部门资源配置方式的改革，主张金融部门和贸易部门的自由化，主张对汇率、利率和外国投资放松政府管制，并强调国有企业的私有化和保护私人产权，其要旨仍在于自由化、私有化和市场化，是一种典型的经济自由主义共识。

威廉姆森认为，这些观点秉承了亚当·斯密自由竞争的经济思想，与西方自由主义传统是一脉相承，也得到了世界银行的支持。现代经济应该以市场为基础，取消政府对企业的管制，限制收入分配，因为市场最能调控经济（也就是“Market Knows Best”）[①]。

在美国，新自由主义与新保守主义不仅是学派之争，还是党派之争。民主党奉行新自由主义政策，而共和党是新保守主义的信徒。两党政权的更迭也预示着新自由主义与新保守主义的此起彼伏。但自共和党的里根时代之后，只有克林顿为民主党争回了几年的脸面，并试图大规模扩大政府福利，向富人征税。2000 年，共和党人小布什赢得大选，再加上在国会中的多数，新保守主义彻底占据了美国政治的主流，社会福利遭到一再削减。2001 年和 2003 年，小布什两度减少向富人的征税，而在推行联邦医疗保险的改革上，小布什在本质上倾向于保护医疗公司利益集团，而非惠及普通美国民众。2004 年获得连任后，小布什更是试图将社会保障体系部分私有化，遭到了克鲁格曼等自由主义者和民主党的强烈反对。

新保守主义金融政策的要点就是推行金融私有化、金融自由化和金融全球化，鼓励金融创新，减少或者放弃金融管制。但正如笔者在第四章中所分析的，金融创新过度和金融监管薄弱在本次金融危机中成为了新自由主义攻击布什政府的口实。

5.4 “政府先生”与“市场先生”的巅峰对决

小布什是共和党人，其主要幕僚格林斯潘、保尔森等也是共和党人，因此在新保守主义的立场上他们都能保持高度的一致。

2005 年 2 月 6 日，苏格兰小镇柯科迪（Kirkcaldy）接待了美联储主席艾伦·格林斯潘。这次他造访福斯湾上这个以酒吧、民居、小教堂为特色，常年多风的小镇，只为缅怀一位出生于当地名人——著名经济学家、古典自由主义的创始人亚当·斯密。与格林斯潘同行的还有当时的英国财政大臣戈登·布朗（Gordon Brown，现任英国首相）及一些市政官员。布朗的父亲曾是柯科迪圣·布莱斯长老会教堂的牧师，所以他从小在这里长大。他做过该

① 约翰·威廉姆森（John Williamson）：《华盛顿共识的争论》，载《公共经济评论》，2004（10）。

镇议会的议员，提出了布朗版本的改良苏格兰社会主义学说，他一直宣称亚当·斯密是他理论的奠基人。

格林斯潘共担任美联储主席18年5个月零20天，一向言辞模糊、令人难以看透，但这次在柯科迪，他讲的话清晰明确。他说，亚当·斯密为现代世界的发展作出了杰出的贡献。他论证了我们今天称为自由市场资本主义的内在稳定性和发展趋势，而这种稳定性和发展趋势的思想又是源于亚当·斯密发现的黄金法则——“看不见的手”。格林斯潘还说，很难想象，如果没有某个国际版的“看不见的手”在引导当今世界错综复杂的国际贸易，怎能有我们相对稳定的经济秩序。格林斯潘在缅怀先贤的同时，也袒露了自己作为自由市场经济忠实信徒的心声。

2008年12月10日，南方网刊登了《21世纪经济报道》记者旷野的一篇署名文章，文章的题目是《一个自由主义者的悲哀谢幕》[1]（给保尔森贴上“自由主义者”的标签并不准确），文章中所说的这个人就是布什政府的财政部长保尔森。如果有一项“美国金融危机中的最大倒霉蛋”的评选活动，笔者也会毫不犹豫地投保尔森一票（让他和格林斯潘去竞争）。

保尔森是一个标准的金融家，表情严肃、仪表整齐；务实低调、雷厉风行；言辞朴实、惜字如金；不嗜烟酒，生活规律；道德无瑕，家庭美满。保尔森还是世界上最大的非营利性环保组织、美国大自然保护协会的董事会成员之一，十几年来，他一直在为协会做大量的工作，包括为中国云南西南部一些地区的人们提供节能炉，以保护那里的环境，因为那里是世界上生物最多样化的地区。

1999年，美国第一大投资银行高盛公司上市，保尔森成为高盛集团主席兼首席执行官。在保尔森的领导下，高盛集团成为华尔街最赚钱的投资银行之一，从2000年起，高盛集团就一直保持着全球并购业务第一的地位。保尔森属于美国证券界中的“鹰派”。蛰伏高盛集团30余载，他治军严明，手腕强硬。“（在高盛集团）15%~20%的人创造了公司80%的价值，所以很多人可以被裁掉，而不会影响公司的业绩”，保尔森的这句经典名言至今还让绝大多数高盛集团的雇员们心惊胆战，虽然此后保尔森对此番言论表示道歉，但高盛集团“痛苦的裁员”却没有因此停滞，据《财富》测算其裁员比例仅次于美林公司。

在独特理念的支撑下，高盛集团与美林公司及摩根士丹利多年来稳居全球投资银行业内三雄，并称“华尔街三剑客”，保尔森本人也成为华尔街最

① 旷野：《一个自由主义者的悲哀谢幕》，载《21世纪经济报道》，2008－12－10，http：//cnstock. xinhuanet. com/08yaowen/2008－12/11/content _ 3913971 _ 4. htm。

能赚钱的老板，在高盛集团任职32年期间，保尔森积蓄了超过5亿美元的个人资产。

2006年5月30日，布什正式提名保尔森出任财政部长，接替当天早些时候宣布辞职的约翰·斯诺。布什为延揽保尔森入阁，花了不少心思。面对布什的邀请时，保尔森当初的反应是婉言谢绝，因为他不想做一个“花瓶”和“传声筒”。到布什再次邀请保尔森出任财长时，据说两人在白宫长谈了一个下午，布什答应给保尔森会比斯诺及奥尼尔——前两任财长——更大的国内和国际经济政策的决策权，他的实质权力会和国防部长及国务卿平起平坐，终于让保尔森心动。保尔森曾向友人提及，此番出任财长是认为自己“应该有一番作为”，所以他不惜放弃3 830万美元的华尔街职位，去华盛顿上任，后者的收入只有20万美元，两者相差近200倍。如此巨大的差距也说明，保尔森同意出任财政部长绝非为了金钱，毕竟，仅其在高盛集团持有的股份就价值数亿美元。

相比以往的财政部长上任，保尔森的就职仪式似乎得到了布什的格外重视，总统先生甚至“罕见地”（美联社语）从白宫步行到财政部大楼出席仪式，而以往碰到类似情况，布什通常都会以车代步。布什宣布保尔森的任命时，称赞保尔森“有极丰富的商业经验和对证券市场的深刻理解，有能力看清楚经济局势”、“保尔森会成为我在本土及国际经济政策方面的首席顾问，我们将保持相同态度，为国民制定合适的政策，继续保持美国经济繁荣”。保尔森之所以能够进入布什的“法眼”，据说除了他在华尔街的人气和影响之外，与中国政府的密切关系也是一个重要的因素。保尔森是一个“中国通”，未就任财政部长之前就曾70多次访问中国，与多位中国现任政府高官关系密切，据说保尔森与当时的中国副总理吴仪握手时，总是用双手的，这在中国是老朋友之间打招呼的方式[①]。

和所有华尔街投资银行家一样，保尔森被深深刻上了自由市场经济的烙印。在他心目中，无政府干预的市场是天下无双的乐土。“华尔街的私人企业和金融市场就是实力与能力、活力与弹性相结合的典范。”在2006年财政部长的就职听证会上，保尔森当着所有参议员的面，盛赞他奋战多年的事业。这与保尔森的党派身份十分吻合——他忠实地奉行了共和党放任市场的立场。当次贷危机初现端倪时，保尔森的态度十分明确——冷眼旁观、不予理睬，相信“市场会自我调节的”。然而这一次，保尔森失算了。保尔森要向金融市场伸出有形之手，需要经历非常痛苦的思想斗争和转折。显然，保尔森的思想斗争耗费了过多时间，而危机蔓延的速度实在是太快了。2008

① 卢怀谦：《保尔森，最了解中国的美国财长》，载《中国证券报》，2006-09-25。

年 7 月 28 日，保尔森毅然在亿万电视观众面前宣布美国政府将接管“两房”。对于全世界的投资者来说，那一天是开心的，他们手中的“两房”债券总算保值了。却没有人知道作出此番决定的保尔森内心如何遭受煎熬。

自由市场经济也是一种信仰，正因为如此，索罗斯将新保守主义定义为“市场原教旨主义”。局外人可能难以想象“教徒们”在被迫背离信仰时内心的痛苦。

1998 年香港金融风暴中，香港特别行政区政府动用外汇储备入市，成功击退国际金融炒家，却引来社会上一片批评之声。学者、商界纷纷指责香港特别行政区政府破坏了香港一贯自由市场运作体系，时任香港特别行政区财政司司长的曾荫权更成了众矢之的。

这段经历也使曾荫权刻骨铭心。曾荫权后来回忆说，他在决定入市回击“金融大鳄”之前，堂堂一个男子汉曾“夜晚静静地哭过两三次”。他说，当时他连续多个晚上失眠，睡着了也会做噩梦，有时坐在床边，想着想着就流下眼泪。为什么？难呀，曾荫权是一个彻头彻尾的“自由市场经济”的信徒，但现在必须背叛自己的信念了。同时，他也十分担心一不小心输掉香港人的钱，就算自己“跳楼”也无法挽回损失。

在世界经济的版图上，20 世纪五六十年代的香港尚是一个名不见经传的小岛，因为它的经济决策人对自由经济政策和保守主义理念坚定的支持，香港成为了自由市场经济的实验场。

近半个世纪以来，香港奉行的基本政策包括以下主要措施：对市场近乎零干预的政策；低税收政策，最高的个人所得税税率 15%，最高公司盈利税为 16%；对外国资本的流动和投资没有任何限制；外国公司利润自由汇回；由市场来决定工资和价格；没有对外贸的本地内容的限制；严格限制政府开支的增长，政府预算没有赤字；维护分权与制衡的体制，保障透明公开的法治，激励竞争。这一政策为香港赢得了一个世界上最自由的经济体的称号，一个弹丸之地创造了惊人的财富。虽然存在巨富阶层，却并没有产生大面积的贫困。人均收入为 24 000 美元左右，GDP 增长保持在 5%，失业率长期低于 3%。这些是西方任何一个财政部长和中央银行行长梦寐以求而不可企及的高度。曾荫权回忆说，1998 年金融风暴横扫亚洲，他离开香港到土耳其“避风头”。谁知他回来后，情况更差，外汇储备已损失了 80 亿美元。香港金融管理局官员的判断是：“大势已去”——如果香港不采取行动，恒生指数很快会直线暴跌到 4 000 点（1997 年初恒生指数在 15 000 ~ 16 000 点），银行贷款利息居于历史最高位，香港很可能在 5 天之内“断气”。于是，他决定“起来和他们（金融大鳄）斗一场！”香港的行动出乎索罗斯们的预料，这个奉行零干预保守主义经济政策的香港，不惜一切代价与国际炒家展开殊死搏斗，并最后赢得了这场金融保卫战。

客观地说，美国政府如此大规模地介入经济体运行，是第二次世界大战结束以来绝无仅有的。布什政府7 000亿美元救援方案一出，美国100多位经济学家包括诺贝尔经济学奖获得者在内，公开联名向国会写信表示强烈反对，其原因就是认为大规模政府干预是在颠覆自由市场经济原则，是对市场经济自身规律的破坏，长远看将给美国经济造成长久损害，这同时也是许多议员投反对票的原因之一。经济自由主义者数百年来的信条：经济活动应当由私人来办，通过自由市场的交易可以得到最大的效率，同时也可以锻炼公民。而政府管理经济总是效率不高，而且更容易腐败。自由放任主义者坚信，自由市场经济可以解决主要的经济问题，甚至自身就可以形成自发的秩序，从而最终规约市场的运作。那么，美国政府——包括世界各国政府大规模的救援行动，是不是就意味着新保守主义的破产、盎格鲁—萨克逊模式的终结或新自由主义的最后胜利呢？或者像有些人所说的自由市场经济的末路和“社会主义”的胜利呢？事实远非如此简单。

首先，布什不同意这种说法。就在2008年10月3日，布什在赞扬了众议院当天通过救援方案，称该方案对帮助美国经济抵御金融风暴意义重大之后，说了一句非常耐人寻味的话，他说，他信仰自由市场制度，认为政府只有在必要的时候才进行干预，这份救援方案代表了政府为缓解不断扩大的信贷危机所采取的“决定性行动”①。在2008年11月13日——G20即将在华盛顿举行金融峰会的前夕，布什在金融风暴的中心——华尔街发表长篇演讲，试图为即将举行的峰会定下基调，并且花大量篇幅为备受争议的美国自由市场模式进行辩护。在演讲中，布什用了很多时间来回应指责，为美国的自由市场模式进行辩护。德国总理默克尔曾经不客气地批评说“贪婪、投机和管理不善”是导致危机的根源。为此布什反唇相讥道：许多欧洲国家拥有更严格的监管，但是其在金融危机中暴露出的问题与美国没什么两样。布什认为，金融危机并不意味着自由市场制度的失败。要解决危机，并不需要重塑自由市场体制，而是要依照自由市场的原则解决面临的问题，进行必要的改革②。

其次，布什不乏同盟者。法国总统萨科齐曾公开表示，全球性金融危机的罪魁祸首就是“盎格鲁—萨克逊资本主义”。但美国经济学家杰弗里·萨

① 陈柳钦：《美国政府救援：路漫漫其修远兮》，光明网——光明观察，http://guancha.gmw.cn/content/2008-11/19/content_860874_2.htm，2008-11-19。

② 陈刚：《布什试图为二十国集团峰会定下基调》，http://news.xinhuanet.com/world/2008-11/14/content_10357675.htm，2008-11-14。

克斯（Jeffrey Sachs，“休克疗法”之父，著名全球发展问题专家）却持不同的观点，他在《是时候采取新的经济策略了》一文中指出：“无论缺乏管制的盎格鲁—萨克逊式经济体当下感受到了怎样的痛苦，都不足以导致一次全球性的危机。”全球经济危机的真正根源应该是大家都在奉行的一种不可持续的生产方式，这种方式以资源和能源的高消耗为代价，这种生产方式“在现实遭受能源供应的危机和日渐上涨的能源价格面前，他们在经济上就极其容易受到打击”①。美国金融危机暴发后，对于一边倒的讨伐新保守主义、崇拜国家干预的呼声，俄罗斯总理普京有自己的看法。普京在 2009 年冬季达沃斯经济论坛的发言中，提出了世界各国在当前克服经济危机的过程中可能会犯两个错误：一是孤立主义和放纵的利己主义；二是国家的过分干预。他特别强调了“国家的过分干预”，认为现在几乎在所有的国家里，反危机措施都带来了反面的东西，那就是不去完善市场机制，而是最大限度地扩大国家对经济的干预。这种过分的干预是“对国家无所不能的盲目崇奉”。普京说：“20 世纪在苏联，国家的作用曾经发挥到极致，结果使经济完全丧失了竞争力。我们为此付出了昂贵的代价。这个教训让我们损失惨重。我想，现在谁也不会要去重蹈覆辙。”在苏联 70 多年的发展进程中，“国家力量的干预”不仅是绝对真理，也是一种决策和施政的金科玉律。当时的执政者认为，苏联这个国家有力量解决国内的一切困难，有力量通过国家干预来实现国家的工业化、农业集体化和大幅度地提高全体人民的物质福利水平。因此，国家的干预被视为国家发展的唯一力量，国家将发展的一切问题都包了下来，包失业，包贫穷，包落后，包发展迟缓，包社会主义，包发达社会主义，包共产主义。而在苏联阵营内，则包他国资源的利用，包他国发展计划的制订，包他国与世界的关系。苏联国家干预的实质就是不相信一切非国家的力量，逐渐地，国家干预就成了心有所愿而力所不能及的垄断。因为，国家的力量毕竟是有限的，如果只是绝对地国家干预，而根本不顾及非国家力量的利用，那这种国家干预实际上就成了对国家力量的绝对化消耗，国家干预下的一系列许诺就终归成了泡沫。苏联的发展始终未能摆脱国家绝对干预这条道路，最终的结果是苏联完全丧失了竞争能力，不得不面临解体的毁灭性考验②。

再次，更重要的是，从 20 世纪 80 年代开始的中国的崛起，证明了市场经济的巨大活力以及在现阶段经济发展水平下以市场为主配置经济资源的客

① 全国政协常委、经济委员会副主任胡德平：《需要与需求之辩：应采取新的经济策略》，21 世纪网 http://www.21cbh.com/HTML/2008/12/22/HTML_UYCN0Y6R8YJX.html，2008－12－20。

② 闻一：《不能崇拜国家干预的力量》，载《环球时报》，2009－02－06。

观必然性。20 世纪 80 年代，中国经济体制改革的大幕徐徐拉开。20 世纪 80 年代末 90 年代初，东欧剧变、苏联解体，所谓的"社会主义阵营"国家纷纷抛弃传统、僵化的计划经济模式，走上了市场化改革的道路。经济改革不仅经历了思想上的阵痛，也带来了经济发展的跌宕起伏。1992 年春天，中国经济体制改革的"总设计师"邓小平发表了重要的"南方谈话"。邓小平同志深刻地指出：计划多一点还是市场多一点，不是社会主义与资本主义的本质区别。计划经济不等于社会主义，资本主义也有计划；市场经济不等于资本主义，社会主义也有市场。计划和市场都是经济手段。邓小平同志的这一段论述，奠定了中国市场化取向经济体制改革的基石。总结 30 年来中国经济体制改革的成功经验，社会主义市场经济体制的抉择起到了根本和关键的作用。

胡锦涛总书记在《纪念党的十一届三中全会召开 30 周年大会上的讲话》中指出：我们党提出把社会主义市场经济体制确立为我国经济体制改革的目标模式，正确解决了关系整个社会主义现代化建设全局的一个重大问题。我们着力建立和完善社会主义市场经济体制，发挥市场在资源配置中的基础性作用，推动建立现代产权制度和现代企业制度，同时又注重加强和完善国家对经济的宏观调控，克服市场自身存在的某些缺陷，促进国民经济充满活力、富有效率、健康运行。我们毫不动摇地巩固和发展公有制经济、发挥国有经济主导作用，积极推行公有制多种有效实现形式，增强国有经济活力、控制力、影响力，同时又毫不动摇地鼓励、支持、引导非公有制经济发展，形成各种所有制经济平等竞争、相互促进的新格局。我们坚持和完善按劳分配为主体、多种分配方式并存的分配制度，既鼓励先进、促进发展，又注重社会公平、防止两极分化。我们要始终坚持社会主义市场经济的改革方向，继续完善社会主义市场经济体制，继续加强和改善宏观调控体系，不断为经济社会又好又快发展提供强大动力①。可以说，没有市场化取向的经济体制改革，就没有中国经济发展今天取得的成就。

尽管社会主义市场经济不等于西方的自由市场经济，也不等于新保守主义的政策主张，但中国、俄罗斯等经济转轨国家吃尽了"计划经济体制"的苦头，也尝到了"市场在资源配置中起基础性作用"的甜头。尽管西方的政客们鼓吹"政府干预主义又回来了"、"新凯恩斯主义的胜利"、"西方走向社会主义"等论调，经济转型国家也不会上当。他们会根据本国国情，正确处理政府与市场的关系，在坚持"市场在资源配置中起基础性作用"

① 胡锦涛：《纪念党的十一届三中全会召开 30 周年大会上的讲话》，http://news.xinhuanet.com/newscenter/2008-12/18/content_10524481.htm，2008-12-18。

的同时，不断改革行政管理体制，努力使政府成为和谐经济环境的缔造者，不缺位、不越位、不错位，为本国国民经济的发展保驾护航。

宏观经济调控实际上就是在“政府干预”与“自由放任”之间平衡的艺术——这与意识形态无关。在西方，新保守主义和新自由主义的争论还会继续下去，谁会占上风，与经济发展格局的矛盾形式与阶段性特征有关。在西方，政府的角色常常被界定为“守夜人”，笔者觉得并不准确——政府的作用应比这更宽泛。笔者把政府比喻为航道管理与维护者，它的职责包括疏浚航道，加固堤坝，维护管理交通秩序和抢险救灾。由此，政府的职能可以用 16 个字概括：优化环境，制定规则，维持秩序，保障实施。

6　“美式文明”动了谁的奶酪

——金融危机成因考（三）

美国的情形不容乐观，因为我们变成了一个不知道储蓄的社会。我们不考虑明天。

——美国著名经济学家保尔·萨缪尔森（Paul A. Samuelson）

6.1　“美式文明”万花筒

2008年10月20日，俄罗斯战略文化基金会网站发表了一篇署名文章，题目是《金融危机是美国文明的危机》，作者是乌克兰科学院院士、世界经济和国际关系研究所所长尤里·帕霍莫夫。文章说，目前发生的金融海啸的源头并非只是单纯的市场过热，而是“唯一全球大国”美国的生存方式。并且认为，这场危机可能导致世界文明板块的构造性移动。

文章指出，2008年危机暴发之初，格林斯潘就曾指出，这是近百年来最深刻的一场危机。这意味着危机的源头并非次级抵押贷款，甚至不是证券市场的过度投机本身，而是美国经济和社会运转深层机制中蕴藏着的更基础的东西。美国是全球化的中心和引擎，相应的，被全球化覆盖的世界也因此而地动山摇。

那么这场危机的成因到底是什么呢？文章认为，“究其最终原因，它源于该国价值观的堕落”。作者进一步指出，在美国，新教价值观（如崇尚劳动、勤俭持家、清心寡欲等）变得日益衰微。如今，这个世界上最强大国家正深陷狂热消费的旋涡，人们拼命追逐最新的财富和乐趣、过度浪费资源、心灵空虚、贪图享受。

文章分析说，美国人口仅占世界的5%，却要消费全球30%的资源。为弥补巨大的贸易和消费赤字，美国人绞尽脑汁，想出种种投机方法，不只是印刷美元，还出售自己的债务，通过债务去侵吞其他国家的财富，数额极大。美国的国内生产总值是13万亿~14万亿美元，而其所有债务（包括国债、公司债等）已突破了50万亿美元。这在人类历史上是绝无仅有的。不难想见，依赖这一机制，这个贪婪的国家有借无还地使用着全球的资源，将给世界带来多大的毁灭性影响。美国经年累月大量购入商品与支付能力之间的鸿沟越来越大，最终金融危机不可避免地会降临到这个国家头上——因为债务投机总会有山穷水尽的时候。

作者警告说，美国如果不放弃现行的肆意消费方式，就不可能不再成为世界经济的破坏者。目前，美国还不想“自动”放弃其消费模式。历史将在这里重演，因为美国所发生的正是古罗马从鼎盛走向瓦解、衰落和毁灭的那些进程的再现①。

至此，所谓的“美式文明”的含义基本上解释清楚了，简单地说，就是寅吃卯粮的“债务经济模式”。将“债务经济模式”定义为“美式文明”，多少有点讽刺的意味。

据考证，“债务经济模式”这个词是美联储前主席格林斯潘在2004年首先使用的。其含义是美国不再需要一般性的实体产业，除食品以外的一般消费品和一般性工业设备外，其他商品都从国际市场购买，并借此向世界输出美元；其他国家为了国际贸易结算顺利进行，不得不持有相当数量的美元储备；为了美元储备保值增值，这些国家又不得不去购买美国债券或其他所谓安全的美元资产。由此在世界上形成了这样一个循环：美国所需要的商品，只需印刷钞票去外国买就是了；美国买东西花掉的美元，通过出售美国债务（国债或公司债）重新回到美国本土，变成美国政府或公司可以任意支配的现金；这些现金被用在美国人身上，使他们有能力去消费那些从外国买来的东西；美国的商人通过在本土出售外国商品而获得收入，然后继续购买别国的商品。如此循环往复，只要美元国际结算货币的地位永远不倒、外国政府永远需要美元储备，美国欠下的债务就永远不必归还。理论上说，是

① 新华网：《金融危机源于“美式文明”》，http://news.xinhuanet.com/world/2008-10/22/content_10233062.htm，2008-10-22。

"只需付息、不必还本"的债务，但其实利息也不必付，因为通货膨胀或美元贬值会自然蚕食掉利息率。这种在世界上独一无二、美国人无偿占有全世界人民所创造的物质财富、荒谬绝伦的经济模式，就是所谓的"美式文明"。

对于"美式文明"，美国的"债务经济模式"，即使在西方也有许多反对的声音。

世界经济学家中的老资格保尔·萨缪尔森（Paul A. Samuelson）在若干年前就看到了此番痛苦的结局。当年，90 岁高龄的萨缪尔森在接受媒体采访时表示："美国的情形不容乐观，因为我们变成了一个不知道储蓄的社会。我们不考虑明天。①"

美国《博客评论在线》杂志2008 年10 月12 日撰文指出，在过去25 年中，美国人经历了消费狂潮，房子、车子、衣柜和家具越来越大、越来越贵。然而，美国消费者并没有因此变得更富裕，真正的收入增长速度远低于消费增长速度。时至今日，美国的消费即将跌落悬崖，而美国经济也走到了悬崖边上。

"毫无疑问，美国消费者应该为美国经济的减速和衰退负责。"摩根士丹利全球首席经济师史蒂芬·罗奇（Stephen Roach）撰文称，这次金融危机是美国疯狂消费主义酿出的苦果。罗奇说，几十年间，美国的制造业大量外迁，"美国由一个制造业大国慢慢变成了一个沉醉于消费的金融国家，并逐渐由世界第一大债权国变成第一大债务国②"。

美国哈佛大学的经济学家肯尼斯·罗格夫称，美国的消费者"消耗地球上的一切却从不储蓄"。他还说，"拜美国无与伦比的财政制度所赐，其消费者可以几乎不用首付就购买豪华轿车。他们能够以房产的价值作抵押，每年都借更多的钱，并花光每一分钱。他们能以自己越来越少的积蓄享受越来越早的退休生活"。这样的消费模式与华尔街的贪婪结合在一起，迟早是要出问题的③。

与民主党候选人奥巴马争夺总统职位的共和党候选人麦凯恩也不惜对共和党在任总统小布什痛下杀手，企图挽回选民的心。2008 年10 月24 日麦凯恩在接受《华盛顿时报》专访时，痛批布什让美国的未来世代债台高筑，

---

① 邵乐韵：《美国不再那么"超级"?》，载《新民周刊》，2008－10－17 。

② 尚未迟、陆乐等：《美国疯狂花钱害了世界》，载《环球视野》，http：//www. globalview. cn/ReadNews. asp？NewsID＝16717，2008－10－18。

③ 尚未迟等：《华尔街危机赖不上中国——英美学者抛奇谈怪论　妄称中国是危机根源》，载《环球时报》，2008－10－16。

背负 10 兆美元国债。他指责共和党政府支持老人医疗保险的处方药法案，犹如花未来子孙的钱为这一代老年人买药，让政府债务问题更加恶化。而为让白宫避免接受监视，布什一再滥用行政权，同时政府只知一味花钱，伊拉克战争一打即是数年。麦凯恩指出，布什政府的编制不减反增，甚至大过约翰逊总统时代为扫除贫穷与种族不平等而有的“大社会”。针对布什的 8 年执政，麦凯恩说：“政府让事情变得彻底失控①。”

2003 年，美国的财政赤字达到 3 742 亿美元的高点，而贸易赤字达到 4 894亿美元，这使得“股神”巴菲特（Warren Buffett）忧心忡忡，他认为美国的这种债务经济模式是不可持续的。为了警示自己的同胞，他还杜撰了一个故事。

故事的主角是两个想象中相邻的小岛（象征着两个国家），我们姑且称为奢侈岛和勤俭岛。两岛的唯一资产是土地。他们的需求也很原始，就是食物，也只生产食物。每日工作 8 小时，两小岛上的居民都足以维生。长此以往，过着自给自足的日子。

直到有一天，勤劳的勤俭岛上的居民决定储蓄和投资，并将每日工作的时间延长到 16 小时。他们继续靠每日 8 小时的生产为生，将另外 8 小时的产出出口到奢侈岛。奢侈岛的居民对此变化欣喜若狂。因为他们可以脱离辛劳，并且吃喝如常。哦，是的，这是要记账的。但是，这在奢侈岛的人看来，并无大碍。勤俭岛人所要求的，无非是奢侈岛的债券、钞票而已。

经年累月，勤俭岛人积攒下大量奢侈岛的债券。这时，奢侈岛的少数先知先觉者嗅出了隐约而来的麻烦。他们看到，为了生存和偿付累积的债务，终将要求奢侈岛的人工作 8 小时以上。然而，奢侈岛的居民却无心倾听这种末日审判式的语言。同时，勤俭岛的人也开始有些紧张。“奢侈岛的债券最终靠得住吗?”他们在心里问道。于是，勤俭岛也改变了策略：在继续拥有一些债券的同时，他们将大部分债券换成了奢侈岛的土地。最终，勤俭岛人拥有了整个奢侈岛。这时，奢侈岛人不得不面对残酷的现实，他们不仅必须重回 8 小时的工作以维持生存，而且还需加时工作，以偿还债务和支持他们轻率卖掉后又重新租回的土地的租金。事实上，奢侈岛已被购买，并非被征服，成了别人的殖民地。

巴菲特的用意很明显：他告诉美国人，一国无法长期支撑巨额的、愈滚愈大的贸易逆差。到某一时刻，消费的盛宴与狂欢会戛然止住。因为币值会调整，债权国也不再愿意接受不休不止的借据。换言之，这张国家信用卡非常好用，但信用额度并非没有上限。

---

① 佚名：《为了支持率 麦凯恩痛批布什》，载《成都商报》，2008－10－25。

对美国债务经济模式暗藏的凶险，许多美国人还是清醒的。其中最严厉的警告来自格林斯潘的前任财政部长保尔·沃尔克（Paul Volcker）先生，2004年11月他曾经指出，有75%的可能美国将在最近5年内发生一次货币危机。不幸的是，沃尔克竟一语成谶①。

6.2 “太阳升起，消费者就开始购物”

金融海啸暴发后不久，美国就有人拿着放大镜满世界寻找危机暴发的原因。还真让他们给找着了：中国是美国最大的债主，中国人老把钱借给美国人，让美国人养成了好逸恶劳、寅吃卯粮的坏习惯，所以本次金融危机责任在中国。这就是美国金融危机成因的“中国责任论”。谈到这次华尔街金融危机，斯德哥尔摩大学经济学教授尼尔森告诉《环球时报》记者，美国那种“爷爷花孙子钱”的习惯，早在中国还不是一个重要经济体时就如此了。

美国经济增长由生产投资驱动到由消费驱动的模式转型，发生在1880年至1920年。到20世纪20年代末，借贷消费、“先买后付”已普及到美国各种耐用品，甚至非耐用品市场。1930年那一年中，70%左右的新汽车、85%的家具、75%的洗碗机、65%的吸尘器、75%的收放机都是靠分期付款卖出的。就这样，借贷消费的生活方式在美国社会扎根了。

自从20世纪80年代起，美国人的消费已经超过了他们的产出，他们也因此成了“举债度日”的典型。个人消费开支占美国国内生产总值的2/3，是经济增长的主要动力。对于本国人的生活方式，美国媒体曾形容说，“只要太阳一升起，消费者就开始购物”。美国皮斯卡塔研究公司投资顾问史蒂芬·切奇说，2006年，美国人收入的90%用于消费，13%用于偿付贷款，这意味着他们必须借款才能维持生活。在这个数十年来一直靠消费拉动经济的国家里，许多人早已习惯“借债过日子”。

美国发达的金融体系，也成为美国民众过度消费的“推手”。金融危机前，在美国申请信用卡极其简单，有时候，根本不用申请，各种预先批准的信用卡就会塞满信箱，消费都只要打一个十几秒的电话，就可以立即激活这张卡。美国消费者保护网站的报告显示，现在美国流通的信用卡超过6亿张，平均每个美国人身上就有4张卡；约60%的持卡人每月还款额在数千美元左右。金融危机前，美国的银行和其他金融机构都会为未还清购房贷款

① 英《经济学家》分析美元下跌对全球经济影响，http://history.cnfol.com/041123/122，1330，1118959，00.shtml，2004-11-23。

的“准地主”提供“房屋净值贷款”，即以房屋净值为抵押的个人贷款，其利率远低于信用卡贷款利率。由于办理房屋净值贷款非常容易，美国人常用贷款装修房屋、购买大件消费品、度假旅行甚至是支付子女的学费。据估算，美国房主在过去两年半中总共从他们的房屋净值中提取了7 500亿美元。通过这些方式，美国人可以轻易地获得远超过实际需要的贷款额，但在享受生活的同时，也导致了债务的无处不在。《底特律自由报》2008年10月13日透露，平均每个美国家庭已负债11万美元，而每人年均存款仅为400美元；截至2009年，美国市场上的抵押贷款总额已达到12万亿美元①。

美国人拥有自己住房的比率在过去30年来一直稳中微升，2005年达到了69.1%的历史新高。布什最钟爱的一句口号是建设一个“所有者社会”，鼓励私人拥有住房是这个“所有者社会”的一个重要基石。布什甚至宣布每年6月为美国的“全国住房所有权月”，力图使美国拥有自己住宅的家庭在2010年前增加550万户。

美国政府的确在鼓励私人拥有住房方面起了重要作用：成立了房利美、房地美、吉利美三大政府支持的抵押贷款机构；通过诸如《社区再投资法》等法律帮助私人，尤其是低收入人群购置住房；并为私人购买住房提供大量财政补贴。不难理解，在这样一种社会大环境下，低收入人群自然会不顾自己的经济实力，心甘情愿当“房奴”。美国的购房抵押贷款从1974年的6 800亿美元上升到2008年的14万亿美元。仅仅在过去的7年时间里，美国的购房抵押贷款总额就翻了一番。于是，次级抵押贷款也相应增加了。次级抵押贷款是指由发起抵押贷款的金融机构（银行或投资公司），向信用较差的客户发放的购买房屋的抵押贷款。在美国人住房拥有率增长的4个百分点中，它的贡献率达到了一半。

住房拥有率增多的好处是很明显的，如有利社会稳定、民众积累财富等。但同任何其他投资一样，购买住房同样存在风险。现在美国可能有多至1 000万户家庭住在负资产的自住房中，其中数百万户家庭的住房正面临或已经付不出房贷而遭拍卖的尴尬局面②。

美国房地产市场持续十几年的“大牛市”，也与美联储宽松的货币政策密切相关。有业内人士指出，美联储在过去十几年里最关键的时候犯下了一系列错误，而且在每一次危机中所犯的错误都是一样的，就是降息的幅度过

① 尚未迟、陆乐等：《美国疯狂花钱害了世界》，载《环球视野》，http：//www.globalview.cn/ReadNews.asp? NewsID=16717，2008-10-18。

② 赵海建：《危机美国：“借债度日”埋祸根　两大“帮凶”促暴发》，载《广州日报》，2008-10-19。

大，而且维持过低利率的时间太长。与此同时，美国的住房贷款机构不断放宽房贷标准，尤其是针对收入较低、信用等级较低的客户，开发出各种新型贷款，如可调整利率的贷款。格林斯潘当时对这种非固定利率贷款非常支持，他认为在降息的背景下，这种贷款方式能够让贷款人省很多钱。但房地产价格从2006年之后开始下跌，很多贷款买房者才震惊地发现，其所要偿还的贷款，已经远远超过了房产的价值，终于酿成了一场令世人震惊的次贷风波。

美国人的超前消费，说到底是一个生活方式的问题，本不值得大惊小怪。但当这种生活方式进入到“腐朽”、“堕落”的程度，人们的价值取向就会发生变化，问题就接踵而至了。

2008年10月28日，上海复旦大学哲学学院教授陈学明在《文汇报》上发表一篇题为《金融危机是生活方式危机——西方再次掀起“〈资本论〉热”的启示》的文章，对上述问题进行了鞭辟入里的分析。陈学明教授指出：从第二次世界大战以来，特别是从20世纪60年代以来，在美国乃至整个西方世界，随着新自由主义（本书将其界定为新保守主义——作者注）以及其他各种思潮的广泛流行，人越来越被看做是充满着“物欲”的“经济动物”，获取最大限度的物质享受似乎成了人活着的全部意义和最高享受。西方资本主义社会也顺利地从“生产型资本主义”调整为“消费型资本主义”，无论是就整个社会而言，还是就单个的个体而言，都是以“最大限度地进行消费”作为宗旨。消费主义的流行、消费欲望的放大，是与人的风险意识的减弱成正比的。由于把生活的富裕寄托在借贷上，当今的许多美国人根本没有积蓄。陈教授引述的一组数据是：纽约市议会提供的一份调查报告显示，20%的纽约人根本没有任何积蓄，45%的纽约人虽有积蓄，但只够维持3个月的生活开销。

陈教授认为，要害在于美国的主流文化一直在助长这种生活方式，一直在说明这种生活方式是合理的、正当的。消费主义、个人主义和现实主义已构成了当今美国人占主导地位的价值观念，而美国人的此种生活方式与美国的金融危机之间有着不可分割的内在联系。

6.3 “美国在技术层面上已经破产”

美国民众爱借债，但与美国政府相比却是“小巫见大巫”，差得远呢。2008年11月，特约撰稿人钮文新在《中国经济周刊》（第43期）上发表一篇题为《美国在技术层面上已经破产》的美文，全文洋洋洒洒万余言，论述了美国在技术上怎么个“破产”法，令人大开眼界。

美国到底欠了多少债？钮文新算了三笔账：

第一笔，按照美国公开数据，8 500 亿美元的金融救援方案全部实施之后，美国国会所能接受的名义国家债务余额为 11.2 万亿美元，相对于 2007 年美国 13.8 万亿美元的 GDP 而言，美国债务率为 81.16%（负债总额与 GDP 之比为债务率），高于 60%——国际公认的安全债务率。尽管这与日本、英国等国超过 100% 的债务率相比好像并不算过分。但是，这并非美国的真实债务。

第二笔，按照美国政府问责局（Government Accountability Office）前总审计长、美国彼特·彼得森基金会总裁兼 CEO 大卫·沃尔克的估计，如果把美国政府对国民的社保欠账等所有隐性债务统统加在一起，那么，2007 年美国的实际债务总额高达 53 万亿美元。

53 万亿美元是什么概念？如果把 100 美元一张的钞票摞起来，53 万亿美元可绕地球两周；2007 年，全球的 GDP 是 54.3 万亿美元，这就是说，仅仅美国一个国家的债务，已经使全球的债务率接近 100%；这个数字相当于每个美国人承担着 17.5 万美元的债务；如果平均分配给地球上所有的人，每人将分担 9 000 美元。

第三笔，如果再把诸如“两房债券”那样的抵押债券、美国各大财团所发行的、说不清是公司债还是政府债务以及市政债券等——总计 20 万亿美元（2007 年末美国国债协会 SIFMA 统计）的债务再统计进来，那美国债务更是高达 73 万亿美元。

按照 2007 年的市场公允价格计算，美国的全部资产的总市值约 76 万亿美元，而现在这个市值已经缩水 30% 以上——最多还有 50 万亿美元。73 万亿美元的债务，50 万亿美元的资产，意味着美国已经资不抵债。所以，钮文新的结论是：“美国在技术层面上已经破产。”

无独有偶，美国著名经济学家、“华盛顿共识”（Washington Consensus）的首倡者约翰·威廉姆森也持相同看法。据中国网 2009 年 2 月 16 日报道，美国联邦政府的债务总额已经高达 65.5 万亿美元，较 2007 年增加 12.5 万亿美元，增幅为 23.6%，这一数字为 2007 年全世界年生产总值的 120.63%。世界网络日报的报道认为，即使不算本次经济刺激计划中新增的社会福利开支，美国政府未来所需偿还的全部债务——包括社会保障和医疗福利等开支在内，也早已让美国陷入破产境地。

根据 2008 年美国联邦政府财政报告中的数字，按照公认会计准则计算，在联邦政府累计债务达到 65.5 万亿美元的同时，联邦政府的净价值竟已是 -59.3万亿美元。“在过去 7 年里，美国的年均赤字超过 4 万亿美元，不论怎么征税都不可能筹集到如此多的资金。”威廉姆森表示。“简言之，如果政府不采取增印钞票并贬值美元的方法，就根本没有足够的钱以实现其承诺的社会福利水平。”威廉姆森认为，鉴于美国政府正在将其庞大的债务货币化，因此他预计，2009年美联储将更多地增发货币并进一步使美元贬值。威廉姆森的结论是：“联邦政府已经破产了——假如美国不是一个国家，而是一家诸如通用电气之类的公司，那么美国总统和财政部的官员就应该关进监狱了①。”

2009年新年伊始，机械工业出版社翻译出版了美国作者安迪森·维金（Addison Wiggin）的新书——《纸变钱的游戏——美国债务真相》。这本书围绕美国不断飙升的国债和财政赤字展开，剖析了美国四大赤字：预算赤字、储蓄赤字、贸易赤字和领导力赤字的由来、现状、危害与趋势，通过对“股神”沃伦·巴菲特、美联储前主席艾伦·格林斯潘、保罗·沃尔克、美国前财政部长罗伯特·鲁宾（Robert Rubin，第70任美国财政部部长）、保罗·奥尼尔（Paul O'Neill，第72任美国财政部部长）等顶级大师的访谈，揭开了美国金融政策的神秘面纱，指出美国现有的赤字财政是不可能持续的。

那么，一个国家的债务是如何形成的呢？概括起来说，由内债和外债两部分组成，内债是欠本国老百姓的钱，外债是欠外国政府、机构和外国老百姓的钱。如果一个国家的内债很少，那么这个国家的国债就主要是欠外国人的钱。

一个国家所欠外债主要通过国际收支平衡表来反映。国际收支平衡表有两大账户：经常账户和金融与资本账户。前者反映贸易收支和无偿转移的差额，其中主要是贸易收支差额，从美国的情况来看，贸易逆差大体占经常项目逆差的90%左右，即商品与劳务的净进口。金融与资本账户反映国与国之间金融资产的转移，包括直接投资、证券投资和银行借贷。从美国的情况来看，金融与资本账户通常是巨额的顺差（外国资本大量流入美国），而经常账户通常是巨额的逆差，如表6-1所示。

表6-1　美国历年GDP及经常项目差额（1980~2008年）

单位：亿美元，%

年份	国内生产总值（GDP）	经常项目差额	经常项目差额占GDP比重
1980	27 895.25	23.17	0.08
1981	31 284.25	50.29	0.16
1982	32 550.25	-55.31	0.17
1983	35 366.75	-386.84	1.09

① 青云编译：《经济学家称“美国已破产”政府赤字超世界GDP》，http://www.china.com.cn/news/txt/2009-02/16/content_17286840.htm，2009-02-16。

续表

年份	国内生产总值（GDP）	经常项目差额	经常项目差额占 GDP 比重
1984	39 331.75	-943.18	2.40
1985	42 202.50	-1 181.31	2.80
1986	44 628.25	-1 471.76	3.30
1987	47 394.75	-1 606.61	3.39
1988	51 037.50	-1 211.59	2.37
1989	54 843.50	-994.85	1.81
1990	58 030.75	-789.65	1.36
1991	59 959.25	28.95	0.05
1992	63 377.50	-500.79	0.79
1993	66 574.00	-848.16	1.27
1994	70 722.25	-1 216.12	1.72
1995	73 976.50	-1 135.71	1.54
1996	78 168.25	-1 247.73	1.60
1997	83 043.25	-1 403.96	1.69
1998	87 469.75	-2 135.32	2.44
1999	92 684.25	-2 998.19	3.23
2000	98 169.75	-4 151.54	4.23
2001	101 279.50	-3 889.61	3.84
2002	104 696.00	-4 724.40	4.51
2003	109 607.50	-5 275.23	4.81
2004	117 124.75	-6 652.90	5.68
2005	124 558.25	-7 915.04	6.35
2006	132 445.50	-8 566.61	6.47
2007	138 000.00	-7 386.00①	5.35
2008	139 790.00②	-7 700.00③	5.51

注：

①段彦飞：《美国债务经济的国际循环》，载《美国研究》，2008（4）。

②美国2008年GDP较2007年增长1.3%。

③世界银行：《全球经常项目余额将呈现非常明显的转移》，载《2009年全球经济展望：世界贸易》，http：//go.worldbank.org/7B1GBMVUS0，2008-12-09。

http：//web.worldbank.org/WBSITE/EXTERNAL/ACCUEILEXTN/EXTDECPGFRE/EXTPROSCPECTFRE/EXTGBLPROSPECTFRE/0，contentMDK：21992018~menuPK：3133696~pagePK：64218950~piPK：64218883~theSitePK：626867，00.html。

资料来源：http：//www.zujee.com/data/MeiGuoLiNian-GDP-JiMaoYiChiZi-United-States-GDP Current-Account-Balance1980-2006.htm。

从表6-1可以看到，美国的经常账户从1982年起出现逆差，从1982年到2008年的26年间，只有1991年略有顺差，其余年份全部为逆差。尤其是进入21世纪以来，经常项目逆差持续增长，从2001年占当年GDP比重的3.84%增长到2006年占当年GDP的6.47%，几乎翻了一番，而且2007年、2008年两年也在5%以上的高位上运行。

美国经常项目的长期逆差意味着金融项目必须顺差，也就是美国人要靠对外发行债券等来筹集经常项目逆差所需的资金。但是美国人不可能永远靠对外提供债券、票据等金融资产生存和发展。由于救市措施加剧了美国财政亏空，2009年美国财政赤字达到1万亿美元以上，经常项目逆差估计至少超过1.2万亿美元，这意味着美国至少还要增加1.2万亿美元以上的对外债务。

那么，究竟是什么原因让美国经常项目赤字连年增加呢？毕竟，经常项目本身并不是一个基本的经济变量，而只是许多基本的经济因素共同作用下的一个结果，所以很有必要来讨论一下影响经常项目余额的因素。

对于一个开放经济体而言，可以得出用“支出法”表示的国民收入（GDP）等式：

$$Y = C + I + G + (X - M) \tag{1}$$

其中，Y表示国民收入（GDP），C代表消费，I代表投资，G代表政府购买（其中包括政府消费和政府投资），X表示出口额，M表示进口额，$(X-M)$表示经常项目差额，也称为净出口。$(X-M)$的差额如果是正数，表示经常项目顺差；$(X-M)$如果是负数，表示经常项目逆差。人们常说的国民经济“三驾马车”指的就是消费、投资和净出口三项经济指标（其中政府支出G可按支出性质分摊到C和I）。

考虑到私人部门的储蓄（S_P）等于国民收入减去消费的份额（C）和政府从家庭、企业征收的净税收（T），私人储蓄S_P可以表示为$S_P = Y - C - T$，而政府的净储蓄可表示为$S_g = T - G$，代入国民收入等式（1）整理可得

$$(X - M) = S_P - I + S_g \tag{2}$$

其中，S_g如果是正值，表示政府财政盈余；S_g如果是负值，表示政府财政赤字。财政赤字时S_g将起到扩大净出口差额的作用。

从等式（2）不难看出，在众多影响经常项目赤字的长期因素中私人储蓄、私人投资和政府赤字起着关键的作用。高消费导致低储蓄，进而导致贸易逆差扩大；私人投资增加，导致贸易逆差扩大；政府财政赤字也同样导致贸易逆差扩大。“三管齐下”的结果使美国的贸易逆差逐年扩大，一发而不可收拾。

关于居民高消费造成储蓄率降低的情形，前面已作过分析，不再赘述。本节侧重分析一下后两个因素的影响。

根据国际货币基金组织（IMF）关于美国从1995年到1999年制造业部门生产率的分析，在1999年，美国制造业生产率以惊人的6.4%的速度增长，从1994年到1999年年均增长4.8%。

从1991年至2000年，作为GDP的一个重要份额的美国私人投资稳定增长，在1999年私人投资占GDP的17.7%，并在2000年上半年出现了第二次世界大战后最高占比18.3%。虽然在2000年以后由于整个世界经济的影响和泡沫经济的影响，美国的私人投资有所下降，但是到了2003年随着世界经济和美国经济的复苏，私人投资又开始重新增长。这种投资的增加是对美国生产率加快发展基础上的技术迅速改变的一种反应，主要体现在高科技产业上，如通信、网络和计算机等产业。技术进步已经引起许多公司更高的期望，生产率的更快提高会使企业有潜力生产更多的商品和提供更多的服务。这种潜在供给的增加转换成经济中产生的商品和服务需要一定的时间，在这个过程中需要加速投入资本，自然就引起了投资高潮。

经济学里存在一个被广泛接受的理论，即如果一个国家由于生产率增长的加速导致投资高潮出现，而其他国家则没有，该国就很容易产生经常项目的赤字。假设其他经济量不变，生产力的提高会促使国内投资支出增加，导致在短期内国内支出超过国内的产量。为了弥补这个缺口，需要进口更多的商品和服务。与此同时，投资高潮也会影响金融方面。生产力的提高导致了外国资金的流入和本国货币的升值。而本币的升值，又会在短期内促使本国贸易情况恶化，从而使经常项目赤字加大，同时外国资金的流入又为经常项目赤字剧增的可持续奠定了基础。

纵观从20世纪90年代以来美国经济的发展情况和经常项目赤字情况，其轨迹基本上遵循了上面的经济理论。在这一阶段里的大部分时间里美国生产力迅速发展，促使投资支出剧增，并进而导致经常项目赤字缺口增大，同时伴随着美国资本项目的增加①。

从等式（2）中可以看出，如果国内私人储蓄与国内私人投资基本上相等，则财政赤字的增加会增加经常项目赤字，也就是所谓的“双赤字”的情况。一国政府实施扩张的财政政策，扩大财政支出，进行政府购买，产生了对国内商品和服务的强大需求，致使国内的商品和服务在一定程度上供给不足，就有一部分要通过进口来满足，导致经常项目赤字扩大。在20世纪80年代美国经常项目赤字与财政赤字具有很高的相关性。但是进入20世纪90年代以后，财政赤字逐渐下降，并在1998年到2001年出现盈余的情况（主要发生在民主党总统克林顿主政期间），但是经常项目赤字仍然扩大，主要是受前面两个因素的影响更大。但是到了2001年以后，私人投资略有下降，私人储蓄率则有所上升，而这时的经常项目依然扩大，可见政府财政赤字起到了很大的作用，如表6-2所示。

① 黄燕君、陈鑫云：《美国巨额贸易逆差能维持多久》，载《国际贸易问题》，2005（4）。

表 6－2　　1980～2008 年美国财政赤字数据　　单位：亿美元

年份	财政赤字	数据来源
1980	762	http：//www. stats. gov. cn/tjsj/qtsj/gjsj/1995/t20020319 _ 402279946. htm
1981	579	http：//www. zikao365. com/html/4 _ 21 _ 23/2007 _ 8 _ 22 _ wa8844274215122870022368 8 _0. htm
1982	1 280	http：//blog2. eastmoney. com/shiy0，417435. html
1983	2 080	http：//invest. jrj. com. cn/news/2007－05－25/000002270106. html
1984	1 783	http：//www. zikao365. com/html/4 _ 21 _ 23/2007 _ 8 _ 22 _ wa88442 74215122870022 3688 _0. htm
1985	2 121	http：//www. stats. gov. cn/tjsj/qtsj/gjsj/1995/t20020319 _402279946. htm
1986	2 210	http：//finance. ifeng. com/news/hqcj/20081016/180170. shtml
1987	1 475	http：//www. stats. gov. cn/tjsj/qtsj/gjsj/1995/t20020319 _402279946. htm
1988	1 555	http：//www. stats. gov. cn/tjsj/qtsj/gjsj/1995/t20020319 _402279946. htm
1989	1 438	http：//www. stats. gov. cn/tjsj/qtsj/gjsj/1995/t20020319 _402279946. htm
1990	2 181	http：//www. stats. gov. cn/tjsj/qtsj/gjsj/1995/t20020319 _402279946. htm
1991	2 725	http：//www. stats. gov. cn/tjsj/qtsj/gjsj/1995/t20020319 _402279946. htm
1992	2 893	http：//www. stats. gov. cn/tjsj/qtsj/gjsj/1995/t20020319 _402279946. htm
1993	2 540	http：//www. stats. gov. cn/tjsj/qtsj/gjsj/1995/t20020319 _402279946. htm
1994	2 015	http：//www. stats. gov. cn/tjsj/qtsj/gjsj/1995/t20020319 _402279946. htm
1995	1 600	http：//www. stats. gov. cn/tjsj/qtsj/gjsj/1995/t20020319 _402279946. htm
1996	1 070	http：//paper. lzstu. com/Html/czss/20060618230023218. html
1997	219	http：//books. google. cn/books? id = KY4GDKSiqh0C&pg = PT392&lpg = PT392&dq = 1997% E5% B9% B4% E7% BE% 8E% E5% 9B% BD% E8% B4% A2% E6% 94% BF% E8% B5% A4% E5% AD% 97&source = web&ots = 5XMkbUI3lv&sig = flq6Kt7EqZWPhyrXsjq _ dpSu _ w4&hl = zh－CN&sa = X&oi = book _ result&resnum = 8&ct = result
1998	－690	http：//www. kejianhome. com/lunwen/436/517/117908. html
1999	－1 230	http：//www. kejianhome. com/lunwen/436/517/117908. html
2000	－2 370	http：//www. ce. cn/cysc/main/jtfzspsy/gjkd/200603/20/t20060320 _ 6421070. shtml
2001	－1 270	http：//www. ce. cn/cysc/main/jtfzspsy/gjkd/200603/20/t20060320 _ 6421070. shtml
2002	1 570	http：//www. ce. cn/cysc/main/jtfzspsy/gjkd/200603/20/t20060320 _ 6421070. shtml

续表

年份	财政赤字	数据来源
2003	3 742	http://www.google.cn/search?hl=zh-CN&newwindow=1&rlz=1T4CULB_zh-CNCN292CN292&q=2003%E5%B9%B4%E7%BE%8E%E5%9B%BD%E8%B4%A2%E6%94%BF%E8%B5%A4%E5%AD%97&start=20&sa=N
2004	4 130	http://a1.att.hudong.com/78/67/01300000236999121989675473812.jpg
2005	3 183	http://a1.att.hudong.com/78/67/01300000236999121989675473812.jpg
2006	2 482	http://finance.people.com.cn/GB/42773/70853/5041123.html
2007	1 615	http://gb.udn.com/gb/blog.udn.com/tenpage/2300572
2008	4 550	http://gb.udn.com/gb/blog.udn.com/tenpage/2300572
小计	46 238	—

资料来源：http://zhengzhebest.blog.hexun.com/24998911_d.html。

2005 年 9 月，美国国际经济研究所的高级研究员威廉·克莱恩（William R. Cline）在他的新书《作为一个债务国的美国》（*The United States as a Debtor Nation*）的发布会上指出，美国在 20 世纪 70 年代是世界上最大债权国，但到了 2004 年已成为世界上最大的债务国。自 20 世纪 80 年代以来，随着对外投资速度的持续下降，美国转而倚重来自国外的投资以支撑本土经济的增长。1985 年美国从净债权国变为净债务国，结束了自 1914 年以来作为净债权国长达 70 年的历史。

克莱恩在他的新书中写道，1970 年到 1975 年，美国国外净资产总额占国内生产总值的 11%，到了 2004 年，美国的国外负资产则高达国内生产总值的 22%。克莱恩说，如果美国不作财政调整，不让美元贬值，那么到 2010 年，美国的经常账户赤字将达到 1.2 万亿美元，占国内生产总值 GDP 的 7.5%，而净外债则高达 8 万亿美元，占 GDP 的 50%。克莱恩指出，如果不改变现状，再过 20 年，美国经常账户赤字将会占 GDP 的 14%，到 2024 年，净外债将高达 GDP 的 135%。到那时，随着外国投资者对美国失去信心，国内保护主义的压力无法控制，重大的危机就会出现。克莱恩认为，推迟调整这种不平衡，只能对美国人的家庭生活水准带来更大的影响①。

拜金融危机所赐，克莱恩的预测可能会提前一年兑现了。“由于经济刺

① 老任：《美国是如何从最大债权国变为最大债务国的》，http://news.163.com/05/0929/10/1UQFCELN0001121S.html，2005-09-29。

激计划是在2008财政年度以后通过的，因此，无论采取哪种统计指标，2008年巨大的预算赤字都没有包括该项计划所需的庞大支出。”经济学家约翰·威廉姆森指出：“按现金制计算，美国国会预算办公室预计2009财政年度联邦政府的赤字将高达1.2万亿美元，而这个数字还没有包括伊拉克和阿富汗战场上的开销以及奥巴马的8 000亿美元经济刺激计划。”而人们普遍预计2009财政年度美国政府赤字必将超过2万亿美元，届时，“经常账户赤字达到1.2万亿美元”的“夙愿”不久就会成为现实了[①]。

6.4 “美式文明”动了谁的奶酪

前面的分析我们可以看到，所谓“美式文明”充满着腐朽、没落、发霉的味道，理应遭到全世界人民的唾弃。但美国人不这么看，据美国人自己说，美国之所以要当“寄生虫”，是从全世界人民的利益考虑的。格林斯潘曾经两次说美国的债务经济模式：“美国增加债务能力是全球化的一种职能，因为负债能力的显著提高与成本的降低以及国际金融载体范围的扩大休戚相关[②]。”换一句话来说，所谓的经济全球化，就是美国以外的所有国家都需要通过付出资源和劳动去赚美元，而美国只要印美元（发行债务）就可以购买世界，这体现了现阶段各国国际分工的不同。

试想，如果美国人什么都自己生产，不具备对国外产品巨大的需求，那么别国庞大的生产能力如何消化？产品卖给谁？卖不掉产品如何换取美元？没有美元如何买国外的先进技术和设备？而没有美元这种国际通用货币世界贸易是不是就要停滞了？各国的经济增长又从何谈起？进一步而言，各国通过对美国出口获取了大量美元，各国持有的美元储备是需要保值增值的，政府投资忌讳风险，而美国发行债券是给你们的美元找到了一条最安全的盈利途径，缺少了这个途径，全球资本市场就会停滞，所以，美国的债务经济模式是在充分考虑了全世界人民的利益以后精心设计的。简单地说，没有美国的债务经济模式，世界人民的日子就没法过了；美国的不劳而获，是对全世界人民的一种恩赐。

你千万不要以为格林斯潘是在那里胡说八道，他的话还是有几分道理

---

① 青云编译：《经济学家称“美国已破产”政府赤字超世界GDP》，http：//www.china.com.cn/news/txt/2009－02/16/content_17286840.htm，2009－02－16。

② 王受之：《剥削全世界的美国“债务经济模式”必须破产》，http：//blog.sina.com.cn/s/blog_5e3947a80100bsmw.html，2008－11－14。

的，而这恰恰是除美国人以外的地球人的悲哀。美国的债务经济模式强化了美国在全球的霸主地位，而在全球经济一体化的大背景下，它同时也对世界经济产生了重大的影响。

美国的巨额外债对世界上其他国家和地区的经济发展而言是既有利也有弊。

从有利的方面来看：

第一，美国巨额赤字拉动了其他国家经济发展，创造了世界其他国家许多就业岗位，就此而言，美国贸易和经常项目赤字是世界上其他国家经济发展的“发动机”。特别在亚洲金融危机期间，强劲的美国进口需求使受危机影响的国家能够从危机中比较快地复苏。其实无论是对注重出口的亚洲国家，还是以资本和金融账户为重的欧洲国家，抑或是其他国家，如果没有美国巨额贸易和经常项目赤字的经营，世界经济的发展就会缺乏“原动力”。从本次金融危机来看，世界各国——尤其是美国的主要贸易伙伴，迫切盼望美国经济能早日复苏，因为美国进口能力的恢复，可以决定世界经济的“景气度”。

第二，美国巨额的贸易赤字提供了支付手段的流动性，进而推动了全球化的进程。美元是当今世界最主要的结算工具和支付工具，美元匮乏就会使大规模的国际贸易和国际投资发生阻滞，进而延缓经济全球化的步伐。

第三，美国的巨额贸易赤字也为发展中国家的崛起提供了机会，为深陷债务危机泥潭的国家提供了偿还债务的客观条件。1992 年中国外汇储备净值为 194.43 亿美元，2008 年底，中国的外汇储备余额为 1.95 万亿美元，增长了近 100 倍，中国的经济实力和在国际事务中的话语权与 16 年前不可同日而语。

从不利的方面来看：

第一，它不利于发展中国家的产业结构调整（尤其是以出口为导向的新兴工业国如新加坡、墨西哥、马来西亚等。根据 John Montgomery 的估计，这些国家对美国出口占 GDP 的百分比达 26.0%、24.9% 和 23.5%）。这样就导致了发展中国家过分依赖美国的进口需求，从而扼杀了发展国家工业化的机会，成为影响发展中国家经济起飞的因素。

第二，增加了美国在国际贸易中的话语权，削弱了发展中国家在国际贸易中的话语权。在经济全球化过程中，美国以巨额贸易赤字为借口，采取各种行动来惩罚贸易顺差国，通过谈判，制定符合自身利益的游戏规则，设置外国对美国投资和贸易的障碍，来维持美国经济霸主地位。

第三，由于美元储备越来越多，许多发展中国家的货币政策主导权逐步削弱甚至丧失。以中国为例，由于外汇储备增长较快，增加了国内货币净投放，从而产生了流动性增长过快的问题。而流动性增长过快，又带来股市和房地产市场泡沫，“输入型”通货膨胀问题日渐突出。

第四，通过这种既成事实的、不合理的经济机制，美国把其他国家绑在自己的战车上。以本次金融危机为例，相关国家——尤其是与美国经济与贸易关系密切的国家，期盼着美国救市成功，并积极配合美国救市。原因是如果美国经济一蹶不振，进口能力下降，贸易逆差减少，这些国家对美国的出口就会减少，国内经济就会出问题，中国目前的出口制造业遭遇的困难根源于此。

美国金融危机发生后，对于许多债权国而言，它们不想，也不能让美国破产，否则这些债权国自己也会因此破产。换句话说，美元和美国的债务已经绑架了全世界。

美国巨额外债对美国而言也是利弊互现。

先说有利的方面。

其一，是它的“引资”效应，外国资本持续稳定地流入使美国始终能够保持较高的投资率，来推动科技进步和产业转型，由此推动了美国长达10多年的经济持续高速增长。

其二，是它的“经济”效应，它能够给美国带来世界各国便宜的进口货物与服务，不仅使美国居民的社会经济福利提高，而且也使各企业能够降低生产成本。

其三，它还有“安全阀”效应。经常项目赤字的大小与美国经济的波动有紧密关系，当美国经济表现强劲、需求旺盛时，大量的进口可弥补其国内供给的相对不足，从而有利于抑制经济的过热，帮助减轻通货膨胀的压力，能更好地实现“软着陆”；而当美国经济增长减缓甚至出现衰退迹象时，进口的相对甚至绝对减少有助于降低市场的供给总量，从而减轻需求不足、失业增加的压力。

当然，巨额外债也有副作用。

其一，促使美元贬值。欧元1999年诞生之后，美元兑欧元先涨后跌；先是至2001年底升值到1欧元兑0.88美元，之后便一路下跌至2004年11月26日1欧元兑1.33美元的高位。不过这仅仅是美元贬值的冰山一角。根据国际清算银行（Bank for International Settlements，BIS）2004年的统计，2002年1月至2004年2月，美元兑英镑贬值30%，兑澳大利亚元贬值51%，兑加拿大元贬值21%。虽然日本政府在外汇市场进行了大量干预，美元兑日元仍然从2002年初1美元兑132~134日元的水平跌到2009年4月中旬的1美元兑100日元左右。

其二，使美元储备货币地位削弱。尽管美国自第二次世界大战以来一直享受着美元霸权带来的好处，但如果美国继续滥用这种权力，必然削弱其国际储备货币的地位。在2003年末，以净国际投资头寸（Net International Investment Positions，NIIP）① 表示的美国对外债务已经上升到当年GDP的4%，2004年末上升到28%，目前仍保持上升趋势。由于担心美国债务快速增长和美元的进一步贬值，2003年以来一些国家纷纷减持外汇储备中的美元及美元资产，增持欧元、日元以及其他货币。无疑，美元作为外汇储备货币“一枝独秀”的优势已经削弱。

其三，债务经济模式存在较大风险。从2002年起，美国政府已经开始严重依赖外国中央银行的外汇储备积累对其经常账户赤字的融资。美国的借贷已吸收了全世界存款的80%，达到100%时，全球经济将处在严重危机之中。如果发生不利的变动，美国经常项目赤字与债务很难快速缩小，可以确信的是，这不是一种可持续的方式。

美国债务经济模式面临的最大风险是“地球人”对美元的信心危机。此次金融危机中，由于金融机构遭受沉重打击，信贷规模大幅度下降，金融市场流动性紧缩，美国和各国政府之所以孤注一掷地向金融机构、金融市场注资，就是为了维系美国金融系统的信用，从而增强人们的信心。如果任由金融系统倒塌，美国的信用体系大厦就坍塌了，人们对美元的信心“归零”，美国也就呜呼哀哉了。可以肯定地讲，眼下这场规模空前的救援，与其说是在救金融市场，不如说是在拯救美元。美国需要世界恢复对美元的信心，否则，世界抛弃美元之时，就是美国破产之日。

“美式文明”有引致美国金融危机的嫌疑，但不是导致金融危机的元凶。美国的债务经济模式有其合理成分，而且此种模式的确立由来已久。更糟糕的是，如果不出意外，在未来的至少20年的时间里，美国的债务经济模式还将持续下去。

① 净国际投资头寸（NIIP）是一国对外债权与债务相抵后所得的净值，NIIP >0 表明该国为净贷款方或净债权国；NIIP <0 表明该国为净借款方或净债务国。

7 诟病全球化背后的图谋

——金融危机成因考（四）

过去的十年中，在达沃斯举行的这场盛会让众多商业巨头、财团大鳄和政坛领袖汇集一堂，一起促进和颂扬全球经济的一体化。……然而今年（指 2009 年——作者注），这个论坛不得不面对一种新现象——“去全球化”（Deglobalisation）。

——英国《金融时报》专栏作家
吉迪恩·拉赫曼(Gideon Rachman)

美国企业研究所经济学家、美联储主管货币政策事务的前官员维森特·莱恩哈特（Vincent Reinhart）曾经说过：“当情况变得很糟糕的时候，人们总是会倾向于去指责他人，这已经成了华盛顿一个流行的政治传统。”2007 年美国金融危机爆发以后，美国人就“一如既往”地开始拿着放大镜在别人身上找原因，千方百计地把责任推给别人，经济全球化“闯祸”就是他们找到的“原因”之一。

根据笔者的考证，最早把金融危机的责任“嫁祸”给经济全球化的应该是美联储前主席格林斯潘。2007 年 12 月 12 日，格林斯潘在《华尔街日报》上撰文表示，美国次级抵押贷款危机是“迟早要发生的事”，而危机的真正根源在于全球经济扩张。他承认，他任职期间实施的低利率政策可能助长了美国房价泡沫。但他认为，次贷危机的真正根源在于全球经济扩张，正是一段时期以来全球经济前所未有的高速增长导致投资者低估了风险。

摩根士丹利亚洲公司主席史蒂芬·罗奇（Stephen Roach）也撰文指出，金融危机的核心在于全球失衡，突出表现为全球经常账户赤字绝对额剧增，2006 年至 2007 年创出占全球 GDP（国内生产总值）近 6% 的纪录，几乎为

20世纪90年代中期平均2%的3倍[①]。

2008年10月22日，《广州日报》发表一篇题为《弗里德曼："全球化"加剧金融危机　需要有人负责》的评论文章指出：华尔街引发的金融危机，正在演变成一场全球范围的金融海啸。不少人开始怀疑全球化，认为正是全球化加剧了金融危机在全球的传播和蔓延速度，有关全球化的争议逐渐升温。全球化的倡导者、畅销书《世界是平的：21世纪简史》作者托马斯·弗里德曼撰文指出，金融危机需要全球化来拯救。目前的金融危机体现了全球化的核心真相：我们彼此相关，但没人负责。他呼吁在全球化的世界，要解决危机就离不开多边外交和多边管理。这将不再是一种选择，而是一种必须。

对于经济全球化导致金融危机的观点，也有许多学者不以为然。

在2008年11月15日于重庆大学举行的第八届中国经济学年会上，中国经济体制改革研究基金会秘书长、国民经济研究所所长樊纲认为，金融危机席卷全球引发经济衰退，并非市场化和全球化之祸，中国应坚定市场化改革之路。针对有人质疑金融危机波及全球的根源是经济全球化，樊纲表示，金融危机的产生是由于全球治理结构没有跟上经济全球化步伐，经济发展没有公共机制的约束，并非全球化本身有问题。经济全球化是人类社会发展的必然趋势，不可阻挡[②]。

2008年12月15日，著名经济学家茅于轼先生在一次论坛会上指出，现在有人认为这次危机的原因是全球性的自由经济造成的，因此为了对付这次危机，要给经济活动加一种限制。我觉得这个想法基本上是不对的，马丁·沃尔夫先生写的《全球化为什么可行》，全球化给世界人民带来了巨大的福利，它造成的问题不是贸易造成的，不是经济全球化造成的。如果我们因为有危机而搞一些保护主义，美国、中国都用关税，用其他各种办法，认为可以保护自己，这样的话，这个衰退会更加急剧地发展[③]。

那么，究竟什么是经济全球化？经济全球化在全球经济发展中起到了什么样的作用？经济全球化在本次金融危机中究竟扮演了一个什么样的角色？肯定或否定经济全球化"闯祸"的理由是什么？这些问题有必要说清楚。

---

① 徐以升、霍侃：《金融危机：一场全球化式清算》，载《第一财经日报》，2008－11－14。

② 樊纲：《金融危机并非市场化和全球化之祸　改革没错》，http：//finance. people. com. cn/GB/1045/8346702. html，2008－11－16。

③ 茅于轼：《金融危机不是全球化造成的》，http：//view. news. qq. com/a/20081217/000044. htm，2008－12－17。

7.1 经济全球化的“功”与“过”

经济全球化（Economic Globalization）一词，最早是由德裔美国经济学家西奥多·莱维特（Theodore Levitt）提出来的。1983 年，莱维特在《哈佛商业评论》上发表了一篇题为《全球化的市场》（*Globalization of Markets*）的文章引起了轰动，它使“全球化”一词载入了经济学词典。莱维特作出了一个大胆预言：全球化已然来临，不久之后全球性公司将在世界的每一个角落以同样的方式销售它们的商品与服务。数年后的 20 世纪 90 年代，莱维特的预言就成为了现实。

尽管莱维特提出了全球化的概念，但这个概念从未得到很好的定义。国际货币基金组织在 1997 年 5 月发表的一份报告中指出，“经济全球化是指跨国商品与服务贸易及资本流动规模和形式的增加，以及技术的广泛迅速传播使世界各国经济的相互依赖性增强”。而经济合作与发展组织认为，“经济全球化可以被看做一种过程，在这个过程中，经济、市场、技术与通信形式都越来越具有全球特征，民族性和地方性在减少”。一般而言，经济全球化是指贸易、投资、金融、生产等活动的全球化，即在全球范围内配置生产要素。从根源上说，全球化是生产力和国际分工的高度发展，要求进一步跨越民族和国家疆界的产物。

经济全球化主要有以下四个方面的表现：

（1）贸易全球化。随着全球货物贸易、服务贸易、技术贸易的加速发展，经济全球化促进了世界多边贸易体制的形成，从而加快了国际贸易的增长速度，促进了全球贸易自由化的发展，也使得加入世界贸易组织的成员以统一的国际准则来规范自己的行为。

（2）生产全球化。生产力作为人类社会发展的根本动力，极大地推动着世界市场的扩大。以互联网为标志的科技革命，从时间和空间上缩小了各国之间的距离，促使世界贸易结构发生巨大变化，促使生产要素跨国流动，它不仅对生产超越国界提出了内在要求，也为全球化生产准备了条件，是推动经济全球化的根本动力。

（3）金融全球化。世界性的金融机构网络，大量的金融业务跨国界进行，跨国贷款、跨国证券发行和跨国并购体系已经形成。世界各主要金融市场在时间上相互接续、价格上相互联动，几秒钟内就能实现上千万亿美元的交易，尤其是外汇市场已经成为世界上最具流动性和全天候的市场。

（4）科技全球化。它是指各国科技资源在全球范围内的优化配置，这是经济全球化最新拓展和进展迅速的领域，表现为先进技术和研发能力的大规模跨国界转移，跨国界联合研发广泛存在。以信息技术产业为典型代表，各国的技术标准越来越趋向一致，跨国公司巨头通过垄断技术标准的使用，控制了行业的发展，获取了大量的超额利润。

跨国公司是经济全球化过程中最活跃的因素，或者说跨国公司就是经济全球化的推动者与担当者。截至2005年，全球500家跨国公司销售额已达到16万亿美元，占全球工业生产总值的50%左右，占全球贸易额的50%~60%，占直接对外投资的90%和研究与开发（R&D）及新产品开发的90%①。

一般认为，经济全球化浪潮发端于20世纪80年代，在20世纪90年代进入发展的高峰期。经济全球化是当代世界经济的重要特征之一，也是世界经济发展的必然趋势。其在20世纪90年代进入发展高峰期的推动因素包括：第一，“冷战”结束，计划经济退出历史舞台，市场经济体制成为各国经济发展的目标模式，为经济全球化创造了根本前提。第二，以美国为首的发达国家为进一步控制和垄断世界市场，极力鼓吹自由市场经济思想，推行经济、贸易自由化政策，为过剩生产能力寻找出路，为攫取经济全球化条件下的最大利益扫清了各种障碍。第三，世界贸易组织的建立推动了全球统一市场及机制的形成，为经济全球化提供了制度保证。第四，作为经济全球化主体的跨国公司大发展，加速了经济全球化的历史进程。第五，最重要的是，20世纪90年代以信息技术革命为中心的高新技术迅猛发展，不仅冲破了国界，而且缩小了各国和各地区的距离，使世界经济越来越融为整体。从整体来看，是以美国为首的发达国家发动和主导了全球经济一体化的进程。

实践证明，由于顺应了经济发展的客观规律，经济全球化显示出强大的生命力，并对世界各国经济、政治、军事、社会、文化等所有方面，甚至包括思维方式等，都造成了巨大的冲击力。它有利于资源和生产要素在全球的合理配置，有利于资本和产品在全球性流动，有利于科技在全球性的扩张，有利于促进不发达地区经济的发展，是人类发展进步的表现，是世界经济发展的必然结果。

从经济全球化的积极作用来看②：

第一，有利于各国生产要素的优化配置和合理利用。一国经济运行的效率无论多高，总要受本国资源和市场的限制，只有全球资源和市场一体化，

① 朱民：《全球经济失衡的调整及对中国的影响》，载《新华文摘》，2005（9）。

② MBA智库百科：“经济全球化”词条，http：//wiki. mbalib. com/。

才能使一国经济在目前条件下最大限度地摆脱资源和市场的束缚。经济全球化，可以实现以最有利的条件来进行生产，以最有利的市场来进行销售，达到世界经济发展的最优状态，提高经济效率，使商品更符合消费者的需要。

第二，促进了国际分工的发展和国际竞争力的提高。经济全球化促进了世界市场的不断扩大和区域统一，使国际分工更加深化，各国可以充分发挥自身优势，从事能获得最大限度地比较优势的产品的生产，扩大生产规模，实现规模效益。经济全球化可以促进产业的转移和资本、技术等生产要素的加速流动；可以弥补各国资本、技术等生产要素的不足，积极参与国际市场竞争，迅速实现产业演进和制度创新，改进管理，提高劳动生产率，积极开发新产品，提高自身的国际竞争力。

第三，促进了经济结构的合理优化和生产力的较大提高。在经济全球化条件下，实现了在全球化范围内的科技研究和开发，并使现代科学技术在全球范围内得到迅速传播，现代科技创新是世界性的，任何国家的科学技术活动，都必须以世界上现有的科技成果为前进的基础。由于经济全球化带来科学技术的世界性流动，使各国特别是发展中国家可以进口世界上自己需要的先进科学技术，借助“后发优势”，促进科技进步、经济结构的优化和经济发展。可以说，20 世纪 80 年代以来新兴市场经济国家的经济发展主要得益于经济全球化的不断深化。

第四，促进世界经济多极化的发展。经济全球化使国际经济关系更加复杂，它使以往的国别关系、地区关系发展成为多极关系和全球关系，推动了处理这些关系的国际协调和合作机制的发展，并必然会导致一系列全球性经济规则的产生，使参与经济全球化进程的国家出让或放弃部分主权，形成和遵守这些经济规则。因此，从这个意义上说，经济全球化是一个制度变迁的过程，是一个既相互竞争，又相互融合渗透的过程。

经济全球化为发展中国家提供了难得的发展机遇，有利于吸收外资，弥补国内建设资金不足；有利于引进技术和设备，实现技术发展的跨越；有利于学习先进的管理经验，培养高素质的管理人才；有利于发挥比较优势，开拓国际市场。同时，经济全球化也极大地推动了发达国家的经济增长，20 世纪 90 年代是欧美国家 20 世纪的第二个“黄金发展期”。

但经济全球化也是一柄“双刃剑”。它在推动全球生产力大发展，加速世界经济增长，为少数发展中国家追赶发达国家提供了一个难得的历史机遇的同时，也加剧了国际竞争，增多了国际投机，增加了国际风险，并对国家主权和发展中国家民族工业造成了严重冲击。更为严重的是，在经济全球化中，由于实力不同，发达国家和跨国公司将得利最多，而发展中国家所得甚少。因此，发展中国家与发达国家的差距将进一步拉大，一些最不发达国家将被排除在经济全球化之外，越来越被“边缘化”，甚至成为发达国家和跨国公司的“新技术殖民地”。

许多学者都认为，经济全球化的发展越来越偏离了正确的方向，产生了诸多的“失衡”。2008 年 11 月 14 日，《第一财经日报》刊登了徐以升、霍侃两位作者题为《金融危机：一场全球化式清算》的评论文章，详细分析了全球经济失衡的五大方面——以美国过度逆差为代表的贸易失衡、全球产业利润分配的失衡、全球实体经济与金融的失衡、美元地位与美国经济地位的失衡、庞大财政赤字下美国财政体系的失衡——及其失衡的原因，读来给人以深刻的启发。

但是，“全球化过程中存在失衡现象”与“经济全球化导致美国经济危机”是完全不同的两个概念——泼脏水时不能连同孩子一起泼出去。抑或“全球化过程中存在失衡现象”与“经济全球化导致美国经济危机”还存在共同的“基因”。格林斯潘们对经济全球化的指责可能另有图谋。

7.2 诟病全球化“醉翁之意不在酒”

全球化是美国人发起和主导的，因为全球化可以给美国带来巨大的利益。全球化使世界经济自 1991 ~2007 年的 16 年间创造了近 3.1% 的持续增长，则为美国带来了年平均 2.7% 的连续增长。在美国的经济份额占世界经济总量将近 1/4 的情况下，获益最大的当然是美国①。

2007 年 9 月，美联储前主席格林斯潘在他的回忆录《动荡时代：新世界中的冒险》(*The Age of Turbulence*: *Adventures in a New World*) 一书中，共用了五页的篇幅来对全球主要国家进行展望，并预测了中国、英国、法国、德国、日本、俄罗斯和印度的发展趋势。他在书中说：中国的出口商品对美国市场影响巨大。多年来，这些廉价的“中国制造”使美国通货膨胀水平保持在一个较低的状态，进而保证了美国工人工资的相对平稳②。谢天谢地，格林斯潘终于说了一句“良心话”。

美国既然是全球化的最大受益者，怎么又反过来攻击全球化的弊端了呢？看来美国人又要要小聪明了，一方面想给自己“金融危机制造者”的

---

① 朱锋：《G20 启动全球格局再洗牌》，载《新京报》，2009 -03 -29。

② [美] Alan Greenspan，“The Age of Turbulence：Adventures in a New World”，Penguin Press HC (Sep.，2007)。转引自 2007 年 9 月 23 日《广州日报》文章：《格林斯潘：2030 年中国决定全球经济命运》。

身份找到一个“替罪羊”，另一方面还要为自己施行贸易保护主义制造舆论。

正如我们在前一章所分析的，美国的债务经济模式对美国而言有利也有弊。不断攀升的贸易赤字使美国人如坐针毡、如鲠在喉、如芒在背，他们做梦都在想如何在白吃白喝的前提下再甩掉贸易赤字的包袱。那么，如何才能改变美国的尴尬局面呢？2003 年，“股神”巴菲特就曾经给美国政府出过一个损人利己的“馊主意”——向世界各国出售“进口证书”，由此实现美国的贸易收支平衡。

小贴士：扭转美国贸易逆差的一个建议

作者：沃伦·巴菲特

《中国企业家》2003 年第 12 期（原载美国《财富》杂志，有删节）

从现在的视角看，制止美国国民财富迅速外流的行动是必需的

我谨就美国的贸易逆差发出一项警告，并提出对这一问题的补救措施。早在 1987 年，我就公开地对美国不断增加的贸易逆差表示担忧。如今，我再次喊“狼来了”，这次我用伯克希尔·哈撒韦公司（Berkshire Hathaway）的行为来支持我的观点。到 2002 年春季，我已经有将近 72 年没有购买外国货币了。但从那时以来，伯克希尔·哈撒韦公司却已在几种货币上作出重大投资，而且今天仍然持有这些货币——持有其他货币是因为他们相信美元将会衰落。

作为一名美国人，更作为一个投资者，我宁愿相信他们的做法被证明是一个错误。假如美元暴跌，与公司的股东可能遭受的损失相比，我们从货币买卖之中赚取的任何利润都会是“小巫见大巫”。为什么会形成这种危险的局面？因为美国的贸易平衡状况已经大大恶化。换句话说，美国的“净价值”正在以惊人的速度向国外转移。

巨额贸易逆差导致美元衰落

从 1980 年以来，美国的贸易一直走的是下坡路，近 5 年来衰弱的速度更是一直在加快。美国现在每年的贸易逆差都超过国内生产总值的 4%。同样使人不安的是，世界其他国家占有的美国资产与美国所拥有的外国资产相比要多出 2.5 万亿美元。这 2.5 万亿美元购买了美国债券——包括政府和私人债券以及房地产和股票等资产。

美国的行为一直很像一个拥有一家很大农场、极端富裕的家庭：为了使消费超过我国国内生产总值的4%——贸易逆差，我们每天都在出售自己农场的一块块土地，并用我们仍然拥有的资产增加抵押贷款。为了摆正2.5万亿美元“外国净所有权”［指净国际投资头寸（NIIP），表现为外国对美国的净投资——作者注，下同］的位置，可以把它与公开上市的价值12万亿美元的美国股票、相等数量的美国住宅用房地产，或者我所估计的总计50万亿美元的国民财富相对比。比较的结果表明，已经被转移到国外的资产大约相当于美国国民财富的5%。

更加惊人的是，按照目前的贸易逆差水平，“外国净所有权”将每年递增5 000亿美元，即每年增加1个百分点。而按照世界其他国家目前在美国净投资的速度，它们能够每年购买和储存我们公开上市的股票当中的将近4%。随着外国所有权的增加，每年流出美国的净投资收益也会增加。这样一来，美国向世界支付的股息和利息将不断增加，而不是像过去那样，我们属于纯获得者。我们已经进入了呈负数的复利计算的世界——“与快乐说再见，与痛苦相会。”

在大学的头一门经济学课程中，我们就学到，各国不能长久地保持巨额的和不断增加的贸易逆差。到了一定时刻，乐于消费的国民的挥霍会受制于汇率调整，债权国不愿意接受来自大量花钱的国家的没完没了的债务。正如最近几十年以来许多恣意挥霍的国家在遭受信用突然中断时所发生的情况那样。

然而，美国享有特殊的地位。实际上，我们今天之所以能够为所欲为，是因为我们过去的财政行为堪称楷模——而且因为我们十分富裕。不论我们的支付能力还是我们的支付意图，都没有受到质疑。我们继续用大量的良好资产来换取消费品。换言之，美国的“国家信用卡”使我们能够收取令人惊叹的数量的费用。但这个信用卡的信贷现额并不是没有限度的。

“进口证书”，一项特别关税

我的补救措施听起来可能像耍花招，事实上它也是一项“关税”的别称。但是这项“关税”保持了自由市场的大多数优点，即不保护具体的产业，又不惩罚具体的国家（但终究会落到具体国家头上，即美国主要的进口伙伴如中国——作者注）。这项计划会增加美国的出口，而且很可能会导致世界贸易总的增长。它会使贸易趋向平衡，又不使美元的价值下降。平衡可以通过向所有出口商颁发“进口证书”（以下简称ICS）来实现，其数额相当于其出口的美元价值。每个出口商反过来又会向各方出售ICS——要么向国外的出口商出售，要么向美国的进口商出售。例如，想进口100万美元的货物，进口商就需要100万美元出口所产生的ICS。其结果必然是贸易平衡。

目前我们每月出口总额在800亿美元左右，所以ICS将以相应数量颁发——即每月800亿张证书。假设每张ICS售价10美分——在其他条件相等的情况下，这一数额意味着一位美国生产商出口自己的货物与国内出售相比，所能够实现的收益要多10%。这额外的10%来源于他们的ICS的出售。在我看来，许多出口商会把这看做成本的削减，这种削减会使他们得以降低自己产品在市场上的价格。例如，如果铝在国内的售价每磅为66美分，ICS的价值为铝价的10%，则国内铝生产商就能够在外国市场上每磅卖60美分左右（外加运输成本），同时依然能够赚取正常的利润。在这种局面下，美国产品的竞争力会大大提高，出口会扩张。当然，就业岗位的数量也会增加。不可否认，向我们出口的外国人会面临比较严酷的情况。但不论采用什么贸易上的“解决方法”，他们都面临着这一问题。而从某种意义上讲，ICS政策会给予向我们出口的各国以强大的灵活性——这项计划并不惩罚任何具体的产业或产品，最终，自由的市场会决定什么会在美国出售以及谁会出售它。

让我们看看正在进入美国的一辆汽车。它对进口商来说价格为20 000美元。按照新的计划和有关——售价为10%的假设，则对进口商来说的成本会增加到22 000美元。然而在通常情况下，竞争的力量会发生作用，从而迫使外国制造商即使不是吸纳2 000美元ICS价格的全部，也是其中的一部分。

ICS不会被各国仿效

ICS的作用相当于对消费者增加了一项税负。对美国公民来说，肯定会有严重的不良后果——大多数进口产品的价格会上涨，国内制造的某些竞争激烈的产品的价格也会如此。但是，即使不断提高某些具体产品的关税，或者对它们实行配额，也是会有弊端的——在我看来，这些方法成功的机会比较小。我认为ICS会立刻产生大大高于目前出口水平，但却低于目前进口水平的美国贸易均衡。这些“出口证书”会在全球化竞争中有力地支持美国的所有产业。

需要指出的是，这项计划不会为属于净出口商的各国所仿效，因为它们的ICS会毫无价值。主要的出口大国会以其他方式报复吗？会挑起又一场像1930年的《斯穆特—豪利关税法案》那样的关税战吗？不会的。当初通过该法案的时候，我们希望的是保持不合理的贸易顺差。而现在，全世界都知道我们必须矫正贸易逆差。

ICS计划最有可能的结果是，各国出口商将把自己的聪明才智用于鼓励来自美国的进口。以中国的立场为例：目前中国每年向我们出售大约1 400亿美元货物和服务，同时却仅仅购进250亿美元（前面说不针对任何国家，现在露了马脚——作者批注）。因为ICS的存在，中国就需要通过每年购买1 150亿张证书来实现对美国出口。另一项替代的做法是中国减少对美国的出口，或者增加其来自美国的进口。后面的选择大概会最对中国的胃口，我们也希望如此。

从现在的视角看，制止美国国民财富迅速外流的行动是必需的，而“出口证书”看来是完成这项工作的痛苦最小和最有把握的途径。

读罢上面的文字，想你已经知道了什么叫“屁股决定脑袋”，其实巴菲特他老人家的“招”不过是要祭起贸易保护主义的大旗。但巴菲特还是应该高兴，他5年前的想法得到了传承——奥巴马7 870亿美元经济刺激计划中的“购买美国货”条款与“进口证书”建议同出一辙。尽管有人认为，奥巴马本人是反对贸易保护的，批准该计划是奥巴马为通过7 870亿美元的“大盘子”所施的缓兵之计。但不管怎么说，法案还是给美国实施贸易保护主义留下了法律依据，也在世界各国人民的心里投下了阴影。

与格林斯潘、罗奇们的“打哑谜”不同，也与巴菲特曲径通幽的迂回策略不同，有人赤膊上阵，把矛头直接指向以中国为代表的新兴市场经济国家，炮制出了所谓的“次贷危机输入论”、“储蓄过剩论”和“中国责任论”。

2008年11月中旬“G20华盛顿金融峰会”举办前夕，布什在华尔街发表了长篇演讲，试图为即将举行的峰会定下基调。布什介绍了会议的议题，阐明了观点，并用很长的时间回应了其他国家对美国的指责。话锋一转，布什提出他的“次贷危机输入论”。布什说，在过去的10年里，世界经历了强劲的经济增长，许多发展中国家积累了大量储蓄，资金流向美国和其他发达国家。由于外国资本大规模流入加上美国的低利率政策，美国的信贷领域，尤其是住房市场，出现过一段相对宽松的时期。由于掌握大量资金，很多贷款机构把钱借给根本没有偿还能力的借款人。

明眼人一看便知：“许多发展中国家”其实主要是暗指中国。这是因为，中国是最大的发展中国家，中国的外汇储备近2万亿美元。根据美国财政部公布的国际资本流动报告（TIC）的数据，截至2008年10月，中国持有美国国债6 529亿美元，继9月超过日本后，继续保持美国国债的第一大持有者地位，中国持有的美国国债约占中国外汇储备的1/3。而截至2009

年 2 月底，中国持有美国政府发行的各类债券增加到大约 7 400 亿美元。按照布什的逻辑，美国金融机构之所以把钱借给“根本没有偿还能力的借款人”，是因为钱太多了；为什么钱太多，是因为“许多发展中国家”的资本大规模地流入美国（推而论之，低利率政策也与此相关），所以，美国的次贷危机是“许多发展中国家”（尤其是中国）“输入”的，美国不过是可怜兮兮的受伤害者。

“次贷危机输入论”也并非为布什首创。2008 年 10 月 8 日，英国《金融时报》副主编兼首席经济评论员马丁·沃尔夫在一篇题为《亚洲的报复》的文章中提出：美国和其他发达国家“疯狂放纵的金融创新行为和借贷消费”，是被这些国家的超低利率鼓励出来的，而以中国为首的顺差大国把过剩的美元返投美英金融市场，直接导致美英能够压低利率，因此巨额顺差国是危机暴发的深层次原因之一。英国智库欧洲改革中心经济学家西蒙·泰尔福德则更加直截了当：如果没有中国、德国和日本“过度储蓄”的话，这场金融危机或许就不会发生。泰尔福德宣称，美英等国的信贷繁荣不仅仅是这些国家的政策和较差的商业习惯所致，它还是全球经济不平衡的一个副产品，“光凭美国自己是引发不了当前困难的”，那些超额储蓄的国家的巨大顺差导致了全球经济不稳定[①]。可见，沃尔夫等人的“储蓄过剩论”与布什的“次贷危机输入论”同出一辙。

2009 年 1 月以来，陆续有媒体刊发美国政府高官指责中国应对美国金融危机负责的报道。先是英国《金融时报》网站 1 月 2 日报道，保尔森在接受该报采访时表示，此次金融危机暴发前几年，中国和石油输出国等一些快速发展的新兴国家积累了大量储蓄。在当时通货膨胀率低、贸易和资本流动空前繁荣的情况下，这种高储蓄增加了收益的下行压力，导致风险扩散，并为全球信贷泡沫埋下了种子。这种信贷泡沫远远超过了美国次贷市场的范围，泡沫的破裂更是在全球造成了灾难性的后果。紧接着，伯南克则在美国《外交》杂志发表其 2005 年的旧作，再度提出了“过度储蓄论”，认为东亚和中东因过度储蓄和消费不足是本次次贷的根源。

保尔森的谈话和伯南克的文章引起了中国官方、学者、媒体及国外公正舆论的谴责。为此，2009 年 2 月 3 日保尔森发表了一则声明说，英国《金融时报》称他在接受该报采访时将全球金融危机归咎于中国，这是对他谈话的误解，这个报道是“错误的”。保尔森说：“在评估金融市场危机时，我反复且一贯地将批评的主要矛头对准美国存在的问题，特别是美国不完善

① 尚未迟等：《华尔街危机赖不上中国——英美学者抛奇谈怪论　妄称中国是危机根源》，载《环球时报》，2008 - 10 - 16。

和过时的监管结构。只要我就全球不平衡问题发表意见，那都是在这一背景下的意见。我甚至不怕麻烦地说，不平衡不是单独某一个国家的责任。”保尔森还说，美中关系对于两国和全球经济依然是至关重要的。为了保持美中之间坚固和互惠的关系，“我们必须依赖直接的交流而不是媒体报道①”。媒体的报道和保尔森的辩解使整个事件扑朔迷离，不过在人们的潜意识里，还是觉得保尔森有将金融危机责任归罪中国之嫌。

美国政客及其御用学者们为什么会挑起全球化“闯祸”和“储蓄过剩”的争论，因为他们有这样一套逻辑：美国金融危机的根源是全球化“失衡”——全球化“失衡”的原因是中国等新兴经济体储蓄过多——新兴经济体储蓄过多的原因是对美贸易顺差——修正这种“失衡”的办法是美国实行贸易保护主义。由此，“次贷危机输入论”和“储蓄过剩论”以及形形色色的“中国责任论”，其目的都在于寻找金融危机的“替罪羊”和为美国实施贸易保护主义作舆论准备，从而转移人们的视线，将金融危机真正的原因隐藏起来。

美国人的指责有道理吗？如果说有道理那也只能是“强盗逻辑”。

针对美国政客以及御用文人对中国政府的无端指责，中国进行了有力的反击。

2009 年 1 月中旬，中国《金融时报》记者采访了中国人民银行研究局局长张健华，张健华将美国政客提出的“中国责任论”指责为“强盗逻辑”。

张健华用具体数据说明了中国高顺差与美国低储蓄进而暴发次贷危机并无因果关系。张健华指出，实际上，在中国拥有巨额外汇储备之前美国高消费的习惯就早已养成。在 20 世纪 30 年代“大萧条”时期，美国个人储蓄率就曾降到零以下，1933 年甚至降至历史最低点 -1.5%。美国新一轮的个人储蓄率下降从 1984 年就开始了，到 1999 年就已降至 2% 左右的水平，并维持了长达 6 年之久，2005 ~ 2007 年均低于 1%。美国的贸易赤字自 20 世纪 80 年代初一直持续到现在，已历经近 30 年，同期财政收支除 1998 ~ 2000 年，也就是克林顿执政的最后几年之外也均为赤字，这些都不是近些年特有的现象。而中国的外汇储备是在 2003 年之后才开始大幅增加。显然，认为中国的高顺差导致美国高消费的观点是站不住脚的。

张健华进一步指出，此次金融危机是在全球失衡的背景下暴发的。从表面上看，金融危机似乎和全球贸易失衡存在着某种关联。但事实上，美国的

① 保尔森：《“将金融危机归咎于中国”属误解其谈话》，http://news.xinhuanet.com/world/2009-02/04/content_10763257.htm，2009-02-04。

经济政策、金融监管和金融市场的多重失误，才是造成危机的根本原因。如果将全球经济失衡归咎于顺差国，显然是推卸责任也站不住脚的。

近年来，包括中国在内的亚洲新兴经济体加强了国际储备和国内储蓄，这是这些国家吸取10年前亚洲金融危机的教训提高危机应对能力的措施，其实也是此前国际货币基金组织在亚洲金融危机中给亚洲国家开出的“药方”。在亚洲金融危机的救助过程中，美国政府主导了国际货币基金组织对亚洲国家的救助政策及救助条件设计。在国际货币基金组织给亚洲国家开出的“药方”中，很重要的一点就是要求亚洲国家实行紧缩的财政货币政策，提高利率、减少财政赤字，增加国际储备。

10年来，亚洲国家尤其是受亚洲金融危机冲击的主要国家吸取教训，增加了国际储备和国内储蓄，提高了抵御金融危机的能力，现在却又被西方国家的某些人看成是导致金融危机的根源，其论调明显自相矛盾①。

中美贸易纠纷由来已久，其中有许多复杂的、不为人知的细节。深圳综合开发研究院的《脑库快参》2007年第7期（总151期）曾经发表过中国国家统计局前局长李德水的一篇题为《中美贸易不平衡的根本原因是什么》的文章，文章深刻地剖析了中美贸易不平衡的原因，特别是论证了中美贸易不平衡只是一种统计制造的“假象”。

李德水从六个方面分析了中美两国贸易不平衡的原因：

第一，这是经济全球化大背景下，出现国际产业分工新格局的必然结果。20世纪90年代初，以美国为代表的发达国家大力倡导经济全球化战略，它们把许多制造业的生产转移到亚洲的发展中国家，于是出现了大量物质产品在亚洲生产并向美国、欧洲出口的新局面。参与这种国际分工的亚洲国家或地区普遍都有较大的外贸顺差，外汇储备增长也比较快，不单是中国出现这种情况，到2008年底，全球官方外汇储备4.87万亿美元，亚洲国家和地区占了3万多亿美元。

第二，在中国制造的产品具有较强国际竞争力的主要原因在于劳动力成本低廉。截至2008年，我国经济活动人口达7.8亿人，大量农村剩余劳动力向城市转移，劳动力成本低的优势确实明显。截至2008年，我国制造业劳动力成本仅相当于美国的2.9%、日本和加拿大的3.1%、法国的2.8%、德国的2.1%、韩国的5.8%、中国台湾的11.2%、中国香港的12.2%、巴西的22%、墨西哥的26.8%。中国的产业工人包括农民工是作出巨大贡献的。此外，在中国制造的产品往往没有把环境保护和节约资源的费用充分打入成本。

① 佚名：《中央银行驳所谓“中国责任论”：金融危机根源在美国》，载《金融时报》，2009－01－17。

第三，中国对美国出口的主体是在华外商投资企业。2006 年，在华外商投资企业出口占中国出口总额的近 60%。中国对美国贸易顺差中有 85% 左右来自在华经营的外资企业，其中大部分又是美国企业。中国出口美国的许多产品都贴着西方企业品牌商标，由西方企业设计，执行的是西方企业的质量标准，只是在中国生产，企业利润当然归企业产权所有者。

第四，中国对美欧贸易的大量顺差是亚洲许多经济体的叠加效应和综合结果。我国与东南亚、东亚国家或地区已形成相对完整的产业链条，许多产品的零部件是在外面生产，再到中国大陆加工组装后向美欧出口的。中国大陆成了亚洲地区大量商品的集结地。中国对美欧贸易虽有较大顺差，但对日本、韩国、中国台湾以及东南亚大多数国家的贸易都是逆差。这部分产品在中国实现的增加值顶多只有 1/3，或只收了微薄的加工费，我们是“过路财神”。

例如，过去日本产品直接销往美国，是美国最大的逆差国。这些年来，日本把许多产品的后步加工组装工序转移到中国完成，再向美国出口，它们退居二线了，但企业利润大头还是它们的。根据美方统计资料分析，在美国的贸易逆差中，中美逆差占的比重从 1997 年的 27% 上升到 2006 年的 28%，而美国对东亚其他国家的贸易逆差所占比重则从 1997 年的 43% 下降到 2006 年的 17%。

第五，近几年我国进出口总额和外贸顺差的快速增长是加入世界贸易组织后的积极效果。在世界贸易组织的框架下，我国有权享受相关国家的贸易优惠条件，同时我们也承担了自己应尽的义务和责任。2001 年 12 月 11 日加入世界贸易组织后，我国的进口关税平均税率从 15. 3% 降低到 2005 年的 9. 9%，修改了 2 000 多项法律、法规，废除了 800 多项法规。

第六，美国对华贸易逆差在相当程度上是美国严格限制对华出口造成的。美国本来完全可以对中国多出口一些产品，中国也是需要和欢迎的。但据国外某网站报道，由于政治上的偏见，美国制定的对华禁售商品目录长达 7 000 页纸。2008 年 6 月 17 日，美国商务部又发布对华科技出口管制政策，确定 20 类严格限制出口产品。

在上述分析的基础上，李德水得出了如下结论：

第一，美国外贸的巨额逆差实际上只是一个统计上的概念。据联合国资料，2004 年美国在国外的子公司实现销售收入达 38 830 亿美元，这些企业的所有权是美国的，实现利润也主要属于美国，只是生产场地发生了变化，相当于美国的出口。而同年美国本土企业的出口额仅 10 040 亿美元，不足美国在境外企业销售额的三分之一。海外美国企业向美国返销产品却要算是美国的进口，反映在美国的外贸逆差上。如果国际统计规则改为按所有权来统计外贸数，情况就会完全是另一种结果。

第二，美国制造业空心化的说法尚难成立。据美国全球财经研究公司公布，美国制造业占全球的份额从 1995 年的 24% 上升到 2006 年的 25. 5%。这十年多，世界制造业蓬勃发展，而美国所占比重不降反升，而且控制着高端产业或产业的高端环节，这说明其对世界制造业的控制力和影响力实际上比以前更强了。

第三，中国对美国大量出口商品抢了美国人的“饭碗”的说法也不符合实际。美国目前的失业率仅为 4. 5% 左右，是历史上最低的时期之一。1996 年至 2005 年美国共减少了 300 万个制造业就业岗位，但同时却创造了 1 500 万个服务业新岗位。美国把那些高能耗、生产过程中高污染的产品、劳动密集型产品推出去，自己不生产了，即便不从中国进口也得向其他国家进口。

第四，美国进口中国商品没有吃亏而是获得巨大的经济利益。过去 10 年，中国出口产品共为美国消费者节省了 6 000 多亿美元，仅在 2004 年一年就节省近 1 000 亿美元。联合国的研究报告指出，2001 ~ 2005 年，因中国低廉的出口产品价格使美国的通货膨胀率每年下降 0. 28 个百分点，欧盟每年下降 0. 37 个百分点，日本每年下降 0. 65 个百分点。况且，进口中国商品到美国，从批发到零售基本上都由美国经销商经办，他们从中获得了高额的利润。美国从中国得到的好处实在是很多的。

第五，2009 年后中国的经济总量将赶上美国是无稽之谈。2007 年 5 月末，美国中央情报局（CIA）发布报告称，中国的经济总量已经是世界第二了，只需两年将超过美国。这在美国舆论界有很大影响，似乎是一个很权威的判断。实际上，这个说法是难以成立的。

从美国情报局报告的数字分析，它们是用购买力平价（PPP）并采用了世界银行选取的人民币与美元的换算系数进行推算得出的概念。这里有两个问题，一是应该肯定购买力平价法作为用于国际比较的一种理论是值得研究的，但毕竟太理想化，因而有着明显的缺陷。购买力平价只有在两个完全彼此开放的国家，价格形成机制、经济发展水平基本一致，消费水平和结构、商品和服务的品质都是可比的条件下，才有可比性和实际意义。而且要求统计数据采集的方法和能力基本一致。这里的不可比因素和变量太多，调查统计的工作量太大，要作出科学准确的购买力平价数字实非易事，全世界都还处于研究和探索阶段。

李德水的分析很有见地，很有深度，也有很强的说服力。

在本次金融危机中，美国人的滑稽表演倒使笔者想起了一则寓言故事：一只狼想吃掉一只小羊，就对小羊说：一年以前，你为什么骂我？我要吃掉你。小羊回答说：一年以前我还没出生呢，怎么会骂你呢？狼回答说：反正骂我的不是你就是你的妈妈。于是，它心安理得地把小羊吃掉了。

7.3 驱散贸易保护的幽灵

随着布什政府的谢幕和奥巴马政府的登台亮相，贸易保护主义果然在美国沉渣浮起，喧嚣一时。2009 年 2 月 13 日，美国国会众议院和参议院先后通过了 7 870 亿美元的刺激经济计划——《2009 年美国经济复苏和再投资法案》，法案于 2 月 17 日送交总统奥巴马签署后生效。该法案的第 1640 条款带有明显的保护主义色彩。根据该条款，在“不违背美国对国际协定的承诺”的前提下，经济刺激计划支持的工程项目必须使用“国产”钢铁和其他制成品。而所谓美国的国际协定承诺，就是《北美自由贸易协定》和世界贸易组织《政府采购协议》。根据《北美自由贸易协定》，加拿大、墨西哥享有“豁免权”；根据《政府采购协议》，欧盟、日本、韩国、中国香港等少数世贸组织成员享受“优待”，但中国等其他 100 多个世界贸易组织成员不在其列。虽然条款最后添加了“不得违反国际贸易协议”，其浓郁的“保护主义”色彩仍旧招致了贸易伙伴的一致批评，引起国际社会的普遍不满。

一贯积极主张自由市场经济的美国树立一个“坏榜样”。一些国家相继出台了形形色色的贸易保护措施，表现为滥用反倾销、反补贴、保障措施、特殊保障措施等贸易救济措施；提高进口关税，采取禁止或者限制进口、技术性贸易壁垒等传统的关税和非关税壁垒等。根据世界银行的报告，在 2008 年 11 月之后，G20 集团中 17 个国家采取了贸易保护主义举措。贸易保护主义的幽灵再一次飘荡在西方世界的上空。

冠诟病全球化之名，行贸易保护之实，西方国家小肚鸡肠、鼠目寸光、损人害己的贸易保护图谋，理所当然地遭到了国际社会的谴责。总结历史的教训，有学者指出，20 世纪 30 年代的世界经济大萧条之所以持续 10 年之久，症结就在于相关国家在危机后均采取了贸易保护主义的政策。发达国家的“鸵鸟策略”，大大延缓了全球经济复苏的时间。

2009 年 1 月底，一年一度的达沃斯世界经济论坛（World Economic Forum，WEF）年会如期在瑞士东南部格里松斯地区的小镇达沃斯（Davos）举行。达沃斯年会是一个精英荟萃、群贤毕至的所在，2009 年的年会包括有中国总理温家宝、俄罗斯总理弗拉基米尔·普京、英国首相戈登·布朗、德国总理安格拉·默克尔和日本首相麻生太郎等 41 个国家的元首或政府首脑出席，其余的 2 000 多人基本上是政府高官、企业精英、学者和各界知名人士，如微软公司创始人比尔·盖茨就是年会嘉宾之一。

当全球经济因遭受金融危机而陷入困境时，保护主义情绪开始在一些国家蔓延。对此，达沃斯论坛发出了反对保护主义的强音。

中国总理温家宝2009年1月28日在会见世界贸易组织总干事拉米时说，面对当前国际金融危机，反对和遏制贸易保护主义至关重要。贸易保护主义看似保护一国经济，实际上会拖累世界经济复苏，对谁都不利。在反对贸易保护主义方面，不能说一套做一套。拉米赞成温家宝的观点。他认为，反对贸易保护主义是成功应对国际金融危机的关键，在此方面，各国不应从已作的承诺中倒退。对此，加拿大财政部长弗莱厄蒂总结说，达沃斯发出的最强烈信号之一就是：保护主义要不得。

印度商业和工业部长纳特2009年1月29日也在年会上说："就长期而言，我相信贸易保护主义无助于改善任何国家的经济形势。"但他同时警告说，如果其他国家采取保护主义措施，印度将被迫采取对等措施。

英国首相布朗2009年1月30日在年会上表示，现在不是撤离全球化转向保护主义的时候，诉诸保护主义手段并不能解决目前的金融危机，各国应团结一致加强合作。他还呼吁重建国际金融机构，并说"如果我们不行动，保护主义倾向就会变得极其严重[①]"。

但在这次论坛上，美国总统奥巴马及美国主要官员的缺席令与会者感到些许遗憾，在往届论坛上趾高气扬的美国首席执行官和银行家也不见了踪影。对此，英国著名的国际事务评论家吉迪恩·拉赫曼在自己的文章中写道：他们一个都没有露面。这或许情有可原，眼下在华盛顿正是忙碌的时候。可不管怎么说，人们还是觉得美国人缺乏点勇于认错的胸襟和与世界各国"共度时艰"的诚意。

对于少数美国政客的胡搅蛮缠，中国领导人表现出前所未有的强硬。在瑞士达沃斯全球经济论坛上温家宝指出：我认为，造成这次全球金融危机的主要原因，是有些经济体本身的失衡。这些经济体长期以来存在着"双赤字"（财政赤字和经常项目赤字），靠大量借贷来维持高消费，银行利用高杠杆获取巨额利润。"当这样一个泡沫破裂时，全世界就面临一场巨大的灾难。"这是自2007年世界经济急剧恶化并发生危机后，中国高级领导人首次在重要国际场合阐明观点[②]。2009年2月11日，中国国家副主席习近平在墨西哥访问时强硬表态，直接批评"有些吃饱了没事干的外国人对中国说三道四[③]"。

---

① 世界经济论坛年会发出反对保护主义强音，http：//news.xinhuanet.com/world/2009-01/31/content_10740919.htm，2009-01-31。

② 苏利川：《备受关注而无良方的达沃斯论坛》，载《中华工商时报》，2009-02-06。

③ 社论：《金融危机下中国反成全球化"鼓手"》，载《侨报》，2009-02-14。

美国政府的“购买国货”条款出笼后，方案潜藏的贸易保护色彩让不少国家忧心忡忡，有人怀疑全球化将会出现“拐点”。但当悲观情绪笼罩之时，中国却以负责任大国的姿态挺身而出，使阴霾之下的世界经济看到了亮点。美国《侨报》在2009年2月14日的社论中指出：作为全球化经济的倡导者，美国应对危机的手段正在从市场层面的去杠杆化（Deleveraging），演变成政治层面的“去全球化”（Deglobalisation）。意外的是，当此之际，反而是昔日被美欧频繁指责“市场开放度不够”的中国，却不断用言行坚定地捍卫着自由贸易理念。当美国众议院要把“买美国货”列入经济刺激计划条款时，中国宣示不会实行“买中国货”。而眼下中国领导人正在展开的“正月外交”，反对贸易保护主义也是其主调之一。

社论进一步指出，保护主义是加剧衰退而不是缓解衰退的催化剂，这是经济学的理论，更是早被历史证明的事实——20世纪30年代经济大萧条时期，发端于美国的世界性保护主义政策，不仅未帮助各国经济复苏，反而严重损害了各国经济利益，甚至成了第二次世界大战暴发的重要根源之一。长期“闭关锁国”的中国，或许对那场经济大萧条没有体验，但30年的开放历程，却显然让其对全球化经济的益处有着深刻体会：正是充分利用全球经济一体化带来的贸易机会，中国才飞速提升了综合国力。

社论最后总结说，时至今日，经济全球化程度已高度发达，如果多国相互关闭贸易大门，其后果的糟糕只会比20世纪30年代更甚。当西方国家忙于解决自己国内困难时，中国领导人的身影却闪现在世界各角落，宣示中国立场，抵制保护主义思潮蔓延。危机中，中国反成了全球化的坚定鼓手。

2009年4月2日，全球瞩目的G20金融峰会在伦敦召开。与会领导人就国际货币基金组织增资和加强金融监管等全球携手应对金融经济危机议题达成多项共识。会后发表的声明重申将携手抵制贸易保护主义。

声明指出：世界贸易的增长促成了世界半个世纪的持续繁荣。但是，现在它出现了25年来的首次下滑。需求的萎缩因保护主义压力的增大和商业信贷撤离而加剧。重振世界贸易和投资是恢复全球经济增长的核心所在。我们不会重犯过往时代保护主义的历史错误。为此我们重申在华盛顿许下的承诺：不得针对投资或商品及服务贸易设置新的障碍，不对出口施加新的限制，不得推行违背世界贸易组织规则的措施来刺激出口。此外，我们将立即行动纠正已采取的这一类措施。我们决定将上述承诺的期限延长至2010年结束。

我们将努力把包括财政政策和支持金融业行动在内的国内政策行动对贸易和投资的任何不利影响降至最低限度。我们不会退而奉行金融保护主义，尤其不能采取限制世界范围内的资本流动——特别是流向发展中国家的资本——的措施。

我们将立即把任何这样的行为通报世界贸易组织，我们呼吁世界贸易组织和其他国际组织共同在各自职权范围内监督我们履行上述承诺的情况并每个季度予以公布。

与此同时，我们将采取一切力所能及的行动来促进和推动贸易及投资，我们将确保在未来两年中通过出口信贷和投资机构及多边开发银行（MDB）至少提供2 500亿美元的资金来支持贸易融资。我们还将要求我们的金融监管机构将必备资本中的可用弹性资金用于贸易融资。

我们将继续致力于就急需的多哈发展议程达成一个积极和兼顾各方的协议，这样世界经济总量每年至少能增加1 500亿美元。为达成这一目标，我们承诺将维护议程已取得的进展，其中包括就议程形式所达成的一致。

未来一段时期中，我们将把工作重点和政治关注重新转向这一关键性事务，我们将通过持续不断的工作和所有相关的国际会议来推动议程取得进展。

G20领导人声明使深受金融危机困扰的各国人民在阴霾中看到一丝光亮，但人们担心的是这些信誓旦旦的承诺能否落到实处。

2009年4月19日，经过3天的高层对话与讨论之后，博鳌亚洲论坛2009年年会在中国海南博鳌落下帷幕。据论坛秘书处介绍，1 600余名各国政要、工商界领袖、专家学者和媒体人士出席了2009年年会，论坛总接待规模达到2 700人，为历年之最。

本届年会主题为“经济危机与亚洲：挑战与展望”。论坛探讨了国际金融危机及其治理，新兴经济体如何在国际金融体系改革中发挥作用，国际贸易与投资保护主义下的对策，以及如何应对能源、原材料的价格波动等热点话题。来自不同国家的官员纷纷提出要加强区域合作，推进多哈回合谈判，反对贸易保护主义。

世界贸易组织总干事拉米表示，贸易的开放也是解决这次危机的方法。发达国家有很多资金注入银行体系、保险公司或者某些行业。但是对发展中国家来讲，走出危机只能靠贸易。发展中国家需要更多地开放，尽可能快地从各种不同的刺激计划当中受益。发展中国家被认为受贸易保护的影响更为严重，拉米说，现在美国、欧洲、日本，包括中国都有很多刺激经济的方案。继续保持贸易的开放对发展中国家更加公平。对于很多发展中国家和新兴国家来说，贸易收入是非常重要的。他表示，应当采取办法打击贸易保护主义的趋势。世界贸易组织也制定了很多严格的跟踪机制，来关注贸易政策的发展，此外，推动在2002年以来就已经开始的多哈回合谈判。

日本经济产业审议官石毛博行表示，亚洲很大部分的经济增长是依靠出口，防止贸易保护主义非常重要，各国必须要有好的贸易措施，还要有很好的关于贸易的跟踪机制。最根本的解决方法就是推动多哈回合谈判的成功完成。

韩国外交通商部交涉本部长金宗埙指出，需要注意贸易保护主义的政治特点，尤其在面临经济衰退的情况下，各国政府可能会保护本国市场。政府参与的市场行动越多，贸易保护主义的色彩就会越浓厚。他指出，当政府试图挽救企业或者濒危行业时，必须保持谨慎的态度，至少不要违反世界贸易组织的规则[①]。

小贴士：多哈回合谈判为何破裂[②]

在农产品贸易的背后，是各国政治利益的较量

经过长达9天的谈判，世界贸易组织主持的多哈回合谈判最终宣告破裂，正如人们所预料的那样，发达国家与发展中国家在农产品贸易方面出现了不可调和的矛盾，此次谈判非但没有缩小分歧，反而在一些重要问题上出现了新的麻烦。

其实，这是在一个错误的时间展开的错误谈判。农产品贸易是一个非常特殊的贸易，发达国家的农产品生产本来没有绝对优势，但是由于发达国家政府出于政治利益的需要，对农民实施补贴政策，从而使发达国家的农产品大量销售到发展中国家。从贸易实质来看，发展中国家应当对发达国家的农产品表示欢迎才对，但是，从政治的角度出发，发展中国家不敢完全开放农产品市场，因为那样做就意味着许多农民彻底破产。所以，在农产品贸易的背后，是各国政治利益的较量。发达国家补贴农产品生产是为了政治，而发展中国家为了保护脆弱的农业生产，不得不在市场开发方面坚持固有的立场。

笔者曾经撰文指出，世界贸易组织已经患上了“巨人症”，总是试图通过一揽子的贸易谈判，解决所有的世界贸易问题。事实证明，在有数百个成员参加的谈判机制中，难以取得任何实质性的成果。此次世界贸易组织吸取教训，把问题集中在农产品进出口方面，试图运用传统的关税谈判机制，为多哈回合谈判画上句号。但是由于发达国家等国的经济体系已经出现了严重的问题，农产品生产领域的“政治性补贴”已经难以消除，所以其中关税谈判，不可能从根本上实现农产品的贸易平衡，所以，此次谈判注定不会成功。

① 吴婷：《多国官员呼吁抵制贸易保护主义》，载《上海证券报》，2009-04-20。

② 乔新生：《多哈回合谈判为何破裂》，载《东方早报》，2008-08-02。

从理想的角度来看，我们当然希望世界贸易组织能够发挥作用，在平衡东西方、南北之间贸易方面，展现出自己的影响力。但事实证明，世界贸易组织只是一个多边谈判机制，虽然其中具有制定规则和解决争端的程序，但是，很难从根本上动摇不合理的贸易秩序。

发达国家由于贸易总量巨大，所以在推动世界贸易组织规则修改方面具有极大的积极性，但由于世界贸易组织实行成员投票原则，少数发达国家已经很难从贸易规则修改中获得更多的便利。在这种情况下，发达国家率先抛弃了世界贸易组织，转而通过建立区域性的自由贸易组织，或者签订自由贸易协定，实现自己的目的。所以，是发达国家抛弃了世界贸易组织，而不是世界贸易组织放弃了自己的责任。

对于发展中国家来说，进入世界贸易组织的最大好处就在于取得了规则的制定权。但是，修改不合理的规则，建立合理的世界贸易经济秩序，取决于发达国家与发展中国家的共同愿望，如果发达国家不愿意放弃既得利益，那么，修改世界贸易组织规则，取得公平的贸易权利，只能是发展中国家的遥不可及的梦想。正是在一次次碰壁之后，发展中国家转而寻求区域性的经济合作可能性，通过签订自由贸易协定或者组建区域性的贸易组织，在小范围内实现贸易的自由化和便利化。因此发展中国家对世界贸易组织的表现越来越感到失望。

可以毫不客气地说，发达国家希望能够给本国的农民带回一个利好的消息，而发展中国家则希望出现真正的公平贸易。世界贸易组织总干事希望就事论事，却不知道各国贸易代表早已收拾行囊。当然，多哈回合谈判的失败并不意味着世界末日的到来。世界贸易组织需要反省自己的工作方式，检讨自己的工作程序，在仔细分析各国政治生态的前提下，谨慎地推动世界贸易组织谈判。

背景资料：多哈回合谈判

随着国际金融危机不断蔓延，贸易保护主义有所抬头。世界贸易组织多次呼吁各国尽快结束多哈回合谈判，减轻贸易保护主义的压力。

2001 年 11 月，在卡塔尔首都多哈举行世界贸易组织第四届部长级会议，启动新一轮多边贸易谈判。这次会议启动了“多哈发展议程”，（以下简称多哈回合）。多哈回合谈判旨在促进世界贸易组织成员削减贸易壁垒，通过更公平的贸易环境来促进全球特别是较贫穷国家的经济发展，因此又称“发展回合”。

多哈回合谈判包括农业、非农产品市场准入、服务贸易、规则谈判、争端解决、知识产权、贸易与发展以及贸易与环境8个主要议题。2002年以来，由于世界贸易组织各成员在农业和非农产品市场准入两个关键问题上分歧严重，多哈回合谈判多次受挫，结束谈判的最终期限也一再拖延。2008年7月，世界贸易组织小型部长级会议在日内瓦举行，试图为在2008年内完成多哈回合谈判作出关键性努力，但世界贸易组织重要成员未能就发展中成员农产品特殊保障机制（指发展中成员可在农产品进口激增的情况下采取提高关税等特殊保障措施来保护自己的农业免受冲击）的触发水平问题达成一致，谈判再次以失败告终。使谈判受阻的是中国和印度提出的一项最后提案，即农产品特殊保障机制。该机制是指发展中成员可在农产品进口激增的情况下，可采取对重要农作物如棉花、大米和糖类提高关税等特殊保障措施以保护本国农业免受冲击。关于在进口商品激增到何种程度才能实施关税的问题上，西方经济强国与新兴经济体之间无法达成一致意见。不过，世界贸易组织总干事拉米表示，多哈回合谈判已完成近80%。他希望各成员继续努力，尽快结束谈判。

历史已经证明了——而且还在证明着：经济全球化是一个不争的、不可抗拒的历史潮流，是经济发展的客观演进规律，是人类几百年来市场经济发展的必然结果，不是少数人就可以随意改变的，任何“去全球化”的图谋都是注定要失败的。

8 重建国际货币体系“山重水复”

——金融危机成因考（五）

美元是我们的，但问题是你们自己的。

——美国财政部前部长
约翰·康纳利
(John Connally)①

8.1 美钞——“一元独大”的由来

每当笔者在金融课程中讲到“一国国际收支长期逆差，必定导致该国货币贬值”的这个“放之四海而皆准”结论时，总会有学生提出美国这个相反的例证，——美国的“双赤字”20多年来居高不下，而美元欢实着呢！每当这个时候，笔者都要诅咒该死的现行国际货币金融体系，你究竟还要费去笔者多少唇舌呢？

像美国这种债台高筑、“寅吃卯粮”的情况，要是放在世界上其他任何一个国家的身上，这个国家早就破产了。但是，美国没有破产，即使是遭遇了百年一遇的特大金融危机，美国人还活得很滋润，为什么呢？问题的症结

---

① 约翰·康纳利（John Connally）1971～1972年任尼克松政府财政部部长，1973年任美国总统国内外事务顾问。1971年美元暴跌，康纳利在调侃美国盟友时说“美元是我们的，但问题是你们自己的”。

就在于现行不合理的国际货币制度，或者叫不合理的国际货币秩序。货币是金融的“主机”，国际货币制度不合理，国际金融体系就不可能合理，所以人们在声讨国际金融体系的弊端时，实质其枪口也是对准了国际货币体系。

所谓国际货币体系（International Monetary System）也称国际货币制度，是各国政府为适应国际贸易与国际支付的需要，对货币在国际范围内发挥世界货币职能所确定的原则、采取的措施和建立的组织形式的总称。它包括以下几方面内容：货币兑换性的规定；国际贸易、国际支付、国际结算货币的确定；国际储备资产的确定；各国货币比价即汇率的确定及国际收支的调节等。现行的国际货币体系的特征是美元“一元独大”，美元占据国际货币体系中心的位置，为全球流动性最强的国际货币，约占国际结算的货币的65%，国际储备资产的63%，绝大多数国家以美元为基准制定本国货币的汇率，美元还是世界大宗商品的计价货币，是联合国、国际货币基金组织、世界银行、世界贸易组织、国际清算银行发布统计数据使用的计价货币。

基于美元在国际货币体系中的独特地位，美国用花花绿绿的美元就能换取大量的石油、矿产品、纺织品、服装等生活必需品，过着挥霍无度的日子；相反持有美元储备的国家，一方面只能小心翼翼地用美元储备换取美国国债那一点微薄的利息，另一方面，还必须承受着美元汇率“过山车”般波动的煎熬。

这种不合理的国际金融体系，始建于第二次世界大战后的1944年。在第二次世界大战即将结束的1944年7月，在美国政府主导下，44个国家或政府的经济特使聚集在美国新罕布什尔州的布雷顿森林市，商讨战后的国际金融格局。与会代表签署了以《国际货币基金协定》为核心的一揽子协议，成立了国际货币基金组织和世界银行（其全称是国际复兴开发银行（International Bank for Reconstruction and Development，IBRD）），开创了国际货币体系发展史上的新纪元。历史上将由这次会议所确定的国际金融框架称为“布雷顿森林体系”（Bretton Woods System）。

布雷顿森林体系的基本内容是“双挂钩制度”——美元与黄金挂钩，其他国家的货币与美元挂钩——被称为布雷顿森林体系的两大支柱，并实行固定汇率制度。国际货币基金组织则是维持这一体系正常运转的中心机构，它有监督国际汇率、提供国际信贷、协调国际货币关系三大职能。从表面上看，布雷顿森林体系是以美元为基础的，以美元作为国际结算货币和最主要的国际储备货币，但实际上是以黄金为基础的金汇兑本位制。各国货币与美元保持固定比率，35美元可兑换1盎司黄金，这样美元就基本上等同于黄金，这是布雷顿森林体系赖以存在的基础。

应当承认，布雷顿森林体系是一个伟大的创举，开创了人类历史的新纪元。在第二次世界大战后相当长的一段时间内，布雷顿森林体系确实带来了国际贸易空前发展和全球经济越来越相互依存的时代。布雷顿森林体系运行的最初 10 多年里，是资本主义世界的黄金时代，不仅美国经济实力显著增强，也培育了两个后起之秀——日本和联邦德国。

但布雷顿森林体系存在着自己无法克服的缺陷。其致命的一点是：它以一国货币（美元）作为主要储备资产，具有内在的不稳定性。因为只有靠美国的长期贸易逆差，才能使美元流散到世界各地，使其他国家获得美元供应。但这样一来，必然会影响人们对美元的信心，引起人们对美元贬值的忧虑；然而，如果美国保持国际收支平衡，就会断绝国际储备资产的供应，引起国际清偿能力的不足，这是一个不可克服的矛盾。最先揭示这一矛盾现象的是美国耶鲁大学经济学教授罗伯特·特里芬(Robert Triffin)。1960 年，特里芬在其所著的《黄金与美元危机——自由兑换的未来》一书中指出："由于美元与黄金挂钩，而其他国家的货币与美元挂钩，美元虽然因此而取得了国际核心货币的地位，但是各国为了发展国际贸易，必须用美元作为结算与储备货币，这样就会导致流出美国的货币在海外不断沉淀，对美国来说就会发生长期贸易逆差；而美元作为国际货币核心的前提是必须保持美元币值稳定与坚挺，这又要求美国必须是一个长期贸易顺差国。这两个要求互相矛盾，因此是一个悖论。"这一内在矛盾在国际经济学界称为"特里芬难题"（Triffin Dilemma)，正是这个"难题"决定了布雷顿森林体系的不稳定性和垮台的必然性。

1961 年美国发动了越南战争。战争中庞大的军费开支导致美国财政、贸易双赤字。随着美国经济竞争力逐渐削弱，其国际收支开始趋向恶化，出现了全球性"美元过剩"情况，各国纷纷抛出美元兑换黄金，美国黄金开始大量外流。到了 1971 年，美国的黄金储备再也支撑不住日益泛滥的美元了，尼克松政府被迫于 1971 年 8 月宣布放弃按 35 美元一盎司的官价兑换黄金的美元—黄金本位制，实行黄金与美元比价的自由浮动。欧洲经济共同体和日本、加拿大等国宣布实行浮动汇率制，不再承担维持美元固定汇率的义务，美元也不再成为各国货币围绕的中心。这标志着布雷顿森林体系的基础已全部丧失，该体系终于完全崩溃。

美国之所以敢于如此"掀翻桌子赖账"，而其他国家又拿它没辙，原因是没有哪个国家的货币有能力替代美元，在国际结算体系中扮演核心地位。布雷顿森林体系解体以后，人类进入"牙买加协议"以后的国际货币体系时期。这一时期，浮动汇率取代了固定汇率，美元以外的联邦德国马克、日元、英镑、瑞士法郎等货币也进入国际储备货币的行列，与美元共同执行国际结算货币和国际储备货币的功能。1999 年欧元诞生以后，更是抢了美元的风头，使美元的国际结算货币和国际储备货币的地位下降。

但美元的霸主地位并未因欧元的崛起而易主。根据国际货币基金组织公布的数据，截至2008年第二季度，美元、欧元、英镑、日元占全球外汇储备比重分别为62.5%、27%、4.7%和3.4%，美元仍然是各国主要的外汇储备。虽然自1999年欧元正式启用以来，欧元作为外汇储备比重由17.9%上升至27%，但欧元比重仍然不到30%，美元的主导地位较稳固①。还有一个重要的细节是，1974年美国国务卿基辛格博士成功游说“欧佩克”，将美元确定为国际石油市场唯一的计价和结算货币，这使得布雷顿森林体系中所确立的美元地位不仅未被撼动，相反让美元发行失去了黄金的约束而变得更加有恃无恐。

布雷顿森林体系解体之后的20世纪70年代，两次石油危机接踵而至。在此过程中，石油价格的大幅上涨让世界各国的美元需求大幅上升。也正是从这时开始，时任美联储主席的保尔·沃尔克（Paul Volcker）放弃了对美元货币供应量的管制，而改用利率作为调控宏观经济的货币手段。从此，美国的印钞机开始满负荷运转，铸币税（Seigniorage）② 源源不断地流入美国，美元债务也随之骤然膨胀——美国债务经济模式就此起步。

美国的国际结算货币和国际储备货币地位，使美国能充分享用“铸币税”所能带来的好处。据有关资料披露，美国印刷一张100美元的纸钞，成本只有4美分，但却可以从其他国家购买价值100美元的商品，美元购买力与印刷成本之间的差额就是美国收取的“铸币税”。同理，美国需要向其他国家支付的借贷利息，也只要开动印刷机就可以了。正因为如此，美国哈佛大学经济学和公共政策教授肯尼斯·罗格夫给奥巴马开出的应对经济危机的药方就是“是开动印钞机的时候了”（2009年1月12日《中国经营报》）。

但有一点需要说明的是，美国开动印钞机不是无止境、无限度的。如果是这样的话，美国人就什么也不用生产了，只“生产”货币就行了。货币的发行，需要遵守“货币纪律”。就是要按物质产品增加的比例增加货币供给，才能保障物价的相对稳定，只不过由于美元对应着全球的物质生产体系，其增发美元的规模比较庞大而已。如果美国不遵守货币纪律，滥发货币，就会使美元充斥世界，势必造成美元持续贬值，结局只能是美元退出历史舞台。美国人不会那么傻，这就是奥巴马为救援资金来源而殚精竭虑、焦头烂额的原因。

---

① 陈卫东、张友先：《从历次全球经济危机看美元汇率走势》，载《第一财经日报》，2008-12-23。

② 所谓“铸币税”并不是一种真正的税种，而是理论上对货币发行收入的界定。在信用货币时代，货币发行脱离了贵金属的束缚，成为一种能为发行者带来发行收入的特权，铸币税相当于货币发行当局获得的税收。铸币税即为铸造和印制货币的成本和货币代表的购买力之差。

8.2 渔夫和鱼鹰的故事——美欧的“货币战争”

20 世纪的国际金融领域，有两件开天辟地、影响深远的重大事件：第一件是布雷顿森林体系的建立，第二件就是欧元的问世。

2009 年 1 月 1 日，是欧元诞生 10 周年的日子。就在这一天，斯洛伐克正式加入欧元区，从而使欧元大家庭的成员扩大到 16 个。根据官方统计数据，欧元区已经成为与美国比肩的、世界上最大的经济体。斯洛伐克加入欧元区后，欧元区总人口已达 3.286 亿人，超过美国的 3 亿人口，对外贸易总额则超过美国。2008 年第二季度，美元占全球外汇储备比重为 62.5%，与此形成比照的是，在 1999 年的时候，美元在全球外汇储备中的份额高达 71.1%。10 年里，欧元在国际金融体系中的地位稳步上升，不断蚕食着美元的份额。尽管欧元比重仍然不到 30%，没能撼动美元的霸主地位，但欧元已经毫无疑问地成为了世界第二大货币，成为美元最强劲的竞争对手。

与传统的强势货币英镑、美元不同，欧元是“人工合成”的，经过欧盟各国 30 年的不懈努力，欧元才终于在 1999 年 1 月 1 日“呱呱坠地”。

1969 年 3 月，欧共体海牙会议上，时任卢森堡首相的皮埃尔·维尔纳发出欧洲货币融合的倡议，建立欧盟货币联盟的构想由此萌发，这被视为通向欧元道路的第一座里程碑。也正是在这一年，有“欧元之父”美誉的美国哥伦比亚大学教授、著名经济学家罗伯特·蒙代尔（Robert A. Mundell）撰写了《欧洲货币案例分析》、《欧洲货币规划》，更加明确地表达了建立共同货币的主张。2009 年 4 月上旬，蒙代尔在接受中央电视台记者采访时说：“我们（我以及欧共体）几乎是同步展开了这种思路，开始设想一种共同货币，我的规划被广泛地讨论，1970 年，欧洲委员会邀请我到他们那里去，讨论施行欧洲共同货币的不同方法。”

为了了解人们对共同货币的看法，从这时开始，蒙代尔的脚步遍及欧洲大陆各个国家。蒙代尔说：“我当时走访了很多中央银行，谈论这件事情，我去过荷兰中央银行，它们说，谁需要这种欧洲货币?！我们已经有了美元!”

虽然遭到了不少类似的冷遇，但仍有国家对蒙代尔的观点很感兴趣，在法国曾有人做过这样的测算：如果一个旅行者拿着 100 法郎从巴黎出发去欧洲各国旅行，每到一个国家就换一次当地货币，在旅行过程中，假设一分钱都不花，当他回到巴黎的时候，口袋里就只剩下不到 50 法郎——仅仅是换汇就让这个旅行者损失超过一半，因此，法国人热衷于蒙代尔建立共同货币的主张。

蒙代尔回忆说：“我走之后（离开法国之后），法国的一个领导人还给我打过电话，这就是后来1979年当选法国总理的雷蒙·巴尔，他说，‘告诉我，蒙代尔教授，假设我们有了这样一个欧洲货币统一的政治协议，你认为（货币统一）过多久才可以真正实现?’我说：‘哦，你知道，创造货币还有一些技术上的问题，你得就很多不同的事情作出决定，想出一些解决办法，我想，推出这种货币至少需要3个星期的时间’。雷蒙·巴尔笑了。”然而，蒙代尔实现“推出欧元”的设想后来被证实不是3周，而是整整30年[①]。

是啊，世界上已经有了美元作国际货币，为什么还要欧元？这个问题有点像革命样板戏《红灯记》中李奶奶给铁梅讲家史——说来话长。

在第一次世界大战和第二次世界大战中，英国虽然是战胜国，但由于大量的人力、物力消耗和第二次世界大战后的大量殖民地独立，使英国从世界霸主的位置上跌落下来，被美国取而代之。第二次世界大战结束后的1944年，美欧倡导召开国际金融会议，拟携手恢复几乎被战争摧毁的世界经济秩序。1944年的布雷顿森林会议上，美英展开了国际金融主导权的激烈争夺。英国经济学家凯恩斯提出了代表英国利益的“凯恩斯计划”，美国当时的财政部长怀特提出了体现美国立场的“怀特计划”，布雷顿森林体系实际上就是“怀特计划”的翻版。布雷顿森林体系之所以取“怀特计划”舍“凯恩斯计划”，不是因为后者比前者逊色，而是美英的经济实力发生了逆转，英国在国际社会的话语权已经今非昔比了。以至于当时英国中央银行（BOE）的一位高级官员把布雷顿森林会议达成的协议形容为“英国遭受的仅次于第二次世界大战的最大打击”，这主要是因为它凸显了金融强权已从英国传递给了美国这一过程。

以国际货币体系的核心要素——中心货币的确定为例，怀特主张以美元为中心，建立“双挂钩”体制，凯恩斯则提出了采用30种有代表性的商品作为定值基础建立国际货币单位“Bancor”的设想。“Bancor”其实就是国际统一货币的雏形，从技术的角度来看，凯恩斯的方案比怀特方案更有远见。国际货币基金组织于1969年创设了特别提款权（Special Drawing Right，SDR，也称“纸黄金”）[②]，以缓解主权货币作为储备货币的内在风险，实际

① 央视报道：《金融危机曝欧元“软肋” 诞生十年难撼美元霸权地位》，载央视国际《经济半小时》，2009-04-09。

② 特别提款权（Special Drawing Right，SDR）是国际货币基金组织创设的一种储备资产和记账单位，也称“纸黄金”（Paper Gold）。它是国际货币基金组织分配给会员国的一种使用资金的权利。会员国在发生国际收支逆差时，可用它向国际货币基金组织指定的其他会员国换取外汇，以偿付国际收支逆差或偿还国际货币基金组织的贷款，还可与黄金、自由兑换货币一样充当国际储备。但由于其只是一种记账单位，不是真正货币，使用时必须先换成其他货币，不能直接用于贸易或非贸易的支付。因为它是国际货币基金组织原有的普通提款权以外的一种补充，所以称为特别提款权。

上是承袭了凯恩斯关于“Bancor”的设想。假如当年凯恩斯的方案获得通过，20 世纪的全球金融和经济历史将被重写。

美欧关系很微妙。第二次世界大战结束之后，欧洲大陆已经是满目疮痍，战争期间巨额的军费开支，使欧洲各国债台高筑，背负了上百亿美元的赤字，工业生产遭受了毁灭性的打击，数以百万计的人们失去工作，短时期内几乎看不到经济复苏的迹象。为了对抗以苏联为首的“社会主义阵营”，扩张资本主义阵营的实力，1947 年美国国务卿乔治·马歇尔（George Catlett Marshall）开始实施所谓的“欧洲复兴计划”（马歇尔计划），名为复兴欧洲，实则控制西欧，马歇尔的主张一推出，就被形容为“如同抛给正在下沉人们的救生圈”。根据这个计划，从 1948 年至 1952 年，英国、爱尔兰、丹麦等西欧国家得到来自美国的借款高达 131.5 亿美元，从而使欧洲国家沦为美国的附庸。

美国扶持欧洲（包括亚洲的日本），是企图将它们绑在美国的战车上。美国希望欧日迅速恢复经济，壮大资本主义阵营，但上限是不能超越——哪怕是接近美国，从而动摇美国的霸主地位。美欧的关系类似于渔夫和鱼鹰：渔夫利用鱼鹰为自己捕鱼，但必须防备鱼鹰自己把大鱼吃掉。于是，渔夫给鱼鹰的脖子上带上项圈，鱼鹰每捕回一条大鱼，渔夫就将其项圈打开，奖励鱼鹰一条小鱼。可怜的鱼鹰捕大鱼吃小鱼，对渔夫焉能没有意见？

通过马歇尔计划，到 1950 年，西欧各国生产已经达到了第二次世界大战前的水平。到 1952 年，英国、法国、意大利工业生产分别比第二次世界大战前增长 13%、29% 和 48%，联邦德国的工业生产 1952 年增长率为 115%。但经济、政治、军事上依然受到美国的钳制，受奴役的惨痛经历使欧洲各国逐渐认识到，只有走联合的道路，欧洲才能摆脱美国人的制约，壮大本国经济，才能夺回在国际社会中应有的地位和话语权。

而要让欧洲真正联合起来，关键在于法国和德国的和解，实现两国工业联合。1950 年 4 月，法国一位叫莫内的公民起草了一个后来被称为“舒曼计划”的欧洲煤钢联营计划，该计划指出：“法国政府建议将法德两国的煤和钢的全部生产置于同一国际组织的领导之下，并使该组织向欧洲其他国家持开放态度，允许欧洲其他国家参加。”这一计划得到了当时的法国外交部长罗伯特·舒曼和联邦德国总理阿登纳的支持。1951 年 4 月 18 日，法国、联邦德国、意大利、比利时、荷兰、卢森堡 6 国根据“舒曼计划”在巴黎签订了《欧洲煤钢共同体条约》，该条约确定共同体的基本任务是建立煤钢单一共同市场，取消关税限制，对生产、流通和分配过程实施干预。这是欧洲贸易和经济一体化非常重要的一个起点。

1955 年 6 月 1 日，参加欧洲煤钢共同体的 6 国外交部长在意大利墨西拿举行会议，建议将煤钢共同体的原则推广到其他经济领域，建立共同市场。1957年3月25日，全罗马的教堂敲响了钟声，欧洲煤钢共同体6国的政府代表走进罗马市政厅，签署了《罗马条约》，该条约第二条就提出要“建立经济和货币联盟”，这为欧洲经济共同体的“出炉”规划了蓝图。1965年4月8日，法国、联邦德国、意大利、比利时、荷兰和卢森堡6国签订了《布鲁塞尔条约》，决定正式建立欧洲共同体。欧共体的建立，使成员国实现了“自由贸易区”的设想，从而促进各参加国的经济发展，同时，欧共体成员还表达了建立单一的共同货币的愿望，以反抗美元霸权。

欧洲统一货币从最初构想到成为现实，经历了30多年的漫长岁月。1969年3月，当时的欧共体6国领导人聚会荷兰海牙，提出建立欧洲货币联盟的构想，并委托时任卢森堡首相的皮埃尔·维尔纳就此提出具体建议。1971年3月，被后人称做“维尔纳计划”的方案得以通过，欧洲统一货币建设迈出了第一步。“维尔纳计划”主张在10年时间内分三个阶段建成欧洲经济货币联盟，实现资本完全自由流通，各成员国确定货币固定汇率，最终以统一货币取代各国货币。但是，随后发生的石油危机和金融风暴，致使“维尔纳计划”搁浅。

1979年3月，在法国和德国的倡导和努力下，欧洲货币体系宣告建立，同时欧洲货币单位（European Currency Unit，ECU）“埃居”[①] 诞生。

1989年6月，欧共体12国在马德里召开的首脑会议，通过了欧共体委员会主席德洛尔提交的“德洛尔报告”。与“维尔纳计划”类似，报告主张分三个阶段创建欧洲经济货币联盟：第一步完全实现资本自由流通；第二步建立欧洲货币局（欧洲中央银行的前身）；第三步建立和实施经济与货币联盟，以统一货币取代成员国货币。

1991年12月10日，欧共体首脑会议在荷兰小城马斯特里赫特召开，通过了《欧洲联盟条约》，包括《欧洲经济货币联盟条约》和《欧洲政治联盟条约》（统称《马斯特里赫特条约》以下简称《马约》），同时决定将欧共体改称为欧洲联盟。《马约》确定了加入经济货币联盟的“趋同标准”。《马约》规定，最迟在1999年1月1日，经欧洲理事会确认，如达到“趋同标准”的成员国超过7个，即可开始实施统一货币。

---

① 欧洲货币单位（European Currency Unit，ECU，简称“埃居”），由欧洲经济共同体成员国货币共同组成的一篮子货币，是欧共体各国之间的清算工具和记账单位，类似于特别提款权，用于作为该体系测量成员国货币之间相对波动偏差系数的内容之一，还为成员国外汇储备资产的计算提供了计算单位。各国货币在ECU中所占权重按其在欧共体内部贸易中所占权重及其在欧共体GDP中所占权重加权计算，指标取自各国过去5年中的平均值，权数每5年调整一次，必要时可随时调整。ECU的币值根据这些权重和含量及各组成货币汇率用加权平均法逐日计算而得。在1999年1月1日欧元诞生之后，埃居自动以1:1的汇价折成欧元。

1995 年 11 月，欧盟扩大到 15 个成员国。12 月 15 日，在马德里举行的欧盟首脑会议决定将欧洲统一货币定名为欧元，取代欧洲货币单位埃居，并一致同意统一货币于 1999 年 1 月 1 日正式启动，自 2002 年 1 月 1 日开始进入流通领域。1999 年 1 月 1 日，欧元诞生；1 月 4 日，欧元在国际金融市场正式登场亮相。

为了进入欧元国行列，欧盟国家几年来一直在经济上努力向趋同标准靠拢。1998 年 5 月，欧盟布鲁塞尔首脑会议正式排定欧元创始国名单。欧盟 15 个成员国中，英国、丹麦和瑞典因政治原因暂不加入欧元区，希腊因经济不达标而落选，其余 11 国均成为首批欧元国。希腊在努力达标后，于 2001 年 1 月 1 日正式进入欧元区。截至 2009 年 1 月 1 日，欧元区已扩大到 16 个国家。尽管摩纳哥、圣马力诺和梵蒂冈并不是欧盟成员国，但因它们以前使用法国法郎或者意大利里拉作为货币，所以现在也使用欧元。其他一些非欧盟国家和地区比如黑山、科索沃和安道尔，也使用欧元作为支付工具。

以前，瑞典和丹麦一直排斥统一货币概念；但现在，这两个国家的态度也已经开始转变。一项民意调查的结果显示，两国支持采用欧元的民众比例，已经分别从此前的 40% 和 35% 升至 44%。此外，东欧最大经济体波兰已确定了在 2012 年开始采用欧元的目标。特别值得关注的是，一直不愿意放弃英镑的英国，对使用欧元也采取了一种更开放的态度。英国商务大臣曼德尔森称，英国政府保持加入欧元区这个长期目标是正确的，需要考虑的只是时机的选择①。

应该说，在过去的 10 年里，欧元经历了一些风风雨雨，但总体上还算是较为平稳地走了过来。在 1999 年 1 月 4 日的第一个交易日，欧元兑换美元的汇率为 1∶1. 18，起步是相当不错的。但在接下来的日子里，欧洲的政治家和经济学家开始焦虑起来，因为欧元开始贬值。到 2000 年 10 月，欧元兑美元的汇率降至历史最低点，那时，1 欧元只能兑换 0. 82 美元。但在此之后，欧元开始一路攀升。2008 年 7 月 15 日，欧元曾一度以 1∶1. 60 的比价摸高至兑换美元的汇率高点。2009 年 4 月 24 日，欧元兑美元汇率收于 1∶1. 3223，较 1999 年 1 月 4 日上升了约 12%。

1999 年，美联储前主席格林斯潘曾断言欧元“短命”。但到 2007 年，格林斯潘也不得不承认，欧元完全有可能成为与美元比肩的储备货币，或取代美元成为世界最主要的储备货币。英国《金融时报》公布的一份民意调查也显示，欧洲人对欧元最终能取代美元也信心十足。德国前总理施密特

① 央视报道：《金融危机曝欧元“软肋” 诞生十年难撼美元霸权地位》，载央视国际《经济半小时》，2009 - 04 - 09。

说："我觉得，我们看到一个完全一体化的欧盟，肯定要再花上半个世纪的时间；但是用不了半个世纪，欧元就会成为世界性的流通货币①。"

"卧榻之侧，岂容他人鼾睡？"欧元本来就是欧洲国家联合起来抗衡美国的一个产物，所以美国视其为"眼中钉、肉中刺"是理所当然的。2003年3月20日，美国发动了伊拉克战争。对于美国发动这场战争的动机，业内专家有4种猜测：一是美国反击恐怖主义，要销毁伊拉克的大规模杀伤性武器；二是强化美国的世界霸权地位；三是美国为了控制伊拉克乃至中东地区的石油资源；四是削弱欧洲经济，打击欧元。现在回过头来看，前3个理由都站不住脚："大规模杀伤性武器"纯属子虚乌有——这一点美国人心知肚明；美国的世界霸权没人能挑战；中东石油早就控制在美国手中，结论只能是"杀鸡给猴看"，借萨达姆的头颅教训欧洲（萨达姆曾威胁说要将石油出口结算货币由美元转换为欧元），也让全世界人民看看投向欧盟怀抱的下场。有学者考证说，每当欧元强势时，美国就会"整点事"敲打敲打欧元，波黑战争、伊拉克战争、俄格冲突莫不如此，而且每次敲打都会奏效。

有许多人看欧元看阴暗面多一些，笔者则认为欧元很成功，很了不起。美联储前主席格林斯潘就表示，随着今后美国通货膨胀加剧、经济增长放慢，欧元越来越可能取代美元，成为各国外汇储备的首选。格林斯潘提供的数据是：截至2006年底，各国中央银行外汇储备中大约有25%是欧元，66%为美元。但在跨境交易的支付中，欧元使用的比例为39%，只略低于美元的43%。另据相关资料，截至2008年底，已经有56个国家和地区将欧元作为本币、法定支付手段或与欧元挂钩。国际资本市场协会（International Capital Market Association）的数据表明，欧元已取代美元，成为国际债券市场上的世界主导货币，欧元债券的市场份额连续第二年超过美元债券。数据显示，未偿付的欧元债券价值48 360亿美元，而美元债券为38 920亿美元，该数据证实了2006年12月有关未偿付欧元债券价值首次超过美元债券的消息。

随着美元的不断走低，美元在国际储备货币中呈下降的趋势，欧元所占的份额则日益增多。中国的中央银行已开始加大欧元储备。伊朗、俄罗斯和一些阿拉伯石油生产国也有同样的打算。德意志银行估计，到2010年，欧元在外汇储备中所占比例将进一步上升到30%②。据史料记载，美元作为美国的官方货币，诞生于1792年，它的出现是由于美国国会通过了《1792年铸币法案》。欧元的诞生还不到10年，10年的时间取得如此辉煌的成绩，你能说欧元不成功？

① 张兴慧：《欧元十年：从蹒跚起步到与美元比肩》，载《中国青年报》，2009-01-06。
② 姚静：《欧元，美元，谁主沉浮?》，载《金融经济》，2008（4）。

欧元之所以在同美元的较量中始终处于下风，一个重要的原因在于欧元区还不是一个真正意义上的经济体。虽然欧元区推行统一的货币政策，但欧元区各个国家却实行了各自独立的财政政策，长期以来欧元区也没有发行债券。中国社科院国际金融研究中心张明博士指出，欧元区只有统一中央银行没有统一的财政部，这一次从对次贷危机的救援来看，这也是欧洲比美国差的一个根本原因，危机暴发以后，美国可以同时实施宽松的货币和财政政策，但是对欧元区国家而言，就因为它们是各自为政的，它们可以统一降息，但是它们迄今为止没有达成一个跨区域的财政刺激方案，从而错过了救援的最好时机[①]。

也有学者认为，欧元区各国经济发展不平衡，也是导致欧元区国家救援不力的因素之一。从欧元区看，相对于美元背后的美国联邦政府而言，欧元区尽管也存在着统一的中央银行，但由于欧元区内各个国家的经济规模、发展程度和利益诉求有所不同，欧元区在应对危机时具有先天的时滞性。同时对于欧盟来讲，由于《稳定与增长公约》要求其成员国财政赤字水平不得超过 GDP 的 3%，债务水平不得超过 GDP 的60%，因此，在危机情形下被认为最有效的避免经济严重下滑的公共支出政策，在欧盟的框架内也被严重束缚住了[②]。

欧元的成功产生了正面的“示范效应”，因此近些年关于创设“亚元”的呼声也不绝于耳。

亚洲区域货币合作近 10 年来应该说取得了积极的进展。2000 年 5 月，“10 + 3”[③] 财政部长在泰国清迈共同签署了建立区域性货币互换网络的协议，即《清迈协议》（*Chiang Mai Initiative*）。《清迈协议》主要包括两部分：其一，扩大了东盟互换协议（ASA）的数量与金额；其二，建立了中日韩与东盟国家的双边互换协议。之后，东亚“10 + 3”货币互换机制取得了实质性进展，截至 2003 年 12 月底，中国、日本、韩国与东盟 10 国共签署 16 个双边互换协议，累积金额达 440 亿美元。

但近年来，东亚货币金融合作逐渐陷入困境。原因一是现有的合作机制在功能上过多重叠，不仅浪费了区内资源，也导致相关国家在发展方向上出现分歧；二是各方相继失去了前进动力，东盟目前仅仅满足于追求较低层次的一体化，而中国、日本、韩国三国则围绕主导权问题，在一些关键问题上难以取得突破。在亚洲金融危机 10 周年回顾时，便有明眼人指出，未来能

---

① 央视报道：《金融危机曝欧元“软肋” 诞生十年难撼美元霸权地位》，载央视国际《经济半小时》，2009 - 04 - 09。

② 陈卫东、张友先：《从历次全球经济危机看美元汇率走势》，载《第一财经日报》，2008 - 12 - 23。

③ “10 + 3”指东盟与中日韩领导人会议，是指东盟 10 国（文莱、印度尼西亚、马来西亚、菲律宾、新加坡、泰国、越南、老挝、缅甸、柬埔寨）加上中国、日本、韩国 3 国领导人举行的会议。会议是东盟于 1997 年成立 30 周年时发起的。

够推进东亚货币金融合作进行下去的，或许正是新一轮金融危机带来的威胁。而此次席卷全球的金融风暴，无疑提供了一个绝佳契机。

东盟虽常被视为东亚合作的核心，但一般都认为，推动东亚合作，关键还在于中国、日本、韩国三国间能否实现良性互动。

以亚洲共同基金为例，其难产的过程便足以折射出3个东北亚国家复杂而微妙的关系。在《清迈协议》取得阶段性进展之后，2007年5月，“10+3”财长会议宣布在《清迈协议》的基础上建立一个“东亚外汇储备库”，以便在某个成员面临外汇资金短缺困难时帮助其缓解危机；2008年5月“10+3”财长马德里会议进一步将这个储备库的规模明确为800亿美元，其中中国、日本、韩国分担80%，余下20%由东盟国家负担；但在2008年11月的亚欧峰会上，中国、日本、韩国并未就80%如何划分达成一致意见，最终各方只是原则上同意在2009年6月之前给出答案[①]。

2009年1月24日，《世界财经报道》在头条显著位置发表评论——《中日韩建“共同货币”？日本还是有顾虑》。评论说，为应对金融海啸对亚洲的冲击，中国、日本、韩国三国应建立“共同货币”的呼声又被推到风口浪尖。专家表示，在美元疲软的前提下，亚洲经济三大巨头使用亚元可有效抵抗金融风暴，但能否实现，不仅取决于国际金融形势，关键看中国对全球及自身金融安全的考虑。

评论援引美国哥伦比亚大学教授萨克斯的观点称，中国、日本、韩国三国应该在危机当头加强合作，共同抵抗动荡的美元对三国经济的影响，引入“共同货币”是最好的办法。萨克斯表示，2009年全球经济仍会处于委靡不振的局面，经济快速衰退现象将持续到2010年。而中国、日本、韩国三国是外汇储备、贸易顺差、投资机会等非常充足的地区（截至2008年底，中国外汇储备为1.95万亿美元，日本外汇储备约为9 900亿美元，韩国外汇储备约为3 300亿美元，三国外汇储备总和约为3.27万亿美元，占全球外汇储备6.4万亿美元的50%以上）。三国如果适时引入“共同货币”，在经济上密切合作，今后将在世界经济秩序中成为重要枢纽。国内有专家认为，中国、日本、韩国三国如果能够发行共同货币，是一件好事情。目前东亚区域内贸易比例达到55%，与欧盟和北美两大贸易区相当。如果以统一货币代替美元，则可节约贸易成本约15%。

“亚元”的最大障碍是“谁当头儿”（以日元还是人民币为基础）的问题。截至2008年，很多人看好人民币。理由是与日本相比中国有着广大市场腹地，有能力保持长期的经济增长。但也有人认为这都只是学界的“一

---

① 刘涛：《中日韩会议奠定东亚合作基础》，载《文汇报》，2008-12-16。

相情愿"，尽管中国经济总量位居世界第三，但是就发展水平而言，还和发达的日本有一定差距。再加上日元本身就是国际货币，所以日本可能会对发行"共同货币"存有顾虑，从而制约共同货币化进程。至少从目前来说，亚元还是一个"听起来很美"的童话。

8.3 周小川主张

在G20全球伦敦金融峰会召开前夕，2009年3月23日，中国人民银行行长周小川发表题为《关于改革国际货币体系的思考》的署名文章，提议在特别提款权的基础上创造一种与主权国家脱钩，并能保持币值长期稳定的国际储备货币，以此作为国际储备和贸易结算的工具。文章还就它的实践操作性作了探讨，并提出了一套相应的解决方案。

如前所述，非主权货币的设想不是周小川最先提出来的。

早在20世纪40年代，英国经济学家凯恩斯就曾提出过"Bancor"的设想。20世纪六七十年代美元危机不断暴发，有关国际货币体系的改革方案和建议就层出不穷，许多国外学者都曾提出过建立超国家的世界货币和世界中央银行（类似国际金融机构）的改革方案。这方面最具代表性的是美国经济学家库珀的改革设想，他建议成立一个类似于美国联邦储备体系的统一的世界公开市场委员会，由这一委员会代替各国中央银行来执行货币政策。改革的目标是建立超国家的世界货币和世界中央银行，改革的步骤是从货币目标区，到美国、日本、欧洲"稳定三岛"，最后到统一的世界货币。比较激进的理想主义方案还包括莫里斯·阿莱斯提出的在国际上完全放弃美元；将世界贸易组织和国际货币基金组织合并为一个组织，成立地区性组织；禁止各大银行为了自己的利益在外汇、股票和衍生产品方面从事投机活动；通过适当的指数化在国际上逐步实行共同的记账单位等设想。埃及经济学家萨米尔·阿明也提出了将国际货币基金组织改造成全球中央银行的四点设想。周小川发文一周前的2009年3月16日，俄罗斯总统府网站发布了将在伦敦G20金融峰会上提出的一份提案，其中就包括引入特别提款权作为一种"超国家储备货币"（Super-national Reserve Currency）的设想，与周小川提出的"超主权储备货币"异曲同工。而在中国之外，与周小川"英雄所见略同"的还有"金融大鳄"索罗斯和美国诺贝尔经济学奖得主约瑟夫·斯蒂格利茨（Joseph E. Stiglitz）等众多经济界权威。

早在20国集团领导人和财长2008年11月中旬首次聚首华盛顿时，法国总统萨科齐就力主改革国际货币体系，意在挑战美元全球货币的霸主地位。但当时欧盟自身难保，此项建议无疾而终。

在危机暴发之初，萨科齐就开始了对美式金融体制的批判，很快就提出了改革国际金融秩序的意见。在统一了欧盟内部看法以后，萨科齐飞到戴维营要求美国总统同意召开金融峰会。然后又在北京亚欧峰会上呼吁亚洲国家参与国际金融体制的改革，并力邀中印领导参加峰会。在华盛顿峰会之前他力图为会议定调，明确表示：美元不应该再被当做“唯一的全球通用货币”。会后，他颇为自得地对媒体说，通过峰会他已经给美国这只恶猫挂上了“铃铛”。他决定2009年1月要在巴黎召开主题为“新世界——价值观、发展与监管”的专家峰会，讨论资本主义的“新模式”。其目的就是要占据国际金融秩序改造的道德高地，进一步掌握话语权。在布鲁塞尔欧盟27个成员国的首脑会议上，萨科齐提出应建立“新布雷顿森林体系”，核心是约束美元发行权，削弱美国对美元的主导权。因为美元货币滥发是引发全球金融动荡的一个重要原因。

改革国际货币体系，甚至建立非主权货币进而取代美元的呼声由来已久，为什么至今美元的霸主地位依旧无人可以撼动？这说明美元根基深厚，迄今为止尚不具备“罢黜”美元的环境和条件。

第一，美元的霸主地位有美国庞大的政治、经济、军事、文化影响作支撑。

美国是当今世界第一强国，美国的国际政治影响力令其他大国难以望其项背，其GDP高于第二名日本、第三名中国、第四名德国GDP的总和，美国的军事力量无人可以匹敌，美国的文化在全球都具有巨大的影响力，这些优势在全球独一无二。美元地位的确定，是美国政治、经济、军事、文化共同作用的结果，共同支撑着美元的霸主地位。

同时，从技术的角度来看，现代货币最为本质的特征就是建立主权国家信用担保基础上，离开了主权国家的信用担保，信用货币是无法确立的，更不用说成为交易结算、储藏及投资的工具。美国是当今世界信用体系最发达的国家，迄今为止，美国还基本上没有抛弃信用“操守”，这也是金融危机以来美元汇率不降反升、各国增持美国国债的原因之一。在应对金融危机方面，美国像“开着直升机撒钱”一样义无反顾地救援金融机构，目的也在于维护本国的信用体系。此外，美元的霸主地位也是由一系列国际性的公约、协定、声明维系着的，这是美国近百年来苦心经营的结果，美元的地位在法理上就具有不可替代的优势。

反观其他主要货币发行国，德国也好，英国也好，日本也好，法国也好，综合实力均远逊于美国，无力支撑本国或本地区货币登上国际货币的霸主地位。

第二，美元的霸主地位是国际社会“自然选择”的结果，有其合理性。

美元已经有200多年的历史了，现代史上唯一一次储备货币更迭发生在英镑和美元之间，这一进程持续了几十年，是英美两国实力此消彼长的自然变化结果，也是无数民间参与者推动的国际商业行为过程。布雷顿森林体系有强权政治的嫌疑，但本质上是国际社会遵循经济发展规律的“自然选择”，有其客观合理性。

美元在国际货币体系中的中心地位确立以来，发挥了国际储备、国际结算、价值衡量的功能，担当起了国际经济的组织职能，推动了全球经济的发展，已经成为全球金融和贸易的通用语言。几十年来，无论是对希望购买美国国债的外国中央银行来说，还是对将大宗商品从拉美出口到亚洲的企业而言，美元一直是方便所有人使用的交易媒介。市场参与者的广泛使用，证明了美元无与伦比的吸引力。记得有一位记者说起2008年到欧洲采访，购物时支付的是美元，找零时找回来的是欧元，这说明即使是在欧洲人的眼中，美元也比欧元更乐于被人们所接受。

经济学家们说，一种货币爬上国际货币“金字塔”的顶尖，是一个自然选择的过程。要想推出一种新的全球储备货币，在这种货币被人们普遍接受之前，实际上需要有人补贴将买家和卖家聚集在一起的成本，现行的国际金融网络体系就是美国人长期苦心经营的结果。2009年3月24日《华尔街日报》援引美国加州大学伯克利分校的经济学家巴瑞·埃肯格林（Barry Eichengreen）的话说，不会仅仅因为中国人民银行行长看好某种媒介货币，就会自动出现使用这种货币的规模庞大、交易量巨大的市场。

第三，美国不会自动放弃对国际货币体系的控制权。

美国是现行国际货币体系的最大受益者，最不愿意改变国际货币体系现状的当然是美国。就在周小川文章发表的第二天，太平洋彼岸的美国政要就作出了强烈的反应。2009年3月24日晚，在就职以来第二场黄金时段记者会上，美国总统奥巴马表达了相当大的自信：美国经济基础优良、政治稳定，世界公众正在恢复对美国形象及其全球能力的信心，因此美元现在格外强劲。他称：“我不相信有必要建全球货币。”同日，在美国国会的一次聆讯会上，一位议员问美国财长盖特纳和美联储主席伯南克，是否会“坚决反对美国从美元转向某种全球货币”？两人都回答“是的”。不过，次日盖特纳不慎“失言”。在纽约美国对外关系理事会演讲时，盖特纳又被问及对周小川提议的看法，他说，“我们实际上对那个建议相当开放”。美元闻声走弱。会议结束前，主持者又给了盖特纳一个澄清观点的机会，他改口道：“我想美元仍然是世界占主导优势的储备货币，这会长期继续存在下去。”消息传来，美元汇价旋即回稳。

全球经济的制高点是什么？就是国际金融体系的控制权。美国之所以在世界上“一超独大”，靠的就是对国际金融体系的控制权和强大的军事实力。历史上的经济强国荷兰、英国和美国在构建全球经济霸权地位的过程中都把对金融实力的培育和对全球金融资源的控制放在十分重要的战略位置上，特别是英美两国都建立了以自己为核心的国际货币金融体系，通过管理国际货币金融体系，维护其经济霸权。

美国学者萨缪尔·亨廷顿（Samuel P. Huntington）在《文明的冲突与世界秩序的重建》（*The Clash of Civilizations and the remaking of World Order*）一书中，列举了西方国家作为世界经济霸权国家的 14 个战略要点，其中前 5 项要点中有 3 项与金融有关。这三个战略要点分别是：“第一要点，拥有和操纵着国际金融市场；第二要点，控制着所有的硬通货；第三要点，主宰着国际的资本市场”，从中可以看出金融力量的特殊战略意义。特别是近二三十年来，大国之间的军事竞争相对弱化，金融领域已日益成为大国经济和政治斗争的主战场，大国开始频繁地利用金融手段推行对外战略。从东亚、拉美等地区近年来发生金融危机造成的后果来看，金融力量对发展中国家和一些新兴工业化国家的政治经济影响甚至比战争更为深远和重大，金融力量已成长为与军事力量同等重要的战略权力和战略资源。现在美国已经牢牢地把握了国际货币体制的“生杀大权”，它们是绝对不肯轻易放手的。

在参加 2008 年 G20 华盛顿金融峰会之前，法国总统萨科齐到处推销所谓的“新布雷顿森林体系”，一副踌躇满志的样子，谁知在布什那里碰了一鼻子灰，峰会以“加强监管和国际合作”草草收场，有关改革布雷顿森林体系的内容，仅限于调整各国在国际货币基金组织和世界银行中的权重，因为美国对这个话题不感兴趣。

第四，国际货币基金组织无力承担改革和掌控国际货币体系的责任。

国际货币基金组织是一个多边合作的机制，它自身不具备超越主权国家的经济实力，因此也无力承担掌控国际货币体系的责任。退一步讲，假设国际货币基金组织具备了如此的经济实力，各国将国际货币体系的“权杖”交到了国际货币基金组织的手中，彼时的国际货币体系也未必使世界各国——尤其是新兴市场国家、广大发展中国家称心如意。

众所周知，国际货币基金组织是在美国控制之下的，要美国自己革自己的命比登天还难。目前国际货币基金组织的实际情况是美国拥有事实上的一票否决权。按国际货币基金组织协议规定，基金重大问题须经全体成员国总投票权的 85% 通过才能生效。而在国际货币基金组织内，美国拥有的投票权占 16. 79% 。不管什么样的决议，美国不同意就无法通过。在国际货币基金组织建立在份额和投票权基础上的实际控制问题没有解决之前，国际货币体系的重建很难取得实质性的进展。

国际货币基金组织现有的成员国代表性权重，与该组织60多年前建立之初的原状相差无几，已经远远不能反映当今世界的经济版图，特别是新兴市场经济体和发展中国家的份额（Quota）和投票权，远低于所占世界经济的权重。美国分别拥有国际货币基金组织和世界银行16.79%和16.38%的投票权，一直以来美国掌控世界银行，欧洲掌控国际货币基金组织。原因在于欧洲各国在国际货币基金组织的投票权加在一起，超过了美国。

国际货币基金组织改革的设想主要有两条：一是把关键投票权门槛从85%降低到70%~75%，这样就勾销了美国的一票否决权，但基于其庞大的“份子钱”，美国的意愿仍然举足轻重。二是扩大新兴大国在国际货币基金组织的份额从而增加其投票权所占比重，但由于增加的比例过小（例如中国目前在国际货币基金组织的投票权仅为3.66%），根本无法改变其在国际货币基金组织决策体系中的被动地位。所以，把希望寄托于国际货币基金组织，希望国际货币基金组织能主持公道，担负起领导国际货币体系改革的责任，维护国际货币体系的公正秩序，其实是不切实际的幻想。

既然目前改革国际货币体系的时机尚未成熟，周小川抛出“非主权储备货币”设想的用意是什么？人们有如下几种猜测：

其一，“敲山震虎”说。虽然目前几乎所有分析都认为，美元地位在短期内无法撼动，但周小川文章能够掀起一场关于美元地位的大讨论，事实本身已经让美国心生忐忑——奥巴马、盖特纳和伯南克等政要的迅速回应就说明周小川的建议触动了美国的神经。

目前中国持有的美国国债已经高达7 400亿美元，是美国最大的债权国，如果加上其他的一些机构债券和股权投资，中国持有的美元资产约达1.9万亿美元；在中国持有的1.95万亿美元的外汇储备中，美元资产所占比重约70%，即近1.4万亿美元。中国在国际上的一举一动，都可能在国际金融市场上掀起一场风暴。因此，来自中国的声音不可以不重视。

奥巴马政府上任以来，不断大手笔花钱救经济，目前美国利率已到接近零的区间，而2009年及2010年两年的财政赤字增加近3万亿美元。美联储在2009年3月18日又推出“定量宽松”（Quantitative Easing）的货币政策，计划用1.15万亿美元购买美国国债、“两房”MBS债券和机构债，这种操作被理解为中央银行开动印钞机，为财政赤字直接融资，美国政府铤而走险自然会引起中国的焦躁与不安。

中国政府总理温家宝在2009年3月13日曾表示，他确实担心美元资产的安全，并要求美国保持信用，信守承诺，保证中国资产的安全，现在看来，能不能保管好这笔巨额财富，对中国是一个严峻的挑战。周小川的文章用意也是为了给美国人打“预防针”，警告美国人不要不顾他国利益而一意孤行。

其二，“声东击西”说。有媒体分析，在过去的G20会议上，发达国家常常批评中国的经济和汇率政策。这次，中国采取了主动进攻的策略，中国如此出牌的真正用意是用特别提款权来做挡护人民币的盾牌——中国真正的目的是加快人民币区域化以及国际化的进程①。

根据亚洲开发银行的构想，“亚元”的基本设计概念是一篮子货币方式。计算方法采取各种货币的加权平均值计算，即根据各国和地区的国民生产总值和外贸进出口额等计算出其货币在一篮子货币中的比重。这样，人民币所占比重就会较高。

自国际金融危机暴发以来，人民币区域内合作进展迅速，中国人民银行自2008年12月先后与韩国、马来西亚、白俄罗斯、中国香港、印度尼西亚、阿根廷6个经济体签署双边货币互换协定，至此，通过货币互换“走出去”人民币总额达到6 500亿元。2009年3月25日，国务院总理温家宝主持召开国务院常务会议，审议并原则通过关于推进上海加快发展现代服务业和先进制造业、建设国际金融中心和国际航运中心的意见。会议提出，到2020年，将上海基本建成与我国经济实力和人民币国际地位相适当的国际金融中心、具有全球航运资源配置能力的国际航运中心。这被认为中国为人民币国际化制定了清晰的时间表。国务院公布的支持上海国际金融中心建设“先行先试”具体政策中，创造条件适时开展人民币用于国际贸易结算试点被列在首位。2009年4月8日，国务院常务会议决定，在上海、广州、深圳、珠海、东莞开展跨境贸易人民币结算试点。至此，人民币国际化进程正式进入倒计时。过去，中国一搞“亚元”，美国就反对。现在美元出问题了，中国不希望美国在“亚元”问题上指手画脚，也反对美国在人民币国际化问题上设置障碍。

此外，也有论者指出，周小川恐怕更多的现实指向是国际货币基金组织和世界银行的决策权的重新分配，以使发展中国家拥有足够的参与权和表决权。周小川此论，也许并非意味着国际金融和货币体系洗牌在即，而只是意味着对全球秩序中经济不平等的反思，以及新的可能的改革路径，其挑战美元霸权的意图显然要比期待新的国际储备货币更明显。

其三，“伸张正义”说。周小川的声音被称为“具有理想主义色彩的政策主张”，可以占据经济伦理的正义高地。中国是一个负责任的大国，在重大国际问题上应阐明自己的观点，旗帜鲜明地亮出自己的政策主张，为新兴经济体和发展中国家仗义执言。

在反思美元主导的国际货币体系的问题上，世界都把目光投向中国。因

① 孙健芳、李金玉：《“周公”舞剑意在人民币》，载《经济观察报》，2009-03-28。

为今天的中国是美国最大的债权国，美元在国际金融市场上的走势很大一部分取决于中国对美元资产的“信心”。如果中国投出了不信任票，那么结果将是“灾难性”的。国际资本一旦蜂拥撤出美国市场，不仅会动摇美元主导的货币体系格局，摧毁美国的金融信用体系，也会造成美元储备国家的巨额财富损失，恶化这些国家金融机构的资产负债表。显然，在世界需要听到中国声音的时候，中国政府站出来表明自己的态度，这也符合中国的“负责任大国”的身份。美国著名经济学家、诺贝尔经济学奖得主斯蒂格利茨意味深长地评价说：“在世界上美元外汇储备最多的中国公开批评以美元为中心的国际货币体系，并提议构筑新的货币体系，这一点谁也没有想到①。”周小川“结束美元时代”的提议当然不是恐吓，但昭示着一种可能性——美元霸权并不是不可以改变的。美元也许“在很长时间内仍将是全球储备货币”，但挑战美元霸权，尽可能批判这一霸权产生的经济不平等，并让美国清楚地认识美元霸权并非理所当然，也是一个应当在全球化中完成的过程。

周小川所提出的建设超越主权的国际储备货币的构想，代表了国际货币体系改革方向与途径的合理主张。

8.4 美元如果破产，世界将会怎样

一个非常有趣儿的设问：如果美元崩溃了，会对世界经济产生什么样的影响？换一个问题的提法是：如果美元破产，这个世界是将变得更好还是更坏？笔者的答案是悲观的。缺少了美元，对这个世界的影响将是“灾难性”的。

第一，美元的崩溃就意味着美国经济的崩溃，而美国经济的崩溃就意味着3亿美国人民坠入灾难的深渊——经济凋敝，民不聊生。我们当然不愿意看到如此悲惨的结局。

第二，美元的崩溃意味着现行国际金融体系的垮塌，全球金融秩序重新进入“无体制时代”，这将极大地妨碍国际间的经济与贸易往来，使历史发生倒退。尽管经济全球化可能造成国家间的贫富分化，但国与国之间的隔绝可能造成的贫富分化，将比这更可怕1 000倍！

第三，美元的崩溃可以使全世界6.4万亿美元外汇储备中70%灰飞烟灭，各国民众辛辛苦苦、几十年如一日辛勤劳作所赚取的美元储备付诸东流，中国、日本、俄罗斯等外汇储备较多的经济体将遭受沉重的打击。

第四，全球经济将失去通用的“语言”。人们已经习惯于用美元表示的

---

① 沈松：《中国建议以新储备货币替代美元获联合国支持》，载《环球时报》，2009-03-28。

GDP、进出口总值、国际投资净额，一旦缺少了美元，我们不知道该用什么去衡量它们的价值，也失去了各经济体间经济数据比较与评价的基准。

一方面，现行国际货币体制的不合理性已经达到了令人无法忍受的地步；另一方面，这种体制又强大到令人无法撼动的地步，这比“哥德巴赫猜想”更难破解。正如经济学家比喻的那样，美元就像微软的窗口操作系统，虽饱受争议，但由于使用范围太广，一时仍难以替换。

依笔者所见，人们迟早会攻克这一难关，但必定是一个相当漫长的过程，起码在最近的20~30年里，不大会取得突破。20~30年之后，国际货币体系可能有4种前途：最不好的情形、最好的情形、最不可能的情形和最可能的情形。

最不好的情形是现行国际货币金融体制不变，美元仍居于国际货币体系金字塔的顶端，美元仍然是国际货币体系的核心，美国的债务经济模式得以持续，全球经济发展不平衡的局面继续维持或趋于恶化。这种猜想的前提是美国继续保持世界第一经济大国的地位，世界政治、经济、军事、文化的格局不发生实质性的变化，——事实上，在近50年之内发生这种变化的可能性很小。

最好的情形是现行的国际货币体制推倒重来，在全球建立一种以“非主权储备货币”为中心的国际货币体系，从根本上消除主权国家货币的弊端。这一设想面临如下三个障碍：

其一，劝美元“退位”，无异于“与虎谋皮”，面对美国的强大政治、经济、军事、文化实力，这种可能性微乎其微。即使是退一步“约束美元的发行权”，也只不过是萨科齐的一相情愿罢了。

其二，以“Bancor”或其他类似的形式创设“非主权储备货币”，面临着组织和技术两大难题。所谓组织难题，是谁来牵头做这项工作，显然现存的国际组织无力担此重任，即使勉强为之，人们还有理由担心这样的组织会不会成为美国或西方发达国家的“御用工具”。所谓技术难题，是指代表商品的选择及各国的均衡，定值方法及币值稳定的保障措施，尤其是它的信用保障问题特殊值得关注。起码从目前来看，“Bancor”及其类似的提议还停留在“看起来很美”的阶段。

其三，通过对国际货币基金组织创设的特别提款权改造，在特别提款权的基础上创设“非主权储备货币”。这个设想被认为是“推倒重来”方案中最具现实意义的方案。

周小川在《关于改革国际货币体系的思考》一文中，提出了“创造一种与主权国家脱钩、并能保持币值长期稳定的国际储备货币”的设想，并相应提出了实现这一设想“循序渐进”的技术路线。周小川认为，在特别提款权的基础上创设“非主权储备货币”有如下4门功课要做：

（1）建立起特别提款权与其他货币之间的清算关系。改变当前特别提款权只能用于政府或国际组织之间国际结算的现状，使其能成为国际贸易和金融交易公认的支付手段。简单地说，就是要由“纸黄金”变成“真黄金”。

（2）积极推动在国际贸易、大宗商品定价、投资和企业记账中使用特别提款权计价。这样做“不仅有利于加强特别提款权的作用，也能有效减少因使用主权储备货币计价而造成的资产价格波动和相关风险”。

（3）积极推动创立特别提款权计值的资产（例如，发行以特别提款权计值的债券），增强其吸引力。

（4）进一步完善特别提款权的定值和发行方式。特别提款权定值的篮子货币范围应扩大到世界主要经济大国，也可将 GDP 作为权重考虑因素之一。此外，为进一步提升市场对其币值的信心，特别提款权的发行也可从人为计算币值向有以实际资产支持的方式转变，可以考虑吸收各国现有的储备货币以作为其发行准备。

有关特别提款权的信用保证措施，周小川的设想是：由国际货币基金组织集中管理成员国的部分储备，不仅有利于增强国际社会应对危机、维护国际货币金融体系稳定的能力，更是加强特别提款权作用的有力手段①。

对于周小川的倡议，国际、国内既有赞同的声音，更有质疑和反对的声音。截至 2009 年 5 月，质疑和反对的声音甚至淹没了赞同的声音。

首先，人们对以特别提款权为基础的“非主权储备货币”缺乏信心，源于对支撑特别提款权运行的国际货币基金组织缺乏信心。对周小川的建议持赞同态度的美国哥伦比亚大学教授约瑟夫·斯蒂格利茨 2009 年 3 月 26 日表示，“以国际货币基金组织的特别提款权替代美元是最快的途径，但我认为，从长期来看，最好应成立新的国际（储备货币）机构②”。汇丰全球首席经济学家史蒂芬·金（Stephen King）在接受《第一财经日报》等媒体记者采访时说：“特别提款权也会遇到一些问题。货币政策之所以被看做应对全球金融危机的手段，是因为有中央银行的参与，但在特别提款权中并不涉及中央银行的货币政策作用，因为特别提款权仅仅是被相互独立的不同中央银行所控制的一篮子货币。这一提议可能对成立全球中央银行有帮助，但这条路还很漫长，现在不得不面对各中央银行和各货币政策并存的局面③。”

其次，一些专家充分考虑到了重建国际货币体系的复杂性和难度，因而

① 周小川：《关于改革国际货币体系的思考》，http：//www. pbc. gov. cn/detail. asp？ col = 4200&id = 279，2009 - 03 - 23。

② 沈松：《中国建议以新储备货币替代美元获联合国支持》，载《环球时报》，2009 - 03 - 28。

③ 赵刚：《经济学家称美元储备货币地位确实比较危险》，载《第一财经日报》，2009 - 03 - 31。

对“周小川方案”缺少信心。“确实提出了一个十分有意思的理念。”欧盟贸易总司司长欧沙律文（David O'Sullivan）2009年3月25日在欧盟总部布鲁塞尔接受《财经》记者采访时说，“但是从目前来看，估计我们还是得继续依靠既定的世界货币体系，因为建立新的世界货币体系，需要依赖在其他领域实现更高程度的一体化”。“如果我们是从一张白纸开始重建世界体系，可能我们会非常认真地考虑周的建议”。英国驻华使馆负责经济及贸易政策的参赞邓肯（Duncan Sparkes）3月26日对《财经》记者称，“我对周的眼光和分析没有任何怀疑。但问题是，这么做是否现实[①]”。欧元的某些性质与设想中的“非主权储备货币”极其相似，欧元从拟议到最终出台经历了30年的时间。世界各国之间的差异不知比欧元区各国之间的差异大多少倍，你很难设想非洲最贫困的国家与最发达的美国使用同样的货币。假使全球货币能够最终问世，也不知要经过多少朝多少代。“这是一个非常美好的‘革命理想’。”对于将特别提款权发展成国际储备货币的设想，清华大学金融系主任李稻葵如此评价。李稻葵指出，布雷顿森林体系在1974年崩溃以后，各国开始实行浮动汇率；而国际资本市场的发展，使信用优良的国家得以承担起了国际放贷人的角色。这种情况下，特别提款权的作用也就日渐被忽略了。今天，特别提款权仅作为国际货币基金组织和其他一些国际组织的账户计价单位，虽然国际货币基金组织成员国之间可以通过特别提款权的转移拆借资金，但它远不是可以用于实际支付的货币。按李稻葵的说法，即使有了政治上的意愿，一种货币要成为国际货币“也不是一个国际条约能签出来的”，而必须是投资者和国际贸易各方，都愿意用这种货币进行交易或投资。所以，一种新的国际货币开始推行，必然涉及与现有主要货币之间的交换关系。“如果特别提款权要发展起来，发行特别提款权计价的债券，那么，现在全世界持有美元的投资者要购买这种债券，就会要求特别提款权和美元的汇率要稳定。”李稻葵说，“如果波动性很大，投资者为什么要承受这个风险？如果特别提款权跟美元挂钩很紧，那人们干脆就使用美元了，为什么要用特别提款权呢？”（特别提款权采用美元、欧元、日元、英镑4种主要货币定值，其中美元的比重为44%——作者注）[②]

我国著名学者易宪容指出：“对于这种货币的设想，由于它是与国家主权相脱钩的，或是没有国家主权为信用担保的，因此，这种国际储备货币一定是世界各国政治协商的结果。可以说，即使这种政治协商可以进行，但是

---

① 张翃、李涛：《寻找超越美元的路线图：亦真亦幻SDR》，http://finance.sina.com.cn/g/20090328/21446037950.shtml，2009-03-28。

② 孙健芳、李金玉：《“周公”舞剑意在人民币》，载《经济观察报》，2009-03-28。

由于当前各国的经济发展水平及在国际经济生活中的地位相差十分巨大，各国在这种政治协商中的利益诉求相差很远。因此，在这种政治协商中要达到各国认可的一致意见是不容易的。即使能够达到这种一致意见，其成本也是十分昂贵的。还有，不仅建立这样一种脱钩国家主权的国际储备货币要通过不是一件容易的事情，而且即使可以通过政治协商能够建立起这种国际储备货币，同样要面临一个什么样的机构来管理运作这种货币的问题①。”

还有，部分学者是从金融学原理的角度看待创设“非主权储备货币”这一问题，对这一设想基本上持否定态度。中国社会科学院金融市场研究所金融研究室主任曹红辉说：“特别提款权是被遗忘的货币，没有主权，在学理上不是可行的，也是不可能实现的。”曹红辉解释说，实际上，特别提款权自从1965年被国际货币基金组织创建以来，就因为缺乏主权遭受冷落。有关专家指出：作为国际储备货币，必须具备三个条件：一是在国际货币体系中占有重要地位，二是能自由兑换，三是各国中央银行对其国际市场购买力的稳定性具有信心，但一个无主权的货币无法实现上述功能②。此外，周小川的提议尚有不明确的地方。例如，超主权货币是与美元并行，还是替代美元？如果是前者，还有一个如何处理与美元关系的问题。看来，即使是最接近答案的“周小川方案”，也有许多悬而未决、难以克服的问题，无怪乎周小川在《关于改革国际货币体系的思考》一文中申明：“重建具有稳定的定值基准并为各国所接受的新储备货币可能是个长期内才能实现的目标③。”

最不可能的情形是恢复国际金本位制，因为历史不会倒退。

2008年12月，3名中国学者在财经网上发表了题为《用新金本位重构国际货币体系》的署名文章，提出金汇兑本位④国际货币体系的设想。3位作者的构想是：建立世界货币组织，实施金本位制，发行世界公币。具体而言：

（1）建立世界货币组织，实施金本位制，发行世界公币。世界各国可自由选择是否加入世界货币组织，成为世界货币组织会员国。各会员国依照经济实力向世界货币组织认缴黄金，世界货币组织据此作为储备基准，以金本位方式，发行世界公币，各国按其经济地位向世界货币组织认缴黄金份额，并相应获取其发行的世界公币。世界公币主要用于世界货币组织与各国中央银行，以及各国中央银行之间的买卖和国际收支清算。

---

① http：//news. ifeng. com/opinion/200903/0325 _ 23 _ 1076718 _ 3. shtml.

② 孙健芳、李金玉：《“周公”舞剑意在人民币》，载《经济观察报》，2009 -03 -28。

③ 周小川：《关于改革国际货币体系的思考》，http：//www. pbc. gov. cn/detail. asp？col =4200&id =279，2009 -03 -23。

④ 发行纸币并进入流通，但纸币与黄金保持固定比价关系，纸币可兑换黄金。布雷顿森林体系本质上就是金汇兑本位。

（2）国际货币由世界主要经济体发行。世界各国可自主选择实施原有的货币制度，或者实施局部的准金本位制。一国选择实施局部金本位制度是指，将其发行的国际货币与世界公币或黄金挂钩，并用于国际结算；在国际结算中，只需支付黄金的净差额；国内货币的发行流通机制由其自行决定。实施对外支付部分的局部金本位制度，而不是全局金本位制度，既能使国际货币体系稳定运行，也能使现有国际黄金储量足以保证国际货币的发行量满足需求。

（3）缔结国际公约,世界公币和国际货币的发行，受国际公约约束,接受世界货币组织监管。世界货币组织定期对国际货币的发行进行评估和监控，并建立各国之间的收支清算系统，必要时应对国际收支出现困难的国家进行救济①。

对于这种提法，响应者不多。中国学者程实曾经撰文解答了这个问题。金本位制已经是“过去时”，它之所以被淘汰，必定有其内在的原因。程实从黄金总量的有限性、技术发展可能摧毁“黄金稀缺性”、金本位缺乏弹性、约束规则困境4个方面阐述了“国际货币体系的未来发展不会走回头路”的结论，有一定的说服力②。

最可能的情形是“区域货币一体化”方案。该方案主张推行区域性单一货币制度，主要是借鉴欧盟创建欧元的经验，即区域内的国家将金融市场连成一体，对内汇率固定或采用单一货币，对外则是可以自由调整的浮动汇率。在世界范围内形成的若干种区域性货币之上，由国际货币基金组织作为全球性的监督、协调机构。提出此思路的学者认为它可降低经济交易的成本和汇兑风险，刺激世界经济增长，而且可以在公平基础上促进国际货币合作，联手抑制国际金融市场的动荡，防范危机的暴发和深化。蒙代尔近年来一直提倡美元、欧元和“亚元”分别承担起区域货币的职责并共同构成多极货币体系。而且这种多极货币体系最后有可能走向世界统一货币。

在美元霸主地位难以撼动，美国经济在世界经济总量中的比重不断下降，巴西、印度、俄罗斯、中国等“金砖四国”迅速崛起，世界经济格局已发生深刻变化的条件下，国际货币体系必将走向多极化和“区域货币一体化”。其中最大的看点一定是人民币的异军突起，以及人民币实现自由兑换之后“亚元”的问世。

历史必将把这一天呈现给我们，中国人民翘首以盼，亚洲人民翘首以盼，世界人民翘首以盼。

---

① 沈晗耀、于跃进、崔长峰：《用新金本位重构国际货币体系》，http：//www.caijing.com.cn/2008-12-08/110036141.html，2008-12-08。

② 程实：《回归金本位已失去客观条件》，http：//school.cnstock.com/2008-12/19/content_3938035.htm，2008-12-19。

9　虚拟经济与实体经济谁主沉浮

要处理好实体经济和虚拟经济的关系，我们需要虚拟经济的健康发展，来促进实体经济的发展。因此，虚拟经济必须与实体经济相协调，绝不能因为虚拟经济出现的问题而影响实体经济的发展。

——中国政府总理温家宝

中国民间流传着一个寓言故事：有一年发大水，房子、道路、田地都被淹没了，到处是一片汪洋，一个穷人和一个富人不约而同地逃到了一棵树上。

富人随身带着十几个金元宝，他筹划着等大水退了，再置房产地产，牛马成群，他仍然可以过上衣食无忧的富裕生活。穷人没有金元宝，他怀里揣着的是十几个棒子面窝头，他也在筹划着，等洪水退后再开出几亩荒地，供全家人糊口。

大水一直不退。穷人每天吃一只窝头，喝几口脚下的洪水，倒也可以勉强度日。前两天还对付，第三天富人就饿得挺不住了，——他提议用一只金元宝换穷人的所有窝头，但穷人拒绝了。富人又提议，用一只金元宝换一个窝头，穷人又拒绝了。最后，富人咬着牙提议用自己所有的金元宝换一个窝头，还是被穷人拒绝了。

十几天后，大水退了，但富人已不知踪影。

这个故事不知能不能影射虚拟经济与实体经济的关系，但可能对我们有所启发。

9.1 虚拟经济与实体经济释义

虚拟经济与实体经济是一对经济学范畴，也是不大好说清楚的两个概念。从它们产生的时间顺序来看，应该是实体经济在先，虚拟经济在后，我们也按照这个顺序来介绍这两个概念。

实体经济是指物质的、精神的产品和服务的生产、流通等经济活动。包括农业、工业、建筑业、交通运输业、通信业、商业服务业等物质生产和服务部门，也包括教育、文化、知识、信息、艺术、体育等精神产品的生产和服务部门。实体经济始终是人类社会赖以生存和发展的基础。

实体经济的特点可以归纳为以下三点：基础性、有形性和价格的相对稳定性。

所谓基础性，是指实体经济活动是人类生产、生活所不可或缺的，不管人类社会发达到什么程度，衣、食、住、行、娱乐总是不能缺少的。当然，实体经济活动也是分层次的，例如，人类对物质产品的需求是第一位的，对精神层次的需求是第二位的，所以马斯洛讲人类需求层次论首先讲生存需要，其次讲发展需要，再次才是精神层次的需要。

所谓有形性，主要是讲物质产品都是有形产品，看得见摸得着，能满足人们物质生活或精神生活某一方面的需要。对于精神产品如音乐、绘画、电影、电视也需要有看得见摸得着的载体，否则就无法传递到人们的头脑中。

价格的相对稳定性是相对于金融产品而言，一栋房子和一组股票在购买时可能是等值的，但股票的价格却可能有相当大的波动，甚至可能一文不值，但一栋房子不可能卖到一块豆腐的价格，因为两者的制造成本不同。在本次金融危机肆虐的当口，有一次布什总统接见了通用、福特、克莱斯勒等著名企业的首席执行官，被媒体戏称为“布什接见了一些小企业的代表”，为什么呢？因为这些企业的股票市值大幅度缩水，从规模上来看已经算不上大企业了，但它们有形资产价值的缩水并没有那么严重。

次贷危机暴发以后，美联储就宣称“金融市场动荡没有损及实体经济”。2007 年 9 月 18 日，美联储在降息的声明中表示，降息的目的是“为防止市场动荡损及实体经济”。旧金山联储主席耶伦也表示“短期货币政策应该致力于稳定实体经济增长”。在次贷危机暴发之前房市长期低迷时，美联储就置房市下滑于不顾，多次声称“房市下滑没有伤害到实体经济领域”。那么美国语境下的“实体经济”含义是什么呢？

美联储频繁使用“实体经济”这个词语，与之相对应的是除去房地产市场和金融市场之外的部分。就美国经济数据的构成来看，包括制造业、进出口、经常账户、零售销售等的部分被美联储笼统地概括为“实体经济”。按照中国人“两分法”的思维习惯，实体经济必须对应点什么。对应点什么呢？中国人给这部分经济活动取了个名字，叫虚拟经济。

中国的一些学者，一谈到某个概念或术语及其内涵，就要到西方人的著作中去寻找答案，看谁“盗墓”的手段更高强，能找到概念或术语最原始的来源，仿佛真理只能在西方世界寻找似的。从这种角度来看，虚拟经济这个词儿的提出是个创见，有可能预示着经济学中国范式的崛起。

但新生的东西往往是不完善的。在遍查西方著述无着落的情形下，中国的学者尝试着自己来解释“虚拟经济”这个概念，由此就出现了百花齐放、众说纷纭的局面。

第一种观点，著名经济学家成思危的观点是：“虚拟经济是指与虚拟资本以金融系统为主要依托的循环运动有关的经济活动，简单地说就是直接以钱生钱的活动”。成思危定义的源头是马克思提出来的“虚拟资本”的概念。

第二种观点，中国社科院金融研究中心王国刚认为，在经济运行中，“虚拟经济”是用于描述以票券方式持有权益并交易权益所形成的经济活动的概念。在现代经济中，它主要指金融业。虚拟经济不仅包括证券业、资本市场，也包括货币市场、银行业、外汇市场等，是一个涵盖金融业的概念。

第三种观点，国务院发展研究中心市场经济研究所副所长陈淮认为，虚拟经济是资本独立化运动的经济。资本以脱离实物经济的价值形态独立运动，这是虚拟经济之虚拟属性的根本体现。虚拟经济存在与发展的基础是产权交易。市场经济高度发展的标志在于产权本身也成为市场交易的对象。清华大学宋逢明教授也认为：金融是虚拟经济的重要组成部分，而资本市场才是虚拟经济核心的部分。

第四种观点，还有一种观点是将虚拟空间、虚拟社会、信息化经济与国民经济框架体系相连接，就形成了广义虚拟经济。这种观点在经济理论界响应者不多。

到底什么是虚拟经济？笔者认为，虚拟经济就是价值体系的独立运动过程。这看起来有点像陈淮的观点，但实质上有区别。其要义有4点：

其一，商品有价值和使用价值两种属性，经济有价值和实物两种形态，价值需要用货币去计量，价值形态可以表现为独立的运动过程。从商品与货币的关系角度来看，具有三种关系形式：商品与商品的关系；商品与货币的关系；货币与货币的关系。虚拟经济——“价值体系的独立运动”体现的是货币与货币的关系，这种关系包括“资本的独立化运动”，但又不局限于

"资本的独立化运动"。

其二，虚拟经济有一个产生、发展、演变、成熟的过程。虚拟经济产生的基础是货币，交换的需要、支付的需要、储藏财富的需要及计量不同质经济活动成果的需要催生了货币。在自然经济条件下，虽然货币出现了，并普遍成为交易的媒介，但虚拟经济并未形成。在商品经济发展历史的长河里，在相当长的时间内，虚拟经济也并未成为一种独立的经济形态，因为它依附于实体经济而存在。虚拟经济成为一种经济形态需要具备以下三个条件：一是金融行业空前发达，门类齐全，具备自我复制的机制；二是金融产品极其丰富，能满足各类交易者交易的需求；三是金融市场相对完善，并相互联结，形成比较完整的市场体系。满足了上述的三个条件，才能实现所谓的"价值体系独立运动过程"。可见，虚拟经济不能简单等同于金融行业，它是人类社会经济活动发展到一定阶段的产物，作为一种独立的经济形态，应该有多维的、质的规定性。

其三，价值体系的运动体现的是货币与货币、资本与资本或金融资产与金融资产之间的交换关系，其间不涉及改变实体产品形态的变换，因此可看做是价值形态独立的运动过程。按照这种理解，货币与货币直接交换的外汇市场、货币与短期金融工具交换的货币市场、以预期折现现金流为交易基础的资本市场、以保证金为交易基础的金融衍生产品市场、以抵押物为交易基础的信贷市场均属虚拟经济的范畴。

在虚拟经济形态发展的过程中，价值体系的独立运动又产生了一定程度的异化。例如，期货市场的交易涉及货币或金融资产与实物产品的交易。但期货市场交易的本质不在于交易实物产品，而在于追求金融资产的价值增值，这就是在期货市场上95%以上的交易都未实现交易标的物交割的原因。在期货交易者眼中，石油也好、铁矿石也好、玉米也好、大豆也好与外汇没有什么区别，在这里它们成了金融产品的替代物，它们被"当成"金融资产进入了交易过程，这与实体经济活动中的商品与货币交换有着本质的不同。与此类似，在美国人的概念中，房地产业不属于实体经济的范畴而属于虚拟经济，为什么呢？原因就在于在美国人看来，房地产也是一种期货，他们把房地产看成了预期会升值的金融资产，自住住房需求反而降低到次要地位。正是在这个意义上，有些人不仅将房地产业，还将博彩业、收藏业也纳入到虚拟经济的范畴。这种异化，导致虚拟经济的范围远远超出了传统金融行业的范围。

其四，虚拟经济与实体经济的比例处于不断的变化之中，其不同的匹配对经济整体的影响表现出不同的特征。在虚拟经济与实体经济相互协调发展的历史阶段，虚拟经济是实体经济的一种"映射"，货币的创造、金融产品的扩容、金融市场的完善和金融行业的兴盛，出发点和落脚点都是为实体经济服务的，即发展虚拟经济的初衷是为了进一步发展实体经济，而最终的结果也应该是促进实体经济的繁荣。但虚拟经济在自己的发展中却走过了头——脱离实体经济的需要而过度膨胀，不仅大量的金融交易活动与实体经济无关，而且积累了大量的泡沫，威胁着实体经济的安全。而一旦泡沫破裂，又会对实体经济产生巨大的冲击——美国金融危机就是绝佳的例证。

成思危先生认为，从历史上看，虚拟经济的发展过程经过了五个阶段：即闲置货币的资本化、生息资本的社会化、有价证券的市场化、金融市场的国际化、国际金融的集成化等。事实证明，虚拟经济发展的阶段不同，对实体经济发展的影响也就不同，也是虚拟经济发展的高一级阶段对实体经济发展程度的影响，总比虚拟经济发展的低一级阶段对实体经济发展程度的影响要大一些。反之，则会小一些①。此种分析思路颇有建树。

笔者认为，货币的产生是虚拟经济的萌芽时期，尽管虚拟经济产生的基础具备了，但虚拟经济还没有出现。虚拟经济产生的标志是生息资本的出现，特别是银行的产生标志着虚拟经济正式成为一种经济形态。这是因为银行产生以后，货币与货币的交换或者说信用形式成为一种常态。但在这一时期，虚拟经济仍然依附于实体经济，服务于实体经济。而金融衍生产品的产生则标志着虚拟经济开始以实体经济对应经济形态的姿态登上历史舞台，虚拟经济开始对实体经济的发展起到破坏作用。而随着虚拟经济的比重日渐增大，对实体经济的威胁也越来越大，这就是我们需要面对的金融风险越来越突出的根本原因。

与实体经济的 3 个特点相对应，虚拟经济的 3 个特点是：衍生性、无形性和价格的相对波动性。衍生性是指虚拟经济是在实体经济的基础上衍生出来的，在人类社会发展的早期不是一种独立的经济形态；无形性是指虚拟经济一般不涉及实体经济产品的制造过程，表现为价值之间的交换关系；价格的相对波动性是指金融产品的价格往往表现出巨大的升降落差，迥异于实体经济条件下的产品。

例如，截至 2007 年沪深股市的最后一个交易日，两市上市公司 1 530 家，上证综指报收在 5 261. 56 点，总市值达到 32. 71 万亿元人民币，占我国 GDP 的比重为 158%。按照 2006 年 12 月 29 日收盘时的 2 675. 47 点计算，上证综指全年大涨 2 533 点，涨幅 96. 66%。受金融危机影响，2008 年我国股市大幅回调。统计显示，2008 年末沪深两市上市公司增至 1 604 家，上证

① 成思危：《虚拟经济探微》http：//www. people. com. cn/GB/guandian/29/173/20021220/892306. html，2002－12－20。

综指由 2007 年末的 5 261.56 点跌至 1 820.81 点，全年下跌 65.39%（年内最低点为 1 664.93 点），总市值降至 12.13 万亿元，较上年下降 2/3，占 GDP 的比重由上年末的 158% 降至 48.6%①。上市公司资产的真实价值会有如此剧烈的波动吗？恐怕任何一个精神正常的人都不会这样认为，这充分体现了金融产品价格的相对波动性。

人们常说：水能载舟，亦能覆舟。虚拟经济与实体经济的关系也大抵如此。

9.2 美国经济“空心化”疑云

由于美元的特殊国际地位，美国变成了世界上最特殊的经济体。它使得自己的贸易赤字变成了其他国家的必然需求——美国必须在国际市场上大量购买，由此导致大量贸易赤字，满足其他国家的美元储备；同时，美国的财政赤字也变成了其他国家的必然需要——美国发行大量国债，供其他国家的美元储备投资。

要维持这样一个债务经济的循环模式，美国就必须把生产一般性商品的实业企业赶出美国本土，而这件事完成于 1971 年到 1991 年。20 世纪 70 年代两次石油危机时期，由于石油价格的数倍上涨，使得美国一般性商品生产企业不堪重负，一方面是生产成本的大幅提高，另一方面通货膨胀压低了国民的消费能力。双向的挤压，使得企业利润不断萎缩。里根继任总统之后，为压制石油危机引发的通货膨胀，在当时美联储主席保罗·沃尔克主持下，1980 年 3 月废除了利率上限管制，此后在短短的数周之内，美元利率一举攀高至 20%，而且在高位运行长达 5 年之久，——这就是国际金融史上著名的“金融休克疗法”。能源成本、财务成本大幅攀升，加之消费萎缩，美国一般性商品生产企业有些倒闭了，有些便加入美国 20 世纪 80 年代上半期发生的一轮空前企业兼并、重组、收购狂潮。那时，实业企业实际变成了华尔街金融家手中的玩偶和赚钱的工具。

当年在华尔街流行着这样一句话：小的总是美的。当时大公司被金融家收购之后，总会被拆解为若干个小公司，而每一个小公司都将被进行“财务手术”，然后再把这些包装漂亮的小公司出售给需要它们的人。金融家通

---

① 齐雁冰：《沪深年末总市值突破 32 万亿元》，载《北京青年报》，2007-12-30。周松林、吴铭：《沪深两市总市值全年缩水 62.9% 估值创历年末新低》，http://www.sznews.com/finance/content/2009-01/06/content_3502693_2.htm，2009-01-06。

过这样的财技赚了大钱，它们甚至发明了“垃圾债”等一系列杠杆性金融工具，使得兼并、收购在美国1979年到1985年的6年间，达到了疯狂的程度。走过那个时代，美国的实业企业消失殆尽，只有诸如美国通用电器公司（GE）那样的几个巨无霸依然健在，但它们的业务也更多地倾向了金融。2004年，美国福特汽车公司全年税前利润58亿美元，其中，有50亿美元的税前利润是福特公司经营信贷和租赁等金融业务所得，卖汽车赚的利润不过8亿美元，其中大部分还与亚洲的销售市场有关。2007年，美国最大的汽车制造商GM的汽车销售利润50%来自汽车金融部门。

“金融休克疗法”的另一个产物是美元的升值，它一方面阻碍了美国实业企业的商品出口，另一方面为美国企业对外投资创造了有利条件，从而推动消费品制造业开始向亚洲的大转移，亚洲各国，尤其是中国和东南亚开始热衷于加工贸易、出口导向性经济，而且变成了一种新的经济增长方式——东亚经济模式，全球经济一体化的说教由此甚嚣尘上。一轮大转移完成之后，美国本土的经济动力还剩下什么？金融、高科技以及军事工业变成美国经济的立命之本。除此之外，几乎所有一般性商品生产均让位于欧洲和亚洲。今天，我们在国际市场上，很难再找到标有“Made in USA”的一般性商品了。其实，除了金融技术和难以马上转化为生产力或民众消费品的高科技以外，美国本土实体经济在国际市场上已经失去了竞争力，取而代之的是不断膨胀的贸易赤字。截至2007年9月底，美国累计的贸易赤字总额已达6.44万亿美元。

这就是美国经济的现状：从20世纪90年代到现在，美国GDP共计增加了4万多亿美元，其中制造业占比不到10%；制造业在GDP中占比，从1990年的24%下降到目前的18%。而制造业投资的增长率就更是少得可怜，2006年仅为2.7%，投资额仅相当于GDP的2.1%。就算是最让美国骄傲的信息技术和计算机硬件生产，截至2009年5月，每年的投入在GDP中的占比尚不足1%。与之相对，服务业在美国GDP中的占比高达80%。因此，美国的债务经济模式是一个地地道道的空壳经济，一个只能靠债务不断膨胀来拉动经济增长的大气泡，一个所有经济学理论都难以适用和解释的“经济怪物”。按美国著名学者安德森·维金的推算，美国每获得1美元的GDP，必须借助5美元以上的新债务①。

在美国经济“去工业化”不断发展的同时，美国经济的“虚拟性”却在不断加深。在实体经济不断萎缩的同时，服务业——尤其是金融服务业在美国的GDP构成中却居于无法取代的地位。截至2006年底，美国的金融资

① 钮文新：《美国会破产吗?》，载《中国经济周刊》，2008（43）。

产（银行资产、证券资产和债务资产）高达56.5万亿美元，占当年GDP的428.3%；这一数字比其他任何地区都要大，高于欧元区的53万亿美元、日本的19.9万亿美元，及亚洲除日本外的17.9万亿美元。这还未包括衍生市场，否则金融市场的规模将更加庞大。

美国债券（包括次贷）、股票、外汇、期货、金融衍生产品市场、大宗商品期货市场、房地产市场成为美国人创造货币财富的机器。根据国际清算银行保守估计，2006年底美国境内的股票、债券、外汇、大宗商品期货和金融衍生产品市值约为400万亿美元，为2006年美国GDP的36倍左右。这就好比美国是一只股票，用其虚拟资产总市值除以美国GDP算出的“市盈率”已经高达36倍左右，而其他国家类似计算出来的“市盈率”最多只有十几倍，如日本是16倍左右、中国是10倍左右（2006年中国虚拟经济发展报告），充分说明美国经济已经如一只市盈率过高的股票一样，具有了一定的泡沫性①。

2007年底，美国虚拟经济规模为167万亿美元，相当于美国GDP的12倍；虚拟经济过度发展导致美国经济结构出现缺陷，美国制造业仅占其GDP的15%，而包括金融业在内的服务业占其GDP的70%。在美国推动下，2007年全球金融衍生品达676万亿美元，相当于全球GDP的12倍。虚拟经济迅速发展导致全球资本流动性过剩和无序流动。近20年来全球经济年均增长3.58%，而国际流动资本年均增长13.7%。2007年8月美国次贷危机暴发时全球流动资本高达12万亿美元；2008年初仍达10万亿美元，其中美国6万亿美元。国际流动资本兴风作浪，不仅干扰国际金融秩序，而且成为国际油价、粮价和矿产资源价格暴涨暴跌的重要因素②。

据估计，为了监管这一庞大的金融市场，美国联邦政府每年花费的监管成本高达52亿美元，雇用30 106名员工——这还没有包括州一级的银行监管开支和人员。但这显然是低估的：根据美国管理与预算办公室（U.S. Office of Management and Budget）资料，仅过去10年出台的监管措施，每年平均都要花费340亿~380亿美元。一份学术研究报告甚至估计美国所有的联邦层次的监管开支每年高达3 800亿美元，接近每年GDP的2.9%。美国金融业高度发达，超越甚至脱离了实体经济的发展，呈现虚拟化态势。有人统计，目前美国交易的金融产品中只有1/7与实体经济有关。大多数金融产品

---

① 刘骏民：《虚拟经济的经济学》，载《开放导报》，2009-01-30。

② 吕邦安：《金融海啸可能演变为全球经济危机》，载《学习时报》，2008-11-03。

已经蜕变为独立的市场游戏工具[①]。

本轮次贷危机暴露了美国畸形金融结构的脆弱性。中国宏观经济学会常务副秘书长王建认为，美国的金融结构是一个倒置的金字塔，它的底层是和物质产业与实际消费相关的接口，如工商企业贷款、房贷、消费贷款、教育贷款等，以此为基础构造出金融衍生产品的大厦。美国金融机构发放的实物类贷款不到20万亿美元的规模，包括房贷、工商企业贷款和其他消费类贷款，但衍生金融产品的规模却达到了400万亿美元。现在底层垮掉了，上面庞大的建筑也会跟着往下垮。因为这些衍生金融产品的标的都是与实物相关的贷款和债券，现在这些贷款和债券还不了，衍生金融产品的大厦就得垮掉[②]。

但是，对于美国经济"空心化"的说法也有不同的见解。一种观点认为，在美国消失的某些传统产业其实并不是真正的"消亡"了，而是通过跨国公司这个载体，将其转移到国外去生产。按国内生产总值（GDP，按国土原则）的口径计算，制造业的产值偏低，而如果按国民生产总值（GNP，按国民原则）的口径计算，美国国民收入中制造业的比重并不低。美国学者认为，美国经济形态发生巨大变化，大大提高了对海外经济利益的关注。美国对外投资从1992年的5 021亿美元上升到2004年的17 890亿美元，涨幅高达256%。由此带来的美国公司在海外子公司的销售额也从1992年的12 916亿美元，上升到2004年的25 486亿美元，涨幅达到97%，其中海外服务销售从1 406亿美元上升到4 011亿美元，涨幅达185%[③]。

美国是拥有跨国企业最多的国家。2002年《财富》500强中美国占了198席，2/3弱。尽管近几年美国公司比例逐年下降，2008年仍占到153席，为30.6%。按照2007年销售额排名，位列前十强的企业依次是：美国沃尔玛公司、美国埃克森美孚石油公司、英荷壳牌石油公司、英国石油公司、日本丰田汽车公司、美国雪佛龙石油公司、荷兰国际集团（ING）、法国道达尔石油公司、美国通用汽车公司和美国康菲石油公司，10强中美国占了5强，其实力仍不可小觑。

2002年美国取代英国成为世界第一大对外投资国。2003年美国对外直接投资（Foreign Direct Investment，FDI）为1 518亿美元，2004年为2 258

---

① 商博：《迟来的变革——评美国财政部〈金融监管架构现代化蓝图〉》，载《当代金融家》，2008（7）。

② 周慧兰、曹理达：《美国金融危机：根源与教训》，载《21世纪经济报道》，2008－09－20。

③ 凯瑟琳·L. 曼：《美国服务业的离岸外包和全球化：成因、重要性以及政策建议》，第9章，载伯格斯坦主编：《美国与世界经济：未来十年美国的对外经济政策》，284～285页。

亿美元（以2004年价格计算，截至2004年底，美国对外直接投资总额约为23 674亿美元），2005年为127.14亿美元，2006年为2 268.24亿美元，2007年全年FDI流出3 167.46亿美元，比2006年增长46.2%，再创新高。从行业来看，2007年，美国对外投资最多的是股权投资1 248.85亿美元，比2006年增长68.9%；其次是制造业649.63亿美元，比2006年增长11.6%；再次是金融和保险327.04亿美元，同比增长31.6%；采矿业216.81亿美元，同比增长40.6%①。可见美国海外投资中对实体产业的投资占有绝大部分的比重。

顾静、李雪飞两位作者在2008年第7期《现代国际关系》杂志上发表文章，剖析了美国通过对外投资获取巨额收益的情况。两位作者指出，表面上看，2007年美国仍然出现巨额贸易逆差，不得不依靠大量外资流入维持国际收支平衡。但在这一数字背后，则是美国获得巨大的真实收益：

一是对外直接投资（FDI）净收益。美国对外直接投资总额长期高于外国对美国直接投资总额，特别是2000年以来，这一差额从1 106亿美元迅速扩大到2007年的9 101亿美元。其中2007年直接投资领域美国获得收益3 682亿美元，支付外国投资者1 344亿美元，净收益2 338亿美元。更重要的是，美国对外直接投资回报率远高于外资在美国获得的回报率。2003～2006年，美资回报率分别为9.5%、10.6%、10.8%和11.5%，而外资回报率分别只有4.8%、6%、6.5%和6.9%。

二是证券（股票和公司债券）投资。证券投资收益由债券利息、股票红利和股价增值三部分组成。2007年底美国持有外国证券66 486亿美元，其中股票占78%，外资持有美国证券61 324亿美元，股票仅占46%，显示美国在证券投资领域更为积极，而外资则相对保守。2007年美国获得利息和红利共1 798亿美元，向外国投资者支付1 801亿美元，基本持平，收益差距主要体现在股价增值部分。2007年美国持有外国股票升值7 236亿美元，其中因其他货币对美元升值带来的收益为3 853亿美元，而外资持有美国股票仅升值1 032亿美元，美国实现股票投资净收益6 204亿美元，大大超过2006年的4 989亿美元。

三是国际铸币税收入。美钞是美国政府印制的纸币，实质上是美国政府的债务。境外流通美钞相当于美国政府向外国无偿借入相同金额的资金，其

---

① 中国贸促会驻美国代表处：《美国的对外投资政策》，http://daibiaochu.ccpit.org/Contents/Channel_1340/2007/0705/48381/content_48381.htm，2007-07-06。

驻美使馆经商参处：《2007年美国对外投资再创新高》，http://news.bbspace.cn/html/news/20080408/462149.html，2008-04-08。

免予向外国持有人支付的利息即为美国政府的国际铸币税收入。2007 年境外流通美元现钞总额为 2 719 亿美元。按美国财政部公布的国债平均收益率 5% 计算，2007 年美国国际铸币税收入约为 136 亿美元。

美国国际收支平衡表中具有收益意义的净支出只有政府债券付息一项。2007 年外国持有美国财政部发行国债和其他政府机构发行债券总额合计达 32 375 亿美元，美国政府为此支付利息 1 651 亿美元，美国政府从国外获得的利息收入 22 亿美元，净付息 1 629 亿美元。

综合上述数据可见，2007 年美国在国际经贸活动中获利丰厚。对外直接投资和证券投资获得净收益 8 542 亿美元，国际铸币税收入 136 亿美元，向外国新发行政府债券 3 871 亿美元，减去历年累积外债所付利息 1 629 亿美元，净融资 2 242 亿美元。所以，美国的国际收支平衡表并没有看起来那样糟糕①。

从另外一个角度看，跨国公司是全球化条件下世界经济舞台真正的主角。美国的跨国企业占全球的比重最大，绝大多数跨国公司的总部都在美国。尽管它们将加工、装配、零部件制造等附加价值较低的生产环节转移到国外，但却将研发、品牌维护、分销、专利、核心技术等环节牢牢控制在自己手中，致力打造由自己掌控的全球产业链条。美国的经济舞台不仅限于美国本土，从全球视野来看，美国经济的"空心化"确实需要打上引号。

9.3 金融危机是虚拟经济泡沫的"系统性崩盘"

过去 20 年，在全球物流和贸易流大幅度增长的同时，全球金融增长更是远远快于生产的增长，虚拟经济过度膨胀，远远超过了实体经济增长的速度，这是造成本次金融危机的最深层次、也是最深刻的根源。与这个根源相比较，其他的原因仍处于浅表层次。笔者之所以这样认为，是因为虚拟经济过度膨胀违背了客观经济发展规律。其他的问题有的是技术的问题，有的是路径的问题，有的是操作的问题，更多的是由"虚拟经济过度膨胀"衍生出来的问题，而违背基本经济规律就必然会受到惩罚。

据中国银行副行长朱民披露，过去 20 年，全球 GDP、货币和资本流动年平均增速分别为 2.37%、6.8% 和 14.2%，2007 年资本流动增速高达 32.4%，资金流增速分别为贸易流和生产流增速的 2 倍和 4 倍，全球金融一体化远远快于全球经济一体化。在高杠杆和金融衍生产品的作用下，20 年

① 顾静、李雪飞：《美国对外投资收益与经济霸权》，载《现代国际关系》，2008 (7)。

来全球金融市场规模迅速膨胀。

资金运作越来越脱离实体经济。截至2009年5月全球外汇交易量约2万亿美元/日，98.5%的交易量是在无任何贸易、生产背景下发生的，交易纯粹以资金流通、盈利和风险规避为目的。这使金融风险发生的概率大大提高，任何实体经济的不利变化都可能使资金交易方式、方向和规模逆转，并可能通过金融市场传递至经济实体。

全球金融一体化快速增长，极大地扩充全球金融市场规模。朱民称，至2006年，广义货币、证券化债权和金融衍生产品占全球GDP的比重分别为122%、142%和802%，占全球流动性比重为11%、13%和75%。1980年全球金融资产价值仅12万亿美元，与当年全球GDP相当；1993年全球金融资产价值为53万亿美元，达当年全球GDP的2倍；2003年全球金融资产价值达118万亿美元，约为当年全球GDP的3倍；2006年，全球金融系统股票、债券和其他金融资产总值已超150万亿美元①。

根据国际货币基金组织的统计数字，到2007年底，全球金融资产是世界GDP总量的4.2倍；而全球衍生产品价值则是世界GDP总量的10倍多。2005年至2007年，全球衍生产品价值年均增长高达41.5%，而其间世界经济年均增长率仅为4%。虚拟经济过快发展和过度膨胀明显。目前在全世界流通的资金中有97.5%是投机资本，实体经济所需的货币量仅占2.5%。这场危机是不合理、不公正的国际金融体系和世界经济秩序的恶性反映②。

另据国际清算银行（BIS）统计，截至2008年6月末，全球OTC利率衍生产品市场名义余额达458.3万亿美元，较2007年末增长16.6%，其中，利率远期、互换和期权的名义余额分别为39.4万亿、356.8万亿和62.2万亿美元，较2007年末分别增长48%、15.2%和9.1%③。在全球虚拟经济越吹越大的泡沫中，金融衍生产品占据了其中相当大的比例，而且其自我复制的能量超出了历史上任何一款的金融产品，使金融衍生产品的总量按几何级数增长。全球金融衍生产品的总值到底有多少？一般的说法是600万亿美元，最高达到了680万亿美元，但据英国《卫报》披露，全球仅信用衍生产品的价值就已经达到惊人的863万亿美元，这是全球2007年GDP的15.7

① 徐以升、霍侃：《金融危机：一场全球化式清算》，载《第一财经日报》，2008－11－14。

② 王建华、章利新：《新闻观察：谁来养活美国?》http：//www.cnstock.com/08haiwaigs/2009－03/27/content_4172236.htm，2009－03－27。

③ 中国人民银行上海总部、国际金融市场分析小组：《2008年国际金融市场报告》，http：//shequ2.tool.hexun.com/ExpertFiles/20090316/7089403/97F77DBAB362D51BCAA68CD172FA37DE.pdf，2009－03。

倍，是全球2007年资产总值290万亿美元的3倍[①]。而全球全部金融衍生产品的总值有可能是一个天文数字。

几年前，美国专栏作家理查德·隆沃思（Richard C. Longworth）出版了他的专著《全球经济自由化的危机》（*Global Squeeze The Coming Crisis for First - World Nations*，应小瑞译，生活·读书·新知三联书店2002年1月版），在书中作者忧心忡忡地写道："全球资金市场两个星期的交易量，就超过全世界每年贸易和投资之所需。另外50个星期的交易活动，全是投机。"因此，"投机性的经济活动，规模是真正经济活动的12倍"。这意味着，资本市场上的多数资金，都在进行一场豪赌。

如前所述，虚拟经济最突出的特点就是衍生性。与实体经济的内敛和稳定不同，虚拟经济可以吹起一个又一个没有边界、没有限度的大泡泡，而当泡泡破灭的时候，就会对实体经济活动产生巨大的破坏——本次金融危机的现实就充分证明了这一点。

从理论上考察，虚拟经济泡沫的形成主要有两个途径：一个是银行的派生存款机制，另一个是金融衍生产品的自我复制机制。

金融学的基本原理告诉我们，金融活动本身就具有一个"货币创造"的功能，即通过银行信贷过程中"派生乘数"的作用，将基础货币的规模扩大若干倍。银行系统实行的是存款准备金制度，也就是商业银行所吸收存款的一定比例必须存入中央银行。设存款准备金率为10%，假如你在银行存入100元，银行就可以向一个想买车的人借出90元；汽车公司收款后，把这90元存进银行，银行又可以向其他人借出81元，依此类推。你存入的100元，银行最多可以借出900元，即派生乘数是法定存款准备金率的倒数。截至2008年10月，全球的狭义货币M_0大概有3.9万亿美元，由于商业银行鼓励人们借钱的花招层出不穷，致使各国大型商业银行的资产负债膨胀到39万亿美元。存款准备金制度的初衷是防范储户集中提现风险，同时也是中央银行货币调控的手段，但同时带来了现代银行制度中基础货币数倍扩大的机制，这种机制是导致流动性泛滥的源头之一。

资产证券化是一种重要的金融创新，在提高资产流动性、金融机构转移风险的过程中发挥了重要的作用，但同时也带来了金融资产以几何级数自我繁衍的负面作用。在前面的章节中，曾分析过美国金融危机过程中金融产品价值的放大机制。通过原生产品、衍生产品、衍生的衍生产品，区区万亿美

① 亦昀编译报道：《金融海啸蒸发万亿 钱都跑哪去了?》，http://www.chinareviewnews.com/doc/1008/7/3/8/100873839.html? coluid = 93&kindid = 2783&docid = 100873839&mdate = 0131224425，2009 - 01 - 31。

元的住房抵押贷款，竟掀起60多万亿美元的全球金融海啸，其能量叹为观止。因为是泡沫，就总会有破灭的时候。一旦泡沫破裂，就会导致银行倒闭、股市崩盘、房价放水、经济作“自由落体运动”的结局，历史上的历次金融危机概莫能外。

事物对效用大致有四种形态：（1）百利而无一害，或基本上没有危害；（2）有利有弊，但利大于弊；（3）有弊有利，但弊大于利；（4）百害而无一利，或基本上没有益处。绝大多数事物居于中间两种状态。而虚拟经济导致的虚假繁荣却是“百害而无一利”。

虚拟经济的过度膨胀有如下四个方面的危害：

（1）对金融机构的危害。虚拟经济的畸形膨胀是金融机构“贪婪”的土壤。在本次金融危机中，人们众口一词指斥华尔街的“贪婪”。人们认为，如果投资银行、对冲基金等金融机构不是使用高达30倍以上的财务杠杆，不至于落魄到今天的地步，但是却很少有人指认放贷机构的责任。在虚拟经济过度膨胀的条件下，高杠杆率充斥着国民经济的各个领域，金融机构不过是其中“玩”得最娴熟的一个而已。顺境下，高杠杆率使金融机构财源滚滚而来；逆境下，高杠杆率使金融机构财富滚滚而去，甚至使众多的金融机构“英年早逝”。金融机构尤其是银行，具有相当强的“外部性”特征，其健康状况对一国经济的影响举足轻重，所以金融行业的危机往往导致整个经济体的危机，使经济发展停滞或倒退。

本次金融危机暴发后，许多学者和专业人士都在反思“高杠杆率”的弊端，研讨“去杠杆化”的途径，如果这个问题真的解决了，将是本次金融危机给我们留下的最重要的遗产。2009年5月2日，《纽约时报》周末副刊刊登了对奥巴马的专访。按照奥巴马的说法，更严谨的金融监管措施将限制高风险金融活动，华尔街在美国经济中的地位将削弱。奥巴马认为，过去10年间，美国金融领域的企业利润占经济总体收益的比例太大，这一失常状况应纠正。但他认为，华尔街仍旧对美国经济发挥重要作用，“只不过它不会是经济的一半”。这说明奥巴马政府也已经意识到，虚拟经济过度膨胀即使对美国而言也不是一个福音①。

（2）对实体企业的危害。虚拟经济的过度膨胀往往导致投资回报严重不平衡，如金融或财务投资回报率畸高而实业投资回报率畸低，从而引起资本从实业领域向金融投资领域转移，进而造成经济结构失衡。虚拟经济产生的泡沫常常使回报率数据失真，从而起到错误的导向作用。例如在股市泡沫

---

① 报道：《奥巴马说华尔街地位大不如前》，http：//news. xinhuanet. com/world/2009 - 05/04/content _ 11306489. htm，2009 - 05 - 04。

膨胀的时期，实体企业为股票市场投资的高收益率所吸引，也会加大股票市场投资的比例，而当股市暴跌时，企业的末日就降临了。

2008 年 9 月，美国金融海啸飞沫尚未落地，10 月 20 日就爆出了香港中信泰富因外汇杠杆合约交易亏损 147 亿港元的消息。2009 年 4 月 8 日下午 6 时 20 分，中信泰富董事长荣智健从香港中信大厦黯然离去，标志着荣氏家族的辉煌画上了一个句号。据中信泰富称，进行外汇杠杆交易的原因是为了降低其西澳大利亚铁矿投资项目面对的货币风险。但香港分析师马上驳斥：澳大利亚铁矿项目涉及金额仅为 16 亿澳大利亚元，引致巨亏的外汇衍生投资却高达 90 亿澳大利亚元，比实际矿业投资额高出 4 倍多。这实际是做空美元、做多澳大利亚元的炒汇行为①。

实际上，20 世纪 90 年代以来，在金融投资领域喋血沉沙的实体企业可以列出长长的一串。美国的安然公司倒闭了（曾列《财富》500 强第 16 位），美国的桔县破产了（桔县是美国加州的一个地方县政府），中国的德隆坍塌了，国美的黄光裕身陷囹圄，连最让全球 CEO 痴迷的 GE 也跌出了 2009 年《财富》500 强的 10 名开外，虚拟经济过度膨胀对实体经济的伤害还不触目惊心吗？

（3）对普通民众的危害。虚拟经济的过度膨胀是腐蚀剂，是祸水，它不仅可以使金融机构丧心病狂，可令实体企业折戟沉沙，还可以叫普通民众失去理智，坠入贫困与痛苦的深渊。17 世纪荷兰的郁金香事件，1929 年的美国股市崩盘，21 世纪初美国人的房贷“提款机”梦，1992 年 8 月的深圳发售新股认购抽签表风波，2007 年中国股市大牛市……人们看到了太多的疯狂。1929 年股市大崩盘之前，连擦皮鞋的男孩都在同自己的顾客谈论股票，2007 年中国的大牛市行情中，一些人辞去了工作，卖掉了房产，竟以炒股为职业，“一夜暴富”成为社会的主流心态。不去工作，不去创造，梦想靠投机发财——虚拟经济的过度膨胀扭曲的是人们的心灵。

危机过后，真正受伤害的还是普通大众——富人消失的是他们的财富，而穷人失去的是生存的条件。

（4）对国民经济的伤害。虚拟经济的过度膨胀除了对居民个人、企业、金融机构的影响以外，对整个国民经济的负面影响则更加突出。按照马克思主义政治经济学的原理，人类的财富是在资本与劳动结合的生产过程中创造的，剩余价值只能来源于实体经济过程。与实体经济需要相适应的虚拟经济，分享实体经济创造的剩余价值，它们的收益是价值转移而非价值创造。虚拟经济不仅会造成经济结构的扭曲，不仅会降低有效的国民产出，不仅会

① 甄静慧：《荣智健：成也资本，败也资本》，载《南风窗》，2009－04－28。

恶化国民的生活水平，甚至会影响国家的经济安全。

从冰岛濒临破产我们应该看到虚拟经济过度膨胀的恶果。一国虚拟经济的发展应以实体经济为基础，并在一定程度上促进实体经济的发展，但是如果只是短视的注重金融扩张带来的利益，往往会使一国经济遭受巨大损失，并将危害国家安全。金融危机自暴发以来就一直在向外围国家蔓延，冰岛这类小国不可避免地受到影响。2008 年 10 月 6 日，冰岛总理在对全国的电视演讲中称，冰岛政府准备接管本国的银行，为国内的银行存款进行担保。同时他称，由冰岛政府提供银行注资援助的风险过高，可能导致冰岛经济被银行拖累，冰岛可能因此陷入破产。从一些数据来看，截至 2008 年 6 月 30 日，冰岛 3 大银行的资产规模总计达到 14.4 万亿冰岛克朗，约合 1 280 亿美元。而该国的国内生产总值仅为 193.7 亿美元。同时，冰岛 4 大银行所欠的外债已超过了 1 000 亿欧元，而冰岛中央银行所能动用的流动外国资产仅有 40 亿欧元。雪上加霜的是，冰岛的通货膨胀率在过去的几年里已涨至两位数，汇率不断下跌，过去一个月对美元贬值更达 30%①。冰岛的破产让人们意识到虚拟经济偏离实体经济越远危害越大。金融的超常过度发展蕴涵着极大的风险。冰岛作为一个北欧临海的小国，其资源的有限性将支柱产业局限在旅游业（主要是温泉）和渔业上。而冰岛政府似乎并不希望以资源拉动国内经济增长，反而不断向金融产业倾斜，银行业在过去的几年间成为膨胀最快的产业。冰岛利用高利率和低管制的开放金融环境吸引海外资本，然后投入高收益的金融项目，进而在全球资本流动增值链中获利。这种依托国际信贷市场的杠杆式发展，收益高但风险也大。一旦全球金融危机导致金融市场信贷紧缩，货币市场融资停滞，其生命力自然会衰退。

遗憾的是，冰岛的现象并不是个别的现象，一些国家正在步冰岛的后尘。许多中小国家和所谓的“避税天堂”，企图效仿美英做“金融强国”，殊不知美英“坚挺”背后的原因。这个世界，“寄生”不应该成为一种生存方式。通过这次金融危机，美英也在检讨，其他的一些类似的中小经济体也不能例外。G20 伦敦峰会领导人声明中明确提出要“采取行动反对‘避税港’等不合作的行为”，实际上已经敲响了它们的丧钟。

虚拟经济与实体经济的关系是一个深奥的、有待历史验证的问题。截至 2008 年，虚拟经济已经由实体经济的“仆从”发展到与实体经济并驾齐驱的阶段，随着社会的进步和经济的发展，虚拟经济也可能高居国民经济的主

① 郑雄伟：《虚拟经济过度膨胀可能危害国家安全》，http：//www.china.com.cn/economic/txt/2008－12/03/content_16893813.htm，2008－12－03。

体地位，而实体经济反而下降到次要地位——这应该与实体经济的效率有关。但截至2008年的人类社会——即使是最发达的美国，也与“后实体经济”时代相距甚远。

2009年2月初，《中国经营报》记者采访了中国社会科学院工业经济研究所所长金碚。金碚参加了国务院总理温家宝主持的“政府工作报告”征求意见稿讨论会，并就工业发展和金融危机等问题作了发言。金碚认为，美国此次金融危机问题并不仅仅在于金融，更深的本质在于实体经济层面。美国信心要恢复，必然要处理实体层面的问题。但是现在来看，美国实体经济的处理是比较难的。

金碚指出，值得注意的是，美国金融危机暴发之后，美国政府开始是期望救助金融机构，后来发现，仅仅救金融机构难以奏效，于是又不得不救实体经济，现在开始对房地产业进行救助。因为，房地产是整个金融大厦的重要基础之一，所以，尽管救房地产并不具有经济伦理上的充分合理性，但迫于现实，美国政府也不得不救。其原因是：当前正在经历的以美国次贷危机所诱发的世界性金融危机和经济衰退，实际上是金融投资者对以房地产及其相关产业为代表的传统产业的前景和投资价值再次失去信心。因此，以此为基础的金融投资及其衍生产品的投资价值骤然缩水。

人们极为迷惑：美国不是早就宣称进入了高技术为主导的“新经济时代”了吗？那么，高技术产业为什么会让社会失去信心，导致创业股（“新经济”股）崩盘，而且，至今起色并不显著？为什么在今天这个所谓“新经济时代”，传统产业（例如房地产业）对经济增长仍然具有决定性的影响，而高技术产业却没有表现出中流砥柱的力量？这表明，当代的美国经济仍然处于传统产业与高技术产业均具有决定性地位的阶段①。换句话讲，从人类历史的发展阶段来看，虚拟经济超越实体经济成为社会主流经济形态的条件尚未具备，金融危机就是由经济形态的错位或断裂所造成的。由此可以得出结论：虚拟经济泡沫破裂就是本轮金融危机的全部内容。

如果没有真正了解本次金融危机的机理，并未领悟危机真正的根源，“以其昏昏，使人昭昭”不可能奏效，而且许多“招数”可能是“昏招”，长期来看，可能对经济体产生更严重的伤害。

各国政府对经济的救助，可能在短时间内奏效：生产恢复了，就业率提高了，股市回升了，经济复苏了，但这并不意味着人们找到了金融危机的症

---

① 中央智囊：《西方不得不逐渐接受中国强大的事实》，http：//finance. ifeng. com/news/opinion/jjsp/20090301/409901. shtml，2009－03－01。

结，从根本上消除了病患，从此可以高枕无忧了——输血就可以使病人振奋，垂危的患者也有回光返照的时候。

如果金融危机的根本原因是全球虚拟经济与实体经济的严重失衡，即使救市措施奏效，危机还会反复发作。虚拟经济与实体经济的关系摆不正，这个世界将永无宁日。

10 “美国梦”终结了吗

我们想要的总比我们已经拥有的要多得多，人人都有梦想，但很少能如愿实现，即便你生在超级大国美利坚。

——电影《美国梦》编剧/导演
保罗·韦茨（Paul Weitz）

10.1 “美国梦”——无边落木萧萧下

“美国梦”（American Dream）曾经是一个令无数美国人和向往美国的人热血沸腾的词汇，曾经寄托着他们对未来生活美丽的憧憬。据说，美国历史学家詹姆斯·图拉斯洛·亚当斯1931年出版的《美国史诗》中首次用到了“美国梦”一词，但笔者宁愿相信“美国梦”早已鲜活地躁动在美国人及其追随者的潜意识中。

将近400年前的1620年9月6日，“五月花”号风力帆船离开了英国的南开普敦港，横穿大西洋，在海上漂泊了66天，于11月11日漂泊到了今天马塞诸塞州的Cape Cod——虽然它出发时梦想的目的地是哈德逊河附近，也就是今天的金融之都——纽约市。从这个时候开始，“美国梦”就悄悄萌芽了。这些英格兰人的梦想主要有两个：其一，早期美国地广人稀，每个移民都能轻易地获取大片土地，这在人口稠密的欧洲是不可想象的。当时的美国还是以农业经济为主，不言而喻，土地就意味着财富，意味着成功。其二，摆脱当时的英国政府对宗教的控制，要以自己的方式来信仰和崇拜上帝，也就是说，他们的梦想是追求宗教自由，来到这块上帝保佑的土地（“God Bless America”）。上帝为了考验他们，也让他们的旅程充满困难，历尽磨难，但最终还是圆梦了。

“五月花”号上的朝圣者的梦想也被后来的移民和美利坚合众国的创始人承认和继承下来了，并于1787年9月17日被写进了美国的宪法。美国宪法的序言中说：“我们美利坚合众国的人民，为了一个更完美的联盟，建立公平正义，确保内部祥和，提供共同防御，保证我们自己和子孙万代享有自由，因此制定美利坚合众国的宪法。”

1848年，詹姆斯·马歇尔（James Marshall）在加利福尼亚州发现了金子，于是人们开始做起了寻金梦，加利福尼亚州也由此得名——“黄金之州”。随后美国西部又发现了多处金矿，大批来自海内外的淘金者又让“美国梦”抹上了浓重的金黄色。

南北战争前后，美国开始工业化。从此，“美国梦”有了新的内涵。这一时期，出现了许多奋斗起家的工商业巨子。钢铁大王安德鲁·卡内基（Andrew Carnegie），华尔街天才银行家、J. P. 摩根的鼻祖约翰·皮尔蓬·摩根（John Pierpont Morgan），石油巨擘约翰·戴维森·洛克菲勒（John Davison Rockefeller）以及臭名昭著的华尔街“天才”恶魔杰伊·古尔德（Jay Gould）都是美国人心目中的偶像。

在1865年至1900年的流金岁月时代，由于商业、重工业、铁路以及重商主义经济政治学的发展，一些身无分文的美国人在一夜之间因为金矿、油田的开采而跻身于富翁一族，而一大批成功的商业人士后来又相继改头换面，转行成了政界要员，人们称这些人为泥腿子贵族。美国巨富洛克菲勒与卡内基就是这样白手起家的典型。霍雷肖·艾吉尔（Horatio Alger）是美国流金岁月时代的代表作家，描写了很多出身穷苦，最后依靠自己的努力奋斗而发家致富，实现“美国梦”的人物形象。人们将之称为“霍雷肖·艾吉尔式”神话。

寻梦而来的不仅仅有早期的淘金者。“美国梦”还掀起了19世纪乃至20世纪的移民热潮，世界各国的精英怀揣梦想纷至沓来。例如，美国经济学的迅速崛起，在很大程度上就得益于因第二次世界大战移民至美国的大批优秀经济学家，对美国获奖者出生国籍的分析即可清楚地看到这一点。移民经济学家，尤其是20世纪三四十年代的移民经济学家强化了美国的世界经济学研究中心的地位。据笔者的粗略统计，1969年到2008年，共有62位经济学家获得了诺贝尔经济学奖。其中美国经济学家45人，其余17个席位分布在西方发达国家。在美国的45个席位中，非美国裔经济学家有13人，约占美国获奖经济学家的1/3。

2008年，日本人又因为诺贝尔奖受到了“刺激”。2008年诺贝尔物理学奖被3名日本科学家夺得，但媒体的报道却是“两名日本科学家和一名美国科学家获得2008年诺贝尔物理学奖”，报道中“那个美国人”指的是在日本土生土长，但长期在美国从事研究，并已取得美国国籍的南部阳一郎。诺贝尔奖获得者通常按国籍统计人数，所以南部阳一郎理所当然地被算做美国人。其他像下村修、之前的物理学奖得主江崎玲于奈、生理学或医学奖得主利根川进等虽然至今仍是日本国籍，但他们都是因为在美国期间的成果而得到世界的认可。这种状况当然使日本人很郁闷①。

到了21世纪的信息时代，平民出身的总统克林顿、苹果的乔布斯、微软前总裁比尔·盖茨、google的佩林、动作影星施瓦辛格、2008年新当选的非洲裔黑人总统奥巴马变成了“美国梦”的新偶像。美国人看到，只要有智慧，加上勤奋，就可以成功。奥巴马在大选获胜演讲中慷慨激昂地宣称：“这是我们的时代——让我们的人民重新就业，为我们的后代敞开机会的大门；恢复繁荣发展，推进和平事业；让‘美国梦’重新焕发光芒，再次证明这样一个基本的真理：我们是一家人；一息尚存，我们就有希望；当我们遇到嘲讽和怀疑，当有人说我们办不到的时候，我们要以这个永恒的信条来回应他们：是的，我们能做到②。”

其实，所谓的“美国梦”从来就没一个统一而公认的内涵表述。

英裔美国诗人德里克·沃尔卡特说：人们来到这里，是因为美国代表着一种理想。在历史上，没有其他任何国家能像美国那样如此令人神往，不是因为钱，而是因为那句充满理想色彩的话：人人生而平等③。

有些人认为，美国的《独立宣言》最先对美国梦作出了解释。《独立宣言》是托马斯·杰斐逊（Jefferson Thomas）1776年起草的，其中说明了北美殖民地决定摆脱英国殖民统治而独立的原因。《独立宣言》说，所有的人生来就是平等的，他们享有生活、自由和追求幸福的权利。美国有一个叫做新美国梦中心的组织。这个组织给“美国梦”添加了新的内容，这就是美国人民所采取的生活方式应当保护环境、提高生活质量以及支持社会正义。

---

① 钱铮：《日本诺贝尔奖得主的美国色彩》，http://www.chinamil.com.cn/site1/xwpdxw/2008-10/09/content_1504776.htm，2008-10-09。

② 奥巴马：《复兴“美国梦”》，载《环球企业家》，2008（22）。

③ 佚名：《认识美国》，http://hi.baidu.com/yagener/blog/item/e65a8636b97320daa2cc2b53.html，2008-11-05。

另一种说法是，所谓的“美国梦”，是一种相信只要在美国经过不懈努力的奋斗便能获得更好生活的理想，即人们必须通过自己的工作勤奋、勇气、创意和决心迈向繁荣，而非依赖于特定的社会阶级和他人的援助。通常这代表了人们在经济上的成功或是企业家的精神，“人人都能成功”成了“美国梦”口号的内涵[①]。

还有一种说法认为，“美国梦”是一个万花筒或多棱镜，从不同的角度看，“美国梦”的内涵是不同的。很多人都希望移民到美国，实现自己的“美国梦”，但是至于什么是“美国梦”，并不是所有的人都能够答上来。有人认为“美国梦”就是保护人权和自由，也有人认为“美国梦”就是拥有别墅和高级轿车，想到什么地方去就可以去。当然，还有其他各种各样的想法。

长期以来，美国是我们这个地球上最大的经济、政治、文化、科技和军事实体，在政治、经济、文化等诸多方面，一些话语体系也往往是由美国发明、主导与垄断的。美国垄断资产阶级一直在竭力推销他们的所谓民主、自由、人权的理念，可以看做是他们核心价值观的体现。民主、自由、人权这些词语本身是中性的，你无法判定它们是崇高的还是卑鄙的，而且也必须联系到这些词汇具体的用途来判断其是非曲直。

《红旗文稿》2009 年第 1 期发表了一篇署名丰菊文的文章，题目是《在美国感受西方民主》。该文的作者接受过中西方两种教育，在硅谷工作多年，又经常来往于中美两国，所以对美国式民主有颇深体会。作者认为，以美国为代表的西方国家民主制度，其实存在不少弊端，不少甚至走了极端。如果在中国推行西方式的民主，国将不国。作者写道，以美国为代表的西方国家的最高法院，长期争论不休的问题是，妇女是否具有堕胎的权利？两个同性的女人或男人是否可以结婚？进一步讲，同性恋者是否可以享受正常家庭的各种权利？加州最高法院，花了四年时间，最后裁定两个同性的女人或男人可以结婚，并可以享受一切正常夫妻所享受的权利。于是，美国乃至世界各地的同性恋者欢呼雀跃，都跑到加州注册“结婚”。在作者看来，西方的最高法院简直在胡闹，造成了社会资源大量浪费。要知道，加州政府正面临着 150 亿美元的严重财政赤字。尽管中西方社会发展程度不同，西方与中国处理社会问题的轻重缓急程度不同，但是，从中我们还是可以清楚地看出，西方长期津津乐道的以及大力输出的民主制度其实存在非常严重的缺陷。作者举例说，在美国，枪支管制的改革极其困难。尽管买枪有 7 天的背

① 维基百科《“美国梦”》，http://zh.wikipedia.org/wiki/%E7%BE%8E%E5%9C%8B%E5%A4%A2。

景调查，但美国公民及永久居留者，还是可以在某些超市随便买到从手枪、来复枪到半自动步枪的各种武器和弹药，这使得匪徒的火力有时竟然比警察的还强。美国每年都会发生从初中到大学的校园枪击案，为什么不进行西方式民主的全民公投，以决定是否管制枪支？谁的家庭希望自己的孩子倒在枪口下成为冤鬼呢？“禁枪”的阻力来自哪里呢？这与美国社会仍然存在的寡头政治有关。军火商们等大财团的利益，永远是最重要的，因为他们掌握着大量金钱。总统、国会参众议员以及各级政府的候选人，除了比口才外，还比的是谁能“烧钱烧到最后”！为了选上，大家都不惜投入大量的金钱，光在电视广告上的开销，就是个天文数字。他们需要大量的政治现金，现金从哪里来？只有靠拥有强大实力的大财团们的鼎力支持。当然候选人上台后要有所回报，他们任命的大法官们也要有所回报，也就是不会推动，甚至阻止枪械管制！前不久，首都华盛顿枪支禁令彻底被解除，华盛顿的警察局长称：“这真令人惊恐！”军火商们却欢呼胜利，候任总统奥巴马也再次重申美国家庭可以拥有枪支弹药的立场。因此，大财团们紧握着美国政治上的金钱，实际上操控着美国政治的游戏规则，继而，在相当大的程度上掌控美国的民主政治。不依靠甚至反大财团力量的独立参选人纳德屡战屡败，就是这个原因。这是一个共和、民主两党，任何一党执政，都逾越不过的屏障，回避不了的现实！美国的民主也不能改变每过一段时间美国就会发动一场战争的事实。美国民众起先都以为，入侵伊拉克，会取得那里富藏的石油，对自己的民生有利。可是，结果却让人大跌眼镜，伊拉克战争后一段时间国际油价翻倍地上涨。其中不可泄露的天机是，美国政府打仗花的是纳税人的钱，肥的却是军火商及石油商们的腰包。美国，拥有世界上最“完善”民主的国家，永远也改变不了这种现状①。美国所谓的“自由”也是有限度、有边界的，不存在绝对的自由。“9·11”事件之后，美国成了惊弓之鸟，不惜粗暴地侵犯公民个人隐私，践踏公民的个人自由。据丰菊文透露，有个在美国出生的华人，是加州大学的学生，因为在网上玩一种刺激的游戏，游戏可能涉及所谓的敏感议题，结果，没过多久，美国联邦调查局的人就找上门来了。除了网上监视，美国也监听民众的通话。所以说，美国所谓的民主和自由都是相对的，从来都不是绝对的。

本次金融危机中，美国人也尝尽了“经济自由”苦果的滋味。共和党人强烈信奉自由市场经济，反对国家对经济的干预，一味地放松金融监管，纵容了华尔街的贪婪和道德沦落，结果引发了席卷全球的旷世金融危机，其教训不可谓不深刻。

---

① 丰菊文：《在美国感受西方民主》，载《红旗文稿》，2009（1）。

至于美国所谓的“人权”，更是天大的谎言。美国政府习惯于“世界警察”的角色，动不动就谴责别国的人权状况，其实美国自身的人权状况也好不到哪去。2009 年 2 月 25 日，美国国务院发表一年一度的《2008 年国别人权报告》，对包括中国在内的世界 190 多个国家和地区的人权状况进行指责。2009 年 2 月 26 日，中国国务院新闻办公室发表《2008 年美国人权记录》予以回应，这是中国国务院新闻办公室针对美国《国别人权报告》连续第 10 年发表的《美国人权记录》，目的在于“让世界人民全面了解美国人权的实际状况，敦促美国反思其不当行为”。《2008 年美国人权记录》全文约 1.4 万字，包括“关于生命和人身安全”、“关于公民和政治权利”、“关于经济、社会和文化权利”、“关于种族歧视”、“关于妇女、儿童权利”、“关于侵犯他国人权”6 个部分，条分缕析地对美国糟糕的人权记录予以揭露。读罢使人产生畅快淋漓的感觉。

《2008 年美国人权记录》说，美国侵犯他国主权、践踏他国人权的事情时有发生。伊拉克战争造成逾百万平民死亡、逾百万人无家可归以及巨大财产损失，美国对古巴进行长达近 50 年的经济、贸易和金融封锁。美国是全球最大的军火销售国，其军售深刻加剧了世界各地的不稳定局势，严重侵害了他国人权。可谓一针见血。事实说明，有了美国式的自由，就没有伊拉克等弱小国家的自由，有了华尔街大亨们的自由，就没有了世界上绝大多数平民百姓的自由，有了美国式的人权，就没有了伊拉克战俘的人权，有了布什的人权，就没有了萨达姆的人权——甚至生存权，这就是美国式自由和人权的实质。

至于说到“勤奋、勇气、创意”和“努力不懈的奋斗”，“美国梦”也在悄悄地退色。勤奋已经被懒惰所取代，勇气已经被颓废所取代，创意已经被偷奸取巧所取代，努力不懈的奋斗已经被不劳而获的幻想所取代，“美国梦”失去了光鲜的色彩，取而代之的是令人厌烦的灰色。比如，现在美国人最推崇的致富方式是：与大企业打赔偿官司、去拉斯韦加斯赌博或买彩票以及参加有奖电视竞赛节目。本来没有支付能力，偏要住大房子买豪华汽车，寅吃卯粮细做“白日梦”。有评论家指出，美国社会正在丧失勤奋劳动的优良传统。

据说，83% 的梦是有色彩的。有摄人心魄的玫瑰色，有灿烂夺目的金黄色，有孤芳自赏的炫黑色，还有韶华散尽的铅灰色……遗憾的是，“美国梦”就是按着这个顺序延展的。

10.2 美国不再那么“超级”

2008年10月8日《新民周刊》刊发了题为《看懂华尔街》的一组评论，其中有一篇记者邵乐韵撰稿，题目就是：美国不再那么“超级”。下面引述邵乐韵的描述：有时候，解读一个超级大国的衰退，一场演讲或许很能说明问题。其实，光看演讲者本人的脸就已胜过千言万语，更别说其语调、演讲内容和台下观众的反应了。

经过8年执政，布什变老了。如今的他已不像当年那么好战，对形体保养的热情也大不如前。2008年9月23日的早晨，纽约阳光明媚。布什第八次站上联合国大会的讲坛，他头发有些蓬乱，蓝色的西装在肩部稍显松垮。他谈到了恐怖主义、恐怖政权和一些据称支持恐怖分子的政府。可是，他并未注意到，坐在前排的那些联合国代表们就在他眼皮底下微笑摇头，窃窃私语；他或许也注意到了，但对此却一筹莫展。布什的演讲跟2004年、2007年发表的演讲十分相似，22分钟里有32次提到“恐怖分子”一词。在第63届联合国大会上，布什是唯一一个仍纠缠于“恐怖分子”的领袖，他没有提及当下世界的热点议题。这让一名德国外交官连连感叹：“荒唐，荒唐，太荒唐了。”一位法国女士则边喝咖啡，边把布什形容为一个“过气政客”（Yesterday's Man）。换言之，布什成了联合国大楼里的一个笑柄。在位于曼哈顿第一大道的联合国总部里，美国总统不乏“敌人”。伊朗人和叙利亚人对所谓永恒的美以结盟嗤之以鼻；其他国家则厌倦了听布什政府讲述要开恩免除对某国的经济制裁，或又制定了什么“仅适于他人”的新规则。德国《明镜》周刊就此断言：向美式强权致敬的日子恐怕要画上句号了。在这份德国最有影响力的周刊中，以近乎电影镜头般的细节，刻画了众多国家领袖对美国近乎隐晦的轻慢。

文章中描述道：巴西总统卢拉站在联合国大厅里，瞧了瞧窗外说：“他（布什）决意要谈恐怖主义，但当下世界最关心的问题是经济危机。”阿根廷女总统克里斯蒂娜则说，当年华盛顿的当家人把1994年墨西哥金融危机戏称为“龙舌兰酒效应”，把1999年巴西经济危机叫做“桑巴效应”。现在我们是不是要迎来一个美国的“威士忌效应”呢？克里斯蒂娜开玩笑地说，“爵士效应”或许更贴切一些。

可以想象得到，这种政治家的玩笑并非针对布什一个人。联合国秘书长潘基文指出了一个“新的事实”，即“新的权力与领导中心正在亚洲、拉美和新兴地区崛起”。对于美国这个西式市场经济强权的日渐衰退，新崛起地区应该并不感到意外。而且，就连美国最坚实的盟友都开始考虑同它保持距离了。

以德国总理默克尔为例。这位女强人曾不止一次地强调："与美国的伙伴关系，对德国人来说有着极为特殊的意义。"但在2008年9月底，默克尔面对近1 000名来自德国各地的金融业人士发表国会演说时，却一点儿也没念及这种忠诚的伙伴关系。默克尔在演讲中说："这是一场由大家花钱分担的风险。"她谈到"未来几个月甚至几年的经济形势"的可能走向。最重要的是，她明确指出谁该为眼下的危机负责。默克尔多次提议加强国际市场的监控，却由于美国的一再反对而搁置，"有些事情可以在国家层面解决，但大部分的问题必须依靠国际合作。"——默克尔从未在公开场合严厉批评美国，这次是个例外。

……

在欧洲人眼里，美国这个崇尚自由资本主义的国家，已不再是那个颐指气使的美国，不再是那个给别人规定道路、我行我素的美国。现在的"新美国"，不相信旧的价值观。由于政治决策者缺乏解决问题的视野，金融领袖试图给民众虚构一幅繁荣景象，结果骄傲让他们付出了代价。

好日子似乎已经过去。昔日的美国纵容举债消费，不考虑谁有能力支付账单；将自己的经济规则强加在其他国家身上；追求利润极大化，也不管手段是否正当。美国的超级资本主义仰仗三大利器——国际市场对美元源源不断的需求、自由市场化发展和两位数的利润增长，在过去四分之一世纪里横扫全球。而现在，每当财政部长保尔森决定动用政府资金挽救一家银行时，美国的声誉就被蒙上一层阴影。

当然，美国在全世界独特地位的转变不仅仅表现为经济衰退。正如知名的美国《新闻周刊》编辑法利德·扎卡里亚所说的，全球都在向"后美国时代"迈进[①]。

实际上，"美国衰落论"并无新意。据学者考证，迄今为止，世界上至少掀起过6次呼吁"美国衰落论"的高潮。早在朝鲜战争结束后，一些左翼学者就提出了"垂死的美帝国主义"理论，认为美国即将垮台；接着，前苏联1957年成功发射人造卫星，而美国失败，同时苏联的核武库也被讹传为超过美国水准，令许多专家惊呼美国将在"高边疆"一败涂地；20世纪六七十年代，美国深陷越战泥潭催生了系统化、学术化的"美国衰落论"，其代表人物就是哈佛大学教授萨缪尔·亨廷顿（Samuel P. Huntington）和英国著名历史学家阿诺德·J. 汤因比（Arnold Joseph Toynbee），亨廷顿甚

① 苏韵：《看懂华尔街》，载《新民周刊》，2008（40）。

至大胆预言美国将在2000年没落；在此之后，1973年暴发的世界性石油危机以及20世纪70年代末、80年代初日本的迅速崛起，都曾令世界兴起美国“经济步入更年期”、“领导地位丧失”的论调。1987年，保尔·肯尼迪（Paul Kennedy）的名著《大国的兴衰》（*The Rise and Fall of the Great Powers: Economic Change and Military Conflict From* 1500 *to* 2000）面世后，再次掀起了“美国衰落论”的狂潮。但几年后海湾战争的大胜，使美国步入“单极”的极盛点，不仅令肯尼迪的预言破产，还使“美国文明主导论”甚嚣尘上。掀起最近一轮风潮的是美国著名左派学者伊曼纽尔·沃勒斯坦（Immanuel Wallerstein），他在其名作《美国实力的衰落》（*The Decline of American Power*）中将“9·11”事件称为美国衰落的标志性事件。

与前六次衰落论风潮都是因美国在某一方面暴发危机而产生不同，此番美国是在国际关系、经济金融、国家安全等诸多领域集体出现危机征兆，因而唱衰美国的声调要高得多、影响时间与范围也更长、更广。卡内基和平研究所的报告指出，布什政府使美国在世界传播民主的努力受到严重损害；政治评论员英格哈特认为，美国失败的外交政策正使一个从索马里经过中东到巴基斯坦和阿富汗的“不稳定弧圈”稳步形成。还有观察人士认为，美国因为反恐战争“失去”了在非洲、亚洲和南美的统治地位。即使是美国傲人的军事实力也由于伊拉克和阿富汗战场的牵累而被削弱。

美国的世界霸主地位是由两个霸权来维系的。一个是金融霸权，另一个是军事霸权。

美国的军费开支相当于紧随其后的20个最大防务国家的预算总和，它在全球拥有近1 000个军事基地，部署有29万海外驻军，拥有11艘航母，比其他拥有航母国家的总和还多。庞大的军事体系是要花钱来维持的，所以美国的军费开支也广受诟病。2008年6月9日，研究军备控制和裁军问题的权威机构瑞典斯德哥尔摩国际和平研究所发表的2008年年鉴显示，美国2007年军费开支创历史最高纪录，达到5 468亿美元，占全球军费开支的40%以上。在2001年到2007年的7年间，美国军费开支增幅高达59%。另有数据显示，美国为打赢伊拉克战争花费了5 000亿美元，但每年买下伊拉克全年生产的石油也不过几百亿美元。

持“美国衰落”观点的既有美国人也有外国人，既有学界泰斗也有知名媒体。在他们看来，作为世界唯一超级大国的美国，对内应付不了次贷危机和经济低迷，对外奈何不得本·拉丹与“基地”组织；政治上拿伊朗的顶撞无可奈何，经济上也左右不了世界高油价，军事上更解不开伊拉克和阿富汗的一团乱麻，这充分说明美国正不可避免地走向衰落。

美国的衰落已是不争的事实，但是美国衰落的原因到底是什么呢？

2008年初，英国《经济学人》杂志详细分析了导致美国衰落的连环事件。2007年美国暴发的次贷危机，它不仅对花旗银行、摩根士丹利这些支撑美国核心经济的公司造成了成百上千亿美元的损失，更使这种打击迅速蔓延至整个国家，让失业率增高，投资信心受挫等一系列问题暴露出来。“然而，这还不是导致美国经济走向滑坡的根本原因”。文章说，在此之前，美国已经是世界上最大的财政赤字国、贸易赤字国以及对外债务国，但美国并没有因此发生严重的经济问题，这主要是因为美元是国际贸易的基础货币。文章认为，是美元的“跌跌不休”令人们产生了“美国会随着美元一起贬值”的担忧①。

显然，《经济学人》认为，美元贬值是美国衰落的根源所在。但正如本书作者所言，美国金融危机的根源是实体经济与虚拟经济失衡，虚拟经济的巨大泡沫是本次金融危机最深刻的根源。财政赤字、贸易赤字、对外债务高企、美元贬值是虚拟经济过度膨胀的表现，而不是造成此次金融危机最本质的原因。只要这个原因不消除，金融危机的威胁始终存在，我们这个地球就不会太平。同理，美元贬值也不意味着美国的衰落，有时为了打压竞争对手，减轻债务压力，美国政府还有可能主动促使本币贬值——1985年美国、日本、英国、法国、联邦德国五国财长签署的“广场协议”② 就是一个明证。还有一个有说服力的证据是：2008年上半年，美元对欧元比价总体延续了过去几年的下跌态势，纽约汇市欧元对美元比价最高曾超过1∶1.6。但在金融海啸高峰期的7月中旬到10月底，美元对欧元比价峰回路转，陡然走出一波令人哑口无言的反弹行情：7月15日，欧元对美元比价一度升至1∶1.6038，而到10月27日则降至1∶1.2522。随后，美元的反弹局面又有所逆转，截至12月26日，欧元对美元比价又上升到1∶1.4076。

德国《焦点》周刊称2007年是“美国衰落标志性年份”。格林斯潘称这场危机“百年一遇”，其实也暗示着危机的极度严重性。截至2009年2月底，全球各国政府已推出接近14万亿美元的救市方案，但全球经济并无起色，相反各种危机深化的负面消息纷至沓来，给人们的心理涂上一层浓重

---

① 段聪聪等：《全球化让美遭遇尴尬“美国衰落论”被再次唱响》，载《环球时报》，2008-01-18。

② 1985年9月，美国财政部长詹姆斯·贝克、日本财政部长竹下登、前联邦德国财政部长杰哈特·斯托登伯、法国财政部长皮埃尔·贝格伯、英国财政部长尼格尔·劳森5个发达工业国家财政部长及5国中央银行行长在纽约广场饭店举行会议，达成五国政府联合干预外汇市场，使美元对主要货币有秩序地下调，以解决美国巨额的贸易赤字。这就是有名的“广场协议”（Plaza Accord）。“广场协议”签订后，五国联合干预外汇市场，各国开始抛售美元，继而形成市场投资者的抛售狂潮，导致美元持续大幅度贬值。

的铅灰色。2009 年 2 月 10 日，美国参议院通过了总额 8 380 亿美元的经济刺激计划，财政部也公布了修改后的金融救援方案，但是上述消息并没有缓解市场投资者对美国经济陷入深度衰退的担心，有关救助银行业措施的不确定性导致投资者抛售金融股，纽约股市三大股指全线暴跌 4% 以上。当日，美国道琼斯工业平均指数、标准普尔 500 指数和纳斯达克综合指数分别下跌 4.62%、4.91% 和 4.2%，其中金融股受创最重，美国银行股价均下跌近 20%[①]。本应是提振市场人气的两件喜事，何以遭此冷遇？其中最主要的原因恐怕源于人们对美国经济未来信心的缺失。

对于美国政府的系列救援方案，人们主要有四点担忧：

其一，谁为经济刺激计划埋单？这是人们最关心的问题之一，也是共和党方面提出的最大质疑之一。

2009 年 2 月 26 日，美国总统奥巴马向国会提交了他上任以来的第一份财政预算报告。根据该预算方案，美政府将在 10 年内削减赤字 2 万亿美元。该预算方案要求增加 2 500 亿美元应急资金用于救援金融业，从而使 2009 财政年度预算增加至 3.94 万亿美元。这使联邦政府 2009 年预算赤字飙升至 1.75 万亿美元，占美国经济总量的 12.3%，是 2008 财政年度 4 550 亿美元赤字的近 4 倍，达到第二次世界大战以来的高峰值。分析人士预测，即使奥巴马削减赤字的计划全部得以顺利实施，到 2019 年赤字将为 7 120 亿美元，国债将翻倍至 23 万亿美元。

分析人士认为，资金来源除了开动印刷机就是向海外发行美国国债。无节制地大量印美钞无异于饮鸩止渴，向海外发行国债也充满不确定性。统计显示，截至 2008 年 12 月，中国持有的美国债券总金额高达 6 962 亿美元，其后是日本，总金额高达 5 783 亿美元。但在中国，关于购买美国国债利弊的争论一直不绝于耳，日本自顾不暇，能拿出多少钱购买美国国债也是一个未知数。显然，美国救市资金到位依赖于外部因素。

其二，如何协调实施过程与结果。计划实施的速度是保证效果的一个重要前提，而奥巴马制定的日程表显示，这笔资金中的 75% 将在签署后一年半之内支出。经济学家认为，经济刺激计划的实施必须及时有力才能取得预期的效果。见效最快的当属减税政策和对州政府给予财政支持，这两项预计有可能占经济刺激计划总额的半数。但共和党方面指出，这两种途径并不能达到奥巴马提出的最终目的，即创造或保留 400 万个就业岗位。

其三，经济救援中的矛盾如何化解。中欧陆家嘴国际金融研究院副院长殷剑峰博士分析指出，由于危机的根源是美国金融发展模式和美元霸权主导

① 陶冶：《奥巴马经济新政遭遇股市寒流》，载《金融时报》，2009－02－12。

下的高消费，所以走出危机的唯一出路是美国人提高储蓄率。但是消费减少也将通过乘数效应造成惊人的 GDP 损失。通过乘数效应，美国居民消费的减少将会导致企业投资减少，投资减少又将使就业减少，最终消费进一步减少。所以，GDP 会因初始消费的减少产生更大的损失。以美国居民的消费率，比如用 95% 来算，这个乘数就是 20 倍，也就是说，如果每年减少 500 亿美元的消费，GDP 损失是 1 万亿美元，占到美国 GDP 的 1/13 左右；如果每年减少 1 000 亿美元，GDP 的损失是 2 万亿美元。这样算的话，可能的后果会非常严重，甚至出现类似于 1929 年的状况。

此外，美元信用派生的机制被暂时摧毁。2007 年，美联储的信用资产为 7 400 亿美元，银行业、证券化资产、非银行金融机构为 34 万亿美元。2007 年，美联储 1 美元的信用资产可以产生银行业信用资产 12 美元、银行和证券化资产 30 美元、全部金融机构信用资产 48 美元。如果证券化停滞，未来的信用乘数会下降 18 倍（由 30 降到 12）；进一步，如果非银行金融机构的信用创造停止，信用乘数将下降 36 倍。美国的基础货币即使翻 10 倍，也只有 7 万亿美元，而美国的证券化资产是 12 万亿美元。在这种情况下，货币政策恐怕填不上商业金融机构信用缺失的部分①。

其四，如何保证巨额资金的监管。美国国会监督小组发布报告称，布什政府 2008 年在对华尔街金融机构进行救援的过程中多花了纳税人 780 亿美元。这一报告使原本对 7 000 亿美元金融救援计划实施过程心存疑虑的国会议员们更加不满，也进一步促使财政部长盖特纳宣布，政府将实施新金融稳定计划，增加金融业的透明度和责任感，以保护纳税人利益为重。但这不能不让舆论对规模庞大的经济刺激计划的监管产生担忧。白宫女发言人帕萨基表示，白宫会和国会携手，力保有充足的项目管理人员使资金支出迅速到位，并会提供充分的监管②。

10.3 “美国梦”终结了吗

自从 2008 年 11 月 4 日总统竞选获胜，奥巴马以其富含“美国梦”色彩的经历背景、令人耳目一新的政治风格、精心策划的内阁新政吸引了美国人

---

① 殷剑峰：《金融危机的前景：后技术革命时代的国际货币体系》，载《21 世纪经济报道》，2009－02－21。

② 王姗姗：《奥巴马经济刺激方案的四大“悬疑” 目标难以实现?》，http://www.chinanews.com.cn/gj/fxpl/news/2009/02－11/1558916.shtml，2009－02－11。

民的热情和世界的瞩目。2009年4月29日，奥巴马迎来执政百日，全世界各大媒体都在热烈评价其执政得失——大多数媒体的评价相当的“正面”。

美联社的评论文章称，在短短的100天之内，美国总统奥巴马已经打破了美国外交的传统模式。他把反恐的焦点从伊拉克转到了阿富汗，解除了长期以来对美籍古巴人探乡和向家里汇款的限制，在对俄关系上也略微出现了改变，向全世界的穆斯林伸出“永不为敌”之手，他还一再声称美国也是可以犯错误的[①]。

2009年5月4日，中国南方新闻网的一篇评论指出，奥巴马这100天的表现，在欧洲人的心中可以用完美来形容。他表现了极高的协调、谈判、对话、演讲能力，团结了西方人民，让亲美重新成为从民间到政府的共识。特别在如今的危机时刻，各西方政府，几乎在奥巴马政府的引导下，逐步应对金融、环保等重大问题。而对美国虐囚问题的承认，更是解决了西方人的道德黑洞。这一切的变化，在一百天就已经完成，让媒体不得不欢呼“布什时代”的终结[②]。

2009年5月3日，记者鞠辉在一篇题为《奥巴马执政百日　高人气依然不减》[③] 的文章中写道：以振兴经济为首要任务的奥巴马，上任伊始便调动一切力量，在不到一个月的时间里成功推出了美国历史上最大规模的经济刺激计划，及时为美国经济注入了一针“强心剂”。在民生议题上，奥巴马签署法案，扩大惠及400多万个家庭的儿童保健计划，并积极促进国会通过医疗改革方案。在科技领域，奥巴马打破布什总统关于干细胞研究的禁令，力图消除政治因素对科学研究的干扰。在政府自身建设方面，奥巴马下令实施更加严格的公务人员道德规范和背景审查制度，力求杜绝游说机构对政府官员的影响。概要地总结了奥巴马上任百天的对内政绩。

安替在《旧日美国不再　奥巴马执政百日的变与不变》一文中还总结了奥巴马政府对华政策的积极变化：出人意料的是，奥巴马在对华政策上不但“布规奥随”，全面维持了既有友好关系，而且在两个问题上对两国关系做了极为重大的升级。第一是把两国关系在布什就任后期的“战略经济对话”增加了一个“和”，变成了“战略和经济对话”，昭示中美两国的协作将大大超越金融和贸易领域；第二是其官员和关系智库，有意或无意地使用

---

① 美联社：《奥巴马就职百日外交大盘点》，http://www.chinadaily.com.cn/hqzx/2009-04/27/content_7719694.htm，2009-04-27。

② 安替：《旧日美国不再　奥巴马执政百日的变与不变》，http://news.ifeng.com/opinion/200905/0504_23_1138652_1.shtml，2009-05-04。

③ 鞠辉：《奥巴马执政百日　高人气依然不减》，载《中国青年报》，2009-05-03。

"G2"话语，认定中美两国是解决当前世界金融危机、温室效应、东亚地区危机的最重大力量[①]。

美国有线新闻网综合多家主流研究机构的最新民调显示，奥巴马的总体民意支持率保持在64%，与他2009年1月20日走马上任时的民调支持率基本持平。有54%的美国人表示，奥巴马的表现超出了他们的预期。尤其值得注意的是，奥巴马上任以来，始终在广大民众中保持着良好的正面形象，延续了其在大选期间积累的超高人气。民调显示，抛开具体的政策问题，约72%的美国人对这位新任总统抱有好感，约75%美国人认为，奥巴马是一位坚强有力和值得信赖的领导人。这一点，在当前的经济危机中显得尤为重要。与此同时，超过90%的美国民众表示，奥巴马愿意倾听不同的声音，约62%的美国人认为奥巴马在处理绝大多数问题时在意识形态上保持正确[②]。

奥巴马吹来了一股清新的风。许多长久以来对政治灰心失望的美国人因为他，改变了对政治参与的态度。整个国家甚至世界都对他充满期待，期望他能够带来真正的变革，领导美国走出泥沼。人们对"美国梦"又燃起了新的希望。

20世纪，"美国梦"从巅峰走向衰落，却绝不是终结。从保尔·肯尼迪的《大国兴衰》问世以来，尽管"唱衰美国"的论调不绝于耳，但美国并未衰落，也没有从主导世界秩序的巅峰跌落下来。

在衡量一国"综合实力"的时候，人们习惯于将其区分为"硬实力"（Hard Power）和"软实力"（Soft Power）两个范畴。在过去考虑"综合国力"时，几乎所有的参数都来自于"硬实力"，如经济规模、军事力量、科技水平等。有专家认为，按纯的"硬实力"指标，中国的综合国力可能仅次于美国，但如果把所谓的"软实力"也考虑进去，中国和其他大国的差距就显得很大了。具体来说，"软实力"的范畴很广，包括意识形态和政治价值的吸引力、文化（尤其是通俗文化）的感召力、在国际政治中的结盟能力、利用现有国际组织的能力等。按照美国学者约瑟夫·奈的观点，"软实力"和"硬实力"同样重要。在国际政治中，如果"硬实力"是强迫其他国家就范的必要工具的话，那么"软实力"就是一种吸引其他国家作为自己盟友和伙伴的"隐性资源[③]"。而无论是"硬实力"还是"软实力"，

---

① 安替：《旧日美国不再　奥巴马执政百日的变与不变》，http：//news. ifeng. com/opinion/200905/0504_23_1138652_1. shtml，2009-05-04。

② 鞠辉：《奥巴马执政百日　高人气依然不减》，载《中国青年报》，2009-05-03。

③ 许宏：《约瑟夫·奈：从"软实力"到"明智实力"》，载《东方企业家》，2008（12）。

世界上都没有任何一个国家可以同美国相提并论。

先来讨论一下美国的"硬实力"。

2008年世界经济总量前9名的数据是：美国：14.2003万亿美元；日本：4.8068万亿美元；中国：4.3334万亿美元；德国：3.6968万亿美元；法国：2.8929万亿美元；英国：2.7255万亿美元；意大利：2.3348万亿美元；俄罗斯：1.7095万亿美元；西班牙：1.6263万亿美元。美国GDP分别是日本的2.95倍，中国的3.28倍，德国的3.84倍，法国的4.91倍，英国的5.21倍，意大利的6.08倍，俄罗斯的8.31倍，西班牙的8.73倍。日本、中国、德国3国的GDP总和为12.8370万亿美元，仅相当于美国一国的90%。

根据国际货币基金组织统计，2006年美国海外资产超过13万亿美元，日本超过4万亿美元，德国接近6万亿美元，英国是10万亿美元，而中国只有1万亿美元。就净债权而言，日本是中国的两倍，德国也比中国多。何况，中国还是一个发展中国家，人均GDP才3 000美元，只是这些发达国家的1/10①。

人均GDP的统计数据比较容易获得，而人均财富占有量的统计则更有意义。如何评判世界各国的穷富差异？哪些因素应当被列为划分标准？世界银行在第60届联合国首脑峰会期间公布了一份长达190页的报告，提出根据国内生产总值、产出资本、自然资源、人的技术和能力等条件综合而得的新标准。根据这份报告，中国在2000年的人均财富为9 387美元（其中无形资产为4 208美元、产出资本为2 956美元、自然资源为2 223美元）。相比之下，美国的人均财富为51.26万美元，德国的人均财富为49.64万美元，日本的人均财富为49.32万美元，韩国为14.1万美元，俄罗斯为3.87万美元，而印度的人均财富则是6 820美元。美国的人均财富为中国的54倍②。

石油、医药、IT和航空工业是美国遥遥领先的领域。如果不是从"国土"而是从"国民"以全球的视野来看，世界第一大制造业大国不是被称呼为"世界工厂"的中国，也不是以精益制造著名的日本、德国，而是美国。更让人想象不到的是，在很多国家牺牲农业，造成普遍的结构性矛盾时，美国竟然超越中国、印度、埃及等传统农业大国，成为世界第一农业大国。

---

① 丁志杰：《建超主权储备货币谨防美国将计就计》，载《第一财经日报》，2009-03-30。

② 俞懿晗：《世行报告称中国人均财富9 387美元 不到美国的2%》，载《东方早报》，2005-09-19。

2008年10月8日新加坡《海峡时报》说，美国的军事力量也补足了美国的经济实力。美国占全球国防开支的50%，占所有武器研发的80%[①]。2009年3月，加拿大的简氏防务周刊评出2008年世界最新军力排名，美国仍高居世界第一位。美国的军事科技、军事思想和军费开支世界第一，世界军事理论变革的“领头羊”，现在其军事力量正在向外层空间发展，已逐渐接近零伤亡目标。加上美国是第二次世界大战后全球实战经验最多的国家，其军事优势在短期内无任何对手能撼动。

在科技竞争力上，美国获诺贝尔奖的人数、每年的专利申请数、用于新技术应用和推广的风险投资数都居世界之冠，科研投入占世界研发投入总额的45%，高技术产品出口占世界的40%左右，在世界各国中遥遥领先[②]。

在本次金融危机中，许多“硬指标”也凸显出美国经济的“强悍”。

2008年的市场大动荡，已使全球股票价值的48%血本无归，导致银行贷款几近枯竭，引发商品价格从高入云端逆转为自由落体。但自相矛盾的是，如今，金融危机竟然抬高了长期遭受痛苦的美元。事实上，在2008年8月，信贷紧缩和商品价格一道休克，美元则在随后的一段时间内，对一篮子货币升值超过了15%。2008年，美元对韩圆、泰铢、印度尼西亚盾、巴西雷亚尔、俄罗斯卢布、马来西亚林吉特分别升值34.9%、16.1%、15.5%、30%、24.2%和4.4%[③]。

2008年，受美国金融危机影响，不管是发达市场还是新兴市场，都遭遇了有史以来最惨烈的跌势，市值都接近或远超“腰斩”。截至2008年12月31日收盘，冰岛OMXI15指数以全年94.49%的跌幅荣登全球股市跌幅榜首位，俄罗斯股市不甘落后，全年最大跌幅为76%，第3名则被“跳水王后”越南夺得，2008年最深幅度下跳达74.29%，中国上证指数全年下跌65.39%，居全球股市跌幅榜第4位。但在这个榜单上，美国标准普尔500指数跌了39.35%，排在第26位，道琼斯工业指数跌34.65%排在第28位[④]。

2008年，全球证券交易所股票（含投资基金）成交金额113.26万亿美元，较2007年增长12.7%。成交金额最大的两家交易所分别是美国的纳斯达克（NASDAQ）和纽约证券交易所（NYSE Group），其全球占比分别为

① 赵昌会：《反危机：跨越门槛的考验时刻》，载《南风窗》，2008（25）。

② 苏韵：《看懂华尔街》，载《新民周刊》，2008（40）。

③ 中国人民银行上海总部、国际金融市场分析小组：《2008年国际金融市场报告》，http://shequ2.tool.hexun.com/ExpertFiles/20090316/7089403/97F77DBAB362D51BCAA68CD172FA37DE.pdf。

④ 忻尚伦：《全球股市排行榜：A股缩水超20万亿　仅31只股票上涨》，载《东方早报》，2009-01-01。

32.2%和29.7%，其总份额由2007年的44%上升至62%。上海证券交易所以2.3%的份额列居全球第7位[①]。

金融危机使美国的实体经济受到冲击，但受冲击的程度远低于日本、德国等发达国家。有人可能会以美国3大汽车公司陷入困境为证反驳笔者。但通用、福特、克莱斯勒的危机其实早在金融危机暴发之前就已经积聚了足够的能量，只不过是由金融危机捅破了这个脓包而已。

20世纪70年代末期，美国的克莱斯勒公司就因为对石油危机的影响视而不见，盲目生产大型豪华越野车从而陷入困境，若不是美国政府施以援手，克莱斯勒早就倒闭了。20世纪90年代以后，随着美国经济的强劲回升，汽车大佬们好了伤疤忘了痛，又开始在SUV等豪华车型上铆足了劲，石油价格的飙升再一次使美国车企陷入困境，这一次不仅克莱斯勒倒了，通用和福特也朝不保夕。近百年来，汽车产业一直是美国工业的栋梁，是皇冠上的明珠。以汽车业为主的底特律曾经经营着遍布全球的产业，而今的底特律却是一派荒芜惨淡的景象。有专家指出，美国的3大汽车企业表面是自由竞争的产物，实际是国家推动产生的超级企业，美国汽车业的衰败，是国家支持下超级垄断模式的破产。奥巴马上台以后，竭力推动使用清洁能源，除了环保方面的考虑，实际上也是在吸取美国汽车业的教训[②]。

持"美国衰落论"观点者中有一个常见的言论，就是认为巨债和贸易赤字会导致美国经济的坍塌，因此美国在世界的地位也随之瓦解。美国对外关系研究委员会研究员沃尔特·罗素·米德（Walter Russel Mead）在其所著的《上帝与黄金：英国美国和现代世界的构成》一书中对此进行了驳斥。米德举证说，早在1850年，麦考利（Thomas Babington Macaulay）在描述英格兰银行的根基时就作出有关国债与国家毁灭之关系的预言。150多年过去了，此类灾难的预言不绝于耳。至今，毁灭没有到来。美国在整个19世纪都是个债务国，美国并没有因此变得衰落，一百多年后反而变得更加强大和富有。第二次世界大战之后美国国债占国内生产总值的比例远远高于60年后，毁灭也没有到来。媒体在里根执政时期一而再再而三地预言前所未有的财政和贸易赤字意味着毁灭就在眼前。结果呢？在1986年至2006年，美国经济经历了美国有史以来两段最长久的增长时期，其间只有短暂轻微的衰

---

① 中国人民银行上海总部、国际金融市场分析小组：《2008年国际金融市场报告》，http://shequ2.tool.hexun.com/ExpertFiles/20090316/7089403/97F77DBAB362D51BCAA68CD172FA37DE.pdf。

② 比尔·弗拉斯科（Bill Vlasic）尼克·邦克利（Nick Bunkley）：《通用汽车百年庆典之际濒临破产边缘》，载《财富时报》，2008-11-14。

退。米德的结论显而易见——美国的债务不足以使美国衰落[1]。

按照米德的逻辑推论，美国因应对本次金融危机所欠下的巨额债务也并不可怕，只要美元仍然占据国际货币体系的中心地位，各国对美元的需求因金融危机的影响居高不下，美元就是安全的；而如果美元安全，美国就是安全的——毕竟没有人可以准确测算出全世界潜在的美元需求到底是多少。所以，美国的债务经济模式在相当长的一段时间内可能是可持续的。

接下来我们再讨论一下美国的"软实力"。

"硬实力"是逼迫你就范，"软实力"是吸引你服软，就是中国人所谓的"不战而屈人之兵"的能力，包括感召力、吸引力、影响力、形象力等。"软实力"与"硬实力"是相辅相成的，仅有"硬实力"而缺乏"软实力"不足以使该国成为有世界影响力的大国，譬如日本。

2006 年 12 月，新华出版社翻译出版了加拿大学者马修·弗雷泽的新书——《软实力：美国电影、流行乐、电视和快餐的全球统治》。该书从历史和现实的角度，详尽地分析了"软实力"在美利坚合众国的崛起中所扮演的复杂角色，论述分为电影、电视、流行音乐和快餐 4 大主要部分。在随后的论述中，该书追溯了上述文化的起源、历史沿革以及"软实力"资源在美国外交政策中的现实角色。

马修·弗雷泽是加拿大《国民邮报》总编辑，著名学者，曾任赖尔森大学教授。他借助该书指出，在走向帝国、称霸全球的进程中，美国不仅一直仰仗着自己的"硬实力"即强大的政治、军事实力耀武扬威，而且一直在依赖着自己的"软实力"即流行文化进行潜移默化式的渗透，从而达到向全球推广美国生活方式和价值观的目的。

在集中了当今世界大多数顶尖智库的美国首都华盛顿，"中国问题研究"日渐升温。2007 年 5 月，耶鲁大学出版了卡内基国际和平基金会中国项目学者约书亚·库兰茨克的《魅力攻势——中国的软实力如何改变世界》，这是美国甚至西方第一本研究中国"软实力"的专著，在美国学界和政界引起很大关注。从此，关于中国"软实力"的话题在美国越来越热。

2008 年 9 月，美国国会出台长篇报告，详细比较美国和中国对发展中国家的影响力，也就是所谓的"软实力"。值得一提的是，当初提议编写这一报告的人正是现任美国副总统、当时美国参议院外委会主席拜登。这体现了目前美国决策层对中国"软实力"发展的高度重视和密切关注。

据记者杨晴川发自华盛顿的报道，2009 年 3 月，侧重研究国家安全问

---

① 沃尔特·罗素·米德：《美国在衰落?》，载《环球企业家》，2008（19）（总第 166 期，许宏译）。

题的华盛顿战略与国际研究中心发表了一份137页的报告，报告题为《中国软实力及其对美国的影响：两国在发展中国家的合作与竞争》，从“软实力”的角度分析了美国应当如何应对中国在第三世界乃至整个世界影响力日渐扩大的问题。据杨晴川介绍，在小布什执政后期，该中心为配合美国对外政策调整，适时推出了“软实力”的变种概念“巧实力”（Smart Power，也被译为灵巧实力、聪明实力或明智实力），并成立了以“软实力”概念始作俑者、民主党战略专家约瑟夫·奈和共和党著名外交策士理查德·阿米蒂奇为首的跨党派“巧实力”研究委员会。奥巴马政府上台后，国务卿希拉里·克林顿更是在国会听证会上公开宣示，要将这个新概念运用到美国实际对外政策中去。这已充分说明，美国已从政府的层面肯定了“软实力”在制定和执行国家战略中的重要作用①。

与所谓“硬实力”比较，美国的“软实力”其实一点也不软，可以说是“打遍天下无敌手”。

第一，美国在国际政治中的结盟能力、利用现有国际组织的能力无人能出其右。

第二次世界大战结束后，在美国的主导下，创建了众多的国际组织，如联合国、国际货币基金组织、世界银行、关贸总协定（GATT，世界贸易组织（WTO）的前身），这4大国际组织中的前3个总部均设在美国。美国还主导制定了许多重要的国际条约，如《核不扩散条约》、《全面禁止核试验条约》等。毫无疑问，美国在国际组织中的主导地位和在创建国际规则方面的主导权奠定了美国国家无与伦比的“软实力”的基础。

阎学通、徐进两位学者在《现代国际关系》2008年第1期上以《中美软实力比较》为题发表文章，给出了美国在国际政治中的结盟能力、利用现有国际组织的能力的量化结论。

两位作者将“结盟能力”具体化为拥有军事盟友（以举行成建制、大规模联合军事演习为军事盟友的标志）的数量。2007年，美国有38个军事盟友，居世界第1位。作为比照，中国有6个军事盟友（俄罗斯、哈萨克斯坦、吉尔吉斯斯坦、塔吉克斯坦、乌兹别克斯坦和朝鲜）。中国军事盟友的数量约为美国的15.7%。

两位作者选择了在联合国安理会、世界银行和国际货币基金组织这3个重要国际组织中的投票权作为“利用现有国际组织的能力”的标志。2007年，在联合国安理会5个常任理事国中，美国、英国、法国3国是盟友水

① 杨晴川：《美国承认中国软实力增加 称对美而言是机遇》，载《国际先驱导报》，2009-03-24。

平，中国、俄罗斯是盟友水平。这意味中国的国际政治规则制定权相当于美国的2/3，约为66.7%。中国、美国在世界银行的投票权分别为2.81%和16.41%，中国的投票权相当于美国的17.1%；中国、美国在国际货币基金组织的投票权分别为3.66%和16.79%，中国的投票权相当于美国的21.8%①。

第二，美国的意识形态和政治的吸引力也在全球占主导地位。

阎学通、徐进两位学者从“国家政治制度吸引力”阐释了“美国的意识形态和政治价值的吸引力也在全球占主导地位”这一结论。两位学者认为，国家政治制度的吸引力可以其在世界范围内的普遍程度为标志，也就是世界有多少国家采取某种相似的政治制度。以西方民主制度为标准，2007年世界上与美国政治制度相似的国家为146个，与中国政治制度相似的国家为23个，这意味着，中国政治模式的国际普遍程度约为美国的15.8%②。

有人认为，奥巴马当选美国总统给美国“软实力”赢取了“加分”：黑人，非洲裔，平民出生，名字中还有一个侯赛因，毫无行政经验，居然摇身一变成为世界上最强大国家的总统。恐怕没有比这更好的“美国梦”的例证了。当民主制度频繁遭遇信任危机时，当自由和平等受到怀疑时，奥巴马能够当选的确引发了更多人对美国政治体制的好感③。

第三，美国的科技实力在世界各国中遥遥领先。

美国自20世纪20年代以来，一直处于世界科技发展领先者的位置。在瑞士国际管理发展学院（International Institute for Management Development，IMD）的排行榜中，1994～2008年美国科技国际竞争力的世界排名连续15年列第1位④。

2003年，美国科研人员发表的被美国科学引文索引（SCI）和社会科学引文索引（SSCI）收录的科学与工程论文达20多万篇，占全球的30.3%。被全球引用的科学与工程论文达184万篇，占全球被引用论文总数的42.4%。2005年世界知识产权组织公布的国际专利申请中，美国占33.6%达到45 111件。2004年，美国专利商标局授予美国境内产生的发明专利84 271项。上述指标均居世界各国第1位。

---

① 阎学通、徐进：《中美软实力比较》，载《现代国际关系》，2008（1）。

② 阎学通、徐进：《中美软实力比较》，载《现代国际关系》，2008（1）。

③ 司徒朔：《奥巴马是美国软实力的救星》，http：//news. xinmin. cn/opinion/xmwp/2008/11/13/1430628. html，2008－11－13。

④ ISTIS：《2008年IMD〈世界竞争力年报〉三看点》，http：//www. istis. sh. cn/list/list. aspx?id＝5174，2008－06－04。

2006年“两会”期间，全国政协委员、中科院化学所副所长姚建年对新华社记者说：“从整体水平看，中国科技落后于美国、英国等发达国家15年到20年左右。”姚建年举例说，“神舟”载人飞船的上天让国人欣喜若狂，2008年我国要发射“神七”，实现航天员出舱行走，但美国早在1969年就实现了人类登上月球的计划，在航天材料、工艺方面，中国已经开始迎头赶上，但是在包括人员出舱的诸多具体技术上，还有较大差距。

作为纳米专家的姚建年表示，一般而言，研发经费占一国国内生产总值大于2%，则这个国家的创新能力比较强。美国1999年这一指标是2.7%，日本1997年这一指标已达到2.83%，而中国的这一比例在2005年约为1.5%。中国在高技术领域的创新能力还远远不足。制约中国科技发展的另一个因素是，中国的技术密集型产品长期依赖进口，关键性基础技术与应用技术匮乏。中国75%到80%的家电产品集成电路和95%的光纤制造设备都依赖国外进口①。

全球最负盛名的咨询机构之一——美国兰德公司2008年6月12日发表的一份报告指出，在外国学生、科学家和工程师的推动下，美国在科技领域依然保持全球领先地位。据路透社报道，兰德公司应五角大楼的要求撰写的这份报告指出，尽管有些美国人认为美国正失去在一些关键领域的竞争力，但美国实际上仍领先于欧洲的主要竞争对手和日本。报告还指出：“尽管中国、印度和韩国等发展中国家的科技发展迅猛，但它们的创新和科技成果只占全世界的一小部分。”

这份报告着眼于政府、企业和学术机构开展的科研活动，并未进行国家间排名，但按照一系列标准，美国仍居于全球领先地位。该报告指出，美国在科研开发方面的投入占全球的40%，70%的诺贝尔奖获得者在美国受到聘用，全世界排名前40位的大学有3/4在美国②。

第四，美国有世界上最发达的高等教育，是全球人才“洼地”。

2009年4月8日，《〈泰晤士报〉高等教育——2008全球顶尖大学排行榜》正式发布，在全球前200所大学排行中美国有58所大学入榜，前100所中美国有37所，前50所中美国有20所。美国拥有4 000多所公立和私立大专院校，注册学生近1 800万人。美国卡内基小组的研究表明，美国的经济实力有50%是从它的教育制度获得的。拥有了世界一流的高等教育，美

① 《中国整体科技实力落后发达国家15年至20年》，http：//news.sohu.com/20060312/n242248604.shtml，2006－03－13。

② 佚名：《美国科技实力仍领先全球　外国人才贡献大》，http：//news.cnfol.com/080613/101，1278，4282746，00.shtml，2008－06－13。

国才能拥有大量的自主知识产权、影响深远的杰出学者和强大的知识经济，才能成为科技强国[①]。吸引外国留学生一直是美国高等教育的基本政策。2004年全世界近40%的国际学生来美学习，其他接受国际学生较多的国家分别为英国、德国、法国、澳大利亚。2006~2007学年美国接受国际学生58.3万人，其中印度学生达8.4万人，稳居榜首，其次是中国和韩国。外国学生在美国高校毕业后，多数留在美国继续深造或工作，其中有一半人定居美国，这些人很多成为美国科技界的中坚骨干力量。据统计，1992~1995年有68%的非美国出生的博士留在美国工作与深造，2000~2003年这一比例上升到74%，其中学成留美比例最高的国家为中国和印度，而日本、韩国、法国、意大利、西班牙等国的学生在美学成后则大多返国，2006年美国共有15 947个博士学位授予非美国出生的公民，这一数字占博士授予总数的37.2%，而在科学及工程学专业这一比例达到45.2%，其中工程学专业达到67.7%，特别是电子工程专业更高达77.2%，在全部科学及工程学博士学位授予者中，中国学者占26.6%，印度占10.4%，韩国占7.4%。2006年授予美国本土出生公民的博士学位数量占总数的62.8%，其中大多数集中于非工程技术领域，例如教育学专业的博士学位授予者占87.1%；而在高层次科学技术人才中，非美国出生的科学家与工程师占优势的趋势还在进一步升级。2006年美国科学与工程学博士学位的授予者有78%为非美国本土人士，而其中增速最快的是中国、韩国及日本。

美国也是世界上最大的移民国家，技术移民历来就是美国人才队伍最重要的来源之一。2006年6月6日联合国发布世界移民报告：2005年全球移民人数达到1.9亿人，在这近2亿人的全球移民中，有1.15亿人流入发达国家，0.75亿人流入发展中国家，其中近1/5的移民流入了美国。据2003年统计，美国外来移民总数达到3 520万人，占美国总人口的11.7%，每年大约有160万移民进入美国，其中技术移民的比重逐年上升，全世界40%的技术移民流向美国。2003年美国科学与工程学相关领域的从业人员为2 160万人，其中335万人为移民，占16%。这些技术移民中已入美国籍的外国出生公民占63.6%，持绿卡的外籍永久居民占25.6%，持临时工作签证的外国公民占10.8%，有2/5的移民在来美时已在国外拿到最高学位，他们是高层次的技术移民，1/5的移民在国外及美国两地拿到学位，还有2/5的移民是在美国拿到学位，他们是美国国际学生的重要来源。在全部科学及工程学领域从业的移民中，有9%获得博士学位，而美国公民的从业人

① 《李开复谈美国大学启示录》，http://blog.sina.com.cn/s/blog_475b3d5601000bl5.html~type=v5_one&label=rela_prevarticle，2005-08-01。

员仅为4%，移民从业人员的学位水平明显高于美国公民从业人员[①]。美国兰德公司也在2008年6月12日发表的研究报告中指出，对于美国的科技成就，外国学生、科学家和工程师发挥了极为重要的作用。由于他们的到来，美国科学家和工程师队伍增长的速度超过了本土培养的科学家和工程师的速度。报告援引数据称，在获得美国大学颁发的工科博士学位的学生中，有近60%的人来自外国[②]。

第五，美国的文化吸引力没有哪个国家可以与之相匹敌。

在"软实力"范畴的各种定义中，"文化"的吸引力无不被提及。文化包括娱乐文化、时尚文化、体育文化、传播文化、饮食文化、工业文化（品牌）等，美国文化的吸引力达到"无以复加"的程度。好莱坞、迪斯尼、花花公子、可口可乐、NBA、美式橄榄球、美国之音、《财富》、《福布斯》、《华尔街日报》、麦当劳、肯德基、沃尔玛、微软、苹果、谷歌（google）、GE、思科、IBM等无不闪烁着美国文化的斑斓色彩，对全世界有着不可抗拒的感召力和吸引力，它们统统是美国文化"软实力"繁荣茂盛的"良性"导体。早在20世纪80年代，美国新闻署已经在128个国家设立了211个新闻处和2 000多个宣传活动点，在83个国家建立了图书馆，传播到世界大部分地区80%的新闻都由美国和西方的通讯社垄断。进入20世纪90年代，美国掌控了互联网跟服务器的控制权，更加增强了其"软实力"的实现条件。美国控制了世界75%的电视节目和60%的广播节目的生产与制作，每年向别国发行的电视节目总量达30万小时，许多第三世界国家的电视中美国的节目高达60%～80%，成了名副其实的美国电视转播站。特别是以英文为主的国际互联网，以其屏蔽功能弱化、信息量大、信息传播速度快以及互动性强的特点进一步强化了美国意识形态、价值观和生活方式的传播。美国在线、亚马逊、雅虎等网站是世界上点击率最高的几个商业网站[③]。据2004年11月2日《经济参考报》发表的一篇题为《美国文化产业的发展启示》的文章报料，最富有的400家美国公司中有72家是文化企业，美国的音像业仅次于航天工业居于出口贸易的第2位。美国的电影产量仅占全球的6%，而市场占有率却高达80%。输出美国的文化价值观，并通过影响人们的观念来进一步培育消费市场成了美国人发展文化产业的法则。2008

① 胡又牧：《透视美国人才现状》，载《国际人才交流》，2008（3）。

② 佚名：《美国科技实力仍领先全球　外国人才贡献大》，http：//news. cnfol. com/080613/101，1278，4282746，00. shtml，2008－06－13。

③ 许军：《软实力——美国在国际贸易中享有的新型比较优势》，中国世界经济学会第八次会员代表大会论文（2003年10月），http：//www. seba. bnu. edu. cn/shjjjlt/%C3%C0%B9%FA%BE%AD%BC%C3%B5%C4%A1%B0%C8%ED%CA%B5%C1%A6%A1%B1. doc，2003－10。

年夏天，美国好莱坞动画新片《功夫熊猫》在全球市场同步推出，在世界各地都受到观众欢迎，非常卖座。从卡通片创意的角度而言，本片的创作者，将“熊猫”与“功夫”这两大中国元素结合起来，将中国美术、音乐乃至于烹调、针灸和书法等因素融为一体，以轻松幽默的风格，以“很中国”的背景，完成了这一创造。这部动画片在使观众为之陶醉的同时，也使中国的电影人、动画大师们为之汗颜。香港《文汇报》评价说，随着《功夫熊猫》在中国的上映，这部堪称美国“软实力”的代表作也给人们带来启示：美国官方在硬性推销价值观时往往并不成功，而民间在对外行使“软实力”方面比较见效。这也是其他西方大国无法比拟的，是美国作为超级大国得以维系的重要原因。文章评论说，从《功夫熊猫》也可以看到美国“软实力”的特色。美国是超级大国，其实力既是政治、经济和军事方面的“硬实力”，也是文化、意识形态、价值观和民意等方面组成的“软实力”，有学者认为还可以包括聪明实力（Smart Power）。美国“软实力”是由民间与官方两方面打造而成的，更多的是民间的力量，人们所熟悉的美国商业文化，如《功夫熊猫》即是最新一例。文章还认为，比尔·盖茨在盛年从微软最高领导者的职位急流勇退，放弃高科技产业的领军人物地位和财富而投身慈善事业，也是美国“软实力”的一种体现①。

第六，美国的国家战略思维值得各国政治家借鉴。

美国历届政治家在国家治理中的战略思考堪称楷模，无论是人才战略、资源战略、科技战略或经济发展战略，往往技高一筹，为维系美国的世界霸主地位奠定了坚实的基础。美国是主导废除金本位制的国家，但是它却深知信用货币的脆弱性和黄金的重要性，在其他各国大力储备美元时，美国却重点储备黄金。美联储和财政部管理的美国货币储备黄金规模约为 8 500 吨，占美国外汇总储备的 56.5%，占全球货币储备黄金总数的 27%，且从不卖出黄金。从世界黄金协会提供的国家官方黄金储备资料看，截至 2008 年，黄金仍是许多国家官方金融战略储备的主体，西方前 10 国的官方黄金储备占世界各国官方黄金储备总量的 75% 以上。从资源战略的角度来看，众所周知，美国是世界第一大石油消费国，也是世界第一大石油进口国。据统计，2007 年美国日均石油消费 2 069.7 万桶，其石油高度依赖进口，日均进口石油 1 221 万桶。美国并不缺少石油。根据美国能源部情报署公布的统计数字，美国已探明石油储量超过 209 亿桶，居世界第 11 位。墨西哥湾、阿拉斯加、加利福尼亚近海都蕴藏着大量的石油。但是，美国一方面到世界各

---

① 从《功夫熊猫》看美国“软实力”，http：//big5. xinhuanet. com/gate/big5/news. xinhuanet. com/world/2008 -07/10/content _ 8520419. htm，2008 -07 -10。

地控制石油资源，另一方面，却对自己的石油资源严加控制。美国自然资源如土地、石油、煤、森林等的使用和开采还不到20%①。不管是共和党当政，还是民主党掌权，美国政府的能源战略始终如一。奥巴马经济刺激计划的多项内容均与能源产业有关，例如改造联邦政府的节能水平、在住宅和办公设施中安装节能系统、创造节能型学校和医院等。未来10年内，美国将投入1 500亿美元资助替代能源研究，政府和私营行业将增加对混合动力汽车、节能型汽车的扶持力度，减少美国对石油的依赖。同时，政府将大量投资风能、太阳能等绿色能源。

相信“美国梦”没有终结的不仅仅是笔者。新任美国总统奥巴马在大选获胜感言中说：如果还有人怀疑美国是一切皆有可能的国度，怀疑国父们的梦想在我们的时代是否还能延续，怀疑民主所拥有的力量，那么今晚，你得到了答案。（If there is anyone out there who still doubts that America is a place where all things are possible, who still wonders if the dream of our founders is alive in our time, who still questions the power of our democracy, tonight is your answer.）奥巴马没有回避眼下的问题和未来发展中的困难，但是他坚定地认为：美国可以改变——这是美国人真正聪明的地方。（That's the true genius of America: that America can change.）从国家制度层面来看，美国有很强的自我调整能力——这又何尝不是“软实力”（Soft Power）或明智实力（Smart Power）的表现呢？然而，不管如何“改变”（Change），世界人民切不可对奥巴马、对美国政府心存幻想。关于这一点，奥巴马还是相当坦率的。2009年4月3日，奥巴马在G20伦敦峰会后接受记者采访时坦言：你看，我是美国的总统，不是中国的主席，也不是日本首相，我不是参加峰会各位的首脑。我最直接的责任是让我们美国的人民生活得更好，这才是他们选举我到这个职位的目的……为什么我来这里（20国峰会），是因为能够帮助美国人民就业、购买住房、培养孩子上大学、实现我们所说的“美国梦”。衡量我的标准，就是要看我是否能有效地满足美国人民的需要和解决他们所关心的问题。（In terms of local politics, look, I'm the President of the United States. I'm not the President of China, I'm not the President of Japan, I'm not the President of the other participants here. And so I have a direct responsibility to my constituents to make their lives better. That's why they put me in there. That accounts for some of the questions here, about how concretely does me being here help them find a job, pay for their home, send their kids to college, live what we call the American Dream. And I will be judged by my effectiveness in meeting

① 时寒冰：《中国怎么办——当次贷危机改变世界》，北京，机械工业出版，2009。

their needs and concerns.)[①]

“美国梦”有多个版本，政府版本的“美国梦”核心是维护美国的世界霸主地位。当美国的利益与世界上任何一个国家的利益发生冲突时，美国都会毫不犹豫地用损害别人利益的方式维护自己的利益，这就是美国历届政府、历任总统的共同点——不管它（他）是共和党还是民主党。

美国与其他国家的“同床异梦”，这是这个世界不安定的根源之一。

① 芮成钢：《我与奥巴马的对话》，http：//blog. sina. com. cn/s/blog _ 4adabe270100d6o5. html，2009 - 04 - 03。

11　21 世纪的中国宿命

19 世纪是英国人的世纪，20 世纪是美国人的世纪，21 世纪将会是中国人的世纪。

——美国著名投资大师
吉姆·罗杰斯
(Jim Rogers)

美国人有“美国梦”，中国人有没有“中国梦”？尽管如此表述的人不是很多，但笔者相信在中国人的内心深处憧憬着“中国梦”。

11.1　“大国崛起”与“中国梦”

2006 年底，中国中央电视台推出了长达 12 集的大型纪录片《大国崛起》，在中国引起了强烈反响。在 11 月 24 日播出最后一集后，应观众的要求中央电视台又安排了重播。同样是在 11 月 24 日，中共中央政治局组织了题为“15 世纪以来世界主要国家发展历史考察”的集体学习。互联网上一个“异见”者写道：“也许如何让中国这个大国崛起的话题是唯一一个既让中国当权者也让平民百姓深感兴趣的话题，无论是何种政见、是否站在当政者的对立面，在大国崛起这个话题上，各方都愿意坐下来倾听对方的意见。作为中华民族的每个成员，谁不想让中国作为一个大国崛起呢？也许这就是

《大国崛起》一片能在中央电视台播出的原因[①]。”

《大国崛起》讲述的是葡萄牙、西班牙、荷兰、英国、法国、德国、日本、俄罗斯、美国 9 个传统列强兴衰更替的故事。所谓“风水轮流转”，《大国崛起》不能不拨动中国人藏匿已久的大国梦想。著名媒体评论人长平曾一针见血地指出：在我看来，这部纪录片的效果，全然“功夫在诗外”，是一种中国特色的政治文化解读。假如它的名字叫“西方的道路”，而且放在央视科教频道播出，它一定不会引来热烈反响。播出频道和时段的重要，不仅是观众多了，更重要的是，大家会从中揣摩其意图，并相信这不仅仅是中央电视台的意图。假如放到中央一套的黄金时段播出，效果更会不一样，简直就要轰动。它的名字更是一个关键所在，人们看重的是它对现实的映射，即我们是一个正在崛起的大国[②]。

在人类社会的发展史上，中国曾经有着光芒四射的辉煌，直到 1830 年，中国仍是世界上最大经济体。近代的中国落伍了，成为西方列强玩弄于肱骨之上的玩偶，从 1919 年的“五四运动”到中华人民共和国诞生，多少仁人志士为中华民族的复兴奔走辛劳、流血牺牲，他们盼的就是中国崛起的这一天，振兴中华、和平崛起就是 13 亿中国人的“中国梦”。

1978 年，我国 GDP 只有 3 645 亿元，在世界主要国家中居第 10 位。人均 GDP 仅 190 美元，位居全世界最不发达的低收入国家行列。据国家统计局 2009 年 3 月初发布的《2008 年国民经济和社会发展统计公报》披露，我国 2008 年 GDP 总量达到 300 670 亿元人民币，按 2008 年平均汇率 6. 948 计算，折合 43 274. 32 亿美元；依据 2007 年和 2008 年统计公报披露的年末人口统计数字计算，2008 年我国人口为 132 465. 5 万人，以此为基数，则我国 2008 年人均 GDP 为 3 266. 8 美元。30 年间，我国 GDP 总量跃居世界第 3 位，低于美国的 14. 2003 万亿美元和日本的 4. 802 万亿美元，但与日本的差距已近在咫尺。2008 年 GDP 为 1978 年的 82. 5 倍，年均增长速度在 9% 以上。人均 GDP 增长 16. 4 倍，我国已经由低收入国家跃升至世界中等偏下收入国家行列。

2009 年 2 月初，美国对外关系委员会（Council on Foreign Relations）地缘经济研究中心公布的一份报告称，截至 2008 年底，中国持有的外汇资产总规模达到 2. 3 万亿美元，其中七成为美元计价资产，规模约为 1. 7 万亿美元。

这份由该委员会研究员 Brad Setser 和 Arpana Pandey 于 2009 年 1 月撰写

---

① 曼德：《大国崛起的真正根源（信仰版）》，http：//blog. 163. com/as _ 1380350/blog/static/4990432007321051335 22/，2007 - 04 - 02。

② 龙玉琴、沈亮：《〈大国崛起〉没有特殊政治背景》，载《南方周末》，2006 - 11 - 30。

的报告称，截至2008年第四季度末，中国在2008年底持有的外汇资产达到2.3万亿美元，相当于中国当年GDP的一半。其中中国人民银行持有的外汇资产余额达到2.1万亿美元，包括1.95万亿美元外汇储备以及规模在1 080亿～1 580亿美元的“其他外国资产”；此外，国有银行和中国投资有限责任公司的外汇资产共约为2 500亿美元。

Setser和Pandey估算称，上述资产约70%已投资于美元计价的金融资产，这意味着相当于中国2008年GDP 40%的国民财富投向了美国市场。这项庞大的投资组合中，包括9 000亿美元美国国债（包括短期美国国债）、5 500亿～6 000亿美元机构债、1 500亿美元公司债、400亿美元股票以及400亿美元的短期存款。上述计算结果明显大于美国财政部公布的数据，两位研究人员认为美国的官方数据低估了中国持有的美国资产规模。

报告称，在2008年的12个月中，外国官方投资者对美国国债和机构债的需求规模几乎和美国的贸易赤字规模相差无几。“如不考虑自美国外流的私人部门资金，平均每个月，中国通过购买美国国债和机构债，为美国提供了维持其贸易赤字将近一半的资金。”

两位作者不无忧虑地把这种情形称做“恐怖的平衡”。Setser和Pandey认为，未来中国不可能像过去那样，继续依赖出口拉动经济增长。而另外，他们也指出，截至2008年底，中国“借钱”给美国的条件都显得相当“慷慨”。但是没有什么能够保证中国将会延续这种慷慨，也不能保证未来中国对美国的慷慨，不会以影响美国的相关政策选择为条件。报告最后警告称：“美国需要调整其经济模式——以出口来换进口，而不是依赖借债埋单。美国对中国依赖越久，逃避得越久，将来这种调整就会越难①。”

法国18、19世纪杰出的军事家、政治家拿破仑曾经说过一句令中国人很受用的话：“中国是一个沉睡的巨人，让它睡吧。一旦醒来，它将撼动整个世界。”200年后，拿破仑的预言应验了，中国人扬眉吐气了，自然也会有人“别样滋味在心头”。人们开始热衷于谈论“中国何时能够超过美国”这样一个话题。

下面是笔者收集到的一些相关预测结论（以实现早晚为序）。

（1）经济合作与发展组织（OECD）的预测——2015年

王龙在2006年10月12日《环球时报》以“2015年中国占全球财富27% 回到汉朝不是目标”为题所作的报道，英国谢菲尔德大学公布了一份特别报告，提出“到2015年中国将占据全世界财富的27%，将回到汉朝时

① 张喆、李彬：《美智囊报告称中国去年底持有美元资产1.7万亿》，载《第一财经日报》，2009－02－06。

占全球财富26%的地位，中国的经济力量‘领土’届时将改变亚洲大陆的模样，同时意味着中国将超过美国成为世界第一富国”。之后，韩国的《朝鲜日报》也进行了全文转载，并以《2015年中国“回到”汉朝》为题，对它们的国民做“醒世呼唤”。

经济合作与发展组织（以下简称OECD）与谢菲尔德大学看法一致。

记者王露2008年3月26日在《21世纪经济报道》以“经济学家称中国将在2015年成世界最大经济体”为题所作的报道，3月25日，OECD发展中心出版的《中国经济的长期表现——公元960~2030年》在北京发布，作者安格斯·麦迪森“语出惊人”：“中国可以在2015年超过美国，重新恢复它曾经拥有过的世界最大经济体的地位。”——而且这个爆炸式的结论还是“基于一个相当保守的假定”，麦迪森在书中称。

安格斯·麦迪森是曾在OECD担任多个高级职务，并被公认为当代最伟大的经济历史数据的考证和分析专家。由于麦迪森的特殊身份，人们有理由认为麦迪森的观点代表了OECD的观点。

根据麦迪森的测算，到2015年，中国GDP水平将相当于美国的107%，相当于日本的394%，印度的263%。而在1990年，中国GDP水平才是美国的37%。到2030年，中国GDP水平将是美国的138%，并达到世界总量的1/4，其人均收入水平会超过世界平均水平的1/3。

（2）中国国情与发展研究所研究员清议的预测——2018年

2008年12月5日出版的《理财周报》刊登专栏作者、中国国情与发展研究所清议研究员撰写的文章，题目是《中国经济10年内将超越美国》。清议认为，国无外财不富。他举例说，如果不是明朝的一系列货币改革，尤其是实施了张居正的“一条鞭法”之后，世界近一半的白银产量借助贸易的途径流入明朝，1600年的中国不会成为经济总量占世界合计29%（安格斯：《世界经济千年史》，下同——原作者注）的强国；如果没有来自海外贸易的流动性扩张，1700~1820年的英国经济增长率不会高达238%，而同期世界GDP合计增长率仅为87%；如果不是借助第二次世界大战期间获得的黄金储备以及美元成为世界主要储备货币之后滚滚而来的流动性扩张，美国也不会成为第二个经济总量超过世界合计20%的当代强国。作者认为，美国的金融危机为人民币在国际支付与结算中发挥作用提供了机遇，在人民币实质性的成为国际货币之后，中国经济同样会在很短的时间内超越美国，成为世界头号经济体。那么这个过程需要多长时间呢？清议研究员的测算如下：2007年中国实现的GDP为24.95万亿元人民币（国家统计局最终核实的2007年GDP现价总量为25.7306万亿元人民币——笔者注），换算成美元大致是3.52万亿美元，美国则是13.65万亿美元，于是，美国的经济总量相当于中国的3.88倍。

假如未来10年美国经济的实际年均增长率为1.5%，来自年均通货膨胀率实现的GDP增长为颇为温和的1%，即按当年价格计算的年均复合增长率合计为2.5%，那么，10年后，美国GDP将增长到17.7万亿美元。以中国2008年GDP为28.2万亿元人民币基数（我国2008年GDP总量实际为30.07万亿元人民币——笔者注），假设年均实际增长率为8.5%，来自物价上涨实现的GDP增长率为2.8%，即按照当年价格计算的年均复合增长率合计为11.3%，10年后，中国GDP将增长到82万亿元人民币以上。再假设2018年人民币兑美元汇率大致是4.6:1，届时中国GDP将达到17.8万亿美元，由此超越美国。

（3）美国普林斯顿大学经济学讲座教授邹至庄的预测——2020年

2008年12月17日《第一财经日报》发表美国普林斯顿大学邹至庄教授的文章，《2020年中国GDP超美国：预测的重估》。邹至庄教授说，2003年12月6日，我在复旦大学演讲时说："在人的素质、市场经济制度和后发展优势等'三大动力'的推动下，只要能保持6%的年增长率，那么到2020年，中国的GDP将超越美国。"事实上，它最早是出现在我2002年第一版的一本书《中国的经济转型》中的102~103页（中文版，中国人民大学出版社，2005年）。邹至庄教授的预测建立在用购买力平价法①估算中美两国GDP的基础之上。1998年贸易汇率是1美元兑换8.3元人民币，而世界银行计算得出的购买力平价汇率是1美元兑换2元人民币。假设1998年至2020年，中国的GDP增长年率为6%。给定1998年美国GDP是中国的两倍，美国需要按2.9%的年率增长（美国经济学家预测的增速中位数），GDP才能达到估计的中国2020年GDP规模。估算结果表明，到2020年，中国GDP将超过或至少比肩美国的GDP总额。从2001年到2008年，国际经济环境发生了巨大的变化，邹教授需要对自己的预测作出重估。他发现，时隔7年，中美用PPP方法估算的汇率依然是2:1。他假设美国的GDP从2007年至2020年将每年增长2.8%，到2020年，美国GDP将达到按照2007年美元价值计的19.76万亿美元。如果中国GDP每年增长8.2%，2020年将达到按照2007年美元价值计的19.78万亿美元，略高于美国。几

① 购买力平价法（Purchasing Power Parity，PPP）也叫国际比较项目法（International Comparison Program，ICP），是以国内商品价格同基准国家同种商品价格比率的加权平均值为购买力平价计算的。ICP是由联合国统计局、世界银行等组织主持的一项旨在提供GDP及其组成部分的国际一致价格和物量的跨国比较体系。ICP经历了由双边到多边，再到分区域比较（区域内多边比较，再联合成全球性比较）的发展过程，但其研究的基本思路就是通过价格调查并利用支出法计算的GDP作为基础，测算不同国家货币购买力之间的真实比率（以PPP为货币转换系数），从而取代汇率，把一国的GDP转换成以某一基准货币或国际货币表示的GDP。世界银行每年均发表用PPP方法计算的各国GDP数据。

乎所有的人都认同美国 GDP 年增长将不超过 2.8%，中国将至少增长 8.2% 的看法，都将得出这个结论：即到 2020 年中国 GDP 将超过美国。所以，邹至庄教授认为自己的预测仍然有效。

中国国情研究专家、清华大学胡鞍钢教授的预测结论与邹至庄教授的预测结论相同。

2007 年初，我国著名国情研究专家、清华大学胡鞍钢教授所著《中国崛起之路》一书由北京大学出版社出版。该书收录了作者 2005 ~2006 年撰写的十几篇文章，旨在探讨中国崛起的相关问题。该书分析了中国崛起的理论背景，提出了国家发展生命周期的概念；讨论了中国崛起的经济、社会、政治基础、国际背景，从多角度说明了中国的发展机遇，也论述了中国面临的各类挑战；着重分析和讨论了中国的发展战略。作者认为，中国崛起之路就是中国现代化之路。胡鞍钢认为，中国必须摆脱和抛弃黑色发展之路，既不能沿袭传统的高能耗、高污染、低效率的苏联式的重工业化模式，也不能模仿和采用高消费、高消耗、高排放的发达国家的现代化模式，必须选择适合国情的发展模式，充分利用丰富的人力资源，有效利用和节约稀缺的自然资源，大力引进和开发知识资源。中国需要选择非传统的现代化发展模式。这一发展模式应该是：较高的人文发展指标水平和居民生活质量；逐步实现共同富裕，消除生活贫困和知识贫困，避免在经济财富和知识资源的贫富两极分化；走绿色发展道路，建立资源节约型的国民经济体系和适度消费、公平消费、绿色消费的生活体系；确保增长的可持续性和公平性，实现充分就业，促进人类发展。胡鞍钢预测，1980 年到 2020 年，中国进入现代经济起飞阶段，即中国经济的起飞阶段；2020 年之后中国将进入经济强盛期。

日本经济研究中心也对 2050 年以前的世界经济进行了长期预测。结果显示，中国 GDP 将在 2020 年前超过美国，成为世界上最大的经济大国；不过，由于经济增长速度逐步放慢，到 2050 年时中国反而将会被美国超过，尽管被超过的幅度很小。印度的经济规模不久将会超过日本，且差距会继续扩大。到 2050 年时，美国和中国的 GDP 规模将是日本的 7 倍，印度的 3.8 倍[①]。

（4）普华永道会计师事务所的预测——2025 年

普华永道会计师事务所（Price Waterhouse Coopers PLL，PWC）[②] 2008

---

① 张茂荣：《经济大国速度赛》，载《环球》，2009（4）。

② 普华永道会计师事务所（Price Waterhouse Coopers PLL，PWC）是世界上最大的专业服务公司，1998 年由普华会计师事务所和永道会计师事务所在伦敦合并而成。普华永道在 2008 财年获利约 280 亿美元，它的雇员超过 146 000 人，遍布 150 个国家或地区。在福布斯的排行榜上，普华永道位列私人企业的第 3 名。普华永道也是 4 大国际会计师事务所之一，与其并列的其他 3 大是毕马威、德勤和安永。维基百科“普华永道会计师事务所”条目。

年3月4日发表最新预测报告，预测中国经济将于2025年或更早超越美国。普华永道宏观经济主管霍克斯沃表示："全球的经济重心已经转移至中国、印度及其他大型新兴经济体。我们的分析认为这一转移过程将会持续很长一段时间。我们最新的预测指出，中国将于2025年超越美国，问鼎全球最大经济体。中国的经济会持续增长，其经济规模于2050年或以前将增长至美国的1.3倍。"霍克斯沃指出中国的快速增长能够持续至2025年的原因之一是，中国的科技发展快步赶上，大大提升了生产效率，因而足以支持中国未来10年至15年的增长潜力。而且中国的生产力发展相对美国而言加快了，意味着人民币对美元的实际升值速度可能较先前的预期更快①。

（5）美国高盛公司的预测——2027年

高盛公司早期预测中国经济总量超过美国的时间是2041年。2006年5月23日，高盛集团全球经济研究部主管吉姆·奥尼尔在参加2006中国经济峰会时修改了先前的预测，称中国极有可能在2035年就超过美国，成为全球最大的经济体。吉姆·奥尼尔为中国经济发展绘制了一幅"美好"的蓝图。他说，根据高盛的测算，在整体经济实力方面，中国有望于2010年前超过德国；2015年前超过日本；2035年前超过美国；2050年经济总量达到52万亿美元。他强调，"如果不出意外，这很可能变成现实"。有人质疑吉姆的这种预测过于乐观，认为其对中国发展的速度进行了错误的评估。吉姆反驳说，这些人的看法是不对的。他指出，这种判断是以未来若干年中国仅以年均5%的速度增长为假设前提的，而"事实上这个速度还不到中国实际发展速度的一半"。2000年至2005年，中国GDP平均增长率为9.3%②。美国金融危机暴发以后，高盛公司又一次修改了自己的预测。2008年3月，高盛公司发表预测报告，报告认为，到2032年中国、俄罗斯、印度和巴西经济实力将超过"金融七国"。环球网转引俄罗斯经济塔斯社（Prime - Tass）伦敦站的报道，高盛认为，尽管西方几大国家发生严重的经济危机，但这无法阻挡增长势头强劲的发展中国家：中国、俄罗斯、印度和巴西等"金砖四国"。据高盛公司预测，"金砖四国"到2032年经济实力将超过现在的经济7强：美国、日本、德国、英国、法国、意大利和加拿大。而到2027年，中国GDP将超过美国，而这一目标印度将于2050年实现③。

---

① 童颖：《报告预测中国经济2025年超越美国》，载《东方早报》，2008-03-05。

② 综合：《中国有可能2035年超过美国　成全球最大的经济体》，http//www.chinanews.com.cn，2006-05-24。

③ 梁旭：《高盛预测：2027年中国GDP将超美国》，http://intl.ce.cn/zgysj/200804/01/t20080401_15022872.shtml，2008-04-01。

（6）美联储前主席沃伦·格林斯潘的预测——2030 年

美联储前主席格林斯潘在他新出版的回忆录《动荡时代：新世界中的冒险》中，共用了 5 页的篇幅来对全球主要国家进行展望，并预测了中国、英国、法国、德国、日本、俄罗斯和印度的发展趋势。格林斯潘预测，未来几年全球化将放慢速度，通货膨胀将难以控制。格林斯潘特别提到中国。他指出，中国的出口商品对美国市场影响巨大，多年来，这些廉价的“中国制造”使美国通货膨胀水平保持在一个较低的状态，进而保证了美国工人工资的相对平稳。格林斯潘在新书最后一章写道：2030 年的全球将如何发展主要取决于中国。他预测如果中国继续按照自由市场的规律发展，将推动全球进入一个新的繁荣阶段。他还表示，亚洲“四小龙”（韩国、新加坡、中国台湾和中国香港）再次发生 1997 年金融危机那样的经济危机的可能性不大。他称“东亚经济从半个世纪以前落后的‘根源’中走过了令人震惊的发展之路①。”与格林斯潘持相同看法的还有中国经济学家林毅夫②和作为美国政府智囊团之一的卡内基国际和平基金会。卡内基国际和平基金会在 2008 年 7 月 9 日发表的预测报告中指出，2030 年，中国国内生产总值（GDP）将赶上美国，2035 年左右，中国的经济规模将超过美国。到 2050 年中国的 GDP（82 万亿美元）将达到美国 GDP（44 万亿美元）的两倍。这份报告的题目为《中国的经济增长及其真相与虚构》，由卡内基国际和平基金会高级研究员盖保德博士撰写。报告认为，与日本、韩国等曾经历迅速增长的国家不同，中国景气周期与美国景气没有太大关联，从这一点上也可以看出中国经济的“独立性”。作为其依据，报告指出，中国的经济增长开始越来越多地受到国内消费的拉动，而不再是依赖出口，即使世界经济总体出现不景气，中国也不会受到巨大影响。报告预测，中国将在军事和外交等国际关系中的所有领域成为重要力量。报告称：“国际机构中心将倾向于中国，世界银行、联合国（UN）、国际货币基金组织等国际机构的总部有可能迁至中国北京或上海。”盖保德向法新社表示：“就像现在的欧盟一样，届时美国将发挥次要（Secondary）的影响力。”但据预测，中国人在 21 世纪的生活水平仍将赶不上美国。即使到了 2050 年，中国人均 GDP（5. 3 万美元）也只有美国（9. 5 万美元）的 2/3 左右。报告预测，到 2100 年，中国

① 格林斯潘：《2030 年中国决定全球经济命运》，载《广州日报》，2007 - 09 - 23。

② 王露：《经济学家称中国将在 2015 年成世界最大经济体》，载《21 世纪经济报道》，2008 - 03 - 26。

人均 GDP 有可能超过美国[①]。

（7）美国《国际经济》杂志的预测——2031 ~ 2035 年

美国《国际经济》杂志 2007 年春季号发表文章，题目是《中国会超越美国吗?》，作者是美国印第安纳州立大学商业学院网络金融研究所研究部主任约翰·塔托姆。文章认为，中国经济发展前景看好，中国国内生产总值的规模将在 2031 年赶上美国。文章指出，按照最佳局面，中国和美国将继续以 1990 ~ 2005 年这 15 年的速度增长，届时中国会在 2031 年赶上美国国内生产总值的规模，中国的人均国内生产总值将是美国的 1/4，但它已经加入高收入国家的行列。根据“最佳局面”假设，中国的人均国内生产总值将在 2053 年与美国持平。根据 2005 年的价格水平来衡量，届时两国的人均国内生产总值都将是约 10.5 万美元，是 2008 年美国水平的约 2.5 倍。然而，中国和美国都可能无法保持过去 15 年的趋势。美国预测，中国的人口将在 2030 年左右达到最高点，然后略有减少，在 2005 ~ 2050 年人口平均增速约为 0.1%。同样，美国的人口增长也会放慢，但不会像中国那么明显，在同一时期平均增速约为 0.6%。如果将这些趋势考虑在内，两国国内生产总值的增长都不会像前面说的那么快。例如，美国社会保障机构的高管估计，从 2005 ~ 2050 年，美国实际的国内生产总值增长速度将是 2.1%，减缓将主要出现在约 2012 年及以后。由于人口和劳动力增长的减缓以及随之出现的生产率增长的减缓，中国国内生产总值的增长可能很容易降到 8% 左右，这还是一种很乐观的局面。不过因为美国也在减缓，影响还不是很大。根据这种乐观的假设，中国仍会在 2035 年赶上美国的国内生产总值水平，在 2057 年达到其人均国内生产总值水平，都只比“最佳局面”晚 4 年[②]。

（8）德国前总理施罗德的预测——2050 年

据中国新闻网 2008 年 12 月 22 日报道，有着“魅力总理”、“媒体明星”美誉的德国前总理施罗德最近接受德国之声采访，畅谈中国改革开放 30 年所取得的成就。施罗德在访谈中表示，中国的改革开放取得了很大的成功。它使 4 亿中国人摆脱贫困。今天，大多数中国人已不再忍饥挨饿，而中国并非在每个历史阶段都能做到这一点。这就是改革开放的成果，所以我们希望中国能继续这一政策，毫无疑问，中国将在这条道路上走下去。有必

① 综合：《卡内基国际和平基金会的 2030 预言》，http://370010.ifund.jrj.com.cn/forum370010/topic14827.html，2008 - 07 - 11。

② 美专家：《中国国内生产总值规模 2031 年将赶上美国》，http://news.xinhuanet.com/world/2007 - 09/20/content_6759296.htm，2007 - 09 - 20。

要指出的是，改革开放使中国走上了成功之路。施罗德说，在克服金融危机中，中国与西方国家合作，避免金融体系出现崩溃。中国还通过了经济促进计划稳定国内市场。中国的国内市场不仅对中国百姓非常重要，对依赖出口的德国等其他国家来说也很重要。鉴于此，我想说的是，没有一个国家能凭借自己的力量拯救世界，但中国能与其他国家一起为此作出宝贵的贡献。展望未来，施罗德说，中国有望在2050年成为世界第一经济强国。他指出，中国拥有丰富的人力资源，拥有接受一流教育的人才，中国拥有巨大的市场，以和平方式开辟国外资源。中国愿承担国际责任，所有这一切都有助于中国在成功的道路上更进一步。至于中国届时将成为世界第一，还是第二，或者美国是否能保持世界第一的地位等——人们不应该在这个问题上浪费脑筋，重要的是，继续成功之路①。

谈起“中国何时能够超过美国”的话题，中国人无疑是享受了一场志满意得的“精神”大餐。但回过头来想一想，即使中国的GDP某一天真的超过了美国，又能怎么样呢？GDP指标本身受汇率影响很大，其计算方法和计算范围有很大的局限性，特别是没有把人口的因素考虑进去，即使中国的GDP世界第一了，也并不意味着中国就成为了一个经济强国。看来，“中国梦”的内涵不应该只是“GDP世界第一”这样简单。

11.2 冷观“G2”的提法

建安二十四年（公元219年），东吴的孙权上书称臣，并“称说天命”（意思是说你曹操是“真命天子”，理所当然应该做皇帝，我孙权愿意做你的臣属）。曹操“以权书示外”——把孙权的书信广为宣扬，目的是听一听群僚的意见。一些臣僚不明就里，以为孙权真的服了，魏国可以一统天下了。但曹操却识破了孙权的阴谋，他说：“孙权这小子是想要把我放在炉火上烤啊！”——道理很简单，孙权自己想做皇帝，但不想做被“先打”的出头鸟，他想让曹操带这个头，他好坐享其成。

“G2”的提法就有点“孙权上书”的味道。

“G7”指由7个主要发达国家组成的“7国集团”，“G20”指由世界

① 德国前总理施罗德：《中国2050年将成第一经济强国》，http://finance.jrj.com.cn/2008/12/2214053137417.shtml，2008-12-22。

20 个主要国家组成的“20 国集团[1]”，“G2”（Group of Two）是指谁呢？指中国、美国两国，为此，美国经济史学家尼尔·弗格森还提出了一个新的英语单词“Chinamerica”，可翻译为“中美国”，意为中国、美国战略共同体。

小贴士：7 国集团及其演变

20 世纪 70 年代，主要资本主义国家的经济形势一度恶化，接连发生的“美元危机”、“石油危机”、“布雷顿森林体系”瓦解和 1973 ~1975 年的严重经济危机把西方国家弄得焦头烂额。为共同解决世界经济和货币危机，协调经济政策，重振西方经济，1975 年 7 月初，法国首先倡议召开由法国、美国、日本、英国和联邦德国 5 国参加的最高级首脑会议。

1975 年 7 月、8 月间举行的欧洲安全会议最后阶段会议上，5 国代表经过协商，同意召开西方主要工业国最高级会议，指出首脑会议议程“涉及世界经济危机的所有经济问题”。1975 年 9 月底，5 国最高级首脑会议筹备小组成立。10 月初，在纽约举行的筹备小组会议决定邀请意大利参加。同年 11 月 15 ~17 日，第一次会议在法国的朗布依埃举行。

1976 年的第二次会议在波多黎各首府圣胡安召开，加拿大总理应邀出席了此次会议。会议还确定了每年一次的首脑会议轮流在各参加国召开，时间都在 7 月。此后由法国、美国、英国、联邦德国、日本、意大利加主要西方工业国家参加的最高级首脑会议通称为西方 7 国集团首脑会议。多项国际行动计划均在这一框架内达成，如政治领域，20 世纪末 G7 就发动科索沃战争以及相关战争费用分摊达成了一致；在经济领域，著名的广场协议以及对东亚金融危机的救助也是 G7 的合作成果。

---

① 20 国集团（G20）：20 世纪 90 年代末亚洲金融危机发生后，各方要求增加新兴市场国家在全球经济活动中发言权的呼声更多更高。1999 年 9 月 25 日，8 国集团财长在华盛顿宣布成立 20 国集团（G20）。这个国际论坛由欧盟、布雷顿森林机构和来自 19 个国家的财长和中央银行行长组成，宗旨是作为布雷顿森林体系框架内非正式对话的一种新机制，推动发达国家和新兴市场国家之间就实质性问题进行讨论和研究，以寻求合作并促进国际金融稳定和经济的持续增长。G20 成员包括阿根廷、澳大利亚、巴西、加拿大、中国、法国、德国、印度、印度尼西亚、意大利、日本、韩国、墨西哥、俄罗斯、沙特阿拉伯、南非、土耳其、英国、美国和欧盟。截至 2008 年底，G20 全部成员的经济总量约占世界经济总量的 85%。

1991 年 7 月，7 国集团首脑会议第 17 届会议在伦敦举行。当时的英国首相梅杰作为东道主邀请前苏联总统戈尔巴乔夫前往伦敦，以客人身份与 7 国领袖见面，但无权出席会议。苏联解体之后，俄罗斯总统叶利钦成为 7 国首脑会议的“客人”或称“观察员”。但直到 1994 年 7 月，在那不勒斯举行的第 20 届首脑会议上，俄罗斯才获准参加政治问题的讨论，但仍然被排斥在关键会议的大门之外。从那时候起，这种“7 +1”的模式一直保持到 1997 年第 23 届首脑会议上，这次会议除了一个小时的专门讨论财政金融问题的会议俄罗斯不参加之外，叶利钦和西方 7 国首脑一起讨论了全球的政治和经济问题。1998 年在德国科隆举行的第 23 届首脑会议上，最终结束了“7 +1”模式，俄罗斯正式成为会议的全权成员，8 国集团首脑会议宣告定型。

2008 年 7 月 7 日至 9 日 8 国集团会议在日本北海道召开。会议由于法国总统萨科齐和英国主张对 8 国集团实行扩大增加中国、印度、巴西、墨西哥和南非 5 国，8 国集团扩大为 13 国集团，基本上反映了全球国家实力。这次会议主要讨论地球变暖；油价飞涨；粮食危机；温室气体排放问题[①]。

2008 年，美国个别媒体曾试探性提出过“中国、美国共管太平洋”的主张。2008 年夏天，美国彼得森国际经济研究所（Peterson Institute for International Economics）所长弗雷德·伯格斯坦（Fred Bergsten）在美国《外交》杂志 7/8 月号上发表文章，宣传他的中国、美国“G2”构想。伯格斯坦主张：如果美国要鼓励中国在全球经济中承担更多的责任，就应该和中国分享全球经济的领导地位，并建议，中美战略经济对话机制应进一步升级为“领导世界经济秩序的两国集团（G2）格局”。

“G2”的概念提出以后，受到了美国政界、外交人士的热捧。美国彭博新闻社 2009 年 1 月 25 日载文《忘了 G7 吧，只有中国和美国算数》。另据美国《国际先驱论坛报》2009 年 3 月 4 日报道，一名奥巴马政府资深国防官员在 3 月 4 日描述中国军队转变时称，中国对中美共同管理世界范围内的危机越来越感兴趣。

2009 年 1 月 12 日，在出席北京纪念中美建交 30 周年活动的一次会议上，美国大选期间曾任奥巴马外交事务顾问的美国战略家布热津斯基强调

---

① 百度百科 http：//baike. baidu. com/view/946686. htm。

说，中美之间建设性的相互依存是全球政治和经济稳定的重要根源，现在需要全力推进一种非正式的“两国集团”。布热津斯基强调，“美中之间的关系必须真正是一种与美欧、美日关系类似的全面的全球伙伴关系”；“美中高层领导人应进行例行的非正式会见，不仅就美中双边关系，还应就整个世界问题进行一种真正个人之间的深入讨论”。几乎与此同时，促成中美建交的另一位重要人物基辛格博士也发表了类似观点。这位曾为了美国的利益而促成全球战略格局大变的政治家主张，美中两国应建立一种“命运共同体”结构，将两国关系提升到类似第二次世界大战后大西洋两岸关系的高度①。

与此同时，“G2”的提法也引起国际社会的广泛重视。2009 年 3 月上旬，世界银行行长佐利克和世界银行首席经济学家林毅夫在《华盛顿邮报》联名发表了题为《世界经济复苏取决于“G2”（指中国和美国——作者注）》的文章。文章指出，世界经济要想复苏，中美两个经济发展的发动机必须合作，并成为 20 国集团的引擎。“当中美率先探索相关解决方案时，两国也需要同时塑造明日的世界经济。”文章还建议，中美两国应联手防止全球陷入持续衰退。中美战略经济对话应重点关注如何减少两国结构性的消费—储蓄失衡的问题。美国必须使储蓄和消费恢复平衡，而中国需要改善收入分配，增加消费和进口②。

2009 年 3 月 13 日，《南方都市报》发表评论《经济危机之后世界只需要“G2”》。文章引述瑞士信贷集团亚洲区首席经济学家陶冬的话说，某一天金融海啸退去，人们会发现全球经济势力的分布，已经发生了重大的改变，多元的经济增长引擎向双极中心转移。那时候不再需要 G7 或 G20，世界只需要“G2”——美国和中国。各国灾后的复元能力，可能大不相同。同样跌一跤，中国是 20 岁的青年，拍拍屁股就可以爬起来；美国是 40 岁的中年，腰可能扭了一下；欧洲是 60 岁的老人，反应迟缓，腿骨也许摔断；至于日本则已届 80 岁，一个跟头盆骨随时可能出事。无论此次危机源自何地，一场全球范围内的、金融与实体经济的同步调整，决定了没有国家可以幸免，它们复苏的速度和程度取决于自身的体质和造化。

从整体上看，中国媒体对国际上热议的“G2”反映比较冷淡。2009 年 3 月 10 日《瞭望新闻周刊》记者刘延棠的一篇评论，《冷观所谓中美“G2”时代》，代表了中国民众、媒体、政府冷眼旁观、不以为然的心态。其实，并不像某些媒体所说的——“‘G2’是伯格斯坦首先提出来的”，前些年的欧洲就有这种提法，表明的是欧洲人担忧自己被世界权力中心“边缘化”

① 王嵎生：《切勿妄言“中美 G2 时代”》，载《中国青年报》，2009－02－27。
② 彭妮：《世行报告唱衰调　经济复苏靠 G2》，载《证券时报》，2009－03－10。

的心态。英国《金融时报》一篇题为《G2 崛起》的评论发表的时间是2007年5月。据香港资深评论员谭文天爆料，2006 年 12 月他曾在香港《大公报》发表《中美终极目标：共富》的文章，主要意思是："中美两国都是世界经济发展的火车头，经过中美战略对话，形成'G2'也是合情合理。中美两国可以说自然而然结成经济生命共同体，一损俱损，一荣俱荣，合则两利，分则两伤。这是中美战略经济对话最主要的一个支撑点。"这说明"G2"的提法至少可以追溯到2006 年[①]。

中国人之所以对"G2"不感兴趣，原因是这些年来我们对形形色色的"中国威胁论"、"中国崩溃论"已经听得耳膜起茧了。杀人的方法有两种：一种是"棒杀"，还有一种是"捧杀"，不管怎么杀，杀人的初衷最可恶。对于"棒杀"一般人出于本能也要反抗，但对于"捧杀"却容易被某些人所忽视，在你陶醉在温柔的梦乡时，时局已发生了质的变化。狐狸并不是真的喜欢听乌鸦唱歌，惦记的是乌鸦口中的那块肥肉。"G2"就是少数美国人想把中国绑在美国的战车上，替美国人维系全球霸主地位，而并不是想"提携"中国一把。少数"天真"的中国人不妨回忆一下，美国人什么时间、什么地点、在什么事情上替中国考虑过、维护过中国的利益？美国的单边主义世所共知，对美国心存幻想是种幼稚病。

笔者认为，"G2"说不成立有如下理由：理由之一，中国是一个大国，但还不是一个强国，中国目前还不具备做"世界领导"的实力。没有人能够否定中国近 30 年经济突飞猛进的发展和社会日新月异的进步。但是中国起步晚、基础差，尚存在着一些具有长期性、艰巨性和根本性的矛盾和问题，笔者将这些矛盾和问题概括为如下四个方面：第一，经济发展失衡的结构性矛盾。突出表现在三次产业比例不合理，城乡之间、地区之间发展不平衡，投资消费关系不协调。农业基础薄弱状况没有改变，粮食稳定增产和农民持续增收难度加大。尤其是"三农"问题不解决，中国的现代化就是一句空话。金融危机暴发以后，出口受阻，政府又再一次提出扩大内需的问题，但效果并不明显。关键的问题在于最广大的人民群众虽然是消费的主力军，他们也具备消费需求，但是缺乏消费能力。扩大内需问题的根源在于我国的收入分配结构和财富占有结构的不合理。

第二，经济发展方式粗放的问题。我国的经济增长是投资拉动型，主要依靠资源、能源投入，而不是靠劳动生产率的持续提高。2004 年，普查调整后的中国 GDP 总量占全世界总量的 4.4%，但消费的原油、原煤、铁矿

---

① 谭文天：《美国学者提"G2 构想"中国美国共享全球主导权》，载香港《大公报》，2008-08-26。

石、钢材、氧化铝、水泥却分别占世界消费总量的7.4%、31%、30%、27%、25%和40%，这说明中国单位产出消耗过高，经济效率低下的矛盾依然突出①。我国是一个出口大国，但我国出口的大宗商品主要是日用消费品和粗加工产品，量大值低，处于产业链条的低端环节。在本次金融危机中，出口导向的国家无一不招致重创，我国的出口加工业也招致沉重的打击，说明这种经济增长的方式是不可持续的。

第三，战略资源存在瓶颈。中国人经常自己安慰自己：地大物博，人口众多。“人口众多”是事实，但“地大物博”需辩证地看。铁矿石、石油、淡水等战略资源并不令人乐观。铁矿石是钢铁工业最基本，也是需求量最大的冶炼原料。2001年我国铁矿石资源量581.19亿吨，居世界第四位，但是铁矿品位低于世界品位11个百分点，而且难采难选。随着钢铁工业快速发展，我国的铁矿石产量远远无法满足钢铁工业需求，铁矿石资源成为制约中国钢铁工业健康发展的主要瓶颈之一，中国被称为“全球吸铁石”。2004我国钢产量为27 280万吨，生铁25 185万吨，铁矿石31 010万吨，我国进口铁矿石20 808万吨，占国际铁矿石海运量的35.7%，进口增量近6 000万吨，占世界铁矿石海运增量的90%。中国钢铁工业对铁矿石的巨大需求使世界铁矿石交易量由2000年的4.53亿吨增加到2004年的5.8亿吨，并引发世界铁矿石价格大幅上涨。近几年伴随着中国钢铁产能的急速扩张和释放，中国对国外铁矿石采购量逐渐增大，2006年进口铁矿石量达到3.26亿吨，2007年增加到3.83亿吨，其产铁量约占全国生铁产量的50%，全球新增铁矿石产量的90%以上用于中国的消费，而且中国在国际铁矿石贸易中所占的份额已超过40%。中国虽然是铁矿石的需求大国、消费大国，却不是资源大国，不仅在世界范围内的铁矿石资源的控制上处于相对劣势地位，也缺乏铁矿石定价的话语权，因此屡遭世界铁矿石巨头的合伙暗算，处境十分不利。中国要想在这场角逐中占据有利地位，就必须通过资本运作的方式扩大自己对国外铁矿石资源的控制权，这本身既是对中国钢铁产业整体协调能力的一个挑战，也是对中国政府资源战略规划能力的一个挑战②。

我国石油资源量约为1 040亿吨，天然气资源量约47万亿立方米。通过对不同类型盆地油气勘察，新增储量规律和各种方法的分析，测算出我国石油可采资源量为150亿~160亿吨，天然气可采资源为10万~14万立方

① 人民银行：《GDP修订不影响对中国经济四大结构问题判断》，www.gov.cn，2006-02-21。

② 王威：《中国铁矿石管理与市场应对》，http：//www.lrn.cn/zjtg/academicpaper/200803/t20080326_212540.htm，2008-03-26。

米。按照国际上（油气富集程度）通常的分类标准，我国在世界103个产油国中，属于油气资源“比较丰富”的国家。但我国人均占有石油资源量严重不足，总体属于石油资源相对短缺的国家。但随着采炼量的逐年增加，可采储藏量日渐减少。我国待探明石油资源70%以上主要分布在沙漠、黄土塬、山地、近海和深海海域，地面和地质条件更加复杂，勘探开发难度加大，技术要求和成本费用也比较高。而且，我国待探明石油资源约有44%左右属于品位较低的低渗透和稠油油藏，资源品质明显变差，油田开发压力增大。据第16届世界石油大会资料，目前世界人均占有石油可采资源68吨，而我国为12吨，仅相当于世界平均水平的1/6。自1993年起，我国已成为石油净进口国。1993年我国的石油进口量为10 70万吨，2008年达到20 067万吨，2008年的进口量比1993年增加近18倍，年均递增13.9%。自2003年开始，我国石油消费量超过日本，成为仅次于美国的第二大石油消费大国。据测算，从开始进口到进口1亿吨，中国用了11年时间；从进口1亿吨到逼近2亿吨，却只用了3年时间。2007年中国石油净进口量增长8.4%，达到创纪录的18 348万吨。因2007年国际油价大涨，我国进口石油花费增幅高于数量增幅。海关总署统计，2007年我国进口原油花费797.7亿美元，进口成品油花费164.3亿美元，分别比2006年增加超20%和约6%。2004年中国对外石油依存度达到46.8%，2008年中国石油净进口量在国内油品消费量中的占比已升至接近52%而在加入世界贸易组织前的2001年，中国石油进口依存度只有30%。中国已成为世界第二大能源消费国，能源消费与GDP的增长显著正相关，随着中国经济的快速发展，能源消费的增长势头还将继续。国家四部委联合发布的《中国生产力发展研究》报告《领导决策信息》2005年第46期预测，按照中国进口石油的速度，到2010年、2015年和2020年，中国石油净进口率下限将分别达到54.4%、57.4%和59.7%。有关我国2020年的石油需要量，美国剑桥能源研究中心的预测结果是4.3亿~5.3亿吨，国际能源机构（IEA）的预测结果是4.61亿吨，国家发展和改革委员会能源研究所的预测结果是4.76亿吨，美国能源情报署的预测结果是4.7亿吨。国际能源机构预测，随着越来越多中国消费者购买汽车，到2030年，中国石油消耗量的80%需要依靠进口①。

---

① 严绪朝：《中国石油供需形势及战略对策思考》，http://www.china5e.com/paper/papershow.aspx?paperid=02405825-a281-49a9-aa80-6cc7e1abcb7d，2006-03-21。

佚名：《据统计中国石油进口依存度接近52%》，http://www.in-en.com/oil/html/oil-0843084357297710.html，2009-02-12。

钱伯章：《中国石油进口态势剖析》，http://acs.mofcom.gov.cn/cms/www/news/2442854879858.cgp，2009-09-27。

尽管水资源具有重要的战略意义，但中国的水资源状况却在恶化。缺水是中国在自然资源领域面临的最大威胁。水资源与能源不同，不能依靠进口来填补国内的短缺。缺水和水污染对农业、工业和国民福利都构成了威胁。我国水资源总量占世界水资源总量的7%，居第6位。但人均占有量仅为世界人均占有量的25%，居世界第119位，是全球13个贫水国之一。1950年以来，中国的湖泊面积缩小了15%，而湿地面积缩小了1/4以上。在此期间，中国的用水量增加了4~5倍，而人均用水量翻了一番以上。2000~2004年，中国的水资源总量减少了13%，人均水资源量则由2 194立方米降至1 856立方米，降幅超过15%。到20世纪90年代末，每年因缺水造成生产损失约为2 000亿元人民币（按2009年5月汇率计算约合249亿美元）。全国660个主要城市中，约有400个城市存在缺水问题，其中1/3严重缺水，给生产和人民生活带来严重影响。据预测，到2010年中国的用水供求缺口将达320亿立方米，到2030年将达500亿立方米。中国水资源不足，既有河流趋于枯竭、地下水位不断下降等自然环境变化的影响，也有水资源利用效率不高、水资源浪费的影响。中国生产单位GDP的耗水量是韩国的6倍、日本的10倍。在城市的水浪费总量中，有1/5是水管滴水造成的。据估算，由于基础设施的不足和定价机制的欠缺，灌溉用水有一半左右被浪费了，或没有得到有效使用。灌溉效率的小幅度提高，就能为中国节省大量水资源。此外，还有令人痛心的淡水污染的问题。据有关部门披露：我国一半以上的大型湖泊受到了严重污染；只有38%的河水可以饮用；只有20%的人口能够获得无污染的饮用水；近1/4人口的日常饮用水受到了污染。尤其是农村地区有3亿人的日常饮用水受到了污染，占农村总人口的40%。污染物包括氟化物、盐，甚至是砷。水污染严重影响了居民的健康，而生活废水和工业废水是水污染的重要来源①。

第四，金融市场缺乏效率。经济发展需要金融市场提供支持，世界经济强国无不有一个高效运行的金融市场的支撑。前面我们提到的国民经济的三大矛盾，无一不需要发达而高效率的金融市场提供源源不断的流动性来解决。相对于美英等国家的金融体系过度膨胀，我国的金融体系发展严重滞后。这种情况不加以妥善解决，不仅蕴涵各种金融风险，还将严重影响我国的经济增长。中国金融市场的低效率主要体现在如下几个方面：（1）居民储蓄总量越来越多和投资渠道不畅始终并存，中小企业融资难的问题长期得不到解决，储蓄转化为投资的效率不高；（2）直接融资和间接融资的比例

① 《中国水资源状况》，http：//magazine. moneychina. cn/d/2006/04/05/1144209036868. html，2006-04-05。

严重不合理，扩大直接融资比重“雷声大，雨点小”进展不快，办法不多；(3) 资本市场不完善，优化资源配置的功能不明显，货币流动性过剩使资金集中涌向股市、楼市，投机气氛浓郁，造成局部金融风险；(4) 地下金融或不合规金融活动猖獗，政府又没有有效的疏导和治理手段，由此造成金融市场的混乱；(5) 外汇、投资管理存在盲目、无章法、无规划的问题。美国金融危机给我们的启示是，不能因噎废食放慢完善金融体系的步伐，相反要加快完善金融体系的步伐，统筹规划，不断提高金融市场的运行效率，为我国经济长期持续、稳定、快速发展提供支撑。

上述四个问题反映的是我国经济发展中的深层次矛盾，这些问题如不能得到妥善解决，中国的强国梦不可能实现。

理由之二，美国是否真心让中国共同发挥领导作用，这一点值得怀疑。

公元960年，赵匡胤建立宋朝，他采取各个击破的战略，先后攻灭了荆南、湖南、后蜀等国。974年，他召南唐后主李煜到汴京朝见。李煜担心自己被扣押，就派徐铉到汴京求和。宋太祖直截了当地说：“卧榻之侧，岂容他人鼾睡?”意思是，自己的床铺边，怎么能让别人呼呼睡大觉？比喻自己的势力范围或利益不容许别人侵占。合作加遏制一直是美国几届政府对华战略的基调，怎么可能向中国让渡它的部分领导权？在有关学者看来，中美“G2”构想的提出和引起热议，映射出当前中美关系的重要性。一方面，经过30年改革开放后，中国国际地位和国家形象在美国乃至世界得到了有力提升，说明国际社会企盼中国能承担更多的国际责任；另一方面，说明美国“黔驴技穷”，无力单独收拾金融危机后的残局。两种猜想究竟哪一个更符合美国人的真实想法，恐怕只有美国人自己知道。美国彭博新闻社在《忘了G7吧，只有中国和美国算数》文章中说：如果谈到全球稳定，没有什么比中国持有的美国巨额债券更有影响力。如果中国不再购买大量美国国债的话，谁还会这么做？如果中国打起退堂鼓，整个亚洲都会效仿中国的做法。这就是为什么“G2”需要成为一个真正平等关系的原因。由此可以推论：“G2”的倡议可能是美国某些政客的权宜之计，美国并非真心实意地向中国让渡它的部分领导权。

有一句人们常说的话：世界上只有永远的利益，没有永远的朋友。2003年8月，人民日报出版社出版了王伟旭、曾秋根两位作者合著的一本书，《警惕美国的第二次阴谋》。可能令两位作者也没想到的是，时隔4年以后的2007年，该书的上篇（美国的第一次阴谋：日本篇，该书下篇的题目是“美国的第二次阴谋：中国篇”）被冠以“昨天的日本故事”的标题，在网上广泛流传。第二次世界大战以后，日本经济濒临崩溃的边缘，美国政府的扶持和布雷顿森林体系给了日本以喘息之机。1968年，日本实施《国民收入倍增计划》，使国民经济得以迅速恢复，到 20 世纪 70 年代末，日本就取得了向美国叫板的能力。1980 年美国的 GDP 为 27 956 亿美元，日本为 10 279亿美元，日本 GDP 为美国的 36.8%。到了 1990 年，美国的 GDP 为 58 033亿美元，日本为 30 522 亿美元，日本 GDP 为美国的 52.6%。1985 年，日本取代美国成为世界上最大的债权国。根据日本银行公布的国际收支统计数据，1985 年日本对外净资产为 1 298 亿美元，名列世界第一。与此相对应的是，1985 年，美国的对外净债务已达 1 000 亿美元，成为世界上最大的债务国，正式结束了美国长达 70 年的债权国的辉煌历史。

在 20 世纪 70 年代末日本占领美国汽车市场之后，1989 年日本人的两起收购案深深地刺痛了美国人的神经。第一起收购事件是日本索尼公司从美国可口可乐公司手中购买了哥伦比亚电影公司。哥伦比亚电影公司是美国影视文化的象征，其注册商标是美国的自由女神像，它与美国华纳兄弟影片公司、沃尔特·迪斯尼影片公司 3 家公司共同控制了好莱坞影视界。据美国《华尔街日报》1993 年 1 月 4 日报道，在 1992 年票房收入大战中，3 大公司势均力敌，各公司的电影业务票房收入各占约 20% 的市场份额。1989 年 9 月，索尼公司与可口可乐公司签订股权转让协议，索尼以高达 48 亿美元的总代价获得了哥伦比亚电影公司的控股权。按当时的汇率折算，该起收购金额折合日元近 7 000 亿日元，该金额相当于索尼公司年度销售收入的 2/3，经营利润的 7 倍。美国的“文化象征”被日本人收购，震惊了美国人。第二起引发美国人不满的是日本三菱土地公司购买纽约洛克菲勒中心事件。1989 年，日本三菱土地公司斥巨资 13.73 亿美元收购了纽约洛克菲勒中心的 14 栋办公大楼，成为拥有洛克菲勒中心约 80% 股份的控股公司。洛克菲勒中心是美国的标志性建筑，也是美国资本主义的象征，美国媒体将这一收购行为称为日本人“买走了美国人的灵魂”。对日本人在经济领域咄咄逼人的进攻，美国政府和华尔街给予了迎头痛击。美国政府收拾日本人采取了 3 条策略：策略一，美国财政部和华尔街的金融高手给里根政府提出的建议是逼迫日本开放金融市场和资本市场，实施金融自由化和国际化的改革。这一策略的宗旨是使拥有大量资金的日本机构投资者和个人投资者进入美国证券市场，助推美国资本市场发展和经济繁荣，要害是将日本绑在美国的战车上，你的钱由我来控制。策略二，引诱日本签署“广场协议”，将日本推向“失去的十年”的深渊。1979 年夏天，保尔·沃尔克就任美国联邦储备委员会主席。为治理严重的通货膨胀，他连续三次提高官方利率，实施紧缩的货币政策。这一政策的结果是美国出现高达两位数的官方利率和 20% 的市场利率。高利率吸引了大量的海外资金流入美国，导致美元飙升，从 1979 年底到 1984 年底，美元汇率上涨了近 60%。美元大幅度升值导致美国的贸易逆差快速扩大，到1984年，美国的经常项目赤字达到创历史纪录的1 000亿美元。1985年9月，美国财政部长詹姆斯·贝克、日本财政部长竹下登、前联邦德国财政部长杰哈特·斯托登伯、法国财政部长皮埃尔·贝格伯、英国财政部长尼格尔·劳森5个发达工业国家财政部长及5国中央银行行长在纽约广场饭店举行会议，达成5国政府联合干预外汇市场，使美元对主要货币有秩序地下调，以解决美国巨额的贸易赤字。这就是有名的“广场协议”(Plaza Accord)。“广场协议”签订后，5国联合干预外汇市场，各国开始抛售美元，继而形成市场投资者的抛售狂潮，导致美元持续大幅度贬值。有人说，是美国“逼迫”日本签署“广场协议”，但实际情形并非如此。据史料记载，日本财政部长竹下登并没有受什么人胁迫，而是喜滋滋地接受这一结果。原因是，日元升值可以使日元具有更强的购买力，同时用美元计价的日本经济实力（GDP）会大幅度上升，为日本脸上贴金，也为第二次世界大战后日本灰溜溜的形象挣回点面子。但令日本人始料未及的是，日元的升值一发不可收拾，1985年1美元兑换240日元，到了1995年1美元只能兑换80日元，10年间日元升值200%。这意味着日本的一辆汽车，如果原来是1万美元，现在就是3万美元了。美国是日本最大的出口市场，日元对美元大幅度升值，对日本产品输美极其不利，由此日本的厄运就开始了。策略三，逼迫日本加入《巴塞尔协议》，遏制日本银行扩张的步伐。1985年“广场协议”签署后，日元大幅度升值，于是日本在美国掀起了直接投资浪潮，大量购买美国的土地、房产、宾馆、饭店、高档办公大楼，同时，大规模兼并收购美国的企业等。在美国媒体的强大压力下，美国政府希望能有效地抑制日本资本的强劲增长势头。《巴塞尔协议》就是在这一背景下出台的。美国外交评议会研究主任埃萨·凯普斯坦（Ethan Kapstein）在分析《巴塞尔协议》制定的目的时坦言，在1988年出台该协议，目的是为了抑制日本银行的高速扩张。国际清算银行（Bank for International Settlements，BIS）是由美英等欧美发达国家中央银行出资建立的银行，目的是通过各成员国的相互协调，规范各国银行的国际竞争和发展。1987年底，国际清算银行下属的银行业务条例和监管委员会提出了一个统一的国际银行资本充足率标准协议，该协议于1988年7月正式发表，全称为《巴塞尔银行业务条例和监管委员会统一国际银行资本衡量与资本标准的协议》，通常被人们称为《巴塞尔协议》。该协议要求：凡是从事国际业务的银行，必须将总资产中的自有资本比例维持在8%以上。1982年，在世界主要的25个发达国家的银行的境外融资余额中，美国银行的国际融资金额居第一位，为6 060亿美元，占28%，日本的银行居第二位，为4 570亿美元，占21%。但是到了20世纪90年代，日本的银行境外融资规模比80年代初增长了4.5倍，余额高达

20 720亿美元，跃居世界首位。正是为了控制日本的银行国际业务的这种高速增长势头，国际清算银行才出台了《巴塞尔协议》。

埃萨·凯普斯坦就《巴塞尔协议》制定的内幕过程作了如下描述：美国根据本国银行经营风险的情况，商讨自有资本的比例标准。而如果仅将这一标准运用于本国的银行，则难免损害美国银行的国际竞争能力，所以美联储主席沃尔克才把它拿到国际清算银行去寻求国际协调。不想，却因联邦德国、法国和日本等国的强烈反对而受挫。于是，美国改变了策略，首先与英国达成双边协议，并率先在两国银行的国际业务中实施了它们的标准。这给其他国家的银行带来了很大的威胁，不执行美英的标准就无法与它们的银行进行交易。事实上，对于美英以外的其他国家而言，这无异于被强迫签署协议。于是日本大藏省在关于国际清算银行规则标准的交涉中，要求美国考虑日本股市大涨导致日本的银行账外收益非常高的因素，同意将银行账外资产的45%作为自有资本计算，在得到美国的认可后，日本于1989年采纳《巴塞尔协议》。为了达到《巴塞尔协议》要求的自有资本不低于8%的规定，日本各银行在国际融资中采取了越来越谨慎的态度，并使世界范围内的国际银团贷款规模持续下降。1988年，国际银团的贷款规模为1 260亿美元，1989年降到1 210亿美元，1990年降到1 080亿美元。国际上的日元融资比例同时下降，1987年为10.8%，1988年为5.6%，1990年仅为1.8%。由此可见，《巴塞尔协议》起到了限制日本资本规模的效果。在日本股市泡沫破灭后，日本各银行的账外资产逐年快速下降，自有资本比例随之下降，使得日本各银行大规模缩减国内和国际的贷款规模，日本资本纷纷从世界各地回撤，日本资本征服世界的神话很快破灭。美国彼得森国际经济研究所所长弗雷德·伯格斯坦形容这一招是“让日本用自己的锅烹煮自己①”。

2007年金融危机暴发以后，美国人频频向中国抛出橄榄枝，但中国人有必要审视美国人的诚意。日本是在美国扶持下发展起来的，又是美国最坚定的盟友和支持者，但当日本威胁到美国霸主地位时，美国人“剑剑封喉、毫不手软”，对中国能“放下屠刀，立地成佛”吗？

理由之三，中国不希望把自己放在“炉子上烤”。世界上不光有中美两国，现在欧盟是最大的经济体，还有日本和“金砖四国”中的其他三国，以及其他经济体。各自的利益诉求多种多样，中国的实力不足以领先，何谈与美国一起共管、共治？诚然中美加强国际上的协商和合作，对世界也将是有利的，但这与中美“G2”完全是两个概念。总之，中美关系还没有重要到构建“G2”取代“G8”或“G20”的地步。如果真要搞什么“中美二重

① 王伟旭、曾秋根：《警惕美国的第二次阴谋》，北京，人民日报出版社，2003。

奏”，中国将陷入十分孤立的境地。这是因为，发展中国家几乎全都要反对，欧盟要反对，俄罗斯要反对，加拿大、日本、澳大利亚等也都要反对。几乎可以肯定，全世界找不到哪一个国家会支持、接受中国这么做。俄罗斯有两家媒体近来已有专论，误以为“北京可能成为华盛顿划分世界的最佳搭档”；金融危机后的世界将是带有“反俄倾向”的中美“双头世界”。日本右翼媒体也在宣传所谓“中美两国集团时代已拉开了帷幕”。好在中国有《孙子兵法》、《三国演义》，如果忘了，重温一遍，思路就清晰了。

理由之四，这不符合中国的基本外交政策。中国没有称霸世界的意识形态和民意支持。中国人虽然创造了伟大的中华文明，但没有过分的种族优越感。中国民众不但不支持扩张政策，而且还具有反对帝国主义的强烈情绪。中国民众这种对昔日来自外部帝国主义压迫的憎恨，使中国很难走上对外扩张的道路。

1992 年，邓小平同志在南方谈话中谆谆告诫我们：世界和平与发展这两大问题，至今一个也没有解决。社会主义中国应该用实践向世界表明，中国反对霸权主义、强权政治，永不称霸。中国是维护世界和平的坚定力量。

11.3 面向 21 世纪的美中关系——“临渴掘井”还是“同舟共济”

2008 年 8 月 8 日，第 29 届夏季奥林匹克运动会在北京召开，当时的美国总统布什等 80 多个国家领导人或政府首脑参加了开幕式，其中布什是第一位参加在美国以外举办的奥运会开幕式的美国总统。80 多个国家的“最最尊贵”的客人，轻谁？重谁？确实叫人伤脑筋。然而，当中国国家主席胡锦涛牵着美国总统布什的手走向主席台时，全世界瞬间就明白了中国是怎样处理这个棘手问题的——中国给足了美国人的面子。

投桃报李——想必美国也有这个讲究。2008 年 11 月 15 日，全球金融峰会在美国首都华盛顿召开。在 20 国领导人“全家福”合影里，中国国家主席胡锦涛与巴西总统卢拉分立布什两侧。原来，美方此次的礼仪先后安排，不是按照领导人名字的英文字母顺序，而是按照领导人任现职时间的长短，巴西总统卢拉任职时间最长，其次是中国国家主席胡锦涛。尽管有人认为这只是安排上的巧合。2008 年 11 月 15 日《环球时报》相关报道的题目就是：“美媒称中国在华盛顿金融峰会上最吃香”。

近 30 年来，中国经济奇迹般地崛起，给全世界留下了深刻的印象。中国有 2 万亿美元外汇储备，不仅为全球之最，也是美国最大的债主。正当美国被金融危机搞得焦头烂额之际，中国在G20金融峰会前宣布了5 860亿美元的刺激经济方案，此举也颇使布什政府感动。美国人对G7、G8开会热情不高，但与中国政府双边会晤却规格很高，不仅财政部长、联储主席双双到会，其他相关政府高官也悉数到场。奥巴马上台以后，也将中美关系摆在了一个突出的位置。2009年2月下旬，美国新任国务卿希拉里·克林顿访华，在中国刮起了一股“希拉里旋风”。希拉里用了两个中国成语，一个是“临渴掘井”，另一个是“同舟共济”。希拉里在参观中美合作的北京太阳宫热电厂时，形容环境问题不能“临渴掘井”，不希望中国重复美国在工业化进程中犯过的错误。媒体评论说，使用“临渴掘井”一词，是善意的提醒，还是尖刻的批评，抑或警告，中国人可以玩味。中国目前的一个形势是半壁河山大旱，气候异常，加剧经济困难。大旱的原因不是别的，正是快速的人口增长、工业化和都市化，是担当“世界工厂”付出的必然代价。然而，目前解决大旱的几乎最直接的、唯一的办法不是新办法，仅是千百年来的老办法，那就是掘井。但掘井不是根本办法，就是掘了井，即使是深井，缓解一时一地的干渴，也断然改变不了天变（变天）的趋势，根本的措施在于改变落后的经济增长方式。但媒体也有另外一种解读，认为希拉里不慎“泄露天机”，因为她的北京之行也是“临渴掘井”。媒体分析认为，希拉里的美国如今特别需要中国的合作对付金融危机。她匆匆忙忙地到达北京，而她本人过去和中国的关系的记录不是太好，她的国家在过去60年一直与中国存在着强烈的政治、意识形态、地缘战略对立。眼下世界大危机当前，因为认识到中国的重要性，才转换方向加强与中国的关系，她和她的政府是否有点“临渴掘井”的味道①？希拉里特别地谈到中国应继续购买美国国债的问题，她说，我当然觉得中国政府和中央银行继续购买美国国债是很明智的选择。有两个原因：首先这是一项好的投资、安全的投资。即使全球遭遇经济危机，美国经济仍然稳定、信用依旧良好；另外，我们两国的经济是密不可分的。中国如果想恢复最大的出口市场，也就是对美国的出口，就需要美国采取强有力措施来刺激经济。那也就是说，我们需要进一步举债。我们不能恢复我们的经济，对中国也是不利的②。媒体认为，劝说中国继续购买美国国债才是希拉里此行的中心目的。“同舟共济”是希拉里在出访亚洲前，于纽约亚洲协会演讲时用来形容中美关系的。中国总理温家宝对希拉里使用这句成语表示“非常赞赏”。他进一步解释：“《孙子兵法·九地》中说：‘夫吴人与越人相恶也。当其同舟而济，遇风，其相救也如左右手。’”温家

① 庞中英：《希拉里也是“临渴掘井”》，载《联合早报》，2009-02-25。
② 杨澜：《希拉里：美中需要同舟共济》，载《南方人物周刊》，2009-02-27。

宝还表示，中美“同舟共济”后还可以加一句话，叫做“携手共进”——如同“左右手”携手共进。媒体分析说，希拉里抛出“同舟共济”并获得温家宝正面回应，一来显示陷入经济困境的美国不得不承认对中国的依赖——虽然这种依赖是相互的，二来说明两国实力固然还有差距，但声势上已经平起平坐；温家宝“携手共进”的回应，则说明北京在意的是华盛顿的对等尊重①。但也有媒体认为，准确地说中美应是“同床异梦”。称中美“同床异梦”有一定道理：首先，两国政治社会制度和意识形态不同，而美国有一种势力总是企图使中国改变“颜色”；其次，两国的全球战略不同、长远目标不同；再次，中美经常为经贸、人权、西藏等问题发生摩擦。所以，中美关系中确实有“同床异梦”的一面，且将长期存在，对之要保持清醒认识。既然“异梦”为何还要“同床”呢？这是因为，中美关系是21世纪全球最重要的双边关系之一。中美两国尤其需要长期和平共处、友好合作、共同发展。从两国来说，共同利益越来越广泛和深厚，已达到“谁也离不开谁”的程度，而两国的分歧与矛盾则相对日益减弱，如发生激烈对抗，对任何一方都将构成难以承受的巨大损失。从全球来看，中美都是举足轻重的大国，两国友好合作是世界的和平支柱与发展引擎。面对当前全球范围的经济危机，中美合作尤为重要，这不只是两国的事情。

中美两国之间的经济联系已经达到“唇亡则齿寒”的密切程度。

1979年，中美两国政府在北京签署了中美贸易关系协定，当年中美贸易额仅为24.5亿美元。2008年，中美双边贸易总额达3 337.4亿美元，比2007年增长10.5%，为1979年的136倍，29年间年均递增18.47%。其中，中国对美出口2 523亿美元，较2007年增长8.4%（受金融危机影响，近7年来首次降至个位数）；从美进口814.4亿美元，较2007年增长17.4%，增速提高0.2个百分点；对美贸易实现顺差1 708.6亿美元，较2007年增长4.6%。中美两国彼此成为第二大贸易伙伴。有专家指出，如果美国当选总统奥巴马上任后放宽对华出口技术管制，美国企业就有可能在中国这个新兴大市场上占据更多份额。业内人士指出，2008年中美双方通过战略经济对话机制达成的《中美能源环境十年合作框架》协议就能给美国企业带来上千亿美元的商机②。

截至2007年底，美对华实际直接投资565.72亿美元，占中国吸收外商直接投资7 602.19亿美元的7.44%，列第4位。截至2008年底，美资

① 叶鹏飞：《中美“同舟共济”与“临渴掘井”》，载《联合早报》，2009-02-23。

② 周世俭：《中美经贸关系：创造新的共赢空间》，载《人民日报》，2009-01-16。

在华公司约在5万多家，控制或垄断了中国许多行业、产品和市场。美国对华投资只占中国吸收外商实际投资额的7.44%，但美资不像中国香港、中国澳门、中国台湾那样只是劳动密集型企业，而是资本、技术密集型企业，产值高。据估算，美国跨国公司将占外商在华工业增加值的30%以上。2007年中国工业增加值占GDP的43%，外商占中国工业增加值的1/3，即外商工业对中国GDP贡献率为14.2%，美国又占外商工业的三成，那么美国工业跨国公司约占中国GDP的4.7%。美商在中国金融业、信息技术、咨询服务、零售商业、餐饮业等领域都占有优势地位。到2008年底，美国在华实际累计投资近600亿美元，中国在美国实际投资为30亿美元左右①。

根据美国财政部发布的公告，中国是美国最大债权国。截至2008年底，中国持有美国国债6 962亿美元。数据显示，日本仍居美国国债持有国第2位，总量达到5 783亿美元，英国居第3位，总量为3 550亿美元。截至2009年1月末，中国持有美国国债达7 396亿美元，相当于美国国债总额10.9万亿美元的6.78%②。

专家指出，中美两国处在不同的发展阶段，客观上促成双方在产业结构上互补性极强。从20世纪80年代初起，美国进行第二次世界大战后第三次产业结构调整，恰逢中国实施改革开放，大规模吸引外资，大力发展加工贸易，双方形成了当今世界最大规模、最广泛的分工合作体系，这是中美经贸合作迅速发展的根本原因③。

其实，中美两国的经济联系已经达到水乳交融的程度，你中有我，我中有你，相互依赖的领域远远大于相互摩擦的领域，彼此对对方的需求远远大于彼此对对方的排斥。正如美国加州大学伯克利分校新闻学院院长、现任美国亚洲协会（USA Asia Society）美中关系中心主任、美国资深中国问题专家奥维利·斯塞尔（Orville Schell）所说的：中美是“不能离婚的婚姻”④。在这种情况下，人为地制造事端，就不如采取“同舟共济”的姿态更明智，真心诚意地“携手共进”，就远比玩弄权宜之计式的“临渴掘井”更富远见。在21世纪复杂的国际环境条件下，需要中美两国领导人脱俗超凡的大智慧。

① 周世俭：《中美经贸关系：创造新的共赢空间》，载《人民日报》，2009-01-16。

② 魏晞：《中国持有美国国债超7 000亿美元　仍是最大债权国》，http://news.hexun.com/2009-03-18/115759669.html，2009-03-17。

③ 周世俭：《中美经贸关系：创造新的共赢空间》，载《人民日报》，2009-01-16。

④ 《美国专家建议中国拿部分外汇储备稳定全球经济》，载CCTV《新闻周刊》，2009-04-30。

11.4 科学发展观导航——“大国崛起”的策略

美国金融危机暴发以后，科学总结中国，乃至世界经济发展的成败得失并用于指导我国经济建设的实践，就是科学发展观的题中应有之义。科学发展观的精髓在于认识和尊重客观规律，按客观经济规律办事，不唯古人，不唯西方，不唯书本，不唯权威，实践是检验真理的唯一标准。在这一点上，有个别西方学者倒是洞若观火，他们说，中国之所以成功，就在于敢于冲破西方经典经济理论的藩篱，按照中国的具体国情来处理中国的问题，走出了一条有中国特色的振兴之路。

以科学发展观为指导，认识和总结此次金融危机的教训，笔者认为主要有四点启示：

第一点启示，每个国家处于经济发展的不同阶段，在国际经济分工中处于不同的位置，因此经济结构调整的目标模式应有所区别。

这特殊表现在对“三次产业结构”的认识。西方国家的三次产业结构是第三产业（服务业）占大头，其次是第二产业（工业和建筑业），而第一产业（广义农业）占比很小。例如，美国 2001 年的三次产业结构为 1.3:20.3:79.6，而我国 2008 年的三次产业结构仅为 11.3:48.6:40.1，据此有人诟病我国的产业结构落后。事实上，产业结构是同该国处于经济发展的特定阶段、该国在国际分工中的地位紧密相关的，并不存在先进与落后的区别。比如在本次金融危机中，产业结构“先进”的国家受冲击的严重程度普遍高于产业结构“落后”的国家，其根本原因就在于其以金融服务业为代表的服务业脱离了第一产业、第二产业的发展，单兵突进引起的经济结构性危机，正是在这一意义上，笔者认为此次美国金融危机的根源就是实体经济与虚拟经济相脱离，虚拟经济过度膨胀所造成的灾难。

金融危机暴发以后，中美两国“救市”的思路明显不同。金融危机暴发之初，布什政府主要把眼睛盯在金融机构和金融市场上，第一招是降息，第二招是为金融机构输血，第三招是将部分金融机构国有化。由于金融机构“有毒资产”太过庞大，潜在的窟窿深不可测，政府只好孤注一掷开动印钞机向垂危的金融肌体“注血”，这一招能否灵验还是未知数。中国政府在 2009 年初推出高达 4 万亿元人民币的经济刺激计划，重点是重大基础设施建设，这一方面是因为这些建设项目迟早要完成，现在不过是将计划提前了；另一方面是拉动投资，解决就业率下降问题。与此同时，中国政府推出了汽车、钢铁、纺织、装备制造、船舶工业、电子信息、轻工、石化、有色金属产业和物流业10大产业调整振兴规划。相比之前的4万亿元经济刺激计划，十大产业振兴规划着眼于提升产业竞争力和经济结构调整，更具长远目光和思考属性。

10大产业中除物流业之外，其他9大产业工业增加值占我国全部工业增加值的比重接近80%，占中国GDP总额的比重约为1/3。振兴规划包含了巨大的政策和资源流向转变，包括数以百亿计的对某一产业的财政支持投入。整套振兴规划中将“推进企业兼并重组”，“提升产业集中度”这两点摆在显要位置，彰显我国产业结构调整模式的目标指向。这显然与三次产业结构“先进”与“落后”之争的传统思维方式背道而驰。对此，经济学家、中国社科院工业经济研究所所长金碚的解释是：这项规划释放了几个信号。首先，肯定了工业在中国现阶段发展仍处于重要地位，工业化进程远未结束，而以前一度有工业已经不重要的论调。这些产业占了工业的70%以上，其实就是工业整体振兴规划。其次，摆脱危机要在实体经济上着力，这一点美国就没有中国这样政策走向明晰。再次，这些产业要有序发展。

金碚进一步解释说，中国最多处于工业化发展中期，远远没有完成工业化。中国的工业份额、产值，还没有达到世界很多国家曾经所达到的最高点。石油作为主要能源起码还要持续20年、30年。中国的重工业化最少还得15年。因为劳动力的吸纳、基础设施建设、城市化进程、国土整治、环境工程、海洋经济开发等，中国几乎所有重大问题的解决都得依靠发达的工业，包括重化工业。如果没有工业，所有人都要退回到上山砍柴的阶段，根本无法保持青山绿水。金碚特意强调3点：一是规划的实施，应通过市场配置资源和企业独立自由、公平竞争来实现。各类企业都应当有自己充分的空间，尤其是中小企业、民营企业，不能简单演绎成“国进民退”；二是从长远来看，中国工业要解决“精致制造”的问题；三是我国出口导向型经济不会有根本改变，这是由经济全球化规则，特别是现阶段我国在国际分工中的地位所决定的。金碚乐观地表示，1978年是改革开放元年，1992年是市场经济元年，2001年是中国经济全球化元年。再过一些年回头看，我们会发现，2009年将是强国战略的一个标志性年份①。

有趣的是，美国2008年当选总统奥巴马首次向国民承诺的复兴经济计划中，也包括了“大规模改造公共建筑物”、“对国家基础设施进行最大规模投资”、“对学校建筑物进行大规模现代化改造”等内容，有人认为奥巴马抄袭了中国政府的经济刺激计划，还有人惊呼：奥巴马成为“社会主义

① 黄志杰等：《强国战略元年：十大产业振兴规划调查》，载《瞭望东方周刊》，2009-03-17。

者”了。

第二点启示，对GDP、股市市值等经济指标没有必要过于敏感，要善于区分真实、有益的经济活动和虚假、有害的经济活动，确实提高经济增长的质量。

关于GDP的争议由来已久。中国人特在意中国GDP的规模、增长速度、在世界上的排位，甚至有一种说法：中国的GDP增速若低于多少多少，中国经济就会出问题，从而形成了“GDP拜物教”。其实，GDP原没有人们想象的那么重要。

其一，GDP就是一个统计指标，表明一定时期内社会新创造的价值。如同其他成千上万的指标一样，每个指标都有其特定的指标解释。这个指标包含了一些“不恰当”的内容，又把一些重要的信息忽略掉了。

有的经济学家举例说，假如招一群工人挖一个大坑，花10万元；再招一群工人将这个坑填上，花5万元，GDP就增加了15万元，但这项活动给这个国家带来好处了吗？在追求GDP的过程中，人们付出了无法弥补的环境代价。厉以宁先生建议，GDP核算应该将发展中涉及的自然和社会成本都考虑进去，要扣除安全生产事故、突发事件以及司法腐败带来的各项损失。与此同时，GDP又将一些有效的劳动摒弃在核算范围之外。例如家务劳动，如果是给别人服务，有报酬的就计入GDP，没有报酬的家庭自我服务就不计入GDP。中国人的家务劳动主要由自己承担，GDP该少计算多少？由于妇女主要从事家务劳动，她们反倒成了被别人养活的人。

潘璠在一篇题为《GDP不能承受之重》（2006年2月15日《中国青年报》）的文章中写道：在中国，GDP承载了太多的沉重。只是因为GDP成为我们各级政府工作报告中的年度和5年规划指标，成为地方政府的政绩考核指标，所以，就有人为了它的增长而不择手段了。一座建筑，远未到使用年限，把它推倒了重建，投资额有了，GDP也有了，增量和增速都有了，但存量并没有增加多少，甚至还浪费了过多的资源乃至能源。但是，片面追求GDP，并不是GDP指标的过错，而是人的发展观、政绩观乃至政绩考核方式不对。

其二，要说反映一国的经济实力，GDP指标还不如GNP指标确切。

GDP（Gross Domestic Product）就是国内生产总值，还有一个指标叫GNP（Gross National Product），中国名称叫“国民生产总值”。这两个指标都用来计量一国在一定时期内新创造的价值，不过计算的口径不同。

GDP按“国土原则”核算，指一个国家（地区）在一定时期内所有“常住单位”生产经营活动的全部最终成果。“常住单位”指的是“经济利益中心”在单位所在国，活动期限在1年以上。按照这个标准，跨国企业是所在国的“居民”，而是投资母国的“非居民”。也就是说，沃尔玛中国公司是中国的企业，其创造的增加值要计入中国的GDP而不是美国的GDP。

GNP是指一个国家（地区）所有国民在一定时期内新生产的产品和服务价值的总和，它是按“国民原则”核算的。按照这个核算原则，只要是本国（地区）居民，无论是否在本国境内（地区内）居住，其生产和经营活动新创造的增加值都应该计算在内。按照这个标准，我国的居民通过劳务输出在境外所获得的收入就应该计算在中国的GNP中。

GNP和GDP是一个什么样的关系呢？两者的关系可以用一个关系式表示，即国民生产总值=国内生产总值+国外净要素收入。国外净要素收入表现为从国外得到的要素收入与支付给国外的要素收入之差，直观地讲，就是从国外获得的劳动报酬、投资收益（包括红利、股息和利息等）的净额。由此，沃尔玛中国公司在中国所获取的利润应计入美国的GDP而不是中国的GDP。对外国投资较多的国家，其国外净要素收入为正值，其GNP远远大于其GDP；相反，接受外国投资较多的国家，其国外净要素收入为负值，其GNP远远小于其GDP。例如，2007年世界银行统计美国GNP与GDP的差为正的5 145.3亿美元，而中国GNP与GDP的差为负的349.4亿美元①。这意味着中国经济规模与美国经济规模的差距远比用GDP反映的差距更大。

其三，汇率的变动对GDP有较大的影响。

此外，GDP指标首先在各国国内按本币计算，然后再用现价美元进行折算，因此汇率的变化也成为一个重要的影响因素。2007年，世界各国都预测中国GDP会超过德国上升到世界第3位，结果由于欧元对美元升值，中国依旧排在了第4位。20世纪80年代以前，日本的GDP与GNP增长大体保持一致。但从20世纪80年代中期开始，GDP与GNP之差逐渐扩大，由1980年的0.9亿美元扩大到2000年的596亿美元。同期，日本的海外投资大量增加，对外直接投资流出额占GDP的比重，由1980年的1.9%升至1996年的5.6%。2001年，日本已经拥有海外资产1.5万亿美元，几乎相当于GDP的一半。日本GNP与GDP的差距扩大，日元大幅升值是一个重要因素。有人乐观地预计，未来2~3年中国的GDP会赶上日本坐上世界第2把交椅，但如果以GNP指标衡量，中日之间还有较大的差距。假如有一天人民币对美元大幅度升值了，中美之间GDP的差距大幅度缩小了，那不一定是福音，有可能令中国走上“广场协议”之后日本“失去的十年”的覆辙。

---

① 陈建芬：《“世界第三大经济体”不等于国民幸福》，载《中国企业家》，2009-01-16。http://www.cnemag.com.cn/fenxplun/newsfx/2009-01-16/175687.shtml.

对于股市总市值及世界排名，人们更没有必要较真。2001 年 6 月，股市达到历史高点 2 245 点之后，中国股民挨过了漫长的 5 年熊市。就在 7 000万股民心灰意冷、绝大多数人都忘记了股票账户密码的时候，股市从 2005 年 6 月 6 日的 998 点开始，中国股市走出了一浪单边疯狂上涨的行情。1 200点、1 600 点、2 800 点、4 000 点、一直到中国股市有史以来的最高点——2007 年 10 月 16 日的 6 124 点。这一段时间真是中国股市“激情燃烧的岁月”，股民人数由 7 000 万人增加到 1.2 亿人，2005 年 7 月 28 日，沪深两市总市值只有 3 万亿元人民币，到 2007 年 11 月 5 日，随着巨无霸中国石油的高调回归登场，沪深股市总市值一举冲破 33 万亿元关口，达到 33.62 万亿元，较 2005 年 7 月底增长 10 倍。2007 年 10 月 5 日，英国《金融时报》载文《股市续写新高，一个资本大国已然崛起》。文章称，而就在两年前，上证指数还迷茫在 1 000 点的时候，两个市场总市值不过 3 万亿元。仅仅两年时间，变化已是翻天覆地。中国资本市场已经从原来的全球新兴市场第 4 位，当仁不让地跃升为第 1 位。

英国《金融时报》的这篇文章在国内引起强烈反响，国内至少有 5 000 家媒体进行了报道，中国人的喜悦心情溢于言表。然而，好景不长，随着美国次贷危机的暴发，中国股市“过山车”时代来临了。

2007 年 10 月 16 日上证指数达到创纪录的 6 124 点以后，中国股市即进入下行阶段，2008 年这一趋势进一步加强。上证指数从 2007 年底的 5 261 点跌至 2008 年底的 1 820.81 点，跌幅达到 65.39%。此间，2008 年 10 月 28 日，上证指数曾探底到 1 625 点的年度最低点。2008 年在全球主要股市的跌幅排位中，上证指数跌幅仅次于俄罗斯的 MICEX 指数，位于第二，远高于金融危机震荡中的美国和深受金融危机影响的英国、法国、德国、日本等国。

受 A 股市场下跌影响，与 2007 年相比，中国证券市场的融资和交易也跌幅惊人。2008 年境内融资减少了 4 386.58 亿元，跌幅高达 56.80%；其中，A 股 IPO 的融资额从 2007 年的 4 590.62 亿元减少到 2008 年的 1 036.52 亿元，减少了 3 554.1 亿元，降幅高达 77.42%。与 2007 年相比，2008 年的交易日增加了 2 天，但股票成交金额却从 460 556.2 亿元下落到 267 112.6 亿元（降幅达到 42%），股票成交数量从 36 403.76 亿股减少到 24 131.38 亿股（跌幅达到 33.71%），这些下落幅度都超过了 2000 年以来的任何一年。2008 年末沪深股市总市值下降到 12.4 万亿元，比 2007 年前的 33.62 万亿元跌去了近 2/3，平均每个账户跌去近 18 万元人民币。

股市是虚拟经济的组成部分，虚拟经济对实体经济有重要的影响，但既然是“虚”的，股票市值的波动不值得太激动。

第三点启示，拉动内需、扩大消费是我国经济走出全球金融危机困境的唯一突破口，但我国现存不合理的财富占有结构却是这一政策取向的最大障碍，政府有意识地通过政策手段缩小中国的贫富差距，矫正收入分配结构的失衡，以保持国民经济的平稳、持续发展。

我国是一个典型的高储蓄、低消费的国家。按支出法计算的国内生产总值由3个部分组成，即消费、投资和净出口，合称为国民经济的“三驾马车”。在美国的国民收入构成中，消费大约占72%的比重，而我国2007年GDP中消费所占比重仅为49%，如果扣除政府消费所占的14%，居民消费只有35%。2007年中国的储蓄率是51%，所以中国经济增长的主要推动力是投资拉动①。

既然消费不振，那么中国长达30年的经济快速增长是如何实现的呢？这与“经济全球化”、“东亚经济模式”紧密相连。

20世纪80年代中期开始的西方国家经济结构调整，使大批制造业转移到亚洲尤其是东亚地区，国内制造业生产能力不足，以美国为首的西方国家开始大量进口一般工业产品和生活消费品。亚洲的日本也以高储蓄率而著称，日本在高速增长时期就采用了一个方法来解决它当时出现的问题，叫做“出口导向政策”。“出口导向政策”就是用一些行政的，主要是经济的办法来促进出口，限制进口，于是进出口的差额就很高，出超的数量就很大，出口增长得很快，充分利用了国内的生产能力，就可以用出口来弥补国内的内需不足了。以“出口导向”为特征的“东亚经济模式”，不仅成就了日本经济的辉煌，也是亚洲“四小龙”（新加坡、韩国、中国台湾和中国香港）成功的秘诀。我国在改革开放以后就采用了这个办法。

1994年以前，我国实行的是“双轨制”的外汇管理体制，一个是官价外汇汇率，美元兑人民币的官方汇价是1:5.7，另外一个是调剂市场汇率，外汇调剂市场的价格则一度达到1:10。1994年1月1日我国取消了双重汇率制度，人民币官方汇率与市场汇率并轨，实行以外汇市场供求为基础的单一的有管理的浮动汇率制，美元兑人民币的汇率定为1:8.7，实质上实行的是与美元保持固定汇率的“盯住汇率制”，人民币兑美元官方汇率贬值34.5%。1994年的改革就标志着我国开始全面实施“出口导向政策”。这一政策保证了中国长达近30年的经济快速增长，贸易顺差连年增加，外汇储备连创新高，终于坐上了世界第一的宝座。而日本的衰落，除了汇率方面的原因，在于其经济增长模式与亚洲“四小龙”及中国雷同，其成本又远远高于亚洲“四小龙”和中国，产业梯度结构不合理，最终使日本败下阵来。

① 孙铭：《扩大消费关键是要改变收入分配结构》，载《21世纪经济报道》，2009-01-06。

所以中国是经济全球化的最大受益者。

但美国金融危机暴发以后，“东亚经济模式”就遭遇到了严峻的挑战。这个挑战来自两个方面：一是包括中国在内的东亚国家贸易严重出超，外汇结存大量增加，引发出越来越多的国际贸易争端，贸易条件越来越恶化，大量美元以购买美国国债的形式回流美国，这就是美国金融危机“中国责任论”产生的背景；二是金融危机暴发以后，西方国家老百姓开始节衣缩食以节省开销，他们一节省不要紧，亚洲国家的出口加工型企业就陷入危机了，这就是一些出口加工型企业倒闭、农民工大量失业的原因。不过，也有个别行业、个别产品因祸得福，拜金融危机所赐，反而增加了销量。据报载，广东的格兰仕微波炉 2008 年 1 ~ 11 月出口销量增长了 18%，因为许多西方人改变了去餐馆消费的习惯，开始自己鼓捣食物了，于是微波炉就畅销了。有一位某著名医药跨国公司中国区高管，2009 年春节告知笔者，2008 年他的公司因金融危机日子更好过了，尤其是治疗心脑血管、心脏病的药物销售额预计将增长近 30%。

2009 年，中国政府提出 GDP 增速“保 8”的战略目标，中国国内和世界各国扬抑都有、众说纷纭，持悲观论的专家和学者最担心的就是出口低迷、消费不振，要“保 8”的一条重要出路就是“拉动内需，扩大消费”。

回顾亚洲金融危机到 21 世纪初那段艰难的时光，我国政府采取宽松的财政货币政策，利率已经达到很低的水平，物价指数连年下跌，老百姓就是不买东西，消费就是启动不起来。

据国家统计局发布的《2008 年国民经济和社会发展统计公报》的数据，2008 年末全部金融机构本外币各项存款余额 47.8 万亿元人民币，按 13 亿人口计算，人均存款为 3.68 万元，看来不是没钱。是老百姓不愿意过好日子吗?“住房难，看病难，上学难”的呼声不绝于耳，中国老百姓也很愿意改善自己的生活条件。那为什么启动消费就这样难?

关于这个问题，我国著名经济学家樊纲的看法是：“中国的消费低不是因为居民有钱不消费，而是居民没钱。所以中国消费低的问题不是消费的问题，而是收入结构的问题。”2009 年 1 月 6 日上午，樊纲接受《21 世纪经济报道》记者的采访时说。樊纲的解释是，主要原因是在总储蓄中企业的储蓄快速上升，而居民的储蓄在快速下降。企业的储蓄快速上升，主要是资源型和垄断型国企的收入留在了企业内部，因此，扩大消费的关键是要改变目前中国这种不合理的收入分配结构。樊纲用数据论证了自己的观点：过去在中国的总储蓄当中，企业占 20%，居民占 60%，另外 20% 是政府储蓄，现在变成了总储蓄当中 40% 是企业储蓄，40% 是居民储蓄，政府的储蓄还是 20%。所以根本的原因是企业储蓄的提高。

有人认为，中国居民消费率低，是由于中国居民的储蓄倾向（指居民的储蓄占其可支配收入的比例）过高而消费倾向（居民的消费占其可支配收入的比例）过低，樊纲不同意这种看法。樊纲认为，其实中国消费者的储蓄倾向并不高，还比不上亚太区的平均水平。他们研究的结论是，中国居民的储蓄倾向在最近几年来相当稳定，在27%～31%。而根据国家统计局的研究，我国最低收入的群体消费倾向是99%以上。所以樊纲得出的结论是：中国消费低的问题不是消费的问题，而是收入结构的问题。要从根本上解决这一问题，就必须改革我国的收入分配结构①。

第四点启示，大力发展我国资本市场，完善我国资本市场体系，拓宽储蓄向投资转化的渠道，提高金融市场运行效率，保障我国经济平稳、快速、持续增长。

美国暴发金融危机，不意味着我国应该停止金融业发展的步伐，停止金融创新，停止发展我国的资本市场。美国虚拟经济过度，我国则是虚拟经济发展不足，适应我国国民经济平稳、快速、持续增长的需要。

资本是创造财富的基石，而资本市场是经济增长的发动机。经济发展过程中的矛盾和问题，要靠丰裕的资金去“熨平”，经济增长要保持“可持续性”，需要庞大的资本市场提供支撑。总结世界经济大国的历史经验，我们得到的启示是：要使一国经济持续、稳定、快速发展，必须建立一个规模、结构、功能、效率相匹配的完整的资本市场体系，为经济增长注入源源不断的“动力”。胡锦涛总书记在党的十七大报告中指出：要“推进金融体制改革，发展各类金融市场，形成多种所有制和多种经营形式、结构合理、功能完善、高效安全的现代金融体系”。“优化资本市场结构，多渠道提高直接融资比重。”这充分说明，大力发展金融市场、优化资本市场结构已成为我国实现第二步经济发展目标的战略举措。

我国资本市场建立近20年来，在规模上取得了飞速的发展，但结构性矛盾十分突出，不过是一个“跛足”的巨人。具体表现是：（1）间接融资畸重，直接融资畸轻，风险过多地集聚于银行系统。（2）在直接融资方式中，场内畸重，场外畸轻，后者尚未得到应有的重视。（3）从场内市场来看，层次单一，全国性市场较发达，地区或区域性市场还基本上是空白；上市品种结构失衡，债券市场的规模远远小于股票市场；上市公司的结构严重不合理，中小企业上市的比重远远小于大型企业上市的比重，且由于体制的原因，民营企业比例偏低。资本市场结构失衡，严重制约了其功能的正常发挥。（4）金融创新薄弱，流通渠道狭窄，导致市场效率不高。由于上述问

① 孙铭：《扩大消费关键是要改变收入分配结构》，载《21世纪经济报道》，2009-01-06。

题的存在，致使我国“地下金融”问题突出，股票和房地产市场“非理性”繁荣，中小企业资金瓶颈问题长期不能缓解，长此以往，必将严重制约我国经济发展的速度和质量。

资本市场主要包括银行长期贷款、股票、长期债券、直接股权融资4个子市场。

证券市场是资本市场的重要组成部分，但绝不是资本市场的全部。任何国家的上市公司都只占其企业总数的一个很小比例，整体企业的资本形成不可能依赖证券市场。优化证券市场结构的主要任务包括：加大企业债市场的比重；扩大中小企业板，尽早推出创业板，加速完善地方产权交易系统，尽快形成多层次证券市场体系；优化上市公司结构等。

我国企业资金八成以上来自银行，银行长期信贷是企业资本形成的主要来源。但基于银行“稳健、审慎”的经营原则，银行长期信贷的绝大部分流向了大中型企业。优化银行信贷结构的主要任务是：加大银行体系的开放力度，降低民营资本的准入门槛，鼓励创办地方银行、农村银行和小型银行，缓解中小企业、农村经济组织融资难的矛盾。

由于经济机制的作用，国内外金融市场发展的实践也反复证明，发达的证券市场和银行体系也无法满足中小企业、创新型企业的资本需求。

直接股权融资市场包括场外产权交易市场和私募股权投资（含风险投资）市场，是供求双方直接进行股权交易的市场。在发达国家，企业的上市融资、债券融资、银行信贷、直接股权融资比例相当，私募股权投资（PE）已成为仅次于IPO的企业融资渠道。2006年美国企业通过PE的筹资总额为1 620亿美元，首次超过纽约证券交易所、纳斯达克和美国证交所公开发行股票1 540亿美元的筹资总额。2007年我国A股IPO融资额达4 470亿元，整个A股市场融资额高达7 293亿元，而PE投资额不到900亿元，仅为前者的20%和12%。可见，直接股权融资市场在我国有巨大的发展潜力。胡锦涛总书记提出要“优化资本市场结构，多渠道提高直接融资比重。”这里所说的“多渠道”引人深思，如仅仅指扩大证券市场规模，直接说就是了，我们理解胡总书记所说的“多渠道”理应包括直接股权融资渠道在内①。

秘鲁著名学者赫尔南多·德·索托在《资本的秘密》一书中写道：“繁荣的要领在于洞悉资本的秘密，建立使资产转化为资本的所有权机制。这不仅仅是一个为资产颁发所有权凭证和记录、绘制资产情况的系统。它首先是一个法治框架，一个思维工具。”这是一个发展中国家的经济学家发出的肺

① 郭恩才：《解密私募股权基金》，第1版，北京，中国金融出版社，2008。

腑之言，值得我们认真记取。

在讨论“大国崛起”问题时，不可以忽略“大中华”的概念。

中国官方统计部门提供的统计数据，如GDP、外汇储备、人口等通常不包括台湾、香港、澳门的数据。这在香港、澳门分割于中国版图之外的情形下也许是说得过去的，但香港和澳门已分别于1997年和1999年回归中国，台湾一直在中国版图之内，现在也许是台湾、香港、澳门“数据回归”的时候了。笔者根据中国国家统计局和港、澳、台官方统计部门提供的数据及相关资料汇总成下表，也许可以更准确地反映中国2008年的经济发展状况。

表11－1　　2008年“大中华地区”部分数据

（截至2008年底）

	人口（万人）	GDP（亿美元）	外汇储备（亿美元）
中国	132 802	43 992	19 460
中国台湾地区	约2 300	3 929	2 917
中国香港	700	2 152	1 825
中国澳门	54.9	约195	160
合计	135 856.9	50 268	24 362

此种统计方法不是笔者首创，——美国中央情报局（Central Intelligence Agency，CIA）早就在使用“大中华地区”的统计口径了。根据CIA公布的2008年全球经济体系排行榜，大中华地区GDP4.86万亿美元（包括中国、中国台湾地区、中国香港和中国澳门），超过了日本的4.84万亿美元。美国中央情报局认为，大中华4地虽然政治制度不同，经济整合的趋势势不可当，作为一个整体来看也未尝不可，而且未来政治上的统合也是必然之势。与日本不同的是，大中华地区未来的发展潜力甚大①。有人提醒说，炎黄子孙不仅包括“大中华区”13.58亿中国人，还应该包括生活在160多个国家，控制着价值约2万亿美元资产的约5 500万华裔。

在人类已经进入21世纪的今天，中华民族不可能无所作为，又该如何作为；在“美国梦”因这次金融危机明显坠落了的时候，“中国梦”该如何在中国人民的实践中变得更加美好更加现实——这就是本书结尾笔者的思考。

① 何亮亮：《美国衰落比预想快　中国也有巧实力》，载香港《文汇报》，中国新闻网转载http：//www.chinanews.com.cn/hb/news/2009/02－19/1569429.shtml，2009－02－19。

附录　金融危机常用术语

A

ABCP，Asset - backed Commercial-Papers	资产支持商业票据
Abu Dhabi Investment Authority	阿布扎比投资局
ABS，Asset-Backed Securities	资产担保证券
Adam Smith	亚当·斯密 英国经济学家、古典经济学的创始人
AHM，American Home Mortgage Investment Corp.	美国住房抵押贷款投资公司，美国第十大抵押贷款机构
AIG，American International Group	美国国际集团
AIGFP，AIG Financial Products	金融产品部门
Alan Greenspan	阿兰·格林斯潘，美联储前主席
Alfred Gusenbauer	阿尔弗雷德·古森鲍尔，奥地利总理
Alico	（AIG 旗下的）美国人寿保险公司
Alt-A，Alternative A	介于优质贷款市场和次级贷款市场之间的贷款市场
Alvin Hansen	阿尔文·汉森，美国凯恩斯学派的创始人、IS—LM 模型创始人之一
Alwaleed bin Talal	阿尔瓦利德，沙特阿拉伯王子
Amazon. com	亚马逊公司
American Express	美国运通公司
American Chamber of Commerce	美国商会
AMEX，American Stock Exchange	美国证券交易所
Andrew Carnegie	安德鲁·卡内基，美国商业史上有名的钢铁大王
Angela Merkel	安格拉·默克尔，现任德国总理

Arnold Joseph Toynbee	阿诺德·约瑟夫·汤因比（1889 ~ 1975 年），英国历史学家，历史形态学派主要代表人物，20 世纪西方最著名思想家之一
ARRA，American Recovery and Reinvestment Act	美国经济复苏和再投资法案（2009）
Asset Securitization	资产证券化

B

BAC，Bank of America Corp.	美国银行
banking crisis	银行业危机
Barack Obama	巴拉克·奥巴马，2008 年美国当选总统
Barney Frank	巴尼·弗兰克，众议院金融服务委员会主席
Ben Bernanke	本·伯南克，美联储现任主席
Benjemin Harrison	本杰明·哈里森，美国第 23 届总统
Berkshire Hathaway Inc.	伯克希尔·哈撒韦公司
Bernard · L. Madoff	伯纳德·麦道夫，美国纳斯达克市场前主席，2008 年 12 月因涉嫌设下金字塔式投资骗局被捕
Bill Gross	比尔·格罗斯，全球最大的债券基金公司太平洋投资管理公司（PIMCO）的创始人和首席投资官，被誉为华尔街债券大王
BIS，Bank for International Settlements	国际清算银行
Blackstone Group	黑石集团
Bretton Woods System	布雷顿森林体系
BSC，Bear Stearns Companies Inc.	贝尔斯登公司

C

Calyon	东方汇理银行
Capital One Financial	美国第一资本金融公司
Carlyle Group	凯雷集团

CCC, Carlyle Capital Corporation	凯雷资本公司
CDO, Collateralized Debt Obligation	债务抵押证券
CD or CDs, Negotiable Certificate of Deposit or Large-denomination Negotiable Certificates of Time Deposit	大额可转让定期存单
CDS, Credit Default Swaps	信用违约互换，又译为信用违约掉期或信贷违约掉期
CFC, Countrywide Financial Corp.	美国国家金融服务公司，美国最大的抵押贷款机构
CFMA, Commodity Futures Modernization Act of 2000	《2000 年商品期货现代化法案》
CFTC, Commodity Future Trading Commission	美国商品期货交易委员会
Charles P. Kindleberger	查尔斯·P. 金德尔伯格（1910 ~ 2003 年），麻省理工大学经济系资深教授，国际货币问题专家，擅长从历史角度研究经济问题，第二次世界大战后马歇尔计划的主要构建者之一
Charles Prince	查尔斯·普林斯，花旗集团前任董事长
Christopher Cox	克里斯托弗·考克斯，证券交易委员会主席
Citigroup Inc.	花旗集团
City Bank	花旗银行
CLO, Collateralized Loan Obligation	担保贷款凭证
Cornelius Vander Starr	斯塔尔，AIG 创始人
currency crisis	货币危机

D

David Laidler	大卫·莱德勒，加拿大经济学家、《捏造的凯恩斯革命：对两次世界大战期间货币、经济周期和失业的文献研究》一书作者

David Rubenstein	大卫·鲁宾斯坦，凯雷集团创始合伙人

E

Economic Globalization	经济全球化
Edward Liddy	爱德华·利迪，AIG 董事长兼首席执行官
DJIA，Dow Jones Industrial Average	道琼斯工业平均指数，简称“道指”

F

FAA，Federal Aviation Administration	美国联邦航空局
Fannie Mae	房利美
FBI，Federal Bureau of Investigation	美国联邦调查局
FDIC，Federal Deposit Insurance Corporation	联邦储蓄保险公司
FDI，Foreign Direct Investment	对外直接投资
Fed Bridge Loan	美联储过渡性贷款
Fed，Federal Reserve System	美国联邦储备系统
FHLBB，Federal Savings and Home Loan Banking Board	联邦房屋贷款银行理事会
Fictitious Capital	虚拟资本
financial engineering	金融工程
Fitch Ratings	惠誉国际评级，美国第三大资信评级机构
fixed-income investment	固定收入收益投资
Francis Fukuyama	弗朗西斯·福山，兰德公司顾问，美国约翰·霍普金斯大学高级国际研究学院国际政治经济学教授
Franklin D. Roosevelt	富兰克林·D. 罗斯福，美国第 32 届总统
Fred Bergsten	弗雷德·伯格斯坦，国际经济、政治学家、美国彼得森国际经济研究所（Peterson Institute for International Economics）所长

Freddie Mac	房地美
Friedrich August von Hayek	弗里德里希·A. 哈耶克，美国著名经济学家
foreign debt crisis	外债危机
Fortune	《财富》杂志
FSLIC，Federal Savings & Loan Insurance Corporation	联邦储贷机构存款保险公司
FTC，Federal Trade Commission	美国联邦贸易委员会
FTSE，Financial Times Ordinary Shares Index	伦敦金融时报指数

G

GAAP，Generally Accpted Accounting Principles	公认会计准则（指美国的现行会计准则）
GDP，Gross Domestic Product	国内生产总值
George Catlett Marshall	乔治·卡特莱特·马歇尔（1880～1959年），他在1947～1949年曾任美国国务卿，在1950～1951年任国防部长。他因提出"欧洲复兴计划"于1953年获得了诺贝尔和平奖
George Soros	乔治·索罗斯，美国著名投资大师、量子基金创始人
George W. Bush	美国前总统乔治·W. 布什
Gideon Rachman	吉迪恩·拉赫曼，英国著名经济学者、《金融时报》国际事务首席专栏作家
Giulio Tremonti	特雷蒙蒂，意大利经济部长
Glass-Steagall Act	《格拉斯—斯蒂格尔法案》（《1933年美国银行法》）
Global Corporations	全球公司
GNP，Gross National Product	国民生产总值
Gordon Brown	戈登·布朗，现任英国首相
Government Accountability Office	美国政府问责局
GSE，Government Sponsored Enterprise	美国政府赞助企业

GS，Goldman Sachs Group Inc.	高盛集团公司

H

Hank Greenberg	汉克·格林伯格，AIG 前董事长兼 CEO
Harry Reid	亨利·里德，美国内华达州参议员
HBOS，Halifax and Bank of Scotland	苏格兰哈利法克斯银行，英国最大的金融保险和抵押贷款银行，隶属于苏格兰银行集团
Hedge Funds	对冲基金
HEL，Home Equity Loan	房产净值贷款，又译住房权益贷款
Henry Alfred Kissinger	亨利·阿尔弗雷德·基辛格，美国国际问题专家，曾任美国尼克松政府国家安全事务助理、国务卿，福特政府国务卿，1973 年获得诺贝尔和平奖
Henry Paulson	亨利·保尔森，美国前财政部长
Herbert Clark Hoover	赫伯特·克拉克·胡佛，美国第 31 届总统

I

ICP，International Comparison Program	国际比较项目法（即 PPP）
IMD，International Institute for Management Development	瑞士国际管理发展学院
IMF，International Monetary Fund	国际货币基金组织
Immanuel Wallerstein	伊曼纽尔·沃勒斯坦，美国著名学者、社会学家
Indy Mac Bank	美国加利福尼亚州印地麦克银行
Institute of International Finance	国际金融协会
International Capital Market Association	国际资本市场协会
International Monetary System	国际货币体系（也称国际货币制度）
IPO，Initial Public Offerings	首次公开发行股票

J

James M. Buchananlg	詹姆斯·布坎南，美国著名经济学家
Jay Gould	杰伊·古尔德，美国金融史上恶名昭著的投资银行家
Jeff Bezos	杰夫·贝索斯，亚马逊公司创始人兼CEO
Jeffrey Sachs	杰弗里·萨克斯，美国著名经济学家，“休克疗法”之父
Jeremy Siegel	杰里米·西格尔，美国沃顿商学院金融学教授
Jim Rogers	吉姆·罗杰斯，美国著名投资大师、量子基金创始人之一
John Davison Rockefeller	约翰·戴维森·洛克菲勒，美国商业史上的石油大王
John Kenneth Galbraith	约翰·肯尼斯·加尔布雷思，美国哈佛经济学家
John Maynard Keynes	约翰·梅纳德·凯恩斯，英国著名经济学家，凯恩斯学派创始人
John Paulson	约翰·保尔森，对冲基金保尔森公司(Paulson & Co.)创始人
John Pierpont Morgan	约翰·皮尔蓬·摩根，华尔街天才银行家、J. P. 摩根银团的创始人
John Richard Hicks	约翰·希克斯，英国著名经济学家、IS—LM模型创始人之一
John Sheperd Reed	约翰·S. 里德，花旗公司前董事长
John Stuart Mill	约翰·穆勒，英国心理学家、哲学家和经济学家
John Thain	约翰·塞恩，美林前首席执行官
John Williamson	约翰·威廉姆森，美国著名经济学家、美国国际经济研究所（IIE）高级研究员
Joseph Alois Schumpeter	约瑟夫·熊彼特（1883～1950年），美国著名经济学家

Joseph E. Stiglitz	约瑟夫·E. 斯蒂格利茨，美国著名经济学家
JPM，J. P. Morgan Chase & Co.	摩根大通银行
Judd Greg	朱迪·格雷，美国新罕布什尔州参议员兼预算委员会成员

K

Kenneth Rogoff	肯尼斯·罗格夫，美国哈佛大学经济学教授，曾任国际货币基金组织（IMF）首席经济学家
KKR，Kohlberg Kravis Roberts & Co.	美国著名私募股权投资公司
Kuwait Investment Authority	科威特投资局

L

Larry Ellison	拉里·埃利松，甲骨文公司现任CEO
Lawrence Robert Klein	劳伦斯·R. 克莱因，美国著名经济学家、《凯恩斯革命》一书作者
LBH，Lehman Brothers Holdings Inc.	雷曼兄弟公司
LIBOR，London Interbank Offered Rate	伦敦银行间同业拆放利率
Lioyd Greig Blankfein	劳埃德·克雷格·布兰克芬，高盛首席执行官
Lloyd TSB	（英国四大银行之一的）劳埃德银行
LTCM，Long Term Capital Management	长期资本管理公司
LTV，Loan-To-Value	贷款数额占房屋价值的比率

M

Martin Sullivan	马丁·苏利文，AIG前执行总裁
Max Baucus	马科斯·巴库斯，美国参议院财政委员会主席
MBS，Mortgage-Backed Securities	抵押信贷担保证券

McGraw-Hill Cos.	麦格劳—希尔公司
MER，Merrill Lynch & Co.，Inc.	美林证券
Microsoft	微软公司
Milton Friedman	米尔顿·弗里德曼，美国著名经济学家
Moody's Investors Service Inc.	穆迪投资者服务公司
Morgan Stanley	摩根斯坦利（或译摩根士丹利）
Multinational Corporations or Transnational Corporation	跨国公司

N

Nancy Pelosi	南希·佩洛西，美国众议院议长
NASDAQ，National Association of Securities Dealers Automated Quotations	全美证券商协会自动报价系统，中文译为纳斯达克
Nassau William Senior	纳索·威廉·西尼尔，英国著名古典经济学家
National Bureau of Economic Research	美国国家经济研究局
National City Corp.	国民城市银行
NBC，National Broadcasting Corporation	美国全国广播公司
New Century Financial Corporation	新世纪金融公司，美国第二大抵押贷款机构
News Corporation	美国新闻集团
New York Federal Reserve Bank	纽约联邦储备银行
Nicolas Sarkozy	尼古拉斯·萨科齐，现任法国总统
NIIP，Net International Investment Position	净国际投资头寸
Northern Rock Bank	北石银行，又译北岩银行或诺森罗克银行，英国第五大抵押贷款银行
notional value	名义价值
Nouriel Roubini	诺里尔·鲁比尼，美国纽约大学经济学教授，因成功预测美国 2007 年金融危机而著名

NYSE, New York Stock Exchange　纽约证券交易所

O

OCC, the Office of the Comptroller of the Currency　美国（财政部）货币监理署
OECD, Organization for Economic Co-operation and Development　经济合作与发展组织
Oracle　甲骨文公司
OTC, Over The Counter　柜台交易
OTS, Office of Thrift Supervision　美国储蓄管理局

P

Paul A. Samuelson　保尔·萨缪尔森，美国著名经济学家
Paul Kennedy　保尔·肯尼迪（英国人），美国著名国际关系史和战略史学家、《大国兴衰》（*The Rise and Fall of the Great Powers*）一书作者
Paul McEntire　保尔·麦恩泰，美国 Palo Alto 咨询公司主席
Paul R. Krugman　保尔·克鲁格曼，美国著名经济学家
Paul Volcker　保尔·沃尔克，美联储前主席（格林斯潘上一任）
PBS, Public Broadcasting Service　美国公共广播公司
PE, Private Equity Fund　私募股权基金
Peter Kraus　彼得·克劳斯，原美林策略主管
Peterson Institute for International Economics　（美国）彼得森国际经济研究所
physical settlement　实物交割
PNC, Pittsburgh National Corporation Bank　匹兹堡国家公司银行
PPP, Purchasing Power Parity　购买力平价法（联合国统计局和世界银行使用的一种计算汇率进而估算各国 GDP 的方法）
prime market　优质贷款市场
PTI, Payment-To-Income　按揭支付/收入比例

PWC，Price Waterhouse Coopers PLL	普华永道会计师事务所
PWG，President's Working Group on Financial Markets	美国总统金融市场工作小组

R

Raymond H. Lapin	佩曼德·莱普因，房利美前总裁
Rhineland Funding	（德国工业银行）莱茵兰基金
Richard Fairbank	理查德·费尔班克，美国第一资本金融公司（Capital One Financial）CEO
Richard Fuld	理查德·弗尔德，前雷曼兄弟董事长兼首席执行官
Robert Mundell	罗伯特·蒙代尔，美国哥伦比亚大学教授、著名经济学家，欧元方案的主要设计者，被誉为“欧元之父”，1999 年荣获诺贝尔经济学奖
Robert Nozick	罗伯特·诺齐克，美国著名经济学家
Robert Rubin	罗伯特·鲁宾，美国前财政部长，现任花旗集团董事长
Robert Triffin	罗伯特·特里芬，美国耶鲁大学经济学教授、著名经济学家
Robert Willumstad	罗伯特·维尔伦斯坦德，AIG 前董事长
Royal Bank of Scotland	苏格兰皇家银行
Roy Blunt	美国众议院共和党代表罗伊·布朗特
RTC，Resolution Trust Corporation	清偿信托公司（1989 年美国为解决 20 世纪 80 年代的储贷协会危机而成立的专门机构，1995 年解体）
Rupert Murdoch	鲁伯特·默多克，美国新闻集团董事长兼 CEO

S

Samuel P. Huntington	萨缪尔·亨廷顿，美国著名政治学家，《文明的冲突与世界秩序的重建》（*The Clash of Civilizations and the Remaking of World Order*）一书作者

Sanford Weill	桑迪·维尔，花旗集团前董事长
Sarbanes-Oxyley Act	《萨班斯—奥克斯利法案》
SDR，Special Drawing Right	特别提款权（IMF 创设的一种账面资产，也称“纸黄金”）
SEC，Securities and Exchange Commission	美国证券交易委员会
Senate Banking Committee	参议院银行委员会
SIV，Structured Investment Vehicles	结构性投资载体
S&L，Savings-and-Loan	美国储蓄贷款协会
SPV，Special Purpose Vehicle	特殊目的公司
Standard & Poor’s	标准普尔公司
Stan O’Neal	斯坦利·奥尼尔，前美林证券 CEO
Stephen Roach	史蒂芬·罗奇，美国著名经济学家、摩根士丹利亚洲公司主席
Steve Ballmer	史蒂夫·鲍尔默，微软公司现任 CEO
structured products	结构性金融产品
sub-prime market	次级贷款市场
subprime mortgage	次级抵押贷款
systemic financial crisis	系统金融危机
synthetic securities	没有实物抵押的组合证券

T

TAF，Term Auction Facility	短期标售工具或定期竞标工具
TARP，Troubled Assets Relief Program	不良资产救助计划，美国金融危机暴发后布什政府推出的金融业救援计划
Theodore Levitt	西奥多·莱维特，德裔美国经济学家，他最早提出了“全球化”的概念
Timothy Geithner	蒂莫西·盖特纳，原美国纽约联邦储备银行总裁，现任美国财政部长
TSLF，Term Securities Lending Facility	定期证券借贷机制

U

UBS，Union Bank of Switzerland	瑞士银行
USDX，US Dollar Index	美元指数

V

Vikram Pandit	维克拉姆·潘迪特，美国花旗集团现任首席执行官

W

Wall Street Journal	《华尔街日报》
WaMu，Washington Mutual Inc.	华盛顿互惠银行
Warrants	权证
Warren Buffett	沃伦·巴菲特，美国著名投资家
Warren Spector	沃伦·斯佩克特，贝尔斯登前总裁兼首席运营官
Washington Consensus	华盛顿共识
William Manchester	威廉·曼彻斯特，《光荣与梦想：1932—1972 年美国社会实录》（*The Glory and the Dream*）一书作者
William Pitt	威廉·皮特（1759 ~ 1806 年），历史上最年轻的英国首相
William R. Cline	威廉·克莱恩，美国国际经济研究所的高级研究员，《作为一个债务国的美国》（*The United States as a Debtor Nation*）一书作者
World Bank	世界银行（全称是国际复兴开发银行，International Bank for Reconstruction and Development，IBRD）
WTO，World Trade Organization	世界贸易组织

参 考 文 献

[1] [美] 威廉·曼彻斯特（William Manchester）:《光荣与梦想：1932—1972 年美国社会实录》（*The Glory and the Dream*），第 1 版，海口，海南出版社/三环出版社，2004。

[2] 张子路:《全球性金融危机让马克思〈资本论〉走红欧洲》，载《世界新闻报》，2008 - 10 - 30。

[3] 游姗姗:《全球金融投机中的国家危机——谁拯救冰岛》，载《三联生活周刊》，2008（10）。

[4] 杨正莲:《拯救华尔街惊心动魄 13 天》，载《中国新闻周刊》，2008 - 10 - 09。

[5] 综合报道:《全球投入救市金额近 3 万亿美元　各国救市行动一览》，http://news.xinhuanet.com/fortune/2008-10/15/content_10198107.htm。

[6] 禾山:《房利美和房地美："两兄弟"的前世与今生》，http://www.ycwb.com/myjjb/2008-09/11/content_1971247.htm。

[7] 刘洪:《美国两大房贷机构困境引发次贷危机第四波冲击》，http://news.xinhuanet.com/fortune/2008-07/15/content_8550360.htm。

[8] 保尔·麦恩泰（Paul McEntire）:《房利美和房地美的不幸》，载《财经》，2008（9）。

[9] 本刊编辑部:《雷曼兄弟百年兴衰》，载《南方人物周刊》，2008（25）。

[10] 肖亭:《雷曼总裁，华尔街的"斗牛犬"》，载《环球人物》，2007 - 10 - 30。

[11] James Bandler, Roddy Boyd, Doris Burr 著，古正译:《格林伯格最后的战斗》，载《财富》，2008（139）。

[12] 赵萍:《AIG 命运翻云覆雨——白宫不满美联储天价救援》，载《21 世纪经济报道》，2008 - 09 - 18。

[13] 蔡恩泽:《幸运的 AIG》，载《观察与思考》，2008（19）。

[14] 吕彦:《AIG 教训》，载《环球企业家》，2008（19）。

[15] 于晓娜:《凯雷资本紧急公告定局破产》，载《21 世纪经济报道》，2008 - 03 - 14。

[16] 杨柳:《鲁宾斯坦回应"凯雷资本事件"》，载《英才》，2008（5）。

[17] 外电综合：全球对冲基金损失 1 000 亿美元　创大萧条以来之最，http://www.cnfol.com，2008 - 11 - 13 。

[18] 刘静:《今日花旗集团》，http://esoftbank.com.cn/wz/14_11910.html，2005 - 09 - 11。

[19] 吴晓鹏：《华尔街信心无底　花旗可能被国有化》，载《21 世纪经济报道》，2008 – 10 – 11。
[20] 吴晓鹏：《花旗生死劫》，载《21 世纪经济报道》，2008 – 11 – 22。
[21] 马小宁：《美国政府不惜代价救花旗》，载《人民日报》，2008 – 11 – 25。
[22] 一鸣：《2.4 万亿包底亏损　华府救花旗》，载《华尔街日报》/《纽约时报》/《每日电讯报》/CNBC/美联社/法新社/路透社/新华网，2008 – 11 – 25。
[23] 周默鸣：《次级抵押信贷危机：谁是罪魁?》，载《财经》，2007 – 08 – 22。
[24]《金融风暴令大企业 CEO 及亿万富翁损失惨重》，http：//news. xinhuanet. com/world/ 2008-11/03/content _ 10299152. htm。
[25] 陈刚等：《各国富豪财富“大瘦身”》，载《国际先驱导报》，2008 – 10 – 28。
[26] 陈昕晔：《美国次贷危机传导路线图》，载《环球》，2008（7）。
[27] 佚名：《美国欧洲房价下跌　泡沫破裂或引发全球经济衰退》，载《环球时报》，2006 – 11 – 27。
[28] 马兹晖、刘金贺、李牧群：《金融危机中国冲击波》，载《中国经济时报》，2008 – 12 – 26。
[29] 黄卫平、宋晓恒：《一场难以避免的危机》，http：//news. hexun. com/2008-12 – 04/111989505. html? from = rss。
[30] 马晶：《房贷与楼市命运悲惨　看美国“房奴”的生活》，载《新京报》，2007 – 04 – 01。
[31] 勇超等：《华尔街醉了》，载《中国经营报》，2008 – 09 – 27。
[32] 佚名：《穆迪信用评级体系综述》，载《信用中国》，2005 – 09 – 15。
[33] 于旭辉、蒋健蓉：《美国次贷危机的影响将持续到 2010 年——历次重大危机的比较研究》，http：//www. sw108. com。
[34] 郑联盛：《历次金融危机比较》，http：//theory. people. com. cn/BIG5/49154/49155/8577314. html。
[35] 美国财政部：《美国财政部关于现代化的金融监管架构的蓝图》，http：//www. sss. net. cn/ReadNews. asp? NewsID = 18755&BigClassID = 13&SmallClassID = 48&SpecialID = 0&belong = sc。
[36] 王志刚：《次贷危机的特征成因与启示》，载《中国金融》，2008（24）。
[37] 姜楠：《华尔街监管之罪：杠杆模式屡遭滥用》，载《证券日报》，2008 – 09 – 25。
[38] 严海波：《都是新自由主义惹的祸》，http：//finance. people. com. cn/GB/1045/8325038. html。
[39] 刘文瑞、王肖婧：《管理学的理论奠基人：亚当·斯密》，载《管理学家》，2007（3）。
[40] 倪小林：《另眼看罗斯福新政》，载《上海证券报》，2009 – 01 – 09。
[41] 黄益平：《罗斯福新政的启示》，http：//www. caijing. com. cn/2009 – 01 – 13/110047393. html。
[42] 陈达夫、白月：《反危机：回溯罗斯福新政》，载《当代金融家》，2006（1）。

[43] 蔡跃蕾、张伟:《史海回眸:罗斯福“新政”复兴美国》,载《环球时报》,2002-03-18。
[44] 刘军宁:《自由主义和保守主义两种意识形态的异同》,http://www.blogms.com/StBlogPageMain/Efp_BlogLogSee.aspx? cBlogLog=1001133141,2003-01-01。
[45] 郑磊:《自由主义 VS 保守主义:美国民主政治跷跷板》,http://www.chinavalue.net/Article/Archive/2008/10/11/137986_2.html。
[46] [美] 保罗·克鲁格曼著,刘波译:《美国怎么了——一个自由主义者的良知》,北京,中信出版社,2008。
[47] 钟文范:《战后初期美国的保守主义思想运动》,载《美国研究》,1996(1)。
[48] 陈柳钦:《美国政府救援:路漫漫其修远矣》,http://guancha.gmw.cn/content/2008-11/19/content_860874_2.htm。
[49] 佘永定:《次贷危机:华盛顿共识的危机》,http://www.tecn.cn/data/detail.php?id=23978。
[50] 卢怀谦:《保尔森,最了解中国的美国财长》,载《中国证券报》,2006-09-25。
[51] 钮文新:《美国会破产吗?》,载《中国经济周刊》,2008(43)。
[52] 段彦飞:《美国债务经济的国际循环》,载《美国研究》,2008(4)。
[53] 世界银行:《全球经常项目余额将呈现非常明显的转移》,载《2009 年全球经济展望:世界贸易》,http://go.worldbank.org/7B1GBMVUS0,2008-12-09。http://web.worldbank.org/WBSITE/EXTERNAL/ACCUEILEXTN/EXTDECPGFRE/EXTPROSCPECTFRE/EXTGBLPROSPECTFRE/0,contentMDK:21992018~menuPK:3133696~pagePK:64218950~piPK:64218883~theSitePK:626867,00.html。
[54] 陈建超、何鲁冰:《美国经常项目赤字研究》,载《国际经济合作》,2007(2)。
[55] 钟凌:《美国经常项目赤字影响几何》,载《中国外汇管理》,2005(8)。
[56] 黄燕君、陈鑫云:《美国巨额贸易逆差能维持多久》,载《国际贸易问题》,2005(4)。
[57] [美] 安迪森·维金(Addison Wiggin):《纸变钱的游戏——美国债务真相》,北京,机械工业出版社,2009。
[58] [美] 萨缪尔·亨廷顿(Samuel P. Huntington)著,周琪、刘绯、张立平、王圆等译:《文明的冲突与世界秩序的重建》(*The Clash of Civilizations and the Remaking of World Order*),北京,新华出版社,2003。
[59] 陈忠阳:《从次贷危机看现代金融技术发展》,载《人民日报》,2008-05-21。
[60] 刘文越等:《看懂华尔街》,载《新民周刊》,2008(41)。
[61] Diana Farrell and Susan Lund:《世界新的金融权力经纪》,http://finance.people.com.cn/GB/67543/6913389.html,本文译自:“The world's new financial power brokers”。原载于《麦肯锡季刊》(china.mckinseyquarterly.com),版权所有麦肯锡公司 1992~2008。
[62] 尚未迟等:《华尔街危机赖不上中国——英美学者抛奇谈怪论 妄称中国是危机根源》,载《环球时报》,2008-10-16。

[63] 邓俊豪:《金融危机详解》,载《GE 环球企业家》,2008 - 11 - 11。
[64] 淘陶等:《解读美国金融风暴:无人知晓危机持续多久》,载《环球人物》,2008 - 10 - 28。
[65] 黄明:《华尔街危机是怎样影响世界的》,http://www. chinanews. com. cn/cj/kong/news/2008/10 - 22/1421384. shtml。
[66] 郑友林:《美国资本的内在逻辑》,载《小康》,2008 - 07 - 22。
[67] 向松祚:《国际货币体系改革:问题、前景和可能方案——清华环球财经高级论坛的演讲(摘要)》,http://blog. ifeng. com/article/1943867. html。
[68] 姚静:《欧元,美元,谁主沉浮?》,载《金融经济》,2008(4)。
[69] 张倩楠:《浅谈亚洲区域货币合作的必然性及前景》,载《科技创业月刊》,2005(01)。
[70] 佚名:《中央银行驳所谓“中国责任论”:金融危机根源在美国》,载《金融时报》,2009 - 01 - 17。
[71] 李德水:《中美贸易不平衡的根本原因是什么?》,载《脑库快参》,2007(7)。
[72] 成思危:《虚拟经济探微》,http://www. people. com. cn/GB/guandian/29/173/20021220/ 892306. html。
[73] 顾静、李雪飞:《美国对外投资收益与经济霸权》,载《现代国际关系》,2008(7)。
[74] 中国贸促会驻美国代表处:《美国的对外投资政策》,http://daibiaochu. ccpit. org/Contents/Channel _ 1340/2007/0705/48381/content _ 48381. htm。
[75] 王静:《美国金融危机的根源及教训》,载《文汇报》,2008 - 09 - 25。
[76] [美] 理查德·隆沃思(Richard C. Longworth):《全球经济自由化的危机》(*GLOBAL Squeeze The Coming Crisis for First-World Nations*(全球压榨:第一世界国家即将到来的危机),北京,生活·读书·新知三联书店,2002。
[77] [美] 保尔·肯尼迪(Paul Kennedy):《大国的兴衰——1500 年到 2000 年的经济变迁和军事冲突》(*The Rise and Fall of the Great Powers: Economic Change and Military Conflict From 1500 to 2000*),陈景彪等译,国际文化出版公司,2006。
[78] [美] 约翰·S. 戈登(John Steele Gordon)著,祈斌译:《伟大的博弈:华尔街金融帝国的崛起》(*The Great Game——The Emergence of Wall Street as World Power 1653 - 2004*),北京,中信出版社,2005。
[79] 丰菊文:《在美国感受西方民主》,载《红旗文稿》,2009(1)。
[80] 苏韵:《看懂华尔街》,载《新民周刊》,2008(40)。
[81] [美] 伊曼纽尔·沃勒斯坦(Immanuel Wallerstein)著,谭荣根译:《美国实力的衰落》(*The Decline of American Power*),北京,社会科学文献出版社,2007(7)。
[82] 段聪聪等:《全球化让美遭遇尴尬“美国衰落论”被再次唱响》,载《环球时报》,2008 - 01 - 18。
[83] 赵杰、鲁比尼:《游走于末日与繁荣》,载《投资者报》,2009 - 02 - 07。
[84] 马建国:《英国经济被指发达国家中最糟 银行危机重挫英镑》,载《现代快报》,

2009－02－08。
[85] 严绪朝：《中国石油供需形势及战略对策思考》，http：//www. china5e. com/paper/papershow. aspx? paperid＝02405825－a281－49a9－aa80－6cc7e1abcb7d。
[86] 钱伯章：《中国石油进口态势剖析》，http：//acs. mofcom. gov. cn/cms/www/news/2442854879858. cgp。
[87] 王伟旭、曾秋根：《警惕美国的第二次阴谋》，北京，人民日报出版社，2003。
[88] 邱敏、曾向荣：《审视日本失去的十年：一个泡沫的膨胀与破裂》，载《广州日报》，2007－11－13。
[89] 吴敬琏：《美国虚拟经济泡沫破灭》，http：//video. sina. com. cn/finance/20090320/102415156. shtml。
[90] 孙铭：《扩大消费关键是要改变收入分配结构》，载《21世纪经济报道》，2009－01－06。
[91] 许宏：《约瑟夫·奈：从"软实力"到"明智实力"》，载《东方企业家》，2007（5）。
[92] 马国川：《四万亿灰色收入背后的腐败与贫富分化》，http：//view. news. qq. com/a/20070612/000019. htm。
[93] 郭恩才：《解密私募股权基金》，第1版，北京，中国金融出版社，2008。
[94] ［秘鲁］Hernando de Soto 著，于海生译：《资本的秘密》（*The Mystery of Capital*），北京，华夏出版社，2007。
[95] 王建：《未来三年世界经济的四条曲线》，http：//www. gubox. com. cn/bgitem/download. php? reportid＝2153。
[96] 甄炳禧：《世界新格局下美国实力地位的变化》，载《国际问题研究》，2008（4）。
[97] 王鹤：《欧盟的经济力量》，http：//ies. cass. cn/Article/kycg/zdkycg/200904/1114. asp。
[98] 中国人民银行上海总部、国际金融市场分析小组：《2008年国际金融市场报告》，http：//shequ2. tool. hexun. com/ExpertFiles/20090316/7089403/97F77DBAB362D51BCAA68CD172FA37DE. pdf。
[99] 比尔·弗拉斯科（Bill Vlasic）、尼克·邦克利（Nick Bunkley）：《通用汽车百年庆典之际濒临破产边缘》，载《财富时报》，2008－11－14。
[100] 阎学通、徐进：《中美软实力比较》，载《现代国际关系》，2008（1）。
[101] 许军：《软实力——美国在国际贸易中享有的新型比较优势》，http：//www. seba. bnu. edu. cn/shjjjlt/%C3%C0%B9%FA%BE%AD%BC%C3%B5%C4%A1%B0%C8%ED%CA%B5%C1%A6%A1%B1. doc。
[102] Randall Smith，Aaron Lucchetti，Susanne Craig：*Securities Firms Tackle Pay Issue*，New York：The Wall Street Journal，2008. 10. 31.
[103] Alan Greenspan：The Age of Turbulence：Adventures in a New World，Penguin Press HC（Sep.，2007）.